农村公共物品系列研究

农村公共物品需求偏好与供给策略研究

王伟然 著

山东大学出版社
·济南·

图书在版编目(CIP)数据

农村公共物品需求偏好与供给策略研究/王伟然著.
—济南:山东大学出版社,2020.11
ISBN 978-7-5607-6734-5

Ⅰ.①农… Ⅱ.①王… Ⅲ.①农村—公共物品—供给制—研究—中国 Ⅳ.①F299.241

中国版本图书馆 CIP 数据核字(2020)第 186280 号

策划编辑 李 港
责任编辑 李 港
封面设计 周香菊

出版发行 山东大学出版社
社 址 山东省济南市山大南路 20 号
邮政编码 250100
发行热线 (0531)88363008
经 销 新华书店
印 刷 济南华林彩印有限公司
规 格 787 毫米×1092 毫米 1/16
25.5 印张 468 千字
版 次 2020 年 11 月第 1 版
印 次 2020 年 11 月第 1 次印刷
定 价 78.00 元

前言

农村公共物品研究是当务之急。2020 年是全面脱贫攻坚和全面建成小康社会的收官之年;2022 年乡村振兴要取得重大进展,制度框架和政策体系要基本形成。加快农村公共物品供给,是脱贫攻坚、全面建设小康社会、乡村振兴的重大命题。2019 年和 2020 年连续两年,中央把加快补齐农村基础设施和公共服务短板写进了 1 号文件,而且一直强调要实现城乡基本公共服务均等化供给。可见,加快补齐农村公共物品短板,实现城乡均等化供给,已进入了国家战略、国家政策。

自觉的农村公共物品研究是我们的历史担当。开展农村公共物品供给研究,配合国家战略实施,是理论研究者的神圣职责。作为一名受党教育多年的研究者,作为一名“农”字号大学的教育工作者,责无旁贷,我义无反顾地加入了农村公共物品供给的研究行列。多年来,我把农村公共物品作为一个重要研究专题,先后成立了青岛农业大学农村公共物品研究所、乡村治理研究所。2018 年,获批建立了青岛市青岛农业大学乡村振兴研究院智库,建立了一支拥有3 名教授、7 名副教授共 16 人的研究团队(其中有 9 名博士)。在学科结构上,重点组合了管理学、经济学、政治学、社会学、哲学等学科的研究人员,坚持多学科互补研究,应势而谋、因势而动、乘势而为,全面开展新时代农村公共物品研究。近年来,研究团队共主持各类研究课题 60 余项,其中省部级以上研究课题20 余项,撰写了 7 部相关专著,发表了 60 余篇相关研究论文,为政府、乡村提供百余次咨询,成为一支服务于乡村振兴战略的专业研究队伍。

没有全方位的调查,就没有真实的研究基础。2017 年,国家提出实施乡村振兴战略,这是我国农村发展的新里程碑。作为一名研究者,我始终在考虑这样一个问题,就是如何把二者有机地结合起来,推进乡村振兴战略的实施,这是一个颇具理论意义与实践意义的研究课题。为了做好这项研究,从 2017 年年底开始,我们团队就深入政府机关、农村进行相关的社会调查,全面掌握第一手资料。2019 年寒假,利用青岛农业大学学生遍布全国的优势,聘请部分学生在山东、甘肃、湖北、内蒙古等 8 个省(自治区、直辖市)的 55 个县(市、区)开展了问卷调查。2019 年 1 月 12 日，我在清华大学参加“清华三农论坛 2019”时，听了韩俊、陈锡文、杜鹰、马晓河关于乡村振兴的报告后，更加感觉到研究农村公共物品供给、服务乡村振兴战略的迫切性和重要性，更增加了撰写本专著的责任感。

理论的活力在于创新。经过两年多的研究与撰写，《农村公共物品需求偏好与供给策略研究》面世了，这是一本全面研究乡村振兴视角下农村公共物品供给的专业性著作，是“农村公共物品系列研究”的重要组成部分。在本书中，以乡村振兴为主要背景，全面探索研究了乡村振兴四类村庄的公共物品需求偏好；以中央 1 号文件为主线，通过各种数据分析，全面分析研究了我国农村公共物品的供给现状，精准找出了供给短板；以服务乡村振兴战略为目标，对农村公共物品理论进行了创新研究；从需求偏好的角度，总结出五大供给趋向，并从实践的角度，按照可操作性的要求，对政府、市场、第三部门和 PPP 模式四大类主体分别提出了不同于传统的而且更加符合乡村振兴实际的供给策略。这几个方面的研究，不仅能够实现理论上的创新，而且还能够很好地贴近农村实际，更好地接乡村振兴地气，具有很好的现实指导意义。所以说，《农村公共物品需求偏好与供给策略研究》不仅对理论研究者的深入研究具有参考价值，而且还是乡村振兴实践者的应备之书。当然，由于本人研究的局限性，书中可能有偏颇和不当之处，敬请研究者和实践者批评指正，不吝赐教。

《农村公共物品需求偏好与供给策略研究》一书属青岛市哲学社会科学规划项目“农村公共物品需求偏好与供给策略研究——基于青岛乡村振兴视角”(QDSKL2001187)，在形成过程中，参考借鉴了很多有益成果，在这里首先向这些成果的研究者们表示感谢。在实地调查过程中，得到了有关政府部门和村庄的大力支持，向这些单位和同志们表示感谢。青岛农业大学人文社会科学学院的部分同学在 2019 年寒假为本书开展问卷调查，牺牲了宝贵的假期休息时间，向他们表示感谢。青岛农业大学乡村治理研究所和青岛市青岛农业大学乡村振兴研究院智库的战友们，给予了极大的关心和支持，向他们表示感谢。南开大学经济学院教师尉孟星博士在公共物品相关前沿理论、科学计量方法和实用研究工具等方面给予了极大的支持，山东省莱阳市政协尉京虎同志也提出了一些很好的意见和建议，在此一并表示感谢。

王伟然

2020 年 5 月 17 日于青岛

目　录

第一部分

第二部分

第三部分

第四部分

第五部分

附　录

第一部分

本部分是全书的开篇，对整个研究作了简要介绍。介绍了以人民为中心发展思想、全面建成小康社会、新时代社会主要矛盾变化、农村供给侧改革、乡村振兴等五个方面的研究背景，介绍了本书采用的文献研究、调查研究、定量分析、定性分析、系统分析等五个基本研究方法，设计了从问题提出、理论准备、材料分析到研究结论的研究技术路线，提出了弥补乡村振兴视角下农村公共物品需求偏好与供给策略研究空白、服务乡村振兴战略的研究价值与意义。从理论梳理与理论界定、现状研究与数据分析、政策研究与趋势分析、供给决策与供给策略四个方面介绍了研究的主要内容，规划了理论准备、理论概述、理论延伸、现实研究、策略研究的基本研究框架。介绍了农村公共物品理论、政府主导供给策略、优先集中供给策略、责任政府供给策略、农村 PPP 模式制度创新等五个方面的创新内容，并提出了构建农村公共物品供给决策体系、补农村公共物品短板、政府主导供给策略、绩效评价、社会化供给等需要继续研究的问题。

§1.1 研究背景

2012年11月15日，习近平同志在中共十八届中央政治局常委与中外记者见面时指出："人民对美好生活的向往，就是我们的奋斗目标。"①在党的十九大报告中，习近平同志又进一步强调："全党同志一定要永远与人民同呼吸、共命运、心连心，永远把人民对美好生活的向往作为奋斗目标。"②党的十八大以来，中央先后提出了以人民为中心的发展思想、农业供给侧结构性改革、新时代社会主要矛盾变化理论、实施乡村振兴战略等一系列新的发展理念和发展思想，目的就是要满足人民日益增长的美好生活需要。中国特色社会主义进入新时代以后，适应新时代社会主要矛盾的变化，针对中国农村的发展实际，中央和国家对农村的发展提出了新的希望和要求，而且出台了一系列新的大政方针，规划了农村的宏伟发展目标，着力解决"三农"问题，全面实现乡村振兴，满足人民日益增长的美好生活需要。乡村振兴视角下的农村公共物品供给研究的提出，就是基于这一客观实际。为了更好地配合乡村振兴战略的实施，我们选择了在党的十九大提出实施乡村振兴战略的新形势下，对农村公共物品的供给进行全方位的研究，以期提出一系列的供给新思路，为全面实施乡村振兴战略做一点贡献。

第一，坚持以人民为中心的发展思想，满足人民日益增长的美好生活需要，需要加强农村公共物品供给研究。2015年10月，党的十八届五中全会提出必须坚持以人民为中心的发展思想，把增进人民福祉、促进人的全面发展作为发展的出发点和落脚点。2015年11月23日，习近平总书记在主持中央政治局第二十八次集体学习时指出："坚持以人民为中心的发展思想，这是马克思主义政治经济学的根本立场。"③党的十九大又把"坚持以人民为中心"确立为新时代坚持和发展中国特色社会主义的基本方略之一。坚持以人民为中心，就是要坚持人民的主体地位，一切为了人民，一切依靠人民，发展成果由人民共享。从这个意义上讲，满足人民日益增长的美好生活需要，也必然是以人民为中心的内在要求。随着社会的发展和时代的变迁，人民对美好生活的需求也不断发生变化。中国特色社会主义进入新时代，人民对美好生活的需求必然要提出一些新的要求。除了物质性的需求不断提质增量，非物质性的需求也不断增多，而且对质量也有了更高的要求。非物质性的需求不仅包括安全、保障、公正等社会性需求，而且还包括文化、价值、道德、信

---

① 《十八大以来重要文献选编》(上)，北京：中央文献出版社，2014年，第70页。

② 习近平：《决胜全面建成小康社会 夺取新时代中国特色社会主义伟大胜利》，北京：人民出版社，2017年，第1页。

③ 《立足我国国情和我国发展实践 发展当代中国马克思主义政治经济学》，《人民日报》，2015年11月25日第1版。

念、理想、尊重等精神性需求。人民的这些需求，很多都是公共物品需求。要满足人民的公共物品需求，农村居民是不可忽视的重要群体，而且农村居民与城市居民的公共物品需求存在一定的差异性，需要特别供给。据国家统计局数据，截至2019年年底，我国尚有乡村人口55162万，占总人口的39.4%。要满足这么一个庞大而且与城市差异性较大的群体的公共物品需求，不仅仅是资金和物资保障就能解决的，它还需要以需求为导向，建立起完备的供给体系，才能有效地保障农村公共物品供给到位。所以说，坚持以人民为中心的发展思想，必须加强农村公共物品供给研究。

第二，全面建成小康社会，满足人民日益增长的美好生活需要，需要加强农村公共物品供给研究。2016年，中央1号文件提出要“确保亿万农民与全国人民一道迈入全面小康社会”。这说明，在全面建成小康社会方面，农村与城市还是有差距的，所以要进一步强调亿万农民的奔小康问题。“小康不小康，关键看老乡”，这是全国上下形成的共识。全面小康是全民的小康，不能让一个人掉队，就必须全面解决农村奔小康的问题。2019年、2020年连续两年的中央1号文件都一再强调要对标全面建成小康社会目标，全面打赢脱贫攻坚战，全力补齐全面小康“三农”领域的突出短板。补齐这个短板，重点就是要补齐农村基础设施和基本公共服务的短板，逐步实现城乡基本公共服务均等化供给，全面提升农村公共物品供给水平。所以，要补齐全面建成小康社会的短板，也迫切要求加快农村公共物品供给研究。

第三，适应新时代社会主要矛盾的变化，满足人民日益增长的美好生活需要，需要加强农村公共物品供给研究。2017年10月，党的十九大报告指出：“中国特色社会主义进入新时代，我国社会主要矛盾已经转化为人民日益增长的美好生活需要和不平衡、不充分的发展之间的矛盾。”从主要矛盾变化来看，满足人民日益增长的美好生活需要，必须解决发展的不平衡、不充分问题。发展不平衡、不充分的问题，在城乡之间表现得尤为突出。从居民人均可支配收入来看，据国家统计局数据分析，2013年城市居民是农村居民的2.81倍，2019年缩小到2.64倍，六年时间仅仅缩小了0.17倍，差距依然很大。从基础设施和基本公共服务来看，城乡差别非常明显。就农村而言，农村的经济发展与各项社会事业的发展也是极不平衡、极不充分的，农村出行难、看病难、择校难、养老难、文化生活不丰富等问题比较突出，再加上农业生产设施落后、农村生态发展相对滞后、人居环境亟待改善等，这些问题都直接影响了农村居民美好生活需要的质量和层次的提高。农村居民美好生活需要的日益增长是需求侧的需求提升，而发展的不平衡、不充分则是供给侧的供给不足。解决需求与供给的矛盾，重要的是解决供给的问题。在农村经济发展不断加快的基础上，农村公共物品供给要不断地提质增量，才能有效满足农村居民日益增长的美好生活需要。所以，从主要矛盾变化的角度来看，要满足农村居民日益增长的美好生活需要，必须解决农村公共物品的供给问题,这也迫切要求加快农村公共物品供给研究。

第四,实行农业供给侧结构性改革,满足人民日益增长的美好生活需要,需要加强农村公共物品供给研究。2017 年,中央 1 号文件专题部署了农业供给侧结构性改革工作,非常明确地把农业供给侧结构性改革作为"三农"工作的重点全面推进,而且明确提出农业供给侧结构性改革的主要目标就是增加农民收入、保障有效供给,这个目标就是要满足人民日益增长的美好生活需要。针对这一主要目标,农业供给侧改革应当重点围绕农业生产要素投入和全要素生产率的提高两个主要方面展开。生产要素投入方面,农业自然资源、农业基础设施、农业科技、生态农业、智慧农业、农业政策、农业生产性服务业等都与农村公共物品密切相关,而且全要素的提升也要依靠制度创新、科技创新、结构优化等要素的提升去实现,这一切也都与公共物品密不可分。农业供给侧的这些生产性公共物品与农村的生活性公共物品之间,也有着很大的关联性,而且农村道路交通、农村人居环境、农村科技、农村电商、供水供电等基本都是兼具生产性和生活性两重性的公共物品。可见,要搞好农业供给侧结构性改革,必须把农村公共物品供给作为主攻方向,真正建立起适应新时代农业供给侧改革的公共物品供给体系。所以,加快农业供给侧结构性改革,必须加强农村公共物品供给研究。

第五,全面实施乡村振兴战略,满足人民日益增长的美好生活需要,需要加强农村公共物品供给研究。党的十九大第一次提出了实施乡村振兴战略,并提出了"产业兴旺、生态宜居、乡风文明、治理有效、生活富裕"的 20 字总要求。2018 年,中央 1 号文件又对实施乡村振兴战略进行了专题部署。党之所以在十九大上提出要实施乡村振兴战略,也是在新时代社会主要矛盾变化的基础上提出来的,其目的就是要满足人民日益增长的美好生活需要,也是当前全面建成小康社会的一个重要举措。但是从长远看,乡村振兴任重道远,是一个长期任务。按照国家规划,到 2050 年,乡村将实现全面振兴,农业强、农村美、农民富的目标也将全面实现。在《乡村振兴战略规划(2018～2022 年)》中,国家把农村划分为集聚提升、融入城镇、特色保护、搬迁撤并四类村庄,这是乡村振兴的重要战略战术。根据四类村庄规划发展的不同特点,不同类型村庄的公共物品需求出现了较大差异,农村公共物品的供给策略也要相应发生变化,原有的供给体制机制都要进行相应的改革,以建立起适应乡村振兴战略新特点的体制机制。所以,面对乡村振兴的新形势,必须加大农村公共物品供给体制机制的研究,为全面实施乡村振兴战略提供行之有效的农村公共物品供给方案,奠定乡村振兴视角下农村公共物品供给的理论基础。

§1.2 研究的意义与价值

本书以乡村振兴视角下的农村公共物品需求偏好与供给策略为主要研究对

象,研究的主要目的就是运用公共物品理论,从经济学、公共管理学、社会学、政治学的角度,在乡村振兴的大背景下,全面分析研究我国农村公共物品需求偏好与供给现状,有针对性地提出我国农村公共物品供给策略,以服务于乡村振兴战略。

由于城乡二元结构的长期存在,我国农村公共物品供给的短板问题一直没有得到很好的解决,严重制约了农村经济社会的发展。党的十九大把实施乡村振兴战略作为国家的重大战略提出,说明农村的振兴发展已经成为迫在眉睫的大事。围绕全面建成小康社会和乡村振兴,国家一再强调要强弱项、补短板,逐步实现城乡基本公共服务均等化。在乡村振兴的新形势下,农村呈现出新的特点,面临新的矛盾,农村的公共物品需求发生了新的变化,应该如何适应新时代、新形势,搞好农村公共物品供给,是当前一个亟须给出答案的新问题。党的十九大以前,虽然关于农村公共物品供给研究已取得了丰硕的有益成果,对于指导农村公共物品供给发挥了积极作用,但是在党的十九大提出乡村振兴战略以前,基本没有进行乡村振兴与农村公共物品供给专题研究的。党的十九大以后,随着国家社会主要矛盾变化,在实施乡村振兴战略新的新背景下,加强农村公共物品供给需要新的理论作指导。应当说,党的十九大以后,专家学者围绕实施乡村振兴战略陆续开展了农村公共物品的供给研究,也取得了一些积极的成果,但是通过查阅相关文献发现,真正贴近农村实际、贴近乡村振兴战略开展农村公共物品研究的不是很多,进行全面系统研究的就更少了。国家提出实施乡村振兴战略已有两年多时间了,仍然缺乏符合乡村振兴战略实际的、全新的农村公共物品供给理论。我们便适应这一时代要求,开展乡村振兴视角下的农村公共物品理论研究,通过理论研究和实践探索,提出具有时代意义的、更加符合农村实际而且具有一定可操作性的农村公共物品供给的新策略,以期起到抛砖引玉的作用。

§1.3 研究方法与技术路线

§1.3.1 研究方法

选择正确的研究方法是搞好理论研究的重要保证,关于农村公共物品的研究,以往的研究者采取了各种各样的研究方法,对取得有价值的研究成果起到了积极的作用。鉴于乡村振兴视角下的农村公共物品需求偏好与供给策略研究的现实意义比较强,本书采取了更能贴近农村需求实际的研究方法,使理论更牢靠、成果更现实。概括起来,本书主要采用了文献法、调查法、定量分析法、定性分析法、系统分析法等研究方法。

其一,文献法。文献研究,是理论研究普遍应用的一种方法。本书也不例外,也首先采用了这种方法。因为要把乡村振兴战略中的公共物品供给研究好,首先必须把以往的研究梳理好。一是为我们的研究奠定基础,二是使我们的研究更能找到突破点，更加有助于开展农村公共物品供给的全方位研究。因此，我们共开展了国内外公共物品理论、农村公共物品供给理论、乡村振兴理论、乡村振兴与公共物品供给理论等多方面的文献研究。本书主要是通过中国知网、国家哲学社会科学文献中心、中国优秀硕博士学位论文库等国内知名的科研成果数据库检索上述几方面的优秀文献；通过阅读亚当·斯密的《国富论》、柏拉图的《理想国》、萨尔缪森的《经济学》、布坎南的《公共物品的需求与供给》、奥尔森的《集体行动的逻辑》、埃莉诺·奥斯特罗姆的《公共资源的未来》、萨瓦斯的《民营化与PPP模式》、李军鹏的《公共管理学》等数十本经典名著，为我们的研究奠定了雄厚的理论基础；通过查阅历年中央1号文件和《乡村振兴战略规划（2018～2022年）》《"十三五"推进基本公共服务均等化规划》等一系列国家规划和政策文件，明晰了我国多年来关于农村公共物品供给的相关政策以及农村公共物品供给与促进我国农村经济社会发展的关系问题，为我们开展乡村振兴视角下的农村公共物品供给研究提供了政策支撑。

其二，调查法。调查研究，是掌握第一手资料的重要方法，更是寻找问题答案的重要途径。为了更好地开展乡村振兴视角下的以需求为导向的农村公共物品供给研究，我们把调查研究作为本书的重要方法，以农村为重点全方位开展调查研究。我们主要开展了两种形式的调查研究，即访谈调查和问卷调查。一是访谈调查，这是一个非常艰辛而细致的调查方法。为了能够比较全面地了解和掌握农村公共物品供给与需求的真实情况，从2017年下半年开始，到2019年7月，我们利用将近两年的时间，共走访调查了山东、河南、河北、安徽等四省13个县（市、区）的60多个村庄，同时还访谈了20多个县级以上政府部门及乡镇政府，召开了10余次座谈会，参与调查的访谈对象达560余人次，广泛听取各级政府关于农村公共物品供给的政策、措施、问题与建议，广泛听取农村干部和群众对公共物品的期盼与呼声，为我们开展研究提供了最基础的第一手资料。二是问卷调查，这是最常用的一种抽样调查方法。为了扩大调查的覆盖面，我们利用2019年寒假时间，聘请青岛农业大学的部分学生，对山东、甘肃、湖北、内蒙古等8个省（自治区、直辖市）的55个县（市、区）的267个村庄及267名村民进行了问卷调查。共发出问卷300份，收回280份，有效问卷267份，收回率和有效率分别是93.3%和95.4%。这里需要说明的是，我们对每个村庄只抽取一名村民进行问卷调查，同时由此村民对村庄的相关情况进行评价，所以与267份有效问卷相对应的就是267个村庄和267名村民。我们设计的这份《乡村振兴公共物品供给调查问卷》，共设计了108个题目，其中51个题目涉及村民个人，57个题目涉及村庄。对收回的267份调查问卷，采用国际通用的SPSS软件进行汇总统计，运用到我们的具体研究之中，成为我们数据分析的一个重要方面。

其三，定量分析法。定量分析，是通过对客观事物的数量变化分析，寻找其变化规律的一种研究方法，是开展研究的重要基石。在本书中，我们把定量分析作为研究的基本方法，采集了国家统计局发布的近二十年来的相关数据、第二次和第三次全国农业普查数据以及国家发改委、财政部、农业农村部、民政部、卫健委、文化和旅游部、交通运输部、生态环境部、医保局等相关部委发布的各年度相关数据，再加上有关省（自治区、直辖市）及青岛市等地方政府发布的相关数据和我们的调查问卷数据，共同构成了我们进行定量分析的大数据。利用这些数据，对我国农村公共物品供给情况进行了全面分析研究。同时还利用数据分析，进行了纵向和横向的比较分析研究。通过对各类农村公共物品供给情况的定量分析，厘清了我国农村主要公共物品的供给情况，可以看到我国农村公共物品供给的力度在不断加大，正在朝着城乡均等化方向发展，同时对标全面建成小康社会和乡村振兴战略。定量分析也分析出了农村公共物品供给的短板问题，对大多数的短板都给出了量的表达，为开展农村公共物品供给策略精准研究提供了比较准确的现实依据。

其四，定性分析法。定性分析，实质上就是通过对客观事物的质的研究，把握其合理内核，界定其构成成分，探索其发展规律。我们把定性分析引用到农村公共物品研究，就是要准确把握农村公共物品之宗旨要义，探索其在乡村振兴中的发展规律和特点。在具体研究中，我们充分借鉴以往研究的科学成果，充分利用我们实地调查的基础材料，全面研究国家制定的各项推动政策，从我国乡村振兴的实际出发，对农村公共物品的内涵和外延进行了合理界定，对其特点进行了科学归纳，找出了影响农村公共物品有效供给的主客观因素，提出了乡村振兴与农村公共物品供给共生发展的实践路径。

其五，系统分析法。系统分析，实质上是对客观事物进行完整研究的重要方法，主要是把客观事物作为一个有机系统，在对其进行整体性分析的同时，对其各个构成要素进行综合分析，探索系统发展规律，提出系统发展策略。本书虽然把农村公共物品作为一个整体系统进行分析研究，但是在具体研究中进行了三个方面的分析研究。这三个方面的研究不是逐个进行的，而是作为研究应该把握的基本要领，分散在全书的总体研究之中。首先是把农村公共物品系统放在乡村振兴的大背景下，进行总的定位分析，把握其总体发展规律和特点，也就是规定其质的发展方向。其次是对在公共物品系统内规定和影响其稳定性和发展规律的各个主要构成要素进行了科学分析梳理，重点是对农村基础设施和基本公共服务的几个主要因素进行分析研究，其中兼顾了农村生产性和生活性两个方面的基本公共物品要素。再次是把对与农村公共物品系统相交、相切以及对农村公共物品系统发展有影响的相关因素，一并纳入了分析研究的范畴，重点是把全面建成小康社会、农村扶贫开发、城乡融合发展等国家重大战略与乡村振兴融为一体，统筹研究。通过对农村公共物品的系统及其构成要素的全面分析，我们把握了其在乡村振兴背景下的发展规律和特点，并根据四类村庄振兴发展的不同特点，有针对性地提出了农村公共物品政府供给、私人供给、第三方供给、PPP 模式供给等有效供给的相应策略。

§1.3.2 研究的技术路线(见图 1-1)

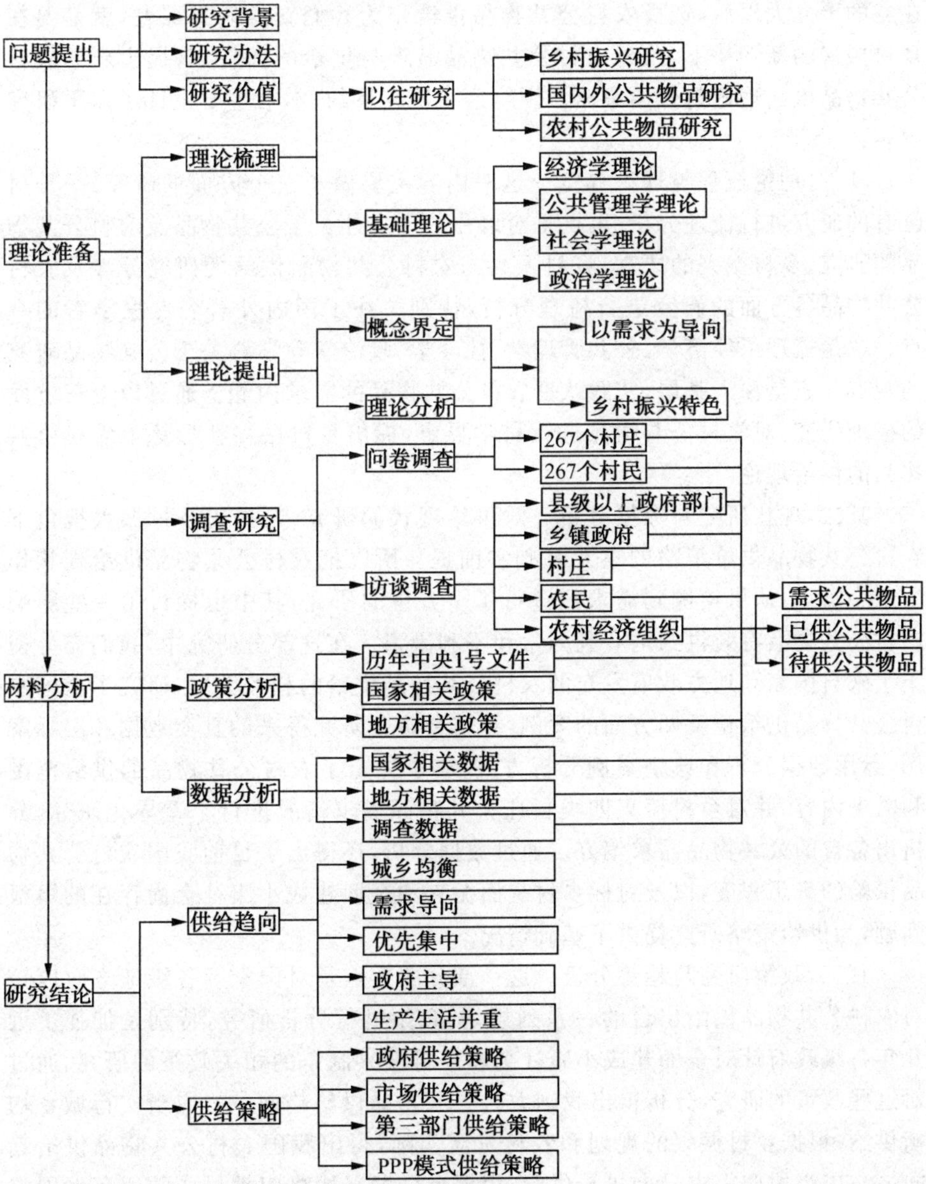

图 1-1 研究技术路线图

§1.4 研究内容与框架结构

§1.4.1 研究内容

目前,关于农村公共物品供给的研究各具特色、成果颇丰。前面已经提到,在党的十九大以后,选择农村公共物品供给作为我们新的研究课题,就是要在乡村振兴的新形势下,凸显农村公共物品需求与供给的新特点,提出新的农村公共物品供给理论与供给策略。围绕这一研究目的,本书主要设计了以下研究内容:

其一,理论梳理与理论界定。这一内容主要做了三个方面的研究:一是对已有的研究进行梳理分析,重点是对以往的国内外关于公共物品及农村公共物品的研究、乡村振兴的研究、乡村振兴与农村公共物品供给的研究等涉及农村公共物品各方面的研究进行梳理分析,特别关注了国内外著名专家学者的观点。二是梳理了经济学、公共管理学、社会学、政治学等学科关于公共物品研究的观点。三是深入基层,实践认证农村公共物品的需求内涵。通过以上三方面的梳理研究,对农村公共物品进行科学界定,提出乡村振兴新形势下农村公共物品的供给理论。

其二,现状研究与数据分析。对供给现状的研究,是提出乡村振兴视角下农村公共物品供给策略的重要基础和前提。所以把农村公共物品供给现状作为一个重点,从供给侧到需求侧进行了全方位的研究,其中也探讨了一些影响农村公共物品有效供给的有利因素和不利因素。在这部分研究中,我们充分搜集了来自国家和地方政府发布的农村公共物品供给的相关数据,研究了全国农村公共物品供给正反两方面的案例,并结合调查研究得来的真实数据和实际案例,运用数据分析和典型案例分析方法,科学界定了农村公共物品的供给范围和需求内容,并对乡村振兴四类村庄公共物品需求情况进行了差异化研究,分析出各自的公共物品需求偏好。通过数据分析,还得出了目前我国农村公共物品供给的满足程度,以及对标乡村全面振兴和全面建成小康社会尚存在的短板问题,为供给策略研究提供了基础情况。

其三,政策研究与趋势分析。这一部分的重点是对国家及各级地方政府针对农村公共物品供给出台的一系列规划、政策进行分析研究,特别是加强了近几年各级政府针对全面建成小康社会和乡村振兴制定的相关政策的研究,通过对这些政策的研究,分析得出我国农村公共物品供给趋向——应当实行城乡均衡供给;根据乡村振兴的规划和农村发展实际,得出我国农村公共物品供给趋向——应当按照需求导向进行供给;根据乡村振兴战略四类村庄的振兴发展趋势,得出我国农村公共物品供给趋向——应当向规划振兴的重点村庄优先集中供给;根据我国坚持以公有制为主体的特点,得出我国农村公共物品供给趋向——应当实行政府主导供给;根据乡村全面振兴的特点,得出我国农村公共物品供给趋向——应当突出生产、生活并重供给。

其四,供给决策与供给策略。这一部分是本书的落脚点,也是本书的目的所在。根据农村公共物品的供给趋向和乡村振兴补短板的迫切要求,我们首先构建了以需求为导向的农村公共物品供给决策体制机制。在供给策略方面,把供给主体划分为政府、市场、第三部门、PPP 模式四大类,对每一类主体应该供给什么样的公共物品以及怎样供给都进行了具体的供给策略研究,其中把政府供给作为农村公共物品供给的主渠道,进行了较为详细的研究,初步划分了从中央到地方五级政府的供给责任;市场作为第二大供给主体,划分为五类主体分别进行了研究;第三部门作为补充,划分为农村第三部门和非农村第三部门;PPP 模式重点是突破了传统的概念,赋予其具有农村特点的含义,进行了具体的供给策略研究。

§1.4.2 框架结构

根据本书的主题,共分为六大部分进行研究。

第一部分,作为本书的开篇,重点介绍了乡村振兴视角下农村公共物品供给研究的背景、价值、方法、内容与框架,并阐述了本书的创新点以及需要进一步研究的方向和内容。

第二部分,作为本书的理论准备部分,重点梳理了以往研究的有益成果,分析了这些研究成果对乡村振兴视角下农村公共物品供给的指导意义及其缺憾与不足,为我们创新研究农村公共物品供给策略启迪了新思路。在这一部分中,我们重点梳理了乡村振兴、国内外公共物品和农村公共物品供给三大方面的古今中外的过往研究,具体内容详细丰厚,理论基础扎实牢靠,涉及学科广泛全面,是本书的重要参照和借鉴。

第三部分,作为本书的理论概述部分,重点阐述了乡村振兴视角下农村公共物品的基本理论。在这一部分中,根据国家实施乡村振兴战略的新形势和新要求,重新构建了农村公共物品理论,从农村公共物品的含义、属性、特点、分类等方面进行了重新定义、界定和研究,深入研究了农村公共物品供给面临的一系列理论问题,揭示了需要解决的七大矛盾,奠定了后面研究的理论基础。

第四部分,作为本书的理论延伸部分,重点探求了乡村振兴视角下农村公共物品的需求偏好。在这一部分中,根据乡村振兴四类村庄的特点,探讨研究了四类村庄公共物品的共性需求与个性需求,为研究供给策略提供了针对性很强的理论依据。

第五部分，作为本书的现实研究部分，重点分析了我国农村公共物品供给现状。在这一部分中，全面研究了国家关于农村公共物品供给以及乡村振兴战略的相关政策，以中央1号文件为主线，铺开研究相关的规划、政策，以国家发布的相关数据为主体，全面分析国家、地方和调查研究等方面的相关数据，结合农村公共物品需求实际，分析乡村振兴视角下农村公共物品的供给情况，按照农村需求大类提出短板问题，为供给决策研究提供最基本的、最现实的基础依据。

第六部分，作为本书的策略研究部分，重点研究了乡村振兴视角下农村公共物品的供给趋向和供给策略。在这一部分中，根据前面的研究和乡村振兴的实际，分析研究并提出了农村公共物品供给的五个趋向（或称为“五个供给原则”），并根据四大类供给主体的特点，分别研究了各自的供给策略。

总体来看，六大部分是一个有机的整体，从第一部分到第六部分，是一个逐步递进的关系，从提出问题到解决问题，环环相扣，步步推进，形成了乡村振兴视角下农村公共物品供给的整体研究。

§1.5 研究的创新与需要继续研究的问题

§1.5.1 研究的创新

理论的生机与活力，关键在于创新，要具有时代性和实用性。本书不仅是一个理论研究，而且还是一个现实应用研究。创新的基础是实践，实践推动理论创新。所以我们把创新始终贯穿于整个研究的全过程，坚持创新性与务实性相结合，前期的理论梳理、政策研究、调查研究、数据分析等是为创新研究、务实研究奠定基础，理论概述和供给策略研究是本书创新的主体。概括起来，本书至少在以下五个方面实现了创新：

第一，赋予农村公共物品基础理论新的含义。在已有农村公共物品理论研究的基础上，我们从分析供需现状出发，通过提炼、总结和概括，从三个方面提出了不同于以前研究的观点。一是坚持发展和联系的观点，把农村公共物品作为一个动态概念来研究，提出纯公共物品与准公共物品在一定条件下可以相互转化，农村准公共物品与私人物品在一定条件下同样可以相互转化，而且准公共物品与私人物品相互转化的频率更高。二是根据需求特点和乡村振兴要求，把农村公共物品重新划分为全民共享、基础设施、生态宜居、社会服务、社会保障、公共政策、公共资源七大类，这样划分更加直观，更便于开展农村公共物品的供给。三是以农村公共物品供给现状和发展趋势为主要参考，重新提炼出当前农村公共物品层级化、区域化、碎片化、差异化、不均化、困境化六大特点，对准确把握农村公共物品提供有益参考。

第二，坚持政府主导的供给侧探索创新。以往的农村公共物品供给主体研究大多聚焦于应当由政府供给或政府、私人和第三部门多元供给，还有的提出多中心供给理论。鉴于我国社会主义制度优越性的特征，根据需求侧的特点，我们不排斥各种供给主体参与供给，但是为了保证供给效率，提出供给侧改革的一个重要命题——政府主导，就是所有供给主体参与供给，都必须在政府统一主导下进行科学合理的供给。政府主导应当充分发挥政府财政投入和兜底功能、公共政策导向和动力功能、公共物品公益性和均等化的保障功能，至少应当在公共物品的规划、制度、决策、投入、监管等五个方面发挥主导作用。

第三，实现优先集中供给的乡村振兴路径创新。从 2017 年提出乡村振兴战略，到现在已有近三年时间了。在这三年当中，很少有根据乡村振兴四类村庄的特点，开展农村公共物品供给研究的，大都把聚焦点放在补短板研究上。我们的研究，是从乡村振兴的实际出发，依照乡村振兴的路径和规律，结合城镇化发展和四类村庄振兴的规划布局，提出了不同于以往的优先集中供给策略。根据四类村庄规划，发挥政策的导向功能，集中财力、物力、社会各方面资源，向重点村庄优先集中供给，打破过去平均供给的模式，发挥农村居民“用脚投票”的功能，同时可以逆转农村居民向城镇流动的趋势，真正实现乡村振兴。

第四，落实责任政府的供给责任创新。作为责任政府，我国五级政府同时担负着供给责任，这是由农村公共物品的特点和中国特色社会主义制度决定的。以往对政府供给的大多数研究，基本都是基于政府供给责任、供给方式等方面的面上研究，很少有对各级政府供给责任进行具体细分研究的。从国家对各级政府的供给责任划分来看，国家和省两级的责任划分比较明确，而很多地方地、县、乡三级划分得就不够明确，有的很笼统、很模糊，执行起来比较困难。我们在研究中还发现，有的农村公共物品没有明确划分各级政府供给责任，虽然可以由市场和第三部门予以补充，但是供给不足和效率不高问题始终没有解决好。在研究中，我们按照供给边界、受益范围、责任清晰、责权平衡、适度超前等原则，合理界定了每一级政府的供给责任，同时也划分了农村集体的供给责任范围，并提出了一些积极有效的、落实财权事权的新思路。

第五，设计农村 PPP 模式的制度创新。PPP 模式，在城市公共物品供给中发挥了重要作用，近几年来出现了向农村延伸发展的新动向，为乡村振兴提供了很好的机遇。通过研究，我们发现了三个问题：一是现行的 PPP 模式对合作主体作了严格的限定，合作的一方必须是政府，而另一方必须是社会资本。二是现行的 PPP 模式运作程序单一，必须由政府部门总体把控，进行审批或备案。

三是缺乏适合农村特点的PPP模式研究成果。基于这三个问题,PPP模式在我国农村发展得不够充分。为了把机遇变成现实,在深入研究的基础上,提出了发展农村PPP模式的新思路。我们对PPP模式赋予了新的含义,放大了PPP模式的合作主体范围,把政府、社会资本提供者、村集体、项目单位、合作社、农户等一并作为PPP模式合作主体,拓宽了PPP模式在乡村振兴中的应用范围,提出了多达但不限于24种合作模式,并根据合作主体类型创新设计了适应农村公共物品供给的新的运作程序。我们把这种新的制度设计称为"PPP模式在农村的升级版"。

§1.5.2 需要继续研究的问题

乡村振兴视角下的农村公共物品研究,不仅是一个老话题,而且还是一个迫切需要创新体制机制的新课题。由于研究的局限性,不仅自身研究有缺憾,不能穷尽公共物品的所有问题,而且在乡村振兴和农村公共物品供给的实践中,难免会有一些具体问题和新问题需要去研究、去解决,理论也需要在实践中创新发展。就本书而言,我们认为至少有以下几个问题需要与有关的专家学者进一步去创新、去发展:

第一,如何构建一套科学的农村公共物品供给决策体系,是搞好农村公共物品供给的重要环节。本书虽然提出了以需求为导向的供给决策构建,但是还有一些具体的细节,需进一步的研究。

第二,本书虽然提出了政府主导的供给策略,但是在政府主导下,如何把政府、市场、第三部门的供给决策有机地统一起来,这是一个更具可操作性的实践问题,需要理论去回答、去指导。本书没有构建起完整的政府主导供给体系,需要做进一步的理论探讨和实证研究。

第三,绩效评价是改进农村公共物品供给策略的重要依据,本书涉猎不多,以往也很少有站在乡村振兴的角度去探讨研究的。所以需要结合乡村振兴的实践,进一步加强绩效评价研究,以提高乡村振兴视角下农村公共物品供给效率。

第四,补短板是全面建成小康社会和乡村振兴的迫切任务,如何把补短板与农村公共物品需求偏好、与乡村振兴四类村庄真实需求有机衔接,实现优先集中供给,也是需要探讨供给策略和供给路径的。

第五,社会化供给是农业生产性公共物品供给的发展方向,如何培育供给主体,实现精准供给,是推动小农户与现代农业衔接的关键,也是推动现代农业科技普及发展的重要举措。本书也提到了这方面的问题,但是没有做深入的研究,社会各方面也都在关注这一问题,需要研究者们提供理论依据和实践策略。

第二部分

本部分是整个研究的理论准备部分，重点是根据我们多年研究形成的独特理论观点，在进行理论梳理的同时，对四个方面的以往研究进行了科学评价，并形成了一些新的思想，为全面开展研究提供了理论准备。一是从乡村振兴的背景、意义、内涵、路径等七个具体方面梳理了乡村振兴与农村公共物品的关系研究，从中择其精华，强调了加强农村公共物品供给助推乡村振兴的重要性，也提出了乡村的振兴能够更好地供给公共物品的基础理论。二是从公共物品的内涵、特点、供给主体、供给策略等方面梳理了国外公共物品的发展历史和理论观点，借鉴其优秀成果，为后面的研究作基础理论准备。三是从公共物品的概念、分类、供给等方面梳理了国内公共物品的研究特点和有益成果，分析了这些观点的可行性和需要进一步研究的问题，确保后面的研究沿着科学的轨道前进。四是从概念界定、供给主体、供给决策等方面梳理了国内农村公共物品的特色研究，科学评价了当前研究的特点、成果和问题，特别指出农村公共物品研究的宏观性、理论化等特点，为搞好宏观与微观相结合、理论与实践相结合的农村公共物品理论研究提供最基本的理论依据。

§2.1　乡村振兴与农村公共物品研究

党的十九大提出实施乡村振兴战略以来，乡村振兴成为社会各界的关注焦点，关于乡村振兴的研究方兴未艾，可以说是在全国掀起了一股研究热潮。大家从不同的领域、不同的角度，关注农业、农村、农民的发展，对乡村振兴各抒己见。清华大学中国农村研究院 2018 年、2019 年连续两年的"三农论坛"聚集乡村振兴；中国农业大学连续两年召开乡村振兴学术研讨会；2018 年 5 月 5 日，山东大学在威海召开了"纪念改革开放四十周年之乡村振兴战略"研讨会；等等。可以看出，中央提出乡村振兴战略以来，全国各大院校、研究机构都在蓄势发力，开启破冰之旅，在理论研究上积极争当排头兵。从中国知网检索的文献来看，社会各界关于乡村振兴的研究主要聚焦于乡村振兴的背景、意义、理论基础、内涵、路径、问题与障碍因素、实践案例等方面，同时加强了关于农村公共物品和补短板的研究，并对一些具体问题进行了积极的探索和研究。各级政府纷纷出台文件，对实施乡村振兴战略提出了一系列的指导性意见，对乡村振兴战略的目标、路径以及具体的措施，都作出了具体的部署和安排，特别是围绕公共物品供给与补短板问题，部署得特别多而且目标任务非常明确。理论界是非常活跃的，科研院所相继成立了若干乡村振兴研究机构，专门对乡村振兴进行研究指导。青岛农业大学乡村振兴研究院先后与山东省的平度市、平原县、临邑县、莱阳市、利津县等县市进行合作，合力推进乡村振兴战略的实施。各研究机构围绕乡村振兴召开了一系列研讨会，专家、学者以及关心乡村振兴的社会各界理论爱好者，纷纷走出去，到农村进行实地调研，撰写出了一系列有价值的调查报告和研究论文。据中国知网搜索，2017 年至 2020 年 4 月底已公开发表乡村振兴研究论文 34318 篇。由于他们关注的领域、研究的视角不同，研究出的成果也各有千秋。从我们对乡村振兴研究文献的梳理发现，几乎所有的研究都或多或少地涉及农村公共物品供给研究，其中不乏专门研究农村公共物品供给的优秀成果。归结起来，主要有以下几个方面。

§2.1.1　乡村振兴背景与农村公共物品研究

社会各界普遍认为，实施乡村振兴战略，是我们党在全面认识和把握我国发展阶段性特征基础上，从党和国家事业发展全局出发作出的一项重大战略决策。研究者们从不同的角度，对实施乡村振兴战略的背景进行了诠释，不少把农村公共物品供给问题列入了乡村振兴的背景研究。叶兴庆、蒋和平、牟少岩、王振、金太军、熊小林等研究者从"两个一百年"的历史交汇期、农业基础地位、社会主要矛盾变化、统筹城乡发展等方面，研究了乡村振兴的历史背景、现实背景和理论背景。从农村发展现状来看，实施乡村振兴战略正逢其时，随着城镇化水平的提高，农村发展相对滞后，突出表现在农业生产方式落后、农业结构不合理、农民增收的内生动力不足、农村人居环境亟待改善等方面。从社会主要矛盾变化来看，不平衡、不充分的问题正在凸显，突出表现在城乡之间、区域之间、农村内部的不平衡和农村发展不充分上，农村基础设施落后、基本公共服务短缺、空心化、土地撂荒等问题成为制约农村发展的瓶颈问题。从全面建成小康社会来看，农村是一个薄弱环节，农村相对贫困和贫困人口的致贫脱贫问题亟须解决，农村宜居宜业环境亟待改善。从国家政策来看，实施乡村振兴战略是国家政策连续向农村倾斜的重要战略，是家庭联产承包责任制、新农村建设、城乡统筹发展等一系列重大决策的递升发展。不管是改变生产方式、调整农业结构，还是改善宜居宜业环境、统筹城乡发展，不管是增强农村发展内生动力、农民脱贫致富，还是改善农村基础设施、提升公共服务水平，都与农村公共物品的有效供给密切相关，没有公共物品的供给，这一切都无法实现。所以说，加强农村公共物品供给，实现城乡均等化，也是实施乡村振兴战略的一大现实背景。还有一些学者从其他方面研究了乡村振兴的背景问题，为实施乡村振兴战略提供了一系列现实依据和理论依据。

§2.1.2　乡村振兴意义与农村公共物品研究

为什么要实施乡村振兴战略？也就是说，实施乡村振兴战略的意义是什么，这是理论界普遍关注的问题，其研究可谓热烈而深刻。陈锡文、张红宇、郭翔宇、郭玮、秦中春、张福贵等学者虽然是从不同的角度研究了乡村振兴的意义，但是他们的共识则是普遍认为实施乡村振兴战略具有很强的现实意义和深远的历史意义。陈锡文站在中国全面发展的角度上，认为乡村振兴是建成现代化强国的大事，张红宇认为乡村振兴是实现强国梦的必然要求，郭玮认为乡村振兴是实现中国梦的重要组成部分。这三位学者给予了乡村振兴很高的定位，把乡村振兴作为建设现代化强国的重要组成部分，其意义非常重大。从理论界的研究来看，乡村振兴的意义还应包括解决“三农”问题的战略性部署、解决农村深层次矛盾的重要抓手、满足人民美好生活需要的迫切要求等诸多方面。可以说，实施乡村振兴战略，是全面加快建设社会主义现代化国家的必然选择。从学者提出的意义来看，都把农村公共物品与乡村振兴有机地联系在一起，一方面乡村振兴需要公共物品，另一方面乡村振兴能够推动农村公共物品的全面有效提供。还有更多的学者如孙皖江、连永焕、阴映月等，都对乡村振兴的意义与公共物品的供给进行了深入的探讨，观点新颖而且全方位地涵盖了乡村振兴的现实意义和历史意义。

§2.1.3 乡村振兴内涵与农村公共物品研究

党的十九大报告中提出："要坚持农业农村优先发展，按照产业兴旺、生态宜居、乡风文明、治理有效、生活富裕的总要求，建立健全城乡融合发展体制机制和政策体系，加快推进农业农村现代化。"根据中央提出的乡村振兴"20字"总要求，专家学者就乡村振兴的内涵进行了全面而准确的研究。陈锡文、叶兴庆、姜长云、王亚华等专家从理论层面分别解读了乡村振兴的内涵。陈锡文认为乡村振兴战略与"五位一体"的总体布局是一体的，其内涵是广泛的，除了农业生产和农民生活，还涉及很多内容。叶兴庆认为乡村振兴与新农村建设相比，其内涵得到了升级发展，并对"20字"总要求分别进行了解读，提出乡村振兴要实现农业农村全面发展，要实现农民增收、消费升级、提高民生保障水平，要实现农村可持续发展，要健全乡村治理新体系，要更高标准促进乡风文明。丁忠兵、蒋永穆等学者也提出了与叶兴庆相似的观点。王亚华、苏毅清认为实施乡村振兴战略是我国农村战略思想的系统总结和升华，并赋予了乡村治理体系、农村现代化、城乡融合发展、"三农"工作队伍等新内涵。郭险峰、严涵在对比日、韩、德农业农村发展的国际经验后认为，乡村振兴关键在于价值取向明确下的乡村发展要素"聚拢"与"盘活"，关键在"人"。庹进烨认为乡村振兴战略是党的创新与发展，也是历史的必然。江维国、李立清、周贤君认为中国乡村振兴具有十分丰富的科学内涵，它是马克思主义中国化的新实践，是"村镇化"与"城镇化"双轮驱动的新型发展模式，是乡村全面现代化对农业产业现代化的替代。宋圭武认为建设现代农业、脱贫攻坚等是乡村振兴在实践层面的具体要求。刘合光认为，实施乡村振兴战略的四大战略关键点是战略目标、总体要求、关键要素和关键难题，而且提出公共资源配置要优先向农村倾斜。张军、钟钰、陈明星等学者从乡村振兴战略的基本含义、总体要求、主要内容、关键举措以及主要目标等方面对乡村振兴战略的科学内涵作出了深刻的理论界定，为在实践中推进乡村振兴战略提供了理论依据。

§2.1.4 乡村振兴路径与农村公共物品研究

如何把乡村振兴战略落到实处，是社会各界普遍关注的焦点问题，也是理论界讨论的热点问题。专家学者主要是从宏观、微观的各个层面、各个方面进行了研究，并提出了一系列的实施路径。从魏后凯、马晓河、黄祖辉、廖彩荣、陈炎兵等学者研究的观点来看，实施乡村振兴战略的重点是要解决"人、地、钱"的问题，解决农村公共物品供给问题。围绕这些问题的解决，专家学者提出了一些具体的路径：一是要做好实施乡村振兴战略的顶层设计，确定乡村振兴的具体路径；二是要抓好农村人才队伍建设，建立一支乡村振兴的生力军；三是要加强农村产业发展，推动实现农业现代化，奠定乡村振兴的基石；四是要改革农村土地制度，激活农村土地市场；五是要建立多元化融资机制，增强乡村振兴的造血功能；六是要引导工商资本下乡，注入农村产业发展新的基因；七是要引导城乡要素自由流动，注入农村发展的生产要素；八是要注入农村先进文化，建设现代文明乡村；九是要建立乡村治理体系，提高农村治理水平；十是要加强农村党的建设，为乡村振兴提供政治保障；等等。另外，专家学者还从不同的角度提出了一些具体的路径，如黄祖辉提出的“五个激活”“五位一体”和“五对关系”协调推进的“三条路径”，蒋永甫、宁西提出的体制机制、城乡一体、产业融合、土地改革等四个着力点，魏后凯提出的解决人才短缺、资金不足和农民增收“三大难题”，唐任伍提出的体制机制改革创新、推进农业现代化、建设现代乡村文明、构建城乡命运共同体、建立现代乡村治理体系等具体实施路径。

加强农村公共物品供给，作为实施乡村振兴战略的一大路径，上述专家学者都在不同的路径中有所体现。马晓河、赵然芬等学者专门把农村公共物品作为乡村振兴的路径进行了研究。2018 年 10 月 11 日，马晓河在《光明日报》撰文提出，实施乡村振兴战略，要准确把握农业农村基础设施和公共服务供给方向。2019 年 3 月 13 日，《农民日报》评论员文章指出，补齐农村基础设施短板，是推进乡村全面振兴工作大局中的基础性工程。2019 年 3 月 20 日，赵然芬在《河北日报》撰文也提出实现乡村振兴，健全农业社会化服务体系是一个重要着力点。肖伏清认为，应当着眼乡村产业基础薄弱、乡村产业要素分散、乡村动力不足的实际，着力补短板，走出乡村振兴的新路径。周立提出要实现城乡融合、产业振兴和四化同步（工业化、城镇化、农业现代化、信息化）。陈炎兵提出要提升农村基本公共服务水平。笔者提出满足农村公共物品需求是乡村振兴的重要路径。李云提出实施乡村振兴战略，精准识别需求、精准提供内容、促进城乡互动、提高供给质量等精准供给农村公共服务的四条路径。

还有的从农村土地管理、公众参与、培育主体、文化建设、农业教育、公共管理、科学治理、党的建设等不同的角度，提出了实施乡村振兴战略的具体路径和具体的措施办法，使乡村振兴有着很多可供选择的可行性方案，提供了理论准备和战略指导。

§2.1.5 乡村振兴实践与农村公共物品研究

自 2017 年国家提出实施乡村振兴战略以来，专家学者以及工作在第一线的实践家们纷纷加入乡村振兴实践研究的队伍中。他们主要是通过对我国过去乡村振兴实践成果的研究总结，提出新时代乡村振兴的路径和框架。

彭海红研究了贵州省的“塘约道路”；蒋和平总结出了安吉模式、虔心小镇模式、眉山泡菜产业发展模式、袁家村模式和平谷大桃产业模式;许少辉、董丽萍通过对传统村落的研究,总结出了东部地区的"苏南模式"、中部地区的"中原模式"与西部地区的"黔东南模式";刘升研究了贵州省米村,提出了嵌入性振兴的实践路径;《人民日报》2018 年 3 月 26 日第 12 版以"把松阳的变化讲给世界听"为题,讲述了浙江省松阳县乡村振兴的故事,总结了松阳模式;王景新、支晓娟在研究了我国乡村振兴的历史和现状,特别是对一些典型案例进行分析后认为,应该以县域为单元,以乡村振兴为重心,以特色小镇和美丽乡村同步规划建设为抓手,制定更加具体可行的乡村振兴计划和推进政策。余孝忠、邵琨、席敏研究了山东省的"齐鲁样板",陈美球、廖彩荣、刘桃菊研究了江西省的黄溪村,尉京虎研究了山东省胶州市的刘家村、兰陵县的压油沟村和代村,笔者研究了山东省莱阳市的濯村和光山村,杨莉、刘清芝研究了山东省莱西市的产芝村,姜晓晓、黄洁研究了湖北省的尧治河村,纪丕霞、张水玲研究了山东省乳山市的海阳所村,等等。专家学者研究了很多地方乡村振兴的经验后,提出了一系列的乡村振兴模式和典范,为各地实施乡村振兴战略提供了样板。

专家学者研究的这一系列实践模式,是我国乡村振兴的典范,有的是走壮大集体经济实现振兴的路子,有的是走传统村落保护发展的路子,有的是走产业发展引领乡村振兴的路子,有的是走工商资本下乡引导乡村振兴的路子,有的是走城乡融合发展振兴的路子,有的是走搬迁振兴发展的路子。总体来说,这些实践模式虽然走的路子不同,但是目标都是实现乡村振兴,而且也实现了振兴。综观这些模式,它们有一个共同的特点,就是把农村公共物品放在特别重要的位置,嵌入乡村振兴的实践中去。这些模式,在道路交通方面,它们都是建立了比较完备的道路系统,村内村外交通十分便利,而且有的还纳入了城市公共交通体系;在人居环境建设方面,基本完成了厕所革命,建立起了垃圾回收体系和面源污染治理机制;在文化教育方面,这些村庄大都设立了学前教育和义务教育学校,建立了文化大院和农家书屋;在医疗卫生方面,村村建有卫生室的目标早已实现;在养老服务方面,基本建立起来城乡统一的养老服务体系,而且这些村庄基本是村村建有日间照料中心或者幸福院;在提供基本公共服务方面,基本都建起了村级公共服务中心,为社区内的居民提供最基本的公共服务。这些模式的成功实践,为全国全面实现乡村振兴积累了经验,探索了道路。

§2.1.6 乡村振兴障碍因素与农村公共物品研究

从家庭联产承包责任制的实施,到乡村振兴战略的提出,经历了 40 年的发展,农村发生了巨大变化。但是由于我国地大物博,区域发展不平衡,城乡发展不均衡,是摆在乡村全面振兴面前的重要课题。除了不平衡发展问题,要实施乡村振兴战略还面临着许多新的课题需要研究,许多困难与难题需要破解。韩俊、朱启臻、刘奇、党国英、涂圣伟等专家学者通过调查研究,实事求是地分析出了各种困难和问题,并提出了一系列解决方案。

在障碍因素方面,专家学者主要提出了以下几方面的因素:一是制度因素,是阻碍乡村振兴的体制机制障碍;二是观念因素,主要是重城市轻乡村思维定势;三是要素因素,主要是城乡要素流动性不强;四是人的因素,是乡村振兴的根本性障碍;等等。在难题方面,专家学者也提出了一些具体的困难,如增收困难、投入不足、人才缺乏、拆村并居、移民搬迁、建设用地不足、农村空心化、环境污染、宗族观念、黑恶势力干扰等问题,都是影响乡村振兴的突出问题。

从乡村振兴的障碍因素和难题来看,都与农村公共物品的供给有着直接或间接的联系。正如党国英在研究破解乡村振兴难题时提出的,避免农村公共服务低效率是破解的一大难题,所以不少专家学者把农村公共物品作为解决乡村振兴难题的重要因素,进行专题研究,提出了许多有价值的观点。邱建生认为脆弱的公共服务系统是乡村振兴的一大敌人。陈秋红根据浙江、安徽、四川三省的调查数据分析,认为农民对于改善基本公共服务有着较为强烈的愿望。李文明等提出,要从农村基础设施、人居环境、公共服务、生态环境四个重要方面加快补上农村基础设施和公共服务短板。刘奇在《决胜全面小康需要'三看'》一文中谈到补短板问题时,强调农村"双基"(基础设施和基本公共服务)建设仍然存在地区之间、城乡之间不平衡的短板问题。2020 年 2 月 24 日,涂圣伟在《中国青年报》上发表文章指出,当前"三农"领域发展短板,最直观的体现是农村基础设施和公共服务领域,大多涉及农民群众民生痛点。张立认为,我国乡村振兴面临着乡村收缩与乡村建设、国家政策与区域发展不平衡、乡村风貌维育与人居环境改善、乡村的去生态化建设和绿色生态发展理念、文化传承与乡村社区解体、乡村规划体系不明晰与建设管理机制缺位诸方面的现实矛盾与问题,提出了未来我国乡村建设和发展的趋势以及乡村规划的转型应对。尉孟星认为农村公共物品是乡村振兴的关键性因素,有效的公共物品供给能够改善农村人口流动状况。朱启臻在研究破除障碍因素对策时,强调要认识乡村学校的重要性,完善乡村教育体系。我们在实地调查时,村党支部书记初鹏飞说加强农村学校建设,是农村留人、聚人的重要手段,只要农村有了人,乡村振兴的若干难题都能破解。于建嵘认为乡村公共物品供给不足是乡村治理的一大问题。还有的学者在研究乡村振兴障碍因素时,把农村公共物品既作为一种障碍因素,又作为破解障碍的手段,从公共物品的各个具体领域进行了有益的研究。

§2.1.7 乡村振兴具体问题与农村公共物品研究

除了上面几个广泛聚焦的热点问题外，专家学者还从不同的视角，针对一些具体的领域和问题，展开了热烈的讨论，进行了积极的探索，给出了一些具体的方案和思路。

§2.1.7.1 关于乡村振兴中的农村党建研究

蔡文成、段鹏超、霍军亮、吴春梅等学者研究了农村党建在乡村振兴中的作用以及农村党建中存在的问题，并对加强农村党建提出了具体的思路。他们认为，农村基层党组织是乡村治理的根本力量和治理体系的中心。当前部分农村基层党组织存在着组织建构不够优化、经济基础不够优厚、文化基础不够优质、社会基础不够优良等困境，制约着农村基层党组织整体功能和作用的发挥。乡村振兴战略对农村基层党组织建设提出了新的目标和任务，基层党建工作首先应重视党的政治建设，以党的政治建设引领农村基层党建工作，要夯实农村基层党组织建设的组织基础、物质基础、文化基础和社会基础。要树立先进治理理念、优化治理体系、提升治理能力、创新治理方法、营造治理环境，不断推动乡村治理现代化。还有一些学者通过剖析农村党建典型，推出了一些农村党建工作先进经验。裘曙洁、张亚君、陈海存在考察分析了宁波奉化滕头区域党建联合体的实践经验后提出，实施乡村振兴战略，需要把大力发展农村生产力放在首位，更需要加强党的领导，提升党的政治引领力、制度约束力、组织保障力，尤其是以区域党建联合体带动经济联合体、田园综合体建设。徐晓光介绍了浙江省绍兴市加强党对农村工作的全面领导，坚持基层党建引领基层治理和乡村振兴的经验。《新乡日报》记者焦亮报道了新乡县以党建促脱贫助振兴的经验做法。卓成霞提出要深化拓展莱西经验，以组织振兴统领乡村振兴。崔帅、朱新中、昂永生认为，把农村基层党组织建设好，保证乡村振兴战略正确的政治方向，建立健全党委领导、政府负责、社会协同、公众参与、法治保障的现代乡村治理体系。面对乡村治理的新形势，基层党建要创新工作理念、创新用人机制、创新工作机制。

§2.1.7.2 关于乡村振兴中的保护传统村落研究

传统村落保护，是特色保护类村庄振兴发展的必由之路。这方面的研究比较多，这里只选择几个主要观点予以介绍。许少辉、董丽萍认为传统村落产业发展对于乡村振兴来说是极其必要的，他们研究了江南、中原、黔东南传统村落产业发展的有益经验以及传统村落产业发展存在的难题，提出了三点政策建议：要坚持以农民群众为中心的发展思想实施乡村振兴战略，要促进传统村落产业发展更具区域均衡性，要因地制宜地探索出适合当地特色与资源禀赋的产业发展路径。范勇、袁赟、王林申、马明春从聚落形态与空间功能、聚落肌理与空间尺度、聚落格局与景观变化等层面，对传统乡村聚落空间形态进行了解析，以河北省磁县徐家沟传统村落改造规划设计为例，从传统元素的恢复与文化重建、空间形态与聚落肌理的构建、叙事景观的提炼与空间延展、传统空间与现代功能的结合等四个方面对传统乡村聚落的改造进行了实证研究，并从地域文化特征与乡土环境特色的保持、公众过程的参与和成果的共享等方面进行了延伸探讨，力求为传统乡村和传统文化的复兴寻找到内生的、可持续的发展道路。符志刚认为，目前古村落保护与开发面临着盲目拆旧建新、保护意识淡薄、旅游开发过度、保护经费短缺等问题，提出古村落文化的保护要解决好产权问题、统筹好新村与古村建设、维持古村整体风貌、重视古村文化建设等意见。

§2.1.7.3 关于乡村振兴中的乡村治理研究

乡村治理，历来是农村工作的重点。乡村要振兴，必须提升治理效能，这也是乡村振兴的客观要求。如何提高治理效能，学者们给出了一些治理思路。印子初步的构想是，建构行政村的社区福利评估能力、政策释义能力、组织动员能力和利益协调能力，助推乡村治理体系和治理能力现代化。吴蓉、施国庆基于后税费时代危机表征和成因的分析，提出在新时代乡村振兴时期应加强对基层政权权力的监控、重新定位基层政权的职能、规范基层干部的行政行为；健全乡村基层组织的治理体系、转变村干部观念和职能、搭好基层组织乡村振兴的班子；重塑农民集体化观念、调动农村全方位参与的积极性、建立农民权利义务关联纽带。赵晓峰通过透视乡村基层组织角色与行为在税费改革前后的变异逻辑，提出在后税费时代保持一个强有力的、维持基础性社会秩序的常规性力量，对于消化潜在的各种乡村治理性危机大有裨益。

§2.1.7.4 关于乡村振兴中的乡村绿色发展研究

绿水青山就是金山银山，这是农村绿色发展的方向，更是乡村振兴的一大特色。韩长赋准确把握农业绿色发展的深刻内涵，更加注重资源节约、环境友好、生态保育、产品质量，着力解决农业资源趋紧、农业面源污染、农业生态系统退化、农产品质量安全等农业绿色发展面临的突出问题，切实抓好农业绿色发展重大行动，健全农业绿色发展的支持政策，强化农业绿色发展的科技支撑，培育农业绿色发展的经营主体，建立农业绿色发展的监测评价体系。魏琦、金书秦认为农业绿色发展需要关注化学投入品减量基础还不牢、农业废弃物资源化利用的手段还不多、各部门力量还有待进一步整合、一些思想认识还需进一步提高四个问题，提出抓紧建立专项考核制度、协调组织综合督导、大幅增加投入、引导鼓励绿色消费等建议。尹成杰提出要坚持绿色的发展理念、制定绿色发展的政策、倡导和形成绿色的生产方式、大力发展绿色生态农产品、加快发展美好生活和绿色的生态产品、形成绿色的生活方式、建设绿色宜居的生活环境、实行绿色保护的治理方式等一系列农业绿色发展的意见。张宇、朱立志认为，乡村振兴战略要实现突破，必须以绿色发展为导向，在强化空间优化、推进绿色产业、优化政策体系和构建科技创新体系等关键领域和重点方向率先实现突破。王凡认为，绿色发展是五大发展理念中为解决我国当前严重的环境污染问题而提出的针对性理念，蕴含了经济、政治、文化三方面的丰富的绿色价值取向，即经济价值取向：绿色生产发展；政治价值导向：全民生活富裕；文化价值取向：自然生态良好。

§2.1.7.5 关于乡村振兴中的乡村旅游研究

学者们普遍认为，乡村旅游是乡村产业振兴的重要途径之一。自国家提出乡村振兴战略和美丽乡村建设以来，乡村旅游如雨后春笋般地得到迅速发展，但是也面临基础设施落后、公共服务不到位、投资大见效慢、同质化严重等突出问题。学者们围绕乡村旅游如何在乡村振兴中发挥更大作用，进行了积极的探讨。2018年3月5日，王洁平在《中国旅游报》发文指出，旅游业是推进乡村振兴的重要引擎、实现乡村振兴的特色路径。助力乡村振兴，旅游业要围绕“四个全面”聚焦发力：一是增强乡村旅游的产业带动功能，助力农业全面升级；二是发挥乡村旅游的文化引领功能，助力农村全面进步；三是发挥乡村旅游的富民惠民功能，助力农民全面发展；四是提升乡村旅游的综合发展功能，助力乡村全面振兴。尚勋武认为，乡村旅游是推动乡村振兴的产业之一，在发展乡村旅游的过程中，尤其要注意立足乡村本色，广泛吸纳农民参与。2018 年 4 月 22 日，郁静娴在《人民日报》上呼吁乡村游别丢了乡土味。2018 年 6 月 26 日，乔金亮在《经济日报》上呼吁乡村游别丢了“乡土文化”的魂。王晓毅在《中国联合商报》上提出，乡村旅游要有文化。这些呼吁也好，建议也罢，都直指乡村旅游的兴奋点，这就是乡村旅游不能没有文化，更不能丢了文化，要留住乡愁，留住记忆，要有浓厚的乡土味。

§2.1.7.6 关于乡村振兴中的农村宅基地研究

专家学者认为农村宅基地是农民的根，虽然随着大量农村人口的转移，农村出现了大量的闲置房屋，甚至出现了部分空心村，但是农民，包括转移出去的农村人口，他们始终把农村的老宅作为自己的根，这也是人之常情。学者们还以为，宅基地是乡村振兴的重要支撑制度，农村增加财产性收入、改善农村居住环境、乡村产业发展等都需要对宅基地制度进行改革。通过政策激活宅基地，是乡村振兴的重要宝藏。根据农村宅基地的现状，如何在乡村振兴中更好地发挥农村宅基地的作用？专家学者也提出了许多方案，其中重点是落实“一户一宅基地”和宅基地“三权分置”改革，这也是国家的政策趋向。朱启臻认为，探索宅基地“三权分置”最关键的一权，是使用权的适度放活。尉京虎认为，宅基地改革应当从改变人们的传统观念入手，结合乡村振兴四类村庄的振兴特点分类推进，与农村公共物品供给配套推进。刘锐认为，未来的宅基地制度改革应当以乡村振兴战略对宅基地制度的改革构想为基本遵循，尊重中国乡村的实际和发展规律，进而探讨宅基地“三权分置”的有效形式。笔者认为，应当把激活农村宅基地市场，作为乡村土地资源整合配置的总抓手，进行区域性综合推进。郑风田提出，让宅基地“三权分置”改革成为乡村振兴的新抓手，探索推动宅基地“三权分置”改革，激活数百万亿元的农村宅基地市场。吕成认为，宅基地制度改革要落实宅基地集体所有权、保障宅基地农户的资格权、放活宅基地使用权、农民房屋使用权和用好国家监管权。这些观点都是站在乡村振兴的高度，提出的宅基地改革新思路，就是要进行顶层设计，规划出四类村庄的振兴目标，通过宅基地改革，激活土地财富，实现乡村全面振兴。

§2.1.7.7　关于乡村振兴中的职业教育研究

农村职业教育，是提高农村从业者的职业素养、执业水平、增收致富的重要途径。专家学者研究了农村从业人员的接受教育水平、劳动技能水平以及新型职业农民培训，并从农业生产发展现状到适用技术推广应用、从农村第一产业到第二产业和第三产业发展再到三产融合发展的科技应用现状、从普通产业发展到智慧农业发展和智慧农村建设等诸多方面，研究了乡村振兴中加强农村职业教育的必要性，提出了农村职业教育的重点、途径和方法。笔者研究了国家农业科技政策和职业教育政策后，提出农村职业教育的路径主要有兴办农业职业学校、普通高校开办农业职业教育专业、新型职业农民培训、农业科技下乡、举办农民学校等。尉孟星提出，立足乡村振兴要搞好四个结合，即农村职业教育要与农村产业发展有机结合、要与农业科技推广有机结合、要与培养新农人有机结合、要与农民素质整体提高有机结合。高俊梅和李峰分析了农村职业教育发展的机遇与挑战，孙莉要求改革创新农村职业教育，王秀然要求重点加强农村从业人员的技能培训，李祥和韩秋茹要求重新定位乡村职业教育，方拥军和陈乃林分析了农村职业教育的前景，金瑾要求改革农业职业经理人培养机制。关于农村职业教育，目前也成为一个研究热点，很多专家学者以及职业教育一线工作者都对如何加强农村职业教育、助推乡村振兴提出了很多有价值的建议与实施方案。

关于乡村振兴中的具体问题，专家学者还分别从社会生态、区域空间结构、文化产业、城乡关系、精准扶贫、工业反哺、新乡贤、社会资本投入、乡村异质性与差异化需求等不同的视角，对乡村振兴进行了广泛的研究，还有的专家学者进行了中外乡村振兴比较研究。这一系列的研究成果，是我国实施乡村振兴战略的宝贵财富，对我国全面实现乡村振兴具有重要的指导意义。

关于乡村振兴中的这些具体问题，都不是彼此孤立的，不仅它们之间相互联系着，而且还有一根主线把它们紧密地贯穿在一起，这根主线就是农村公共物品。在上面的具体分析中，大都体现出了公共物品在各自中的重要作用，在此不再赘述。

§2.2 国外公共物品研究

公共物品作为经济学的一个重要领域，从其概念的萌芽开始，就是研究的热点。在西方已有几百年的研究历史中，形成了各种不同的研究学派和理论，诞生了一大批著名的经济学家。在经济学诸多领域中，公共物品领域聚集了保罗·安·萨缪尔森、肯尼斯·约瑟夫·阿罗、约瑟夫·斯蒂格里茨、詹姆斯·布坎南、奥利弗·伊顿·威廉姆森、埃莉诺·奥斯特罗姆等众多的诺贝尔奖获得者。经过经济学家们多年的研究与争论，现在基本形成了比较成熟的理论与模式。世界上一些发达国家也一直在尝试、探索公共物品供给的渠道与模式，并取得了一些成功经验。从经济学家们研究和关注的焦点问题来看，他们的研究主要集中在公共物品概念的提出与完善、公共物品供给主体、公共物品供给模式以及运行机制、绩效评价等方面，为世界各国的公共物品供给提供了一系列可以借鉴和应用的理论模式。

§2.2.1 公共物品概念内涵研究

关于公共物品的研究最早是从西方开始的，应当说在没有正式提出公共物品概念的古代，公共物品研究就已经开始萌发。从朴素的公共物品研究，到公共物品理论的成熟，经历了从古代到现代的漫长过程。

古希腊哲学家柏拉图在其《理想国》中，就已经把公有和私有分得很清楚了，他的学生古希腊哲学家亚里士多德曾提出“个人只是城邦的组成部分，每一个隔离的个人都不足以自给其生活，必须共同集合于城邦这个政体。”[①]在这里，亚里士多德认为每个人的生活都离不开城邦，在城邦中有着公共利益，这种公共利益每一个公民都共享。英国政治哲学家托马斯·霍布斯也是很早就涉猎公共物品研究的。1651 年，托马斯·霍布斯在《利维坦》中从社会契约的角度，探讨了公共物品问题。作为一个性恶论者，人性论是霍布斯政治哲学的理论基础，是霍布斯构建利维坦的逻辑起点。他认为，“人们是处在一种充满互相争斗、恐惧不安的自然状态中。”人们可以通过契约的方式，授权给特定的主权者，由特定的主权者维护内部和平，抵御外来侵略者。从霍布斯的观点中不难看

① [古希腊]亚里士多德:《政治学》，吴寿彭译，北京:商务印书馆，1965 年，第 102 页。

出，特定的主权者行使的权力就是保护国民的安全，其实这就是一种公共物品。1739年，英国哲学家大卫·休谟在《人性论》中以“公共牧地排水”为例，提出了“搭便车”问题，这已经触及了公共物品问题。休谟认为政府可以免去人类的弱点，而且“对每个人都有益的事情（如桥梁、港口、军队等）只能通过集体行为或有政府参与才能完成。”在大卫·休谟这里，把“对每个人都有益的事情”视为公共物品。1776年，英国经济学家亚当·斯密在《国富论》中提出了君主的三大任务，一是保护国家安全，二是设立公正严明的司法机关，三是建立和维持某些公共机关和公共工程。亚当·斯密提出的君主和国家的这三大任务及其对三大任务的阐述，实际上就是君主和国家提供的公共物品，也对政府提供的公共物品进行了简单的分类。1848年，英国著名哲学家和经济学家约翰·斯图亚特·穆勒在《政治经济学原理》中指出，政府除保护人们免遭暴力和欺诈这两项职责外，还应提供铺路、道路照明、修建海港、灯塔和堤坝等公共服务。庇古在《福利经济学》中通过区分“外部经济”（正外部性）和“外部不经济”（负外部性），提出了“社会净边际产品”和“私人净边际产品”这两个重要的概念，对公共物品进行了多方面的研究。另外，李嘉图、马歇尔、帕累托、凯恩斯、萨克斯、潘塔莱奥尼、瓦格纳、马尔科、马佐拉、林达尔等经济学家的研究也不同程度地涉猎了公共产品问题。总体来看，早期的公共物品研究，主要是在欧洲，从古希腊、英国到奥意财政学派，大量的哲学家、政治家、经济学家都在围绕着国家的职能来研究公共物品问题，把国家提供给社会和公民的有形的、无形的产品和服务，统统视为公共物品，也就是说他们都强调了国家或政府提供公共物品的重要性。

1954年和1955年，美国经济学家保罗·萨缪尔森发表的《公共支出的纯理论》和《公共支出理论图解》两篇关于公共物品的论文中，首次明确使用了“公共物品”这个概念。在《公共支出的纯理论》一文中，萨缪尔森对公共物品的定义是，“公共品是这样的物品或劳务，即每个人消费这种物品或劳务不会导致别人对该种物品或劳务消费的减少。”萨缪尔森和诺德豪斯在《经济学》中指出，“公共品是指这样一种物品：将该商品的效用扩展于他人的成本为零；无法排除他人参与共享。”并说“公共品最好的例子是国防。”在《经济学》中他们还分析了公共物品的特征，指出“公共品的两个关键性特征是：增加一个人消费服务所追加的成本为零（非相克性），不排除他人享用（非排斥性）。这两个特征灯塔都具备。”这两个特征实际就是非竞争性和非排他性[①]。从萨缪尔森的定义和分析我们可以看出，在他那里，只有具备了非竞争性和非排他性的物品，才是真正意义

① 参见[美]保罗·萨缪尔森、威廉·诺德豪斯：《经济学》（第18版），萧琛主译，北京：人民邮电出版社，2008年，第32页。

上的公共物品。在《经济学》中，他们还从外部性的角度，提出了"全球公共品"概念。

1957 年，理查德·A. 马斯格雷夫在《比较财政分析》中把需要分为私人需要、社会需要、有益需要，并认为社会需要是满足消费者偏好的公共需要，有益型公共需要是反映统治阶级的偏好标准并强加给个人消费者的。马斯格雷夫于 1957 年和 1959 年分别在《预算决定的多重理论》和《财政学原理》中两次对"有益品"进行了定义，两次定义的共同点是有益品就是公共物品，不同点则是后一个定义升华了前一个定义。1957 年，马斯格雷夫把有益品定义为通过制定干预个人偏好的政策而提高生产的物品，1959 年则定义为对消费者有益但由于消费者的无知而消费不足的物品。

1965 年，詹姆斯·M. 布坎南在《俱乐部的经济理论》一文中将物品分为纯公共物品、准公共物品、纯私人物品。1966 年，布坎南在《民主进程中的财政》中又说，任何集团或者社团因为任何原因决定通过集体组织通过的商品和服务，都将被定义为公共商品和服务。在《公共物品的需求与供给》中，布坎南说，"根据正统定义，纯公共物品或服务是指相关群体的全体成员可同等获得的(Equally Available)那些物品和服务。该物品的单一生产单位对应着多个同质的消费单位，即同时可供多人消费。一旦生产出来，阻止群体内任何人享用(既可能给个人带来正效用，也可能带来负效用)，都是没有效率的。""正统定义中的非排他性是针对极端物品而言的，这时，增加一个消费者的边际成本为零。"布坎南在分析了纯公共物品的正统定义后指出，"这个定义具有高度的限定性""严格来说，没有哪种物品和服务在真正的描述性意义上符合这一极端定义。"①继而布坎南又提出了非纯公共物品的概念，"它们必须既不是纯私人物品和服务，即这些物品和服务的生产或消费具有外溢利益或损害；又不是纯公共物品和服务，即消费者从同质的物品和服务单位中所获得的消费并非严格均等。"②布坎南在《为什么我也不是保守派》中把作为市场行为的互利互惠规则也视为公共产品③。

约瑟夫·E. 斯蒂格利茨关于公共物品的定义类似于萨缪尔森的观点，在

① [美]詹姆斯·M. 布坎南：《公共物品的需求与供给》，马珺译，上海：上海人民出版社，2009 年，第 47 页。

② [美]詹姆斯·M. 布坎南：《公共物品的需求与供给》，马珺译，上海：上海人民出版社，2009 年，第 54 页。

③ 参见[美]詹姆斯·M. 布坎南：《为什么我也不是保守派》，麻勇爱译，北京：机械工业出版社，2015 年，第 43～45 页。

《公共部门经济学》中把具有竞争性和排他性特征的物品定义为私人物品，把具有非竞争性和非排他性特征的物品定义为公共物品，而且还进一步作了说明。他认为，“纯公共物品是指多为一个人提供公共物品的边际成本严格为零，且不可能不让人们享受该物品的公共物品。”“多向一个人提供的边际成本很大的、公共提供的产品是公共提供的私人物品。”

埃莉诺·奥斯特罗姆在《公共资源的未来：超越市场失灵和政府管制》中，把物品分为四种基本类型的可能的产品，即私人物品、俱乐部物品、公共池塘资源、公共物品。[①] 文森特·奥斯特罗姆和埃莉诺·奥斯特罗姆还提出了区分私益物品和公益物品的标准，一是排他性，二是使用或消费的共同性。

E. S. 萨瓦斯根据物品的排他性和消费单位把物品分为四种，即个人物品、可收费物品、共用资源、集体物品。[②]

哈维·S. 罗森研究了纯公共物品、非纯公共物品以及搭便车问题。他在《财政学》中从竞争性的角度，把纯公共物品定义为具有消费的非竞争性的物品，而且以诚实为例说明不被认为是商品的事物具有公共品的特征。关于公共物品的划分，他认为不是绝对的，关键是市场和技术条件。迈克尔·L. 卡茨和哈维·S. 罗森在《微观经济学》中认为，在一定程度上有竞争性的物品是非纯公共物品的消费，而且强调非排他性和非独享性不一定同时出现。在《微观经济学》中，他们认为搭便车并不是个事实，它只是人们只依据对商品的消费来使其效用函数最大化假设的暗示。

R. 格伦·哈伯德和安东尼·P. 奥布莱恩在《经济学（微观）》中根据消费是否具有竞争性或排他性，也把商品和服务分为四类：私人商品、公共品、准公共品、公共资源。[③]

1965 年，奥尔森在《集体行动的逻辑》中指出，集体物品是指任何物品，如果一个集团 $X_1, \cdots, X_i, \cdots, X_n$ 中的任何个人 X_i 能够消费它，它就不能不被那一集团中的其他人消费。换句话说，那些没有购买任何公共或集体物品的人，不能被排除在对这种物品的消费之外，而对于非集团物品是能够做到这一点的。奥尔森没有把没有购买集团物品的人排除在外，强调了公共物品的非排他性。

---

① 参见[美]埃莉诺·奥斯特罗姆：《公共资源的未来：超越市场失灵和政府管制》，郭冠清译，北京：中国人民大学出版社，2015 年，第 26 页。

② 参见[美]E. S. 萨瓦斯：《民营化与 PPP 模式：推动政府和社会资本合作》，周志忍等译，北京：中国人民大学出版社，2015 年，第 45～53 页。

③ 参见[美]R. 格伦·哈伯德、安东尼·P. 奥布莱恩：《经济学（微观）》，张军、罗汉等译，北京：机械工业出版社，2011 年，第 117～118 页。

1964 年，美国经济学家阿图·埃克斯坦在《公共财政学》“政府活动的范围”中把集体产品定义为不能通过市场提供的产品和劳务，并以国防作为例子作了分析说明，而且认为对外援助、宇宙空间探索以及防洪、警察和消防、司法裁判等，都具有同样的性质。阿图·埃克斯坦还对集体产品作了分类说明，他认为并不是合起来供应给许多人的所有产品都是集体产品。在有些情况下，排斥原则也是适用的。在这里，他举例说电影院的劳务是可以收费的，不付费的人可以不准入内，而道路和公园则是两可的，有时可以拒绝，有时则不能。从阿图·埃克斯坦的表述和分析中，我们可以看出他所说的集体产品，实际上可以理解为公共物品，而且区分了纯公共物品和准公共物品。他所说的不具有排斥原则的集体产品可以理解为纯公共物品，而他所说的合起来供应的、具有排斥原则的产品，可以理解为准公共物品。

1970 年，德姆塞茨在《公共物品的私人生产》一书中进一步区分公共物品和集体物品这两个概念，指出真正具有非排他性的是集体物品，而非萨缪尔森意义上的公共物品。原因在于公共物品通过市场细分和价格歧视可以有效阻止非付费者的消费，产生等同于私人物品的排他效果。

美国经济学家丹尼斯·C. 缪勒认为纯粹公共物品具有两个显著特征：一是供给的连带性，二是排除他人消费的不可能性或无效率。而且认为即便只存在这两个特征中的第一个特征，也会出现偏好显示问题，因而他对公共物品给出了一个可选择的定义，即能以零的边际成本给所有社会成员提供同等数量的物品。

总之，国外关于公共物品内涵的研究，从古至今，一直在不断地丰富和完善着。早期欧洲的公共物品研究，把公共物品的内涵基本都锁定在由国家提供的公共产品上。自从萨缪尔森把竞争性和排他性引入公共物品研究以来，经济学家们对公共物品的研究可谓是精彩纷呈，提出了很多的观点。总体来看，主要是根据竞争性和排他性，把物品和服务分成四大类，也就是前面提到的约瑟夫·E. 斯蒂格利茨、埃莉诺·奥斯特罗姆、E. S. 萨瓦斯、R. 格伦·哈伯德、安东尼·P. 奥布莱恩等经济学家关于物品的分类，他们的观点基本上是一致的，只是在表述和具体分类上有一定的差异，归结起来主要是私人物品、公共物品、准公共物品、公共资源四大类。而且哈维·S. 罗森还把诚实等在传统上不被认为是商品的事物纳入了公共品的范畴。

§2.2.2 公共物品供给主体研究

国外关于公共物品供给主体的研究，是伴随着公共物品概念的诞生而开始的，供给主体始终是政治家、哲学家、经济学家研究的重要内容。特别是经济学家们引入数学方法进行公共物品问题研究,使公共物品研究更加清晰、更加规范、更加科学。在此基础上,形成了一系列的供给模型、评价体系等。关于公共物品供给主体,基本上形成了政府供给、市场供给、第三方供给、公私合作供给等多种供给模型。围绕着这些供给模型,经济学家们通过不断的争论和完善,还提出了守夜人和搭便车思想、帕累托效率、瓦格纳法则、林达尔均衡、兰姆塞征收原则、庇古赋税办法、萨缪尔森条件、科斯定理、奥尔森集体行动理论、萨瓦斯观点、布坎南公共选择理论等一系列的供给理论、供给方法和评价标准体系,为公共物品的有效供给奠定了科学的理论基础。

§2.2.2.1　公共物品的政府供给

西方政治学家、经济学家、公共管理学家从古至今一直认为政府是公共物品的最优提供者,但是他们对于政府提供公共物品的观点是有所不同的,而且有的还相差很大。古典经济学家大都认为公共物品都应由政府来提供。亚里士多德、托马斯·霍布斯、大卫·休谟、亚当·斯密、约翰·斯图亚特·穆勒等都认为,公共物品无法通过市场进行有效配置,应该由公共部门进行提供。亚里士多德在《政治学》中指出,任何人主要考虑的是他自己,很少考虑公共利益。即使考虑公共利益,也仅仅只是在公共利益与他个人利益相关时。在亚里士多德看来,人们的自私心理驱使着人们只关心自己的利益和事物,很少甚至不关心与己无关的利益与事物,更不可能由私人来提供公共事物。英国哲学家大卫·休谟清楚地说明了私人很难甚至不可能达成一致意见来共同提供公共物品,只有政府才能提供公共物品。他在《人性论》中通过共有草地排水的例子分析了政府提供公共物品的职责。他认为"出于政府的关怀,桥梁得以建造,海港得以开辟,城墙得以修筑,运河得以挖掘,海军得以装备,军队得以训练。"[①]霍布斯的利维坦、亚当·斯密的君主三大任务都是主张由国家或公共部门来提供公共物品的。亚当·斯密还认为市场这只"看不见的手"发挥着对资源进行配置的作用,政府只需充当"守夜人"的角色。因而,亚当·斯密把政府的职能锁定在提供国防、司法、公共工程建设等公共物品上。约翰·斯图亚特·穆勒则更直接地提出了政府提供公共物品的责任。1848 年,穆勒在《政治经济学原理》的"论政府的影响"中写道,"确保航行安全的灯塔、浮标等设施,也必须由政府出资建设与维护。因为虽然船舶在海上航行时得到了灯塔提供的服务,但是却无法让船舶在每次收益之后都缴纳相应的费用,所以,任何人都不会出于为获取个人一己之利的动机而去建立灯塔,除非国家为此强制征税,然后再用税收去

① [英]大卫·休谟:《人性论》(下),贾广来译,西安:陕西师范大学出版社,2009 年,第 422～423 页。

补偿建立灯塔的人。"[1]穆勒在这里清楚地表述了由于私人建造灯塔造成市场失灵,政府就要建造私人不愿建造的、对公众有利的物品,为社会和公众提供公共物品和服务。西奇威克、庇古都认为,建造灯塔是很难向使用者收费的,如果私人建造灯塔,那么私人的收益将低于社会成本,私人就不会去建造灯塔。这说明由私人提供公共物品,会出现市场失灵现象。在这种情况下,政府就必须进行必要的干预,由政府来建造灯塔,为过往船只提供服务。后来,美国经济学家R.格伦·哈伯特和安东尼·P.奥布赖恩在《经济学(微观)》中认为庇古是第一个系统研究市场失灵的经济学家,并援引了庇古提出的处理生产过程中负的外部性问题的观点,即政府应该征收一个等于外部性成本的税。庇古所说的政府征收的这个税,就是著名的庇古税。可见穆勒、西奇威克、庇古等经济学家都是以灯塔这一典型的公共物品为例,说明私人提供公共物品会出现市场失灵,进一步强调了政府公有产权存在的必要性和提供公共物品的必要性,也说明提供公共物品是政府的责任。

19 世纪末的奥意学派运用边际效用价值论,对公共物品进行了界定,明确提出了公共部门提供公共物品的合理性。德维蒂·德·马尔科把国家作为"一个大工业",其目的是通过一种特殊的生产性活动来满足社会的需要。在这里,马尔科明确地提出了国家提供社会需要产品的职能。英国经济学家阿瑟·刘易斯在《经济增长理论》中研究了政府的职能问题,认为政府的首要职能是维护法律和秩序。阿瑟·刘易斯把政府的职能划分为内部职能和外部职能。"内部职能主要是维护法律和秩序,并提供公路、学校、公共卫生等服务;外部职能主要是与外国的政府有关,如保护国民、签订协议、发动战争等。"[2]

在萨缪尔森看来,私人提供公共物品普遍不足,由政府提供公共物品是最佳选择,而且"政府必须寻找收入来源,以提供公共品和实施收入再分配计划。"[3]理查德·A.穆斯格雷夫认为,国家财政的基本职能是公共物品的供应、实现分配的正义和实施宏观政策。詹姆斯·M.布坎南和罗杰·D.康格尔顿在《原则政治,而非利益政治通向非歧视性民主》中认为,政府应遵循普遍性原则提供公共物品和服务,通过国家强制手段(税收)来筹措资金,提供能符合帕累

---

① [英]约翰·斯图亚特·穆勒:《政治经济学原理(下)》,金镝、金熠译,北京:华夏出版社,2009 年,第 861 页。

② [英]阿瑟·刘易斯:《经济增长理论》,郭金兴等译,北京:机械工业出版社,2015 年,第 297 页。

③ [美]保罗·萨缪尔森、威廉·诺德豪斯:《经济学》(第 18 版),萧琛主译,北京:人民邮电出版社,2008 年,第 33 页。

托或威克塞尔效率准则的公共物品和服务水平。在普遍性原则下，所有政府服务都是有效的公共物品。布坎南在《公共物品的需求与供给》一书还进一步强调，与其他可选的供给组织相比，集体供给的优势来自物品或服务在不同的单个需求者之间的不可分性。曼瑟尔·奥尔森在《集体行动的逻辑》中强调了政府是公共物品的提供者，而且认为政府提供的公共物品主要是国防、治安、法律和规则等。美国经济学家阿图·埃克斯坦在《公共财政学》中还同意政府必须提供集体产品及其他不适于市场过程的产品和劳务。他指出："有时私人和公共得益和费用计算之间的偏离很大，那么这种活动就必须纳入政府的范围。"阿图·埃克斯坦还列举了饿马水坝、教育的例子作了说明。美国经济学家约瑟夫·E. 斯蒂格利茨在《公共部门经济学》中对政府提供公共物品的范围作了很好的诠释。他认为这个范围很广泛，包括国防、教育、警察、消防等。他认为政府除了应提供纯公共物品外，还应提供一些非纯公共物品，如果排他可能，即使消费是非竞争的，政府也经常向公共提供的产品或服务收费，称为"使用费"(User Fee)，如收费公路、机票税等。而且他还进一步把政府管理纳入纯公共物品的范畴。英国经济学家 C. V. 布朗和 P. M. 杰克逊在《公共部门经济学》中认为，政府以空前的、闻所未闻的规模和水准干预经济事务、提供社会服务等，而且政府具有足够强大的能力为社会提供公共服务。美国的丹尼斯·C. 缪勒在《公共选择理论》中认为政府是实现帕累托最优资源配置的机构，可以减少人数众多时获取个人关于公共物品和外部性的偏好所需的交易成本和谈判成本。在这里，丹尼斯·C. 缪勒非常明确地表明政府提供的公共管理和服务是纯粹的公共物品。奥普尔斯、加勒特·哈丁认为利维坦是解决公地悲剧的唯一手段，海尔布罗纳、爱伦费尔德、卡鲁瑟和斯通纳主张对大多数的自然资源系统实行中央政府控制的政策方案。澳大利亚莫纳什大学公共管理学教授欧文·E. 休斯在《公共管理导论》一书中，通过对公共产品、市场失灵、政府职能的分析，很明确地把政府管理服务作为公共物品提出，并强调了政府除了提供纯公共物品外，还应该发挥更为广泛的角色。从以上经济学家们的研究和讨论中，我们可以看出，他们都认为政府是公共物品的最佳提供者，而且认为纯公共物品都应当由政府或公共部门来提供。

§2.2.2.2　公共物品的私人提供

究竟应当由政府提供公共物品，还是由私人提供公共物品，在西方经济学家那里，也经历多年的探讨和争论。在上一节中我们重点分析了西方经济学家关于政府提供公共物品的研究，这一节重点研究一下私人提供公共物品的观点。

由于政府单一供给公共物品，容易形成垄断和低效率，而且能够导致公共物品和服务的数量不足和质量低下，容易出现一些“寻租”和腐败问题，出现政府失灵现象。这是西方经济学家提出由私人来提供公共物品的理由。西方经济学家在研究中把私人提供也称“市场提供”。在一些西方经济学家看来，虽然市场失灵是政府供给的理由，但是政府的失灵又为私人供给提供了依据和空间。

经济学家们主要还是根据公共物品的分类，提出了不同的提供方式。大多数经济学家还是主张纯公共物品应当由政府来提供，也有人主张纯公共物品也可以由私人提供。对于非纯公共物品，也称“准公共物品”，各种研究有分歧，有的主张由政府来提供，但是大多主张由私人提供或公私合作提供。

灯塔，是经济学家们普遍认为的一种特殊的公共物品，而且经常被用来说明公共物品的供给问题。罗纳德·哈里·科斯通过对英国灯塔制度的研究，得出了与以往许多经济学家不同的结论。科斯认为灯塔的服务可以由私人提供。船主和货运主都可以向国王申请建造灯塔并向过往的船只收取相关费用。也就是说，由私人来建造灯塔，为过往船只提供有偿服务。科斯的这一研究，改变了只有政府可以提供公共物品的传统理论，使私人提供公共物品在理论上成为可能，而且指出了政府在私人提供公共物品中的职能和作用。科斯认为，只要交易成本为零，那么无论产权归谁，都可以通过市场自由交易达到资源的最佳配置。后来，芝加哥大学的经济学家乔治·斯蒂格勒将科斯的这一思想概括为“在完全竞争条件下，私人成本等于社会成本”，并命名为“科斯定理”。

戈尔丁在探讨公共物品供给问题时，认为在公共物品的消费上存在着“平等进入”和“选择性进入”问题。“平等进入”一般是针对纯公共物品而言的，而“选择性进入”主要是针对非纯公共物品而言的。戈尔丁的“选择性进入”，为私人供给公共物品提供了理论依据。

德姆塞茨在《公共产品的私人生产》一文中也提出了私人供给公共物品问题。他认为，由于不同的消费者对同一公共产品有不同的偏好，可以通过价格歧视对不同的消费者收费。德姆塞茨还说，在凡是资源属于公共所有的地方，强制实行私有财产权制度。

当众多集体成员之间存在公共物品上的普遍依赖关系时，为了消除搭便车现象，瑞典经济学家威克塞尔提出了一致同意原则。一致同意原则就是要求每一个人在进行集体决策时，都必须投赞成票，决策才可以通过。后来，威克塞尔意识到运用一致同意原则往往导致议而不决，又提出了相对一致同意原则。相对一致同意原则，在威克塞尔看来是指全体成员的5/6同意。相对一致同意原则实际上是给每一个成员增加了一个选择的约束条件，使大家不再对独获差别性利益的可能性心存幻想。

史密兹论证了私人提供公共物品的可能性，也提出了根据一致性同意原则提供公共物品的观点，以此来解决“搭便车”问题。

美国经济学家E. S.萨瓦斯提出了民营化的思路。他认为，对政府的不满和政府活动频繁出现的问题使得民营化成为可能的矫正方法。绩效不佳在政府服务和国有企业中有相同的表现形式，正是这些症状导致了对民营化的呼唤和其他深层次改革，而且还提出了民营化的14个理由。他认为，不论政府机构、政府活动、国有企业还是政府资产，只要具备了14个理由中的任何一个，都将是实行民营化的对象。萨瓦斯还进一步提出了民营化的目标、形式，并对其效果进行了分析研究。萨瓦斯在民营化基础上又提出了公私部门伙伴关系提供公共物品的思路，在这里主要探讨私人供给问题，关于萨瓦斯公私部门伙伴关系将在后面的研究中再作进一步的分析阐述。

美国经济学家弗雷德·E.弗尔德瓦里通过对市场失灵论、政府失灵论和契约方式成功的可能性进行案例分析，否定了市场失灵论，得出了私人提供公共物品的可行性。他认为，一些大众公共物品是由私人部门提供的，私人机构提供公共物品可以作为政府提供的替代品。可见，在弗雷德·E.弗尔德瓦里那里，公共物品完全可以由私人机构来提供。

文森特·奥斯特罗姆和埃莉诺·奥斯特罗姆认为，公共经济不一定是一个排他性政府垄断经济，它也可以是一个混合经济，在其中私人也参与公共服务提供。公共服务的私人提供，完全不同于私益物品和服务的私人提供。在充分发达的公共经济里，许多集体性的消费单位会找到一种混合的策略，部分地依靠其自己的生产机构，但与私人企业和其他私人机构维持广泛的契约安排，以生产其选民所偏好的服务集。也就是说，在奥斯特罗姆夫妇看来，公共领域包含着许多公共服务产业，每一个公共服务产业，都包含了许多私人成分，应当由私人参与提供，而且能够取得明显的供给效率。

罗伯特·J.史密斯、韦尔奇提出为了避免“公地悲剧”，要通过创立一种私有财产权制度来终止公共财产制度，认为公地的私有化对所有公共池塘资源来说都是最优的解决办法。斯科菲尔德、布鲁贝克尔、丹尼尔·B.克莱恩以及中国香港的张五常等经济学家也都研究了公共物品私人供给的可能性。

§2.2.2.3 公共物品的多元供给

国外关于公共物品多元化供给问题的研究，可以说已经有了很长的历史。经济学家们的研究，始终与他们国家的政治、经济和社会发展是密切相关的。而且一些政治家也应社会发展的需要，为了解决公共物品供给不足和提高公共物品的供给效率，根据公共物品的不同类型以及社会和公众的不同需求（或差异性需求），积极尝试着一些具体的公共物品供给模式。公共物品多元化供给的提出，主要是基于“市场失灵”“契约失灵”“政府失灵”现象的出现，也包括第三部门供给“诚信失灵”“志愿失灵”等现象的出现。经济学家和政治家们为了满足社会对公共物品的需求，提出了集团供给、社区供给、双主体供给、三元主体供给、多主体供给、多中心体制、公私伙伴关系等一系列的供给理论，而且架构出了很多具体的供给思路和模式。

(1)集团供给。通过对西方公共物品供给研究，我们认为集团供给是一个广义的概念。在西方经济学家那里，有的指纯粹集团供给，也有的指俱乐部供给、社区供给，还有的指财政分权下的地方政府供给，等等。美国经济学家史蒂文斯在《集团选择经济学》中提出，社区本身就是俱乐部，社区公共物品类似于俱乐部产品。美国经济学家丹尼斯·C.缪勒在《公共选择理论》中也认为，一个地方政体是一种俱乐部的形式，并且俱乐部是一种政体类型。史蒂文斯是把社区作为俱乐部来研究，而丹尼斯·C.缪勒更是把地方政体纳入俱乐部范畴。也就是说，这两位经济学家同样把社区和地方政体提供的公共物品，视为俱乐部产品。不管是俱乐部产品，还是纯粹的集团供给，这一些公共物品供给模式都有一个共同的特点，即都是区域性的供给，故我们把它们统称为“集团供给”。由于这些供给往往又不是由唯一主体进行供给的，所以我们把集团供给放在多元化供给这一部分来进行分析研究。西方经济学家在研究公共物品供给时，很早就涉猎集团供给问题，而且形成了奥尔森集体行动逻辑、布坎南俱乐部理论、蒂布特模型、奥茨分权定理、施蒂格勒分权理论、特里西偏好误识理论等一系列有关公共物品的供给理论和供给模型。

集体行动逻辑。在西方，集团理论是许多经济学家、政治学家、社会学家、社会心理学家共同关注的一个重要问题。由于他们关注的焦点和视角不同，对于集团理论也形成了许多不同的观点和理论。但是，他们有一个共同的观点，那就是集团是普遍存在的。亚里士多德、莱昂·费斯廷格、哈罗德·拉斯基、R.M.麦基弗、阿瑟·本特利、雷蒙德·卡特尔等普遍认为一个集体的成员拥有共同的目的和利益，不存在没有其利益的集团。1965 年，奥尔森《集体行动的逻辑》一书中关于集团的概念基本沿用了这一观点。奥尔森在《集体行动的逻辑》中提出，一个目标或意图对一个集团来说是公共的这一事实本身就说明这个集团中没有人能被排除在实现这一目标所带来的利益和满足之外。几乎所有的集团和组织都服务于其成员的共同利益。由于集团的普遍性，进而出现的集体行动或集体行为作为一个普遍的社会现象，也备受各方面的专家学者所关注。古斯塔夫·勒庞、尼尔·斯美尔瑟、道格拉斯·诺斯等心理学家和社会学家都从社会心理学和社会学等不同的角度阐释了集体行动理论。奥尔森在《集体行动的逻辑》《国家兴衰探源》《权力与繁荣》三本著作中全面诠释了他的集体行动理论。奥尔森在《集体行动的逻辑》中作了经典表述，即如果一个集团中的所有个人在实现了集团目标以后都能获利，由此也不能推出他们会采取行动以实现那一目标，即使它们都是有理性的、寻求自我利益的。实际上，除非一个集团中人数很少，或者存在强制或其他一些特殊手段以使个人按着他们的共同利益行事，有理性的、寻求自我利益的个人不会采取行动以实现他们共同的或集团的利益。他还说，小集团能够做到为自己提供集体物品可能仅仅是因为集体物品对个体成员产生了吸引。就大集团而言，其获得的任何集体物品数量离最优水平越远，它就越不可能采取行动去获取哪怕是最小数量的这类物品。简而言之，集团越大，就越不可能增进它的共同利益。奥尔森的集体行动理论，是极具权威性的，詹姆斯·艾特认为奥尔森打开了正式研究集体行为之门。但是奥尔森也发现，在抱有共同利益的小集团中，存在着少数"剥削"多数的令人惊讶的倾向。在这里，奥尔森明确地指出了在小集团中存在着"搭便车"行为。他还说，由理性个体组成的大集团，却不会为集体利益行事。也就是说，由于"搭便车"行为的出现，大集团比小集团更难于为集体利益采取行动。为此，有人把奥尔森的集体行动理论称为"奥尔森困境"，应该说，这是不无道理的。

(2)俱乐部理论。萨缪尔森把物品分为纯私人物品和纯公共物品，前面已经提到其他经济学家又提出了非纯公共物品的存在。俱乐部理论就是研究非纯公共物品(准公共物品)供给的理论，重点是研究非纯公共物品的配置效率问题。丹尼斯·C.缪勒在《公共选择理论》中把一个自愿协会以提供排他性的公共物品，视为俱乐部产品。现代俱乐部经济理论是由布坎南提出的，M.麦圭尔又对其进行了完善。布坎南主要是研究俱乐部内部的自身问题，不考虑俱乐部与外部的联系，因而叫"俱乐部内理论"，也有的称"内俱乐部理论"。布坎南将"俱乐部"(Club)定义为"一种消费所有权——会员之间的制度安排"。关于俱乐部物品供给理论的研究，形成了布坎南模型、W.奥克兰模型和蒂布特模型等。布坎南关于俱乐部理论的定义是，俱乐部理论的核心问题便是确定边际会员人数(Membership Margin)。也就是说，确定最合意的成本和消费的共享规模。布坎南通过对俱乐部会员代表行为的考察，得出俱乐部物品最优配置的两个关键性因素：一个是确定俱乐部物品供给的最优量，一个是确定俱乐部的最优成员数。俱乐部理论的核心问题就是均衡俱乐部的最优规模(成员数量)和成员对俱乐部物品最优消费之间的相关关系。也就是说，俱乐部成员的效用同时取决于俱乐部物品与成员数量。俱乐部成员应该保持一定的规模，这样会员之间不会产生排他性和竞争性，消除"搭便车"现象。若俱乐部成员太多，虽然会降低个人分摊的成本，但是会产生拥挤效应，有可能产生排他性和竞争性，俱乐部公共产品边际收益会呈现递减状态，导致俱乐部效用减少；若俱乐部成员太少，虽然没有产生排他性和竞争性，但是人均分摊的成本就会上升，而且俱乐部公共产品的利用率降低，其边际收益也会降低，同样会导致俱乐部效用减少。同样，如果俱乐部物品太多，也会导致物品利用率降低，出现俱乐部效用减少现象；如果俱乐部物品太少，会导致物品供给不足，有可能产生排他性和竞争性问题，那么俱乐部的效用同样减少。可见，要保持俱乐部效用的最优状态，就必须同时决定俱乐部的最优成员规模和最优物品供给规模。关于俱乐部的一般理论吸引了很多的经济学家、社会学家来进行研究。其中，W.奥克兰的研究最具代表性。一般地，俱乐部理论是把布坎南的俱乐部理论进一步放大到整个社会的角度来进行分析研究，以探究俱乐部均衡问题。一般认为，具有同质偏好的会员组成的俱乐部是一种最优配置，而且也是最有效率的。经济学家们普遍认为，在整个社会中存在着 n 个俱乐部，由于人们的个人偏好和单个俱乐部物品供给的品类和数量不同，容易引起俱乐部均衡的不稳定性，出现老会员的退出和新会员的进入问题。也就是说，俱乐部的均衡是一种动态状态，会员总会流向自己分摊成本最低、收益最大的俱乐部，因而出现了蒂布特的"以足投票"模型。

(3)蒂布特模型。1956 年 10 月，蒂布特在《一个关于地方支出的纯理论》一文中，提出了关于公共物品供给的著名的蒂布特模型，后来引起了经济学界的关注和争鸣。在这篇文章中，蒂布特提出了七个假设。通过假设，蒂布特认为，具有双重身份者通过迁移来选择能够提供给他们最好的公共产品和税收组合的社区，以此来显示他们对公共产品的真实偏好，实现资源的有效配置，从而达到帕累托最优。蒂布特的"以足投票"模型，不仅能够实现资源的有效配置，而且还强调了地方提供公共物品的重要性，地方应该更加有效地为社区居民提供他们所需要的物品。所以，蒂布特最后得出结论：如同私人空间经济的一般均衡解一样，如果偏好和资源禀赋既定，这个解就是最优的，而且可解。关于蒂布特模型，华莱士·奥茨、布鲁克纳等人的实证研究在一定程度上验证了蒂布特模型的有效性。布鲁斯·汉密尔顿、罗纳德·费希尔、威廉姆·费雪、詹姆斯·布坎南、杜鲁门·布雷、丹尼斯·埃普尔、阿伦·泽伦茨、约瑟夫·斯蒂格利茨、格哈特·格洛姆、罗杰·拉古诺夫、约翰·多纳休、丹尼尔·鲁宾菲尔德、罗纳德·罗戈夫斯基等经济学家对蒂布特模型都进行了研究，有的是对蒂布特模型进行了论证、检验、完善和发展，有的是对蒂布特模型提出了批评和否定。不管是支持者还是批评者，大都对蒂布特给予了很高的评价。斯蒂格利茨称蒂布特的思想是"首创性贡献"。威廉姆·费雪认为蒂布特是第一个证实迁移和地方政府有可能成为解决与某类特殊公共产品有关问题的手段。格哈特·格洛姆和罗杰·拉古诺夫认为，蒂布特那篇有影响的论文是最早用模型来说明如何通过“用脚投票”来间接地决定地方公共税收与支出政策的类型的论文之一。布坎南和戈茨称蒂布特的《一个关于地方支出的纯理论》“已经成为地方政府公共财政理论的经典。”的确，蒂布特模型的“以足投票”理论也间接地提出了中央与地方政府分权的观点。之后的奥茨、怀尔德森等经济学家围绕地方公共物品的提供，进一步提出了财政分权理论。

(4)分权理论。分权理论，实际上是划分了中央政府和地方政府的财政支出范围和提供公共物品的职责。这是西方，特别是美国的经济学家一直在积极探讨的问题。多年来，通过一系列的研究和争论，形成了乔治·施蒂格勒—夏普最优分权论、奥茨分权定理、特立西的偏好误识分权论、马斯格雷夫最佳配置职能分权论等一些主要的分权理论。1957 年，乔治·施蒂格勒在《地方政府功能的有理范围》一文中，提出选民的公共需求的决策应当由最底层的政府来进行，这样才能实现资源配置的有效性和分配的公平性。夏普提出供给公共物品的地域性特点和地方政府配置资源的有效性，应当明确划分各级政府的职责，确定财政分权原则，以上就是著名的乔治·施蒂格勒—夏普最优分权论。1972 年，美国马里兰大学的华莱士·奥茨教授在《财政联邦主义》一书中，提出了分散化提供公共物品的比较优势，也就是著名的奥茨分权定理。奥茨的分权定理是建立在地方政府比中央政府更了解辖区内居民对公共物品的偏好以及公共物品的供给成本的基础之上的，将公共物品的提供交由地方政府负责，实现了成本与利益的内部化，有助于强化地方政府的责任，保障公共项目的有效实施，同时有助于辖区内居民对政府开支和地方政府的监督。美国经济学家特里西则提出了偏好误识分权理论。他认为由于经济活动具有不完全确定性，容易出现信息失灵现象，造成对公民需求的偏好误识，因而导致中央政府供给公共物品出现供过于求或供给不足的现象。而地方政府能够了解辖区内居民的需求偏好，能够规避偏好误识，因而社会会更偏向于由地方政府提供公共物品和服务。温加斯特、罗纳德、耶尔马兹、赤井和坂田、斯蒂芬·贝利、达乌迪、雷蒙德·菲斯曼、戈蒂、理查德·M.伯德、桑提内蒂、雷武力等经济学家也积极研究了地方公共物品供给问题，而且不断扩展了财政分权理论。当然，西方财政分权理论在不断发展中，不仅专注研究地方公共物品供给问题，而且还考虑到了其他一些社会与经济问题，有的研究了财政分权与福利改革、财政分权与政府官员腐败问题，还有的研究了财政分权对环境质量的影响等。

(5)多中心理论。英国经济学家迈克尔·博兰尼在《自由的逻辑》中提出了多中心的概念，并在“利润与多中心”和“管理社会事务的可能性”两部分中论述了多中心的体系。他从私法的存在与应用，论证了多中心体系的本质要求；从经济自由与司法独立，研究了多中心的制度基础。博兰尼在阐述多中心概念时，涉及了市场组织和司法决策行为模式。他认为，根据普通的法律规则参与冲突解决的法院和更大的法律社群也可组成一个多中心的秩序。

亚历山大·汉密尔顿和詹姆斯·麦迪逊两位学者在《联邦党人文集》中提出的联邦主义原则以及限权宪法体制内权力分立的构想，虽然没有使用“多中心”的概念，但是它具备了多中心概念给出的条件。奥斯特拉戈斯基也研究了与多中心相关的问题。

埃莉诺·奥斯特罗姆夫妇在反思公共事务的治理之道中，通过对公地悲剧、囚犯困境、集体行动的逻辑这三种模式及其变种进行反思和对传统公共池塘资源理论进行批判的基础上，抛弃了政府与市场非此即彼的解决方案，沿用了博兰尼的“多中心”概念，提出了多中心理论。

奥斯特罗姆夫妇及其研究者们还通过《多中心体制与地方公共经济》《多中心治道与发展》《公共服务的制度构建》等一系列著作构建起了多中心治理理论的框架，并发展成为公共物品和服务供给的特色理论。在《公共服务的制度建构》一书中，提出大城市地区地方管辖单位的多样性可以理解为一种“多中心的政治体制”。文森特·奥斯特罗姆还提出了五种适应多中心决策的领域，即市场体制的多中心、司法决策的多中心、宪政的多中心、政治领导选择和政治联盟组织的多中心以及公共服务经济的多中心。由此可见，在这种多中心体制下，每一个公民都不是由一个政府来服务的，而是由很多各不相同的公共服务产业来服务的。每一个公共服务产业都是由作为提供者的集体消费单位和多个生产者组成的。

奥斯特罗姆夫妇还进一步探索研究了多中心治理理论的许多相关问题，诸如融资、用途管理、协作生产、交易费用、制度绩效以及替代与选择等问题，并通过一些实例分析，提出了多中心制度在发展中国家的可行性。根据奥斯特罗姆夫妇的多中心治理理论，我们可以看出，多中心是公共物品和服务的一种重要治理模式，而且跳出了政府和市场非此即彼的误区，发挥了公民在公共选择中的作用，改变了政府和市场单一的主体地位，政府的职能也发生了根本性的变化，由政府与市场共同参与，实现了公共物品生产、公共服务提供和公共事务处理等诸多方面的多主体供给。

毛寿龙在《多中心治道与发展》的“中译本序”中也指出，《多中心治道与发展》一书是他们(指奥斯特罗姆夫妇及其共同研究者们)通过大量的实证研究，为人类社会的持续发展提供了一个可行的制度基础，这就是“多中心治道”。毛寿龙还说，全面的、持续的发展基础，靠的是地方社群的自主治理能力以及以此为基础的多中心治理的多层次的制度框架。《公共服务的制度建构》一书中的观点以及毛寿龙的评价，都证实了奥斯特罗姆夫妇是“多中心”理论的主要提出者和贡献者。

另外，迈克尔·麦金尼斯、罗伯特·瓦伦、戈登·惠特克、罗杰·B.帕克斯、威廉·布罗姆奎斯特、埃德勒·施拉格、凯瑟琳·费明—塞勒斯、詹姆斯·S.温施等经济学家作为奥斯特罗姆夫妇的合作者，对多中心治理理论的探索、研究都做出了积极贡献。

§2.2.2.4　公共物品的公私合作供给

由于市场失灵、政府失灵、诚信失灵以及志愿失灵等一系列失灵现象的出现，世界各国都在积极探索新的供给方式。特别是20世纪70年代以后，伴随着私有化热潮在世界范围内的蔓延和发展，私有资本成为经济学家研究的重点领域之一，而且把公共物品的供给主体也瞄向了私有资本。英国、法国、荷兰、澳大利亚、印度、智利等国家逐步把铁路、电信、电力等公共基础设施，也包括教育、医院、养老、职业培训、金融服务等，甚至公共安全、监狱等社会服务领域，都引入了私人资本，政府资本与私人资本有机融合，建立起了政府与私人合作的公私伙伴关系。经济学家和实践者们也纷纷加入了研究的行列，为公私伙伴关系提供理论基础、发展模式和发展方向。

(1)公私伙伴关系定义。关于公私伙伴关系(Public Privatte Partnerships，即政府与社会资本合作，简称"PPP模式")的概念，在学术界和实业界有着多种多样的定义，由于各个国家的特定背景以及学术界和实业界的不同理解与爱好而赋予了不同的内涵。用里德·多纳休和泽克豪斯的话说，就是"政府与私人部门之间的关系变得极为广泛"。

在英国私有化领域有这样一个概念，叫作"私人融资发起"(Private Finance Initiative，PFI)，也叫"私人主动融资"，实际上就是私人资本参与基础设施投资、建设、运营的一种模式。

美国经济学家E. S.萨瓦斯是研究公私伙伴关系的集大成者，在《民营化与公私部门的合作关系》中对公私伙伴关系从三个方面进行了界定：一是广义界定，指公共和私营部门共同参与生产和提供物品和服务；二是指一些复杂的、多方参与并被民营化了的基础设施项目；三是指企业、社会贤达和地方政府官员为改善城市状况而进行的一种正式合作。[①]

2003年，德国联邦交通、建设及房地产部(BMVBW)对PPP给出的官方定义是：PPP专指长期的、基于合同管理下的公共部门和私营部门的合作，以结合各方必要的资源和根据项目各方面风险能力合理分担项目存在的风险，从而有

---

① 参见[美]E. S.萨瓦斯：《民营化与公私部门的合作关系》，周志忍等译，北京：中国人民大学出版社，2002年，第105页。

效地满足公共服务需要。

英国的达霖·格里姆塞和澳大利亚的莫文·K. 刘易斯认为,任何有关私营部门、志愿部门、公共部门之间的组合都有可能被视为 PPP。

爱德华多·恩格尔、罗纳德·D. 费希尔、亚历山大·加莱托维奇把 PPP 定义为政府在一个较长的时期内(如 30 年)将建设或改善基础设施的工程发包给私人企业,并由私人企业在合同期内负责设施的维护和运营同时获取项目收益流的谐音。

瑞士的芭芭拉·韦伯和德国的汉斯·威廉·阿尔芬指出,公私伙伴关系是将公共基础设施资产的规划、建设、融资与运营,在一定期限内整体外包给私营部门。

联合国培训研究院、欧盟、加拿大、美国、世界银行基础设施资源公私伙伴关系中心等国家和机构都对公私伙伴关系给出了相关的定义。所有这些定义,都是在政府与私人资本合作的基础上,提出了一些具体的合作内涵。但是,学术界和实业界很多人还研究了公私伙伴关系的起源、历史、特征、优势和劣势以及公私伙伴关系与民营化、协商民主理论、地方治理、政府规制等方面的问题。其实,公私伙伴关系的特征就是伙伴关系,利益共享、风险共担。而且公私伙伴关系还是一个确保以有目的的方式全面考虑并评估所有风险的过程。关于公私伙伴关系,研究更多的还是公私伙伴关系的具体运营模式。

(2)公私伙伴关系运营模式。根据项目的不同特点,西方国家在公私伙伴关系的进程中,探索出了多种多样的运营方式和模式,学术界和实业界也都进行了积极的研究,成为西方国家民营化的一种重要形式。

E. S. 萨瓦斯认为,公私合作的形式主要包括合同承包、特许经营和政府撤资。在具体运营模式上主要有服务的外包、运营和维护的外包或租赁、出售、合作组织、租赁—建设—经营(LBO)、建设—转让—经营(BTO)、建设—经营—转让(BOT)、建设—拥有—经营—转让(BOOT)、外围建设、购买—建设—经营(BBO)、建设—拥有—经营(BOO)等模式。

达霖·格里姆塞和莫文·K. 刘易斯认为,PPP 有许多不同的模式,最常见的是 BOT/BOO 安排、合作(JV)、租赁、合同外包等。在具体运营形式上,他们则提出了比 E. S. 萨瓦斯更多的模式,如租赁、合作(JV)、建设—租赁—移交—维护(BLTM)、租赁—更新—运营—移交(LROT)、设计—建造—管理—融资(DCMF)和设计—建设—融资—运营—管理(DBFOM)等模式。

爱德华多·恩格尔、罗纳德·D. 费希尔、亚历山大·加莱托维奇在《政府与社会资本合作模式(PPP)经济学:基本指南》中提出了 12 种模式:政府提供与运营;外包;公司化与绩效协定;管理合同;租赁;特许经营;特许权让渡;建设运营转让(BOT);建设拥有运营;通过许可协议剥离;通过销售剥离;私人提供和运营。在这些类型中,PPP主要包括特许经营、特许权让渡和建设运营转让。

芭芭拉·韦伯和汉斯·威廉·阿尔芬考察分析了全球诸多国家基础设施投资领域后,对公私伙伴关系进行了全面的分析研究,提出了私有化的三种模式,即形式私有化(包括法律私有化和财务私有化)、职能私有化、实质私有化。

欧亚PPP联络网在《欧亚基础设施建设公私合作(PPP)案例分析》一书中也提出了私有化的三种主要形式,分别是形式私有化、实质私有化和功能私有化,而且其不同的PPP协议形式也基本与芭芭拉·韦伯和汉斯·威廉·阿尔芬分析的一致。关于形式私有化,芭芭拉·韦伯和汉斯·威廉·阿尔芬认为其目的主要是为了摆脱公共预算、集体谈判、行政法令等方面的约束,但不会有公平竞争。私营投资者之所以对形式私有化感兴趣,主要是为了以后的实质私有化。关于职能私有化和实质私有化的运营模式,他们则给予了极大关注,提出了一系列的具体模式。

关于职能私有化分为四类:一是PPP所有权模式,主要有(D)B(F)OT等多种形式;二是PPP—购买模式,主要是(D)B(F)OOT,即(设计)—建设—(融资)—运营—拥有—转让;三是PPP—租赁模式,主要是(D)BLOT,即(设计)—建设—租赁—运营—转让;四是PPP—租用模式,主要是(D)B(F)ROT,即(设计)—建设—(融资)—租用—运营—转让。

关于(部分)实质私有化模式,主要有三种模式:一是由特殊目的公司进行融资;二是特殊目的公司的股东(购买股份)有责任进行投资;三是租赁包括设施管理。

美国的尼尔·S.格里格在考察分析了世界上诸多国家在不同的领域中通过公私伙伴关系进行的公共基础设施建设和服务后,认为公私合营的合作模式涉及特许经营权、选择咨询顾问、选择劳务等很多方面,同样也涉及高速公路、港口、固体废物、通信等一些具体领域,而且进一步探讨了公司合作的模式。[①]提出,根据设施的融资和运营情况的不同,私有化可以通过多种方式进行,并提出了一些具体运营模式,如建造—运营—移交(BOT)、设计—竞争—建造(DBB)、设计—建造(DB)等。

§2.2.2.5 政府购买产品与服务

政府提供的公共物品,不一定必须由政府来生产,也不一定必须由政府去提供。在西方经济学家的研究中很早就有这样的观点,在上面研究的PPP模式

① 参见[美]尼尔·S.格里格:《PPP与基础设施融资》,宋光辉、孙世选、丛林译,北京:机械工业出版社,2017年,第255页。

中就包含了这方面的含义，只不过是 PPP 模式和真正的政府购买服务略有区别。史蒂文·J. 克尔曼、L. M. 萨拉蒙等经济学家对政府购买产品与服务都有独到的见解。

史蒂文·J. 克尔曼在《合同承包》中正式提出了“合同承包”的概念。他认为，合同承包作为一种政府工具，是政府部门与私人实体间的一种商业契约。私人实体承诺向政府机构或其他代表政府的机构提供特定的产品或服务换取金钱。史蒂文·J. 克尔曼所说的私人实体，不仅仅是营利机构，而且还包括一些非营利组织。从史蒂文·J. 克尔曼“合同承包”的定义可以看出，他所说的“合同承包”突出了三个方面的特点：一是合同承包是政府的一种工具，是政府购买产品和服务的工具，通过合同承包政府只购买而不自己生产。二是合同承包是一种“商业契约”，政府与私人实体通过契约的形式规定各自的责任，来保证政府购买产品与服务的实现。三是把政府采购自用产品、服务与政府出资、外部受益的服务区分开来，实际上后者就是政府购买服务的合同。

美国的 L. M. 萨拉蒙是政府行为和非营利部门的著名专家和代表性人物，他进行了大量的政府向社会购买公共服务的研究。L. M. 萨拉蒙提出，在公共物品的供给主体中，除了政府和市场以外，还存在着大量的社会机构，而且正在发挥着重要作用。这些社会机构通常被称为“非营利的”“自愿性的”“公民社会的”“第三的”或“独立的”部门，而且具有一些共同的特征，即组织性、私有性、非营利属性、自治性、自愿性。在《全球公民社会：非营利部门视界》中，L. M. 萨拉蒙分析了全球 22 个国家的非营利组织。他认为这些非营利组织在经济、社会中发挥着越来越重要的作用，是一支不可忽视的、重要的经济力量。非营利组织成为与政府和市场并驾齐驱的第三部门。L. M. 萨拉蒙从对 22 个国家的分析中发现，非营利组织的经费来源主要是会费和公共部门的支付，其中公共部门支付的比例达到了 40%，还有 9 个国家是公共部门主导型的。L. M. 萨拉蒙在《政府向社会组织购买公共服务研究：中国与全球经验分析》一书中进一步扩展了政府参与与支持非营利组织相关的研究，认为政府政策在诸多方面影响着社会组织。在 L. M. 萨拉蒙看来，政府向社会组织购买服务，主要是通过政府直接投资、税收减免以及服务外包等多种形式，而且还进一步认为政府影响社会组织的最重要的途径之一，也许就是直接提供财政支持。

§2.2.2.6　公民参与公共决策

美国的珍妮特·V. 登哈特、罗伯特·B. 登哈特、约翰·克莱顿·托马斯、弗鲁姆、罗伯特·贝茨、罗伯特·D. 帕特南、耶顿、杰戈等学者进行了公民参与公共决策的研究。弗鲁姆、耶顿、杰戈等人提出了在一定程度上吸纳下属参与决策，以帮助管理者进行科学决策。约翰·克莱顿·托马斯在此基础上，提出了一个随机性的分析模型，他自己称之为“公民参与的有效决策模型”。这一模型尝试着解释政府应该在什么时候、采取什么方式组织公民参与公共决策。同时，这一模型还被设计用作衡量和评估公民参与特定公共决策过程中所发挥的作用。[①] 关于合作性，罗伯特·贝茨提出了一个“软”方案。他认为共同体和信任“在一个存在囚徒困境的社会里，合作性共同体将使理性的个人能够超越集体行动的悖论”。美国的罗伯特·D. 帕特南在《使民主运转起来：现代意大利的公民传统》中提出了社会资本的概念。他认为，社会资本是指社会组织的特征，诸如信任、规范以及网络，它们能够通过促进合作行为来提高社会的效率。在书中他还提到，邻里组织、合唱队、合作社、体育俱乐部、大众性政党等公民参与网络，都是社会资本的基本组成部分，而且这些社会资本都是公共物品。他还提出，社会资本促进了自发的合作。一个富有启发性的例证就是那种非正式的储蓄组织，这种叫作“轮流信用组织”的实践出现于各大洲。罗伯特·D. 帕特南通过一系列的研究，认为集体行动困境可以通过利用外部的社会资本来加以克服。

国外关于公共物品的研究历史悠久，涉猎的范围极其宽泛，其一系列的研究成果对于我国在新时代中国特色社会主义建设过程中加强公共物品供给，特别是在公共物品供给全面服务乡村振兴中，有极大的借鉴意义。

§2.3 国内公共物品研究

在我国，公共物品也是一个重要领域，因为一个没有公共物品的社会是无法想象的。从西方经济学家的研究可知，有私人物品，就必然有公共物品，二者是一对孪生姊妹。由于公共物品的普遍存在，也激起了我国研究者的兴趣。改革开放以来，我国的经济学家、公共管理学家都开展了公共物品的研究。公共物品的基础理论和供给体制机制研究，备受学术界和实业界的广泛关注。学术界发表了很多有价值的研究成果，实业界探索了很多具有实际意义的供给模式。但是从总体上看，我国关于公共物品的研究，不管是基本理论，还是供给模式，基本都是在西方研究和实践的基础上进行了充实和完善。从总体上看，我国已初步构建起了公共物品的理论框架，并根据我国的实际需求，研究者们创造了一些不同于西方国家的理论和模式。

§2.3.1 公共物品内涵研究

对公共物品内涵的研究，是一个不断丰富完善的过程。而且由于研究者关

---

① 参见[美]约翰·克莱顿·托马斯：《公共决策中的公民参与》，孙柏英等译，北京：中国人民大学出版社，2014 年，第 12 页。

注的视角不同,分别给出了差异化的定义,对其内涵和外延都有不同的界定。但是公共物品的公共性和公益性特点,基本都包含在不同的定义之中,应该说这是一个共识。

1983 年,厉以宁在《现代西方经济学概论》中对公共物品的定义是,公共物品是政府向居民户提供的各种服务的总称。厉以宁的这个定义有三个特点:一是规定了公共物品的提供者是政府,二是规定了公共物品的受益者是居民户,三是规定了公共物品的范围。这个范围是非常广泛的,包括了政府提供的各种服务,如教育、卫生、国防、警察、司法、经济调节等。厉以宁的这个定义,在当时是极具现实意义的。

在之后的研究中,研究者们从竞争性和排他性、消费者偏好、外部性、社会福利等不同的角度,对公共物品分别给出了不同的定义。

从竞争性和排他性角度来看,主要是根据萨缪尔森的观点来定义的,而且也是我国学者研究的主流。李军鹏直接采用了萨缪尔森的定义,认为“公共物品是指具有非竞争性和非排他性的产品”[①]。张帅和马中、何继新和韩艳秋等都提出了非常类似的观点,只是在定义非竞争性和非排他性时,在提法上有所区别。张帅和马中强调的是非竞争性与非排他性是公共物品的充分必要条件[②],何继新和韩艳秋特别强调的是由政府提供的消费[③]。林凯旋、余思雨也强调了政府提供的观点,而且明确提出公共物品是与私人物品相对应的概念。[④] 王秀然虽然也沿用了萨缪尔森的定义,但是强调的是公共物品不一定必须由政府提供,其他主体也可以提供。也有的学者在传统定义的基础上,又加入了新的内涵。彭蕾蕾、蒋良骏等在总结了国内外学者各种观点的基础上,强调了公共物品的不可分割性,其前提同样是非竞争性和非排他性。彭蕾蕾强调了分割或分开消费不可能或成本太高的、被用于满足社会公共需要的物品。蒋良骏、焦世奇则强调了不可分割或者成本过高的、被用于满足当前社会公共所需的物品。当然,有类似观点的学者有很多,由于他们沿用了萨缪尔森的纯公共物品定义的核心观点,即非竞争性和非排他性,这一突出的特性就决定了上述学者定义

---

① 李军鹏:《公共管理学》,北京:首都经济贸易大学出版社,2005 年,第 5 页。

② 参见张帅、马中:《公共物品的私人收益性与外部性的时域关系》,《中国物价》2016 年第 12 期,第 77 页。

③ 参见何继新、韩艳秋:《公共物品风险、类别、归因于治理策略》,《求实》2018 年第 1 期,第 74 页。

④ 林凯旋、余思雨:《公共物品“集体消费”视角下保障性住房建设浅议》,《转型与重构——2011 中国城市规划年会论文集》2011 年 9 月 20 日,第 4603 页。

的公共物品，基本都是纯公共物品的定义。

从消费者偏好角度来看，基本有两种研究方法：一种是直接根据需求偏好来定义，另一种则是采取了与前一种方法正好相反的角度去定义。陈振明、张良等采取的是第一种方法。陈振明的定义是，“所谓‘公共物品’，是指那种能够同时供许多人享用的物品，并且它的成本与享用它的效果并不随享受它的人数规模变化而变化。”[①]张良的定义是，“公共物品是指物品和劳务的利益由社会成员共同享有，而不能为一个人所单独享有。”[②]这两个定义极为相似，都强调了消费者能够同时享有而成本不变的特点，直接反映了消费者的共同需求。张成福、苏保忠等则采取了第二种方法。张成福、党秀云的定义是，“这种消费者偏好在市场上反映不出来的商品或服务即是公共产品(Public Goods)，如国防、警察、安全、行政性产品与服务、公园、道路等公共设施与服务。”[③]苏保忠、张正河提出了与张成福、党秀云几乎相同的定义，即“对于那些消费者偏好在市场反映不出来的商品和服务即公共产品。”[④]虽然这两种定义方法不同，但是其定义的本质是相同的，是从正反两个方面反映了消费者的需求偏好。

从外部性角度来看，不少的学者从外部性的角度来界定公共物品，他们普遍认为生产者或者消费者不能对其外包条件进行可控的物品必须由政府部门进行控制，这样的物品属于公共物品。吕普生在对经典界定方式进行反思的基础上，对公共物品提出两种界定方法：一是凡是具备经典意义上的公共物品属性的都“必然是”公共物品；二是具有显著的正外部性而“应该是”公共物品的，都可以通过公共政治安排而“确定为”公共物品。平新乔在《微观经济学十八讲》中提出，“如果一种物品本身就具有外部性，那就不是私人品了，而是公共品了。”吴俊培、卢洪友直接提出，“公共品是具有正外部性的商品。”张梦龙在他的博士学位论文中，在研究公共物品的特性时，提出了公共物品的外部性问题。他认为，公共物品是外部性的一个特例。梁学平则从公共物品的消费、供给、外部性三个角度进行研究，提出“公共物品应是政府或其他公共组织为满足社会及公众不断增长、变化的公共需求所供给的、具有外在利益和一定公共性程度的共享性物品。”[⑤]

从社会福利角度来看，一些学者或公共物品受益对象，都把公共物品作为

---

① 陈振明：《公共管理学》，北京：中国人民大学出版社，1999年，第176页。

② 张良：《公共管理学》，上海：华东理工大学出版社，2005年，第2页。

③ 张成福、党秀云：《公共管理学》，北京：中国人民大学出版社，2001年，第55页。

④ 苏保忠、张正河：《公共管理学》，北京：清华大学出版社，2015年，第41～42页。

⑤ 梁学平：《公共物品内涵的多角度诠释》，《商业时代》2012年第3期，第113页。

一种社会福利来看待，这也是部分学者从社会福利角度定义公共物品的主要依据。李春林认为，从一般意义上说，公共物品是政府或社会提供的物品，具有非支付性、基础性、外部性等特点，表示出福利的本意。此社会福利属性和特点与公共物品的属性特点基本完全吻合，而且社会福利的形式和载体就是公共物品。李春林用社会福利来定义公共物品，把公共物品的供给主体不仅仅局限于政府，而是扩大到社会机构，这与一般社会福利研究相比，具有更好的社会实践意义。我们调研时，在与公共物品受益对象座谈时，发现受益对象大多数是把公共物品当作社会福利来看待。调研时，姜月恒跟我们说："义务教育、基础养老金、医保、公交车等等都是政府给的福利。"很明显，姜月恒是把公共物品与社会福利等同看待的。

从公共物品形态角度来看，部分学者扩大了公共物品的外延，赋予了公共物品更广泛的含义。余斌在《公共物品的定义与演变》中给公共物品下的定义是，"人们生来就有权享有的东西"，而且把公共物品与公共产品做了严格意义上的区分。他指出，公共物品是不需要提供的，是天然就有的，如阳光和空气，只有公共产品才需要提供。余斌把对公共物品的保护也看作是一种公共产品。在这里，余斌不仅区分了公共物品和公共产品，而且还把非物质形态的产品如对公共物品的保护等，一并归于公共产品。目前，西方经济学家和我国的学者们大都是把余斌研究员所说的公共物品和公共产品统称为"公共物品"。曹现强、王佃利在《公共管理学概论》中提出，公共物品包含物质产品和非物质产品，法规政策、环境保护、天气预报等都是非物质形态的公共物品。迟伟杰在我们召开的"乡村振兴与公共物品"座谈会上也从物质形态和非物质形态的角度，对公共物品作了阐述，认为公共物品是政府或社会机构提供的、有形的和无形的公共产品和服务的总和。

§2.3.2　公共物品分类研究

公共物品分类，是研究公共物品科学供给的重要前提，所以，引起了国内学者的广泛关注。从我国学者的研究来看，对公共物品的分类基本上沿用了西方的观点。当然，不同学者提出的分类也是有差异的。从我们研究的有关专家的观点来看，主要有以下几种分类办法。

一是按照公共物品竞争性和排他性特点划分，即传统的划分办法，一般划分为纯公共物品和准公共物品。持这种观点的学者比较多，丁美东、王秀然、彭蕾蕾、陈振明等学者都是这个的观点。还有的划分为纯公共物品、俱乐部物品、拥挤性公共物品和混合公共物品，曹现强、王佃利是这种划分法的主张者。

二是按照公共物品形态划分，一般划分为有形的公共物品和无形的公共物品。在上一节关于公共物品定义研究中提到的迟伟杰等学者都是这种观点的持有者。

三是按照公共物品受益范围划分,一般划分为全球性公共物品、全国性公共物品和区域性公共物品。刘远翔还根据受益范围,划分为闭合型公共物品和非闭合型公共物品。[①]

四是按照公共物品用途划分,一般划分为要素型公共物品和消费型公共物品。这也是刘远翔的一种划分办法。

以上划分法是比较普遍的观点,除此之外还有一些学者从其研究的角度或者实际需要的角度出发,提出了一些不同于以上观点的划分办法。特别是一些学者致力于具体领域公共物品分类研究,提出了一些具有建设性意义的分类办法,为不同领域公共物品的供给起到了积极的指导意义。2018 年,于东山在其发表的《跨界公共物品的分类治理模式》论文中提出了跨界公共物品的概念,并按照不同的标准进行了不同的具体划分。于东山首先对公共物品进行了总的划分,即把公共物品区分为一般公共物品和跨界公共物品。对跨界公共物品又提出了两种划分办法:一是把产生的根源作为划分依据,划分为行政边界性、跨界再分配性、跨界规制性三大类公共物品。二是依据跨界的范围,划分为国际意义上的跨界公共物品和一国主权范围内的跨界公共物品。[②] 彭蕾蕾对准公共物品又进行了划分,准公共物品包括公益物品和公共事业物品。董小林、马瑾等根据属性把环境公共物品划分为自然属性和社会属性两大类。杨昊则从国家外交决策的角度,研究了全球公共物品的分类,而且从供给的角度把全球公共物品划分为主动供给、被动供给、无意识供给三大类。另外,还有很多学者研究了社区公共物品、农村公共物品、涉海公共物品、集团公共物品等诸多领域的公共物品分类,也有的学者从微观的角度对教育、医疗、养老、社会救助、公共文化等具体领域的公共物品进行了细分研究。对于这些领域的公共物品分类研究在此就不作具体的阐释了,关于农村公共物品分类问题将在后面的研究中作具体的分析。

§2.3.3 公共物品供给研究

供给研究是公共物品研究的核心问题。无论是概念的研究,还是分类的研究,最终都要落脚于公共物品供给上,因为没有有效的公共物品供给,其他所有

---

① 参见刘远翔:《中国农村公共物品供给》,北京:人民出版社,2012 年,第 23 页。

② 参见于东山:《跨界公共物品的分类治理模式》,《北京理工大学学报(社会科学版)》2018 年第 2 期,第 89~90 页。

的研究都是没有意义的。所以,不管是理论界还是实业界,都把聚焦点放在公共物品供给研究上了。供给研究之所以如此重要,更是因为它涉及每一个单位、每一个人,也是促进经济社会发展、构建和谐社会的重要保障和支撑。改革开放以来,我国理论界、实业界、政府机构都在探索公共物品供给体制机制。特别是最近几年,国家反复强调“补短板、强弱项”,中央领导同志也分别在不同的场合反复强调这个问题,引起了全社会的关注,特别是补农村公共物品短板问题的研究,已经形成一股热潮。大家都在围绕如何才能达到林达尔均衡或追求帕累托最优,探索最优供给内容、最优供给主体、最优供给模式等有关供给问题,而且取得了很多有益的成果。所有的这些研究,都是研究者们从不同的视角开展的一系列研究,有的从经济学的视角,有的从新公共管理的视角,有的从科学发展观的视角等。在这些大的视角下,他们提出了一些新的、细分化的视角,比如公平与效率相统一、统筹城乡、矛盾与协调、建设小康社会、乡村振兴等不同的角度。这些具体的研究,为我国科学地进行公共物品供给研究奠定了雄厚的理论基础。

由于国内学者对公共物品内涵、外延的界定和理解的不同以及公共物品受益对象的不同,也包括他们研究的视角不同,究竟应当由哪些主体供给公共物品,应当由哪个主体供给哪些具体的公共物品,学者们的观点可谓精彩纷呈,各有千秋。虽然学者们提出了许多不同的观点,但是概括起来,公共物品供给主体主要是四个方面,即政府供给、社会供给(或市场供给、私人供给)、第三方供给、PPP 模式等。这些观点看起来与国外的观点基本一致,但是在我国,学者们、实业家们、政府工作者们从实际出发,探索出了一系列适合我国国情的供给理论、供给模式。下面,就从四个方面具体分析一下我国的供给主体研究情况,为我国公共物品供给研究提供一些有价值的参考,也为本书提供重要的理论基础。

§2.3.3.1 政府主体研究

在国内,很多学者也同西方学者一样充分考虑到市场失灵的问题,从政府的职责、公共财政的职能以及公共物品的供给范围、方式、规模、结构、效率等方面进行研究,提出应当由政府供给公共物品的观点。但是大多数学者提出全部由政府供给公共物品的范围,主要是界定在纯公共物品上。阎坤、王进杰根据公共品偏好表露与税制设计,提出公共物品应当由政府来出面提供。张维迎认为,由于市场不能达到资源的有效配置,公共物品是应当由政府来提供的。① 高连奎认为,有两种产品不能提供市场调节:一种是公共物品,一种是自然垄断性

① 参见张维迎:《为什么要学点经济学?》,中国网,2006 年 8 月 29 日。

产品。[①] 苏保忠、张正河认为，由于公共产品的价格很难通过市场供求关系来确定，所以它很难通过市场来提供。[②] 曹现强、王佃利提出，提供公共物品的责任只能由以政府为核心的公共部门来承担。李军鹏分析了公共物品的特征后，认为公共物品由于规模效益大、初始投资大，私人企业或市场不愿意提供、难以提供，或即使提供也难以做到有效益，因而，一般由公共部门与准公共部门来提供。[③] 李军鹏还在《中国政府公共产品供给的国际比较研究》一文中，依据政府公共物品供给的指标体系，对我国的情况进行了国际层次的比较，认为我国应重在提高政府供给公共物品的水平，更好地满足社会公共需要。[④] 陈振明认为私人不愿或无力生产和提供公共物品，甚至会造成垄断、损害消费者利益。基于这一观点，必须由政府担负起公共物品生产和供给的主要责任。[⑤] 同时，陈振明对政府供给公共物品也提出了一些担忧。他认为政府提供公共物品难以做到高效，尤其是能够产生过剩公共物品和成本增加现象。[⑥] 丁美东提出纯公共物品只有靠公共部门来提供，而且认为公共部门提供的公共物品，既可以由公共部门生产，也可以由私人部门生产。[⑦] 李洪江、潘洪清分析了公共物品消费的非排他性后，提出公共物品不能由私人生产和供给，私人交易市场不能实现公共物品的最优配置，所以公共物品只能由政府来提供。张成福、党秀云根据政府的职能直接提出，公共产品的生产或者提供是政府分内应做之事，市场体系干不了，或者能干而干不好。[⑧] 程同顺、龙雨葳在分析了市场失灵、志愿失灵的基础上，又进一步分析了政府提供公共物品的优势。他们认为，利己个人不愿提供公共物品，市场机制缺乏提供公共物品的动力，第三部门也只能提供有限的公共物品，而政府在供给公共物品方面具有其独特优势，这使得由政府供给公共物品变得极为重要，政府供给公共物品的必要性和不可替代性始终不能被

---

① 参见高连奎：《"公益性国企"改革符合经济规律》，《时代周报》，2011 年 12 月 15 日。

② 参见苏保忠、张正河：《公共管理学》，北京：清华大学出版社，2015 年，第 42 页。

③ 参见李军鹏：《公共管理学》，北京：首都经济贸易大学出版社，2005 年，第 5 页。

④ 参见李军鹏：《中国政府公共产品供给的国际比较研究》，《中国行政管理》2003 年第 6 期，第 51 页。

⑤ 参见陈振明：《公共管理学》，北京：中国人民大学出版社，1999 年，第 176 页。

⑥ 参见陈振明：《公共管理学》，北京：中国人民大学出版社，1999 年，第 203 页。

⑦ 参见丁美东：《公共管理学》，北京：清华大学出版社、北京交通大学出版社，2009 年，第 101 页。

⑧ 参见张成福、党秀云：《公共管理学》，北京：中国人民大学出版社，2001 年，第 56 页。

忽视。[①] 2003 年，在分析 SARS 事件时，笔者提出 SARS 事件给予我们的最大教益是，我们越来越清楚地理解了政府作为最大、最有权威的公共机构应该具有什么样的基本职能。笔者认为，供给公共物品是政府的基本职责。[②] 汤玉刚在其博士学位论文《论政府供给及其效率》中，也研究了政府供给公共物品的相关问题。综上，学者们关于政府供给公共物品问题，主要集中在三个方面：一是供给公共物品是政府的责任；二是市场或私人不能提供和不愿提供的公共物品应当由政府提供，市场或私人提供低效甚至无效率的公共物品也应当由政府提供；三是政府供给公共物品应当避免供给过剩和成本增加，应当避免低效率。

§2.3.3.2　市场主体研究

提出由市场或私人供给的观点，主要是基于一些学者认为，政府供给不仅效率低下，供需不对称，而且还容易出现寻租和腐败现象。概括起来，就是“政府失灵”。在这样一些思想作用下，一些学者就提出了市场供给的观点。关于市场供给，有的也称是私人供给，或企业供给。这三个概念，貌似相同，其实是略有差别的。市场的外延，要大于私人和企业的外延，能够把私人和企业都包含在内。而私人和企业是两个交叉的概念，私人包含部分企业，企业也包含部分私人，这是两个意义上不同的概念。所以本书一般采用市场供给的提法。当然，在不同的场合也会用到私人供给，一般不采用企业供给的提法。笔者在研究学者们的观点时，一般尊重原创者的观点，不做改变。

下面分析一下学者们关于市场供给的研究。曲创、臧旭恒从消费的机会成本角度分析，认为只要能够以适当的方式对公共物品进行间接收费，私人企业同样可以有效提供。2012 年，姜元国在《我国公共产品多元供给模式研究》一文中说，市场作为提供公共物品的主体，不仅具有相当充足的资金，而且还拥有先进的管理模式和丰富的管理经验，在创新方面也具有较强的能力。[③] 仲伟周认为，经营性公共物品无论是地方公共物品还是全国或全社会的公共物品，都完全可以由私人来提供，当然也并不是必然要由私人来提供。郭少新通过对地方公共物品的研究，按照地方公共物品的社会功能，把公共物品分为经营性公共物品和非经营性公共物品。郭少新认为基于“经济人”的动机，私人可以通过市

① 参见程同顺、龙雨葳：《重申政府提供公共物品的必要性》，《徐州工程学院学报(社会科学版)》2017 年第 3 期，第 16 页。

② 参见王伟然：《政府责任的价值审视》，《山东大学学报(哲社版)》2003 年第 4 期，第 10 页。

③ 参见姜元国：《我国公共产品多元供给模式研究》，东北师范大学硕士学位论文，2012 年 5 月。

场机制来提供经营性地方公共物品。郭少新还提出私人只能生产，而不能直接提供经营性地方公共物品。郑书耀研究了西方大量的公共物品市场供给模式，分析了政府单一供给模式的不足，论证了公共物品私人供给的必要性和可行性，而且借助集体行动可以有效解决私人供给的搭便车问题。王廷惠认为不存在划分公共物品和私人物品的任何客观标准，公共物品都具有一定的私人物品特征，这就决定了公共物品可以由私人来提供。赵时亮、陈通通过对开放源代码软件开发这一虚拟的公共产品的研究，探讨了公共产品私人提供的可行性。李边疆、王万茂研究了公共物品私人提供模型及其在实践中的应用。武晓娜从分析政府提供公共物品的困境入手，提出了私人提供公共物品的可行性依据，而且认为私人提供公共物品的前提是技术上具有排他性。也就是说，对原来的非排他性的公共物品在技术上实现排他，就能够解决私人提供公共物品可以通过收费弥补供给成本的问题。武晓娜还把私人提供的公共物品界定在准公共物品范围以内。李兰兰也提出了与武晓娜相类似的观点，认为并不是所有的公共物品都可以由私人提供，私人提供是有前提的。其前提是公共物品在技术意义上具有可分割性、私人部门没有完全熟知政府的预算约束等，因而，私人只能提供准公共物品。王志权研究了私人提供公共物品的法律规制问题，认为政府应当从《反垄断法》的约束力、对私人提供者的监管、对消费者权益的保护三个方面加强监管。①

上面研究了市场应不应该、能不能够供给公共物品的有关问题，下面是关于市场供给机制、供给效率问题的有关研究。陈孔军、王建国探讨了一种公共物品的私人提供机制，即产品营销化。他们认为如果公共物品完全营销化，最优公共物品提供量取决于中间代理人的偏好；如果公共物品部分营销化，那么萨缪尔森效率条件仍然满足，但私人物品的贡献就会部分被挤出，最优公共物品提供量会增加，这是卡尔多—希克斯改进。杨留辉、王宏杰认为应当合理界定政府提供公共物品的范围，然后引进市场和私人组织提供非纯公共物品，以此来提高公共物品的供给效率。② 袁东升认为政府无法提供所有的公共物品，对于必须提供而政府又无法提供的公共物品，就应当引进非政府制度的力量来提供。袁东升还以私人博物馆为例，积极探讨了私人提供公共物品的可能性。吕达研究了公共物品的私人供给机制，同时指出，要强化政府在公共事务管理

① 参见王志权：《私人提供公共物品的法律规制》，《沈阳师范大学学报（社会科学版）》2013 年第 4 期，第 62～63 页。

② 参见杨留辉、王宏杰：《市场和私人组织提供公共物品问题分析》，《现代经济信息》2016 年第 3 期，第 36 页。

和公共物品供给上的主导地位。宋妍、张明、陈赛从个体异质性的角度，研究了私人有效提供环境公共物品问题。① 田丽娜、毛铖则研究了私人提供公共物品的路径问题。②

综上，学者们关于市场主体供给公共物品的有关研究主要集中在以下几个方面：一是市场主体有能力提供公共物品；二是市场提高收费就可以提供公共物品；三是不是所有的公共物品市场主体都可以提供，有的认为市场只能提供准公共物品，有的认为市场只能提供经营性公共物品；四是市场主体只能生产公共物品，不能直接提供；五是必须发挥和强化政府责任，有的认为要强化政府的主导地位，有的认为要强化政府的监管责任。

§2.3.3.3 第三部门主体研究

在我国，关于非营利组织的研究主要是从 20 世纪 90 年代开始的。开始主要是介绍关于西方非营利组织的研究成果，后来逐步开展了我国的非营利组织研究。多年来，我国学者从非营利组织形成与发展的动因、社会功能理论以及福利经济学、社会角色定位理论、生存与发展面临的挑战等不同角度对非营利组织进行了全面研究，同时也有的学者从不同的社会制度背景、发展角度开展了第三部门的案例评估研究。这些研究，对于我国发展非营利组织、发挥非营利组织作用，起着积极的推动作用。我国的政府及理论研究者普遍认为，非营利组织一般是指具有非营利性的、志愿服务社会的非政府组织，具有非营利性、志愿性、公益性等特点。人们通常把非营利组织称为“第三部门”，也有的称为“非政府组织”。第三部门、非营利组织、非政府组织等提法，应用的都比较普遍。这几种提法不仅在研究者那里，而且在政府机构也经常混用。因为这几个概念的意义差别不大。我们认为用第三部门能够比较全面地概括其内涵和外延，所以，本书采用第三部门的提法。

第三部门进行公共物品供给，是基于“政府失灵”和“市场失灵”的前提下而进行的公共物品供给的一种有益补充。也有的把第三部门供给称作“志愿供给”。在我国，关于非营利组织的概念是比较宽泛的，不像西方那样界定得比较严格。这样有利于促进非营利组织的发展，使其能更好地参与各项社会活动，特别是进行公共物品供给。

王俊霞、李万新在分析了政府和市场提供公共物品失灵的前提下，提出第

---

① 参见宋妍、张明、陈赛：《个体异质性与环境公共物品的私人有效供给》，《北京理工大学学报（社会科学版）》2017 年第 6 期，第 18 页。

② 参见田丽娜、毛铖：《私人部门提供公共物品的路径选择》，《辽宁行政学院学报》2011 年第 10 期，第 9 页。

三部门能够成为与政府、市场并肩而立的公共需求的提供者。赵慧珠同样提出了类似的观点，而且认为第三部门能够发挥出政府与企业难以起到的作用。马全中认为，非政府组织在提供公共服务和危机管理中都能充分发挥作用，而且提供公共服务的功能非常强大。汪志强认为，非政府组织也是公共职能的载体，也能承担起提供公共物品和公共管理的职能。闵雅操、陈丽丽、郝燕君认为，NGO(NGO 是英文 Non-Governmental Organizations 的缩写，在我国称为“非政府组织”)能够承担政府让渡出的部分公共事务管理权，而且能够根据不同的需求提供不同的公共服务。杜志娟、苗大培认为非营利组织提供公共物品具有不可替代的作用。有的学者从政府与第三部门关系的角度出发，提出了政府与第三部门合作提供公共物品和服务的观点。汪锦军认为政府在提供公共服务方面面临着众多挑战，应对挑战的重要途径之一就是吸纳各种非营利组织参与进来，提供公共服务，而且实践也证明政府与非营利组织合作是一种有效的制度选择。汪锦军还提出了协同增效、服务替代和拾遗补缺三种合作模式。伍飞霏认为政府与第三部门的关系模式应该是“生产者—消费者”模式，即第三部门以生产者的角色来解决问题，政府以消费者的角色购买第三部门的服务来获得解决问题的效用。仵希亮以 CX 公益为例，分析研究了非营利组织切入公共事业的运营机制。他分析了三个方面的运营机制，即独立运营、与营利组织合作、与政府以及所在社区合作。① 李永旷肯定了政府与非营利组织合作的重要性，分析了目前合作的现实困境，提出了互动合作的路径选择。

当然，第三部门进行公共物品供给，由于多方面原因，目前也存在着一些问题。这主要是资金不足、公信力不足、人才不足、竞争不足、管理不善、政府干预等。对于这些问题，研究者们还提出了一系列的应对措施。李晓明在对我国的非营利组织研究情况进行分析时，提出我国非营利组织的发展面临着资金短缺、责任不清、管理混乱、效率低下等问题，直接威胁着非营利组织的生存与发展。吴伟、孟延春在考察分析了国外非营利组织资金来源情况和我国非营利组织资金短缺情况后，提出应该从政府资助、私人捐赠、改革彩票发行体制和培养人们志愿和公益意识等方面来解决第三部门资金短缺问题。曾丹从内外两个方面分析了非营利组织供给公共物品方面的困境。在内部管理方面，主要是筹资渠道单一导致资金投入严重不足、地位不高导致难以吸引高素质人才，同时也存在内部管理体系不健全等问题；在外部环境方面，由于法律法规不健全，使非营利组织很容易陷入管理无序的状态，同时也存在评估和监督缺位等问题。

---

① 参见仵希亮：《非营利组织切入公共事业的运营机制——以 CX 公益为例》，《金陵科技学院学报(社会科学版)》2018 年第 2 期，第 49 页。

针对这些问题，曾丹从四个方面提出了完善非营利组织供给公共物品的对策措施：改变筹资策略，通过加强与企业、政府合作，提高非营利组织公共物品供给效率；完善非营利组织的内部管理体系；完善相关法律法规和评估监督机制等。闵雅操、陈丽丽、郝燕君认真分析了我国NGO发展现状，深刻剖析了NGO面临的困境与挑战，其主要问题是能力不足(运行机制不合理、资金不足、人才缺乏、服务质量不高)、公信力不足、资源依附、社会支持力度弱、社会监督缺位等。他们也从政府和NGO自身两个方面提出了一系列的应对措施。董佳提出我国非营利组织绩效评价中存在政府的管制缺乏独立性、法律制度不完善、观念落后、评估主体单一等问题，并针对这些问题进行了相应的对策研究。孙爽也提出了类似的问题。他认为由于相关的法律法规不健全、评估与监督机制不完善等原因，非营利组织的内外部环境不能为我国社区公共服务建设提供良好的支持，所以，非营利组织要从自身管理制度下手，做进一步的健全和规范。康汉卿、李嘉从我国非营利组织内的行政、资金以及内部管理方面深入分析激励缺失的原因，并提出了构建志愿者激励机制的对策建议。还有的学者研究了具体的非营利组织发展中存在的问题。张俊专题研究了乡贤理事会这一非营利组织，发现它的发展同样也面临着行政干预过多、金钱侵蚀公益性、外部发展环境不佳、内部管理机制不健全等问题。刘丽珑、陈菁研究了非营利组织与捐赠行为的关系问题，认为非营利组织的信息披露质量会显著提高非营利组织的捐赠收入。徐雪梅、王思怡还研究了“互联网+”对非营利组织的影响，他们认为在“互联网+”模式中，非营利组织应当减少与营利组织的竞争，减少提供与营利组织相同或相似的公共物品与服务，应当加大与政府的合作，多提供政府出资的公共物品和服务。同时要针对“互联网+”对非营利组织的影响，及时作出战略调整，以应对“互联网+”的机遇与挑战。①

综上，学者们对第三部门供给公共物品的研究主要有这样几个关注点：一是第三部门能够供给公共物品，而且供给功能非常强大，可以成为与政府和市场并列的三大主体；二是第三部门能够承担起政府让渡的权力；三是第三部门供给的部分公共物品是其他主体无法替代的；四是第三部门供给公共物品的路径和模式；五是第三部门供给公共物品面临的困境。

通过研究梳理我国关于第三部门提供公共物品的相关文献，可以看出研究的成果非常多，而且涵盖面也比较广，对第三部门供给公共物品起到了一定的指导作用。但是由于第三部门在我国的发展还不够充分，还远远没有起到与政

① 参见徐雪梅、王思怡：《“互联网+”对非营利组织的影响》，《光明日报》，2015年6月7日第7版。

府部门和市场部门互为补充的、共同供给公共物品的作用,以满足社会公众对公共物品的需求。可以说,在这一方面的研究还不够充分,甚至是相当缺乏的。其具体表现如下:一是研究的雷同性。从上面的分析可以看出,大多数学者对第三部门的研究始终局限在个别方面,对于作用、问题,甚至对策,非常雷同,缺乏创新。二是研究的理论性。不少学者研究第三部门注重的是理论研究,缺乏一种从实践中来、到实践中去的精神,缺乏对第三部门提供公共物品具体运行机制的研究,从而导致理论与实践脱节,其研究的理论进不了政府决策,也没有为第三部门所接受采纳,因而研究的理论不能很好地去服务于实践。这也是我国第三部门提供公共物品和服务不够充分的一个主要原因。三是研究的片面性。当然不是说研究者们从一个侧面、一个点来研究第三部门提供公共物品是不对的。在这里,我们所说的片面性是指有的研究者对第三部门缺乏一种全面的认识,对第三部门提供公共物品缺乏一种全面的分析研究,取得的一些成果往往是零碎的、片面的,缺乏系统性、全面性。因而,导致我国还没有全面建立起第三部门提供公共物品的科学运行体系和有效运行机制,第三部门提供公共物品和服务也没有得到社会公众的全面认可,甚至没有给出一个合理的评价。从前面的研究可以看出,第三部门作为公共物品供给的主要主体,在我国仍然是一个薄弱环节,还没有得到全面的重视,也没有发挥出应有的作用。但是,第三部门的作用一旦得到充分发挥,所起到的作用是不可估量的,甚至是不可替代的。所以在我国,第三部门是一个潜力巨大的公共物品供给主体,对其研究任重而道远。期待研究者们为我国第三部门提供公共物品提出科学的理论,建立起科学的模型,研究出配套的政策,以指导第三部门充分发挥作用,逐步成为提供公共物品服务的一支重要力量。我们将在后面的研究中,围绕第三部门为农村供给公共物品做一些探索性的研究,力争提出一些创新性的成果,为我国第三部门提供公共物品的研究做出一点贡献。

§2.3.3.4 政府与社会资本合作供给研究

政府与社会资本合作(PPP 模式)供给公共物品,是国际通行的公共物品供给方式,前面提到西方国家已经有了比较成熟的制度和经验。我国实施 PPP 项目起步比较晚,真正意义上的 PPP 项目是从 20 世纪 80 年代开始的。从那时开始,我国逐步实施了一大批 PPP 项目,在公用事业和公共服务领域加快了基础设施建设步伐。截至 2018 年 7 月底,全国 PPP 综合信息平台项目库累计入库项目 7867 个、投资额 11.8 万亿元。围绕 PPP 项目的发展和全面实施,国家层面出台了一系列的指导性意见,为 PPP 项目的顺利实施和规范运作进行政策引导和科学管理;研究层面和实业界则展开了热烈的讨论和研究,目前已成为我国公共物品领域的一个研究热点,取得了大量的研究成果,为我国 PPP 项目的全面发展提供了理论支撑和智力支持。

从政府层面来看，2014 年以来，国务院及相关部委为保证 PPP 项目的规范运转出台了一系列的政策文件。党的十八届三中全会提出，“允许社会资本通过特许经营等方式参与城市基础设施投资和运营”，引起了政府与社会各界的高度关注。应当说，2014 年和 2015 年是我国密集出台 PPP 项目实施意见的关键两年。在这两年里，国务院及有关部委共出台了不少于六个指导性意见。2017 年和 2018 年是密集出台实施 PPP 项目指导意见的第二个关键两年。随着指导性意见的出台，国家发改委、财政部等相关部委相继成立了 PPP 项目的指导、管理机构。

从国务院及有关部委出台的 PPP 项目指导意见来看，重点关注的是八个方面的问题。

一是政策引导。2014 年和 2017 年，国务院及国家发改委都分别出台了社会资本参与 PPP 项目的政策，引导社会资本逐步进入公共服务领域，提供公共物品。在优化营商环境方面，打造公平、规范、开放的市场环境，为 PPP 项目开通绿色服务通道。

二是合作领域。2014 年，国家发改委规定 PPP 模式主要适用于政府负有提供责任又适宜市场化运作的公共服务、基础设施类项目。虽然在不同的文件中对社会资本参与提供公共物品的合作领域有不同的要求，但是综合起来看，基本覆盖了基础设施和公共服务的主要领域。具体来讲，主要涉及能源、交通运输、资源环境、生态建设、水利、市政工程、保障性安居工程等基础设施和文化、教育、医疗、卫生、养老以及农业、林业、科技等公共服务领域。2018 年 11 月，国家文化和旅游部、财政部联合下发了在文化领域推广 PPP 模式的指导意见，明确提出鼓励社会需求稳定、具有可经营性、能够实现按效付费、公共属性较强的文化项目采用 PPP 模式。合作领域也从城市发展到农村，成为公共物品供给的一条重要渠道。

三是合作模式。这是实施 PPP 项目的重点，只有选择合理合法合规的有效模式，才能真正把社会资本在公共物品领域与政府合作的重要作用发挥出来。在合作模式方面，2014 年国家发改委对经营性项目、准经营性项目和非经营性项目分别提出了可选择的具体模式。对经营性项目，要求通过政府授予特许经营权，采取 BOT、BOOT 等模式推进；对准经营性项目，要求通过政府授予特许经营权附加部分补贴或直接投资参股等措施，采用 BOT、BOO 等模式推进；对非经营性项目，可通过政府购买服务，采用 BOO、委托运营等市场化模式推进。国家发改委提出的这些可选模式，基本类似于西方国家的 PPP 模式，不同的是对 PPP 项目进行了分类安排，使 PPP 项目的实施更贴近我国的实际，更能保障项目的正常运营，实现政府、社会资本投资方和社会公众的多方共赢。

四是合作伙伴选择。国家有关部委对合作伙伴的选择，要求依法依规，主要通过公开招标、邀请招标、竞争性谈判等多种方式，公平择优选择具有相应管理经验、专业能力、融资实力以及信用状况良好的社会资本作为合作伙伴。

五是合作合同。2014 年，国家发改委制定了 PPP 项目通用合同指南，财政部制定了《PPP 项目合同指南（试行）》，为 PPP 模式提供了制定合同的指引。2018 年 6 月，为了提高交易效率、合理分担风险、保证 PPP 项目规范操作，中国招投投标协会又制定了专门的 PPP 项目合同样本，为 PPP 模式的合同结构提供了统一的、标准的参考。

六是合作项目管理。国家发改委、财政部成立的 PPP 项目管理机构，负责对全国的 PPP 项目进行把关入库，统一管理，掌控风险。

七是金融支持。2015 年，国家发改委和国家开发银行联合出台了金融支持 PPP 项目的指导性意见，从此，国家开发银行成为我国 PPP 项目的重要合作伙伴。通过国家开发银行对社会资本方的金融支持，推动了 PPP 项目的健康运行。

八是绩效评价。为了保证 PPP 项目的有效运行，国家有关部委 PPP 项目管理机构对全国各地实施的 PPP 项目提出了明确的绩效评价要求，而且对一些大型的 PPP 项目给予重点监控、评价。

从上面的分析可以看出，国家对 PPP 模式是非常重视的，为了保证 PPP 模式的规范运行，从合作领域、合作模式、合作伙伴选择、合作合同、政策保障、金融支持、风险分担、财政监管、绩效评价等方面作了具体的安排和要求，使 PPP 模式在我国基础设施建设和公共服务领域中扮演着主要角色。

从研究层面来看，大量的专家学者、实业界的精英以及大批的硕士、博士都积极加入 PPP 模式的研究，而且取得了一系列的优秀成果，这些成果为我国推动 PPP 模式发展提供了重要的理论依据。他们的研究，有的从理论探讨的角度，重点研究 PPP 模式的内涵、模型、意义；有的通过进行国际、国内比较研究，探讨我国发展 PPP 模式的积极意义，寻求适合在我国推广的具体模式和路径；有的根据我国的实际情况，探索适合我国国情的 PPP 模式的具体领域、具体模式；有的倾向于研究一些具体的问题，比如说政府和社会资本合作项目入库条件、招投标、合同的规范与管理、财政资金监管、风险分担、绩效评价等；有的专门进行政府和社会资本合作项目运行过程中的问题与对策研究；还有的，特别是实业界，着重研究 PPP 模式的具体项目及其运行模式；等等。这一系列的研究成果，助推了我国基础设施建设的快速发展，提升了我国公共服务的水平和效率，对满足人民日益增长的美好生活需要创造了条件、奠定了基础。

由于我国对PPP模式提供公共物品有着统一的规范和要求，关于PPP模式的基本理论与争论方面的研究成果颇多，而且有很多问题诸如PPP的意义等大家基本达成了共识，所以我们就不作更多的分析研究了，在这里只对一些具体方面的相关研究作一些粗浅的探讨，以对本书供给提供一些理论依据和研究方法、研究方向等。

首先，还是要探讨一下政府和社会资本合作的含义问题。国家有关部委和研究者们都对政府和社会资本合作给出了相应的定义。2014年12月，国家发改委在《关于开展政府和社会资本合作的指导意见》中是这样定义的："政府和社会资本合作(PPP)模式是指政府为增强公共产品和服务供给能力、提高供给效率，通过特许经营、购买服务、股权合作等方式，与社会资本建立的利益共享、风险分担及长期合作关系。"2015年5月，财政部、发改委、人民银行在《关于在公共服务领域推广政府和社会资本合作模式的指导意见》中又进一步指出："政府和社会资本合作模式是公共服务供给机制的重大创新，即政府采取竞争性方式择优选择具有投资、运营管理能力的社会资本，双方按照平等协商原则订立合同，明确责权利关系，由社会资本提供公共服务，政府依据公共服务绩效评价结果向社会资本支付相应对价，保证社会资本获得合理收益。"2015年6月，国家发改委、财政部等六部委联合下发的第25号令《基础设施和公用事业特许经营管理办法》，又进一步明确了基础设施和公用事业特许经营，"是指政府采用竞争方式依法授权中华人民共和国境内外的法人或者其他组织，通过协议明确权利义务和风险分担，约定其在一定期限和范围内投资建设运营基础设施和公用事业并获得收益，提供公共产品或者公共服务。"以上是政府层面对政府和社会资本合作模式给予的权威性定义和解析。从政府层面的定义来看，至少定义了六个方面的含义：一是合作的双方是政府方和社会资本方；二是合作的方式是特许经营、购买服务等；三是合作的领域是基础设施和公用事业；四是社会资本方的选择范围不仅仅限于国内社会资本投资方，而是扩大到境内外的社会资本投资主体；五是合作方的选择是通过竞争方式选择的；六是合作双方是风险共担的；等等。

从研究者的角度来看，对PPP模式的定义与政府层面的定义基本相似。当然，由于研究视角的不同，有的定义也略有差异。柯永建、王守清、陈炳泉认为，公私合营(Public-Private Partnership，PPP)是一种提供公共基础设施建设及服务的方式，由私营部门为项目融资、建造，并在未来的一段时间里运营此项目。叶晓甦、徐春梅认真研究了国内外关于政府与社会资本合作的概念内涵及其解释后，认为"中国的PPP概念是：公共部门和私人部门为提供公共产品或服务、实现特定公共项目的公共效益而建立的项目全生命期关系性契约的合作伙伴、融资、建设和经营管理模式。”贾康、孙洁分析了我国研究者们提出的众多定义后，提出了自己的定义，即所谓“PPP”，是指政府公共部门与民营部门合作过程中，让非公共部门所掌握的资源参与提供公共产品和服务，从而实现政府公共部门的职能并同时也为民营部门带来利益。① 凤亚红、李娜、左帅通过对社会资本和政府分别承担责任的分析研究，认为我国推广的政府和社会资本合作是一种狭义的 PPP。冯建友、张红亮也是总结了各种定义后，提出了自己的观点，认为 PPP 模式以利益共享和风险分担为特征，而且提出 PPP 的四大要素，即公共部门(政府)与私营部门(社会资本)合作、合作目的是提供(准)公共产品或服务包括基础设施、利益共享、风险分担。总之，关于政府和社会资本合作的含义，还有很多的学者提出了不同的定义和解释，如朱秀丽、袁永博等认为 PPP 是公共部门与私营部门通过建立伙伴关系来提供基础设施产品/服务的一种运行机制。汪耿、杨超等认为 PPP 是私人企业与公共部门合作的融资模式。姚鹏程等将投资新建 PPP 项目的决策问题定义为一个基于市场供需条件的公共产品服务的最优投资决策问题等。所有研究者们提出的这一系列定义也好，概念也好，解释也好，基本都是充分研究了国内外关于 PPP 模式的理论以及我国政府提出的定义内涵后，提出的自己的见解。所以，这些定义基本与国家给出的定义极为相似，甚至有些是一致的。

其次，我们分析一下我国政府和社会资本合作模式供给公共物品的激励政策、风险分担、绩效评价方面的研究。

第一，关于 PPP 项目激励机制方面的研究。姜爱华、刘家豪认为政府应当对项目的起始阶段、实施过程、移交阶段建立全周期财政激励机制。柯永建等认为政府应当对 PPP 项目实行投资赞助、协助融资、融资担保、减免税收等激励措施。常雅楠、王松江利用改进的 Shapley 值法构建了利益分配综合模型，并认为该模型能够对各方的利益进行客观公正的分配，从而激励参与 PPP 项目的各方为了利益的最大化而共同努力。赵卓、李玖灵通过对 PPP 项目激励机制的研究，提出合理的风险配置可以激励企业在更高水平的努力程度上合作。

第二，关于 PPP 项目风险分担方面的研究。PPP 项目一个突出的特点就是存在风险。所以，关于风险研究就成为研究热点。特别是近年来，研究者们围绕 PPP 项目的风险分担与控制展开了热烈的讨论，提出了很多好的应对策略。刘新平、王守清提出风险分担的三个原则，即应由控制力最强的一方承担、风险与收益相对应、风险承担要有上限。张瑞、张义祝通过构建 PPP 项目中政

---

① 参见贾康、孙洁:《公私合作伙伴关系(PPP)的概念、起源与功能》,《中国政府采购》2014 年第 6 期，第 13 页。

府、企业和投资者之间相互威慑讨价还价模型,得到相对应的子博弈纳什均衡。周顺、李明顺同样利用讨价还价模型,求得风险分担的比例。王蕾等运用合作博弈理论构建公私部门的风险分担模型,并利用网络层次分析法对模型的解进行修正,继而引入案例实证求得最优的风险分担比例。

第三,关于 PPP 项目绩效评价方面的研究。开展绩效评价研究,能够为 PPP 项目参与者提供准确信息,为其科学地作出投资决策提供依据,也有利于 PPP 项目的成功实施。目前,这方面的研究很多,也提出了一系列的绩效评价理论。赵琰等把 PPP 项目的绩效评价划分为项目投入、项目过程、项目产出与项目影响四个子系统,构建了 PPP 项目绩效评价指标体系和绩效综合评级模型。秦亚飞等通过对目前 PPP 项目绩效评价情况的分析研究,运用平衡计分卡原理,提出从财务能力评价、内部控制管理、顾客满意度、创新与成长等方面设立具体的指标,构建四位一体的绩效评价体系。① 陈欲辉研究了国内外的相关文献,综述了 PPP 项目评价理论、评价指标、评价方法、评价体系等相关研究情况,在评价方法上重点分析研究了基于关键成功因素(CSF)的关键绩效指标法(KPI)、基于平衡记分卡的绩效指标评价法、模糊综合模型评价法三种方法,而且指出目前研究者们主要是围绕前两种展开研究。② 杨中宣、杨洋洋分析了关键绩效指标法、平衡计分卡法、数据包络分析法、层次分析法、物元分析法等绩效评价方法。白娟等从“投入—过程—产出—效果”四个阶段入手,结合 PPP 项目各阶段的关键控制点,提取绩效评价指标,构建了 PPP 项目绩效评价指标体系。

再次,我们分析一下关于我国 PPP 模式供给公共物品存在问题方面的研究。孙学工等认为虽然 PPP 模式在我国得到了广泛运用,但是还存在制度框架与法律体系不健全、社会信用基础薄弱、金融体系不适应项目融资需求、投资回报机制不健全等问题。杨俊龙在《PPP 模式的效应、问题及优化对策研究》一文中提出,PPP 模式中要重点关注个别官员的传统官本位思维、个别社会资本赚快钱的思维、公众利益容易受到损害以及可能形成新一轮的政府债务等四个方面的问题。邱国林、杨凯姝通过对 PPP 运营模式的研究,发现我国的 PPP 运营模式存在着缺乏专业化机构,人才、法制建设不完善,风险分担不明确等问题。郝泽强提出工程项目管理中 PPP 模式存在着制度环境与体制的不健全、缺少专

---

① 参见秦亚飞、高洪显、李海萍:《基于 PPP 模式的基础设施项目绩效评价研究》,《山西农经》2018 年第 8 期,第 126 页。

② 参见陈欲辉:《PPP 项目绩效指标评价体系研究综述》,《经营与管理》2017 年第 10 期,第 93 页。

职负责机构、投资回报机制与收入机制不健全等问题。郭威、王丹从政府和社会两个视角分析了 PPP 模式在公共服务领域中推广存在的一些障碍。他们认为，从政府视角来看，主要存在社会资本存在机会主义倾向，而且政府承担的风险和监管的难度都很大；从社会视角来看，主要存在国有企业占的比重太大，而且存在政府信用缺失、利益分配失当并缺乏对项目的融资支持等问题。井敏认为 PPP 模式在我国发展迅速，成绩斐然，但是也暴露出了一些突出问题，如 PPP 模式异化与泛化、民营企业参与度不高、项目落地难等问题。[①] 还有许多学者从不同的角度探讨研究了 PPP 模式运行中存在的问题，并进行了详细的原因分析，这对于下一步完善 PPP 模式，保障其健康运行将起到积极的作用。

最后，我们看一下关于我国 PPP 模式供给公共物品方面的有关对策研究。针对我国 PPP 模式发展的现状，学者们在开展多方面研究的同时，围绕我国 PPP 模式的完善和规范运行，提出了许多有针对性的建议和对策。武文卿提出 PPP 是全面补齐农村基础设施建设短板的历史性机遇。亓霞、柯永建、王守清通过对我国 PPP 项目失败案例的分析研究，找出了项目失败的影响因素，提出了做好市场调查与预测、法律规制与政策支持、公平合理分担风险的应对风险措施。和军、戴锦研究了 PPP 项目能否成功的决定因素后，提出完善 PPP 实施的制度条件、消减 PPP 中公私组织文化冲突、合理转移和分担风险、合作企业微观管理、发挥公共部门作用、渐进式推进 PPP 等应对措施。凤亚红、李娜、左帅开展了 PPP 项目成功的影响因素研究，提出了完善法律制度和监督机制、建立合理的动态契约机制及风险分担机制、设立 PPP 项目专业管理机构等对策措施。郭威、王丹通过对 PPP 模式典型案例分析，提出了促进 PPP 项目的主要路径，建议应积极推动建立诚信机制、构建保护机制、培养专业人才以及拓展社会资本融资方式等工作。陈婉玲、曹书通过对 PPP 模式正反两面的利益关系研究，提出建构以制度保障、契约与非契约约束和自我控制为核心的“三位一体” PPP 利益协调机制。通过对相关文献的研究，我们发现关于 PPP 模式，研究者们提出的应对措施主要聚焦于建立专业管理机构、建立完善法律法规体系、建立风险合理分担机制、规范参与各方的行为、加强监管与政策支持以及专业人才培养等方面。

§2.4 国内农村公共物品供给研究

我国农村是一个非常大的群体，公共物品供给一直是薄弱环节。改革开放

---

① 参见井敏：《我国 PPP 模式面临的主要问题及改进建议》，《学习时报》，2019 年 1 月 21 日第 5 版。

以来，我国加大了农村改革和发展力度，农村得到了快速发展。随着改革的不断深入，农村公共物品的供给体制机制也发生了很大变化。特别是农村税费制度的多次改革，使农村公共物品供给的主体、渠道都在不断地发生变化。2006年，国家取消了存在2600多年的农业税，农民的负担减轻了，但是也改变了乡镇政府和农村集体供给公共物品的资金渠道，农村公共物品供给又面临着新问题。虽然关于农村公共物品的研究一直是一个比较关注的领域，但是税费改革以后，逐步成为研究的热点。

农村公共物品问题，既是一个现实问题，也是一个理论焦点问题。究竟哪些物品属于农村公共物品？农村和农民究竟需要什么样的公共物品？这些公共物品究竟应该由谁来供？等等，这一系列问题都需要从理论上予以澄清和界定，从实践上予以推动和实施。这也是本书所要解决的重点问题。本书将从历史和现实的不同视角，对这些问题展开研究，并通过这些问题的解决，来推动乡村振兴战略的实施。为了更好地开展农村公共物品供给问题研究，使我们的研究更加贴近我国农村实际，更加体现历史传承，更加具有现实意义，我们仍然需要对已有的研究进行认真的梳理和借鉴。这也是我们研究的逻辑起点。

§2.4.1 农村公共物品概念界定

前面，我们研究了公共物品的概念，并对其属性进行了比较全面的分析。农村公共物品作为公共物品的重要组成部分，同样也应该具有公共物品的普遍属性。已有的研究也都作了很多的阐述和说明，这里不再进一步回顾。这里重点介绍一下研究者们提出的一些具体概念和界定。通过查阅相关文献，发现研究者们出于各自的研究偏好和研究角度，对农村公共物品分别进行了定义和界定。尽管他们的定义有所不同，但是所涵盖的范围大致相同，主要界定在农民生产和生活两大领域的公共服务上，但是由于研究者们研究的视角、研究的领域等有所不同，因而在具体的表述、具体的界定以及具体的分类划分等方面都有所不同，而且有的差异还较大。刘远翔从公共物品与私人物品的角度，把农村公共物品定义为“相对于农民私人物品而存在的，用于满足农村社会公共需要，具有非竞争性和非排他性的社会产品。”[①]刘远翔的这个定义仍然是采用了萨缪尔森的定义方法，其实这个定义只是定义了满足农村公共需要的纯公共物品。徐琰超、尹恒认为农村公共物品包括村庄公益事业的生

① 刘远翔：《中国农村公共物品供给研究》，北京：人民出版社，2012年，第24页。

活性公共品和道路、农田水利设施等生产性公共品。[①] 徐琰超、尹恒的这个定义只是描述性的定义,界定了农村公共物品的范围。刘宏凯也把农村公共物品界定为满足农村、农民和农业发展所提供的、具有非竞争性和非排他性的物品或服务。何蒲明、黎东升把农村公共物品界定为满足农村生产性和非生产性公共需要的、具有消费上的非排他性和非竞争性的社会产品。虞宛姗、徐天祥也把农村公共物品界定为"农村地区关于农业、农村及农民生产、生活、农村经济发展所需的、具有一定非排他性和非竞争性的物品和服务。"刘宏凯、何蒲明、虞宛姗等人的这三个定义,有两个特点:一是定义为纯公共物品,二是界定为生产和生活两方面的公共物品。综上可见,研究者们关于农村公共物品的概念没有很大的差异,只是表述不同而已,只是徐琰超、尹恒没有将其仅仅定义为纯公共物品。

在界定概念和范围的同时,研究者们还对农村公共物品进行了分类,总体上也是分为纯公共物品和准公共物品两大类,当然也有分为生产性农村公共物品和消费性农村公共物品两大类的,还有分为有形的农村公共物品和无形的农村公共物品两大类的,而孙翠清、林万龙则更具体地分为无形的农村公共服务和有形的农村基础设施两大类。[②] 赵红军、张盼则把公共物品分为基础设施类和民生类。还有的分为"硬"性公共物品和"软"性公共物品。邱汉明、吕翠丽则是把农村公共物品细分为五类,即生产类、生活类、社会发展类、环境建设类和管理服务类。此外,还有的按照农村公共物品的服务区域分为全国性、全省性以及域跨区域性和地方性农村公共物品,等等。总之,所有这些划分方法基本上都是围绕供给主体和服务对象、服务领域来划分的,这些分类方法与前面研究的公共物品分类方法基本上也是一致的。

§2.4.2　农村公共物品供给研究

农村公共物品供给,是直接面对农村的最直接的公共服务,也是当前关于农村公共物品研究的焦点和热点。经查阅和分析文献,我们发现关于农村公共物品的研究大多数聚焦于供给方面的研究。围绕如何供给农村公共物品,研究者关心更多的是供给主体、供给决策、供给机制、供给效率等方面的问题。还有不少的研究者们进行了具体案例的分析研究,研究的目的也在于探索农村公共

① 参见徐琰超、尹恒:《村民自愿与财政补助:中国村庄公共物品配置的新模式》,《经济学动态》2017 年第 11 期,第 74 页。

② 参见孙翠清、林万龙:《中国农村公共服务需求问题研究:基于农户的视角》,北京:经济科学出版社,2011 年,第 17 页。

物品的供给问题，探索供给的渠道、供给的模式等。为了配合后面的研究，我们重点对供给主体、供给决策等方面的研究进行简单的梳理。

探讨农村公共物品的供给主体问题的研究者们，重点是在研究农村公共物品究竟应该由谁来提供。这是个热点问题，观点非常多，有争论、有分歧。但是，大多数研究者们有一个共识，那就是进入后税费时代后，由于“一事一议”解决农村公共物品供给的困境，再加上县乡政府财权与事权的弱化，应由省级以上政府承担更多的农村公共物品供给责任，同时应当发挥市场的作用，注重引导私人、第三部门以及新乡贤、农村精英等加入农村公共物品供给的行列。在具体研究上，张要杰、李杰义都提出了应当由省级及以上财政承担农村公共物品供给的责任的观点，二者的区别则在于：张要杰没有区分公共物品的性质，而李杰义则是根据公共物品的性质划分了政府的供给责任，即应由省级及以上财政提供农村纯公共物品，县乡政府提供准公共物品。在提出政府供给公共物品的同时，张要杰、李杰义都提出了其他主体供给农村公共物品的责任。张要杰从融资的角度，强调了财政与私人联合供给、私人或第三部门参与供给的观点。李杰义则直接提出民营部门间接提供公共物品的观点，并且提出社区和使用者也要参与提供一些农村小规模公共物品。刘瑾、刘炜、李权泰提出了与李杰义几乎一致的观点，不同的是提出了应该由有能力的平民提供农村小规模公共物品。张黎鸣、李张琼进行了农村公共物品的社会化研究，提出政府直接供给、农村集体合作供给、农村私人供给三种供给模式。王建文、俞美娟提出中央政府应当提供农村纯公共物品，各类营利组织和非营利组织提供准公共物品，同时提出了“政府＋农村专业合作社＋个体农户”的供给模式以及社区提供、私人提供的观点。李竹梅也提出，政府应当提供最基本的农村公共物品，私人提供农村准公共物品，非营利组织提供其他农村公共物品。虞宛姗、徐天祥构建了农民合作社供给农村公共物品的框架。以上关于供给主体的研究，基本上都是按照公共物品分类确定供给主体的。这种研究方法在其理论上是不够完美的，因为供给主体很难按照分类的办法去供给公共物品，比如省级及以上政府不仅仅可以供给纯公共物品，在一定条件下同样可以供给准公共物品，其他主体同样也有这种供给特性。但是在上面这些研究中，都把政府、私人、第三部门纳入了供给主体的范畴，为确定农村公共物品供给主体作了理论上的准备。

研究者们在研究供给主体的同时，还研究了农民的公共物品需求情况，并从需求的角度，对供给顺序进行了研究。张要杰对农村公共物品的投资序列进行了大体设计，即应按照农村基础教育、农村社会保障、农业科研与推广、农村道路等基础设施进行安排投资。任连祥从四个维度提出了农村公共物品供给的优先次序。李秉龙等提出了改善贫困地区农村公共物品均衡化的发展路径，即由乡乡平衡到城乡平衡，最后消除“城乡二元结构”。还有的研究者通过对农村公共物品与农村发展目标的关联度研究，提出了应当优先供给与发展目标关联度高的公共物品，也有的针对具体的农村公共物品项目提出了优先供给顺序。这些学者提出的供给顺序，都体现了优先性，但是这种优先性往往不具有普遍意义，因为区域发展不均衡是我国农村发展的一大特点，设计供给顺序不能一概而论，要实事求是、因地制宜，根据供给地区的需求特点确定供给顺序，这样才能真正地满足农村的需求偏好，也才能有效率。

以下为关于农村公共物品供给中存在的问题研究。为了更好地满足农村公共物品的需求，建立起科学的供给体系，研究者们通过对农村公共物品供给进行全面分析研究，找出供给体系中存在的问题，而且进行了深刻的原因探析。通过我们的研究梳理发现，研究者们提出的问题主要集中在供给主体不明确与供给责任不清、供给不足与供给过剩的矛盾、供给决策机制与绩效评价机制不科学等方面。邱汉明、吕翠丽认为供给总量不够、高投低效、区域差异较大等是存在的主要问题。张立认为主要是生产性和必需性公共物品供给不足。李武、胡振鹏认为农村公共物品供给失衡矛盾突出，而且大部分的供给锁定在“低效状态”，一方面农村亟须的纯公共物品、准公共物品供给不足，另一方面涉及政绩的公共物品供给过剩，同时存在着城乡之间、农村地区之间的供给不平衡问题。张旭辉、孟祥熙通过对调研村庄的研究发现项目式供给在给受供村庄带来好处的同时，也产生了一些负面影响：一是由于某些基层干部政绩观的错位，导致项目式公共物品扎堆供给部分村庄，导致村庄之间形成分化困境；二是由于供需不对接，导致供给结构失衡；三是由于扎堆供给，村庄配套资金压力大，导致村庄负债累累。[①] 谭诗赞认为在“项目下乡”过程中，基层政府出现双重代理人（“国家代理人”和“地方代理人”）的角色冲突，容易诱发基层政府官员的“变通”和“共谋”行为。李金龙、武俊伟发现当前农村公共物品供给存在同质化倾向、关键性公共物品供给不足、供需结构失调、参与者缺席以及供给主体间歇性缺位和选择性供给等问题。孙祥祥、臧宏玲也提出了农村公共物品供给中存在供需不平衡、物品种类单一、监督维护不足等问题。王秀然在实地调查过程中发现，供给不足与供给过剩并存是农村公共物品的一个显著特点，政绩工程、形象工程等问题也不同程度地存在，农村光荣院、公共服务中心等建而不用的农村公共设施太多。这是一种形象工程，也是资源的浪费。张金冲同样提出了供求结构性失衡、参与者缺席、难以充分反映农民需求等问题。徐荣华认为目前

① 参见张旭辉、孟祥熙：《农村公共物品项目式供给与村庄分化的困境》，《经济研究导刊》2018 年第 3 期，第 34～35 页。

农村与城市相比，公共物品供给差距太大，不均衡的问题比较突出。徐荣华还指出乡村振兴必须先解决农村亟须的公共物品，应当把补短板放在首位，把均等供给作为目标。郑冕研究了农村税费改革以后农村公共物品供给问题，认为全面取消农业税以后，终结了制度外供给农村公共物品的模式，虽然上级政府具有供给农村公共物品的权力和财力，但是也出现了过度依赖上级政府、乡镇政府无力提供以及灰黑势力抬头等问题。以上这些问题，只是研究者从自己研究的角度提出来的，在研究者没有涉猎的领域可能还存在一些具体的问题，我们将在后续部分中分别进行研究，重点在第五部分结合我国农村公共物品供给的大数据进行详细研究，从中找出需要解决的重点问题。

§2.4.3 农民需求表达机制研究

农村公共物品供给决策机制是关系到供需平衡的问题，也关系到供给效率的问题。目前，我国基本采取自上而下的供给决策体制机制，出现了很多供给失衡的现象。科学的供给决策，是有效供给的前提。如何做到供给决策科学呢？研究者们普遍认为目前采取的自上而下的决策机制很难形成科学的决策，因为供给侧单方面的决策不能全面地体现需求侧的真实需求，所以，自上而下的决策机制就不能真实地满足农民对公共物品的需求。为了从根本上解决科学决策问题，很多研究者把关注点放在了农民需求表达机制上，以期建立一套自上而下与自下而上相结合的供给决策机制。应当说，这是一个良好的开端。从研究供给决策的学者来看，都逐渐把触角伸向了需求表达机制研究。多年来，研究者们积累了很多的研究成果，提出了很多有价值的观点，对我们的研究也起到了很好的帮助作用。樊丽明、石绍宾提出，要通过建立畅通的农村公共品需求表达通道、农村公共品的需求偏好甄别机制和科学合理的农村公共品偏好汇总机制，来完善农村公共品的需求发现机制。刘宏凯、解西伟分析了自上而下的农村公共物品供给决策机制的弊端，提出构建农民需求导向型公共物品供给决策机制。陈金英、王琦对农民需求表达机制的必要性、存在问题进行了研究，提出必须从农民、农民组织和政府三个方面入手，建立一套完善的农民需求表达机制。张黎鸣、李张琼提出从农民提高需求表达意识和表达动机、加强农村基层组织建设、政府树立以需求为中心的服务意识三个方面，健全农民需求表达机制，实现农村公共物品的高效供给。李秀义、刘伟平在研究了山东莱西河头店镇S村公共物品供给中的问题后，提出要构建农民需求导向的公共物品供给制度。李杰义也提出要建立自下而上的需求表达机制。笔者研究了我国农业科技供给体制机制后，提出要建立以需求为导向的农村公益性科技供给体制机制。还根据信息对称原则，笔者提出了建立需求表达双向交流平台的设想。王利民提出构建基于民主选举之公共产品需求机制。刘瑾、刘炜、李权泰认为应当通过科学合理的方法，建立起自下而上的、民主的需求表达机制。区小兰、王惠琴从农民、村委会、政府三个层面分析了农民公共物品需求方面民意表达存在的问题，提出建构“需求偏好表达、需求决策、需求回应”三位一体的民意表达模型。[①] 王丽慧、陈民认为自上而下的供给机制忽略了农民需求的表达，应当逐步构建农民需求导向的农村公共品供给机制。张金冲提出，地方政府要建立一种新型的、自下而上的需求表达——输入机制，提高公共物品的供给效率和质量。林士俊、张薇认为在农村公共物品供给出现了社区居民需求表达受到限制的技术困境时，应当建立制度化与非制度化相结合的民意表达渠道。叶兴庆提出了反映农民意见的机制问题。李义波研究了农村居民公共产品需求偏好状况。涂圣伟研究了农民需求偏好表达与供给效率问题。阎坤、王进杰研究了公共品偏好表露与税制设计问题。迟伟杰开展了农民需求偏好准确表达的机制研究。汪前元、李彩云从农村公共物品需求角度研究了农村公共产品供给走向问题。周小花从农民组织化程度的角度研究了农民公共物品需求表达机制问题。邓念国、翁胜杨认为农民需求表达欠缺存在“理性无知”和“路径闭锁”的双重原因，并进一步提出了相关对策。尉孟星从行为经济学的角度提出应当根据农村居民的流动性特点，建立起相应的需求表达机制，充分反映农村需求偏好的变化情况。还有的学者研究了间接需求表达和直接需求表达方式问题、建立需求表达模型问题以及需求表达与政绩观关系问题、真实需求表达的甄别问题等。以上这些研究的核心问题，就是公共物品决策必须体现农民的真实需求，其渠道就是要建立需求表达机制。应当说，这些研究的开展都是以人民为中心发展理念的具体体现，学者们的理论研究与农民的需求愿望形成了默契，达成了共鸣。

还有的学者研究了农村公共物品的供给动力、供给效率与供给评价机制问题，也有的进行了一些具体领域、具体公共物品的供给研究问题，等等。研究者们开展的这一切研究，对于更好地进行农村公共物品供给、助推全面建成小康社会和全面实施乡村振兴战略有着极其重要的意义。

关于农村公共物品供给的对策研究非常多，所以在这里不作过多的分析了。

党的十九大提出，实施乡村振兴战略以来，农村公共物品供给是国家关注的焦点，也是研究者的热点。但是站在乡村振兴的角度，研究农村公共物品还

---

① 参见区小兰、王惠琴：《村庄公共物品供给的民意表达模型构建分析》，《忻州师范学院学报》2018 年第 5 期，第 57 页。

只能说是刚刚起步。从我们研究的文献来看，虽然研究乡村振兴的论述非常多，但是把农村公共物品供给放在乡村振兴视角下来研究的文献不多，而且仅有的一些研究也大多聚焦于研究理论问题、宏观问题，缺乏接地气的研究，对指导乡村振兴工作缺乏一些具体性的、可操作性的路径研究。虽然国家提出了一系列补短板的政策措施，但是缺乏对乡村振兴的针对性指导政策，仍然没有根据乡村振兴四类村庄制定出相适应的供给策略。无论从理论上还是从实践上，都有很多工作需要研究者们从理论和实践的不同角度进行潜心研究，以切实可行的、丰硕的研究成果把农村公共物品供给与乡村振兴有机结合起来，成为服务于乡村振兴战略的公共物品新理论。从“三农”问题的解决到乡村的振兴，公共物品供给都是一个充要条件。所以，在乡村亟须振兴的新形势下，加强农村公共物品供给研究是一项非常急迫的任务。本书正是基于此而通过理论与实践的结合，拓展乡村振兴与农村公共物品供给研究，理论接地，思维创新，以一种全新的理论框架来架构农村公共物品供给的新模式。

第三部分

本部分是在第二部分理论准备的基础上开展的基础理论研究：重点阐述了公共物品和农村公共物品的基本内涵；根据本书的需要，归纳出层级化、区域化、碎片化、差异化、不均化、困境化六个突出特点；根据我国农村公共物品的新特点，对其重新划分，分为全民共享、基础设施、生态宜居、社会服务、社会保障、公共政策、公共资源等七大类；根据当前的供给特点，从理论上分析了我国农村公共物品供给面临的城市公共物品与农村公共物品、自上而下决策与农民需求表达、供给不足与供给过剩、政府供给与农民自助、农村公共物品供给与农村空心化、县乡政府权力与供给效率、政府供给与政府监管等七大矛盾。这些研究为供给决策研究作了理论准备和铺垫。

2019 年 3 月，全国“两会”在北京召开，乡村振兴成为本会议的一个重要话题。“两会”期间，习近平总书记先后到内蒙古代表团、河南代表团分别就乡村振兴提出了具体的指导意见。在谈到乡村振兴和全面建成小康社会时，习近平总书记多次提到要重点解决农村基础设施、农村基本公共服务等问题。全国人大代表、全国政协委员围绕乡村振兴工作，也纷纷建言献策。他们就实现产业振兴、发展康养事业、人居环境整治、发展农村基层医疗卫生事业、农村土地流转、农业科技创新、脱贫攻坚和美丽乡村建设等问题提出了一系列很好的意见和建议。这其中有很多涉及农村公共服务体系建设问题。农业农村部部长韩长赋在部长通道上回答了山东莱阳农民王巧丽关于农村改厕等农村人居环境整治的问题。《农民日报》还专门开辟了“我‘带’农民上两会”专栏。这个专栏总共进行了 14 期的专题报道，其中关于农村公共服务体系建设的就达到了 11 期。这 11 期重点涉及农业科技推广应用、乡村文化政策、农村老人养老、合作社发展政策等“三农”重点问题。这些问题的解决，将有助于实现乡村的全面振兴。

从总书记的关切、代表委员的关心到农民的期盼，农村公共服务体系建设已经成为一个聚焦点，是解决“三农”问题的一个极为迫切的问题，是全面建成小康社会、推动乡村振兴战略实施的一个极为重要的关键性问题。从长远来看，从农民的真实需求来看，实现农村基本公共服务均等化、普惠化、便捷化，不仅是实现乡村振兴的需要，而且还是提高农民的获得感、幸福感、安全感的重要保障。

2017 年 1 月，国务院印发的《“十三五”推进基本公共服务均等化规划》明确提出，要把基本公共服务制度作为公共产品向全社会提供。2018 年 7 月 6 日，中央全面深化改革委员会第三次会议审议通过《关于建立健全基本公共服务标准体系的指导意见》，要求地方标准要逐步实现常住人口全覆盖。这两个文件的出台，明确了加快农村基本公共服务体系建设的目标和方向。所以，进一步加快农村公共物品和服务提供的时机日益成熟。为了更好地落实总书记关于乡村振兴的指示，更好地让农村公共物品服务于乡村振兴建设，必须根据当前乡村振兴的实践，加快农村公共物品供给研究，为乡村振兴战略的全面实施提供一系列的、具有可行性和可操作性的农村公共物品供给理论。

§ 3.1　农村公共物品

在第二部分中，我们对国内外关于公共物品的一系列研究成果进行了比较全面的分析研究，在这里不想作过多的理论阐述，只想针对我国农村公共物品谈谈我们的观点和看法。

应当说,公共物品是一个古老而又有新意的概念。之所以这么说,是因为公共物品在古代的中国和西方国家都有萌芽,而且逐步得到了丰富完善,目前已发展成为一个关系人们生产、生活的重要物品。在乡村振兴的新背景下,公共物品必然要赋予新的含义。所以在这里,我们简要研究一下我国乡村振兴背景下农村公共物品的相关理论问题。

§3.1.1 公共物品

目前,我国普遍采用的是萨缪尔森的公共物品经典定义,即把具有非竞争性、非排他性的物品称为“公共物品”。其实,萨缪尔森的定义是经典的纯公共物品定义,没有涵盖准公共物品。事实上,现实生活中大量存在的,与人们日常生产、生活密切相关的主要还是准公共物品。也就是说,准公共物品比纯公共物品更加普遍地存在着。从准公共物品的存在形式来看,也有两种情况:一种是具有竞争性、非排他性的物品,一种是具有非竞争性、排他性的物品。与公共物品相对应的是私人物品,私人物品则是具有竞争性、排他性的物品。

从公共物品的定义及其在现实生活中存在的形式来看,公共物品具有相对性、宽泛性、动态性三种特性。

首先,公共物品是一个相对的概念,是相对于私人物品而言的。没有私人物品的存在,就没有公共物品的概念。可以说,它们是一对孪生姊妹。公共物品与私人物品始终是相伴相生、相互依存的,二者共同构成了社会的全部产品。所以,除了私人物品以外的所有物品,都可以被看作是公共物品。公共物品之所以具有相对性,还因为公共物品既有广义的概念,也有狭义的概念。广义、狭义同样具有相对性。

其次,公共物品是一个宽泛的概念,因为除了私人物品以外,一切具有公共性质的物品,包括有形的、无形的物品,都可以被视作公共物品。就全世界而言,各个国家之间都有共同的公共物品,如气象、环保、世界安全、世界贸易规则等,都是世界范围内共有的公共物品;就全国而言,同样具有共同的公共物品;就一个地区、一个城市、一个村庄、一个团体而言,也都有自己的公共物品。

最后,公共物品还是一个动态的概念,因为公共物品的存在是有条件的,在一定的条件下它是公共物品,一旦条件发生变化,失去公共性,它就有可能转化为私人物品。可见,由于客观条件的变化性,公共物品处于一种动态变化的过程。例如一所农村小学,由于种种原因停办了,之后被一私人购买,办成私人企业或改建为私人住宅。这时,学校的属性发生了根本性的改变,失去了其本来的属性,不再具有公共物品的一般属性,就转变为私人性质的物品了。这种现象在我国农村是普遍存在的。同样,私人物品的存在条件发生变化时,也可能转化为公共物品。这种转化也比较普遍地存在着。如英国的达西庄园是世袭德文郡公爵的豪宅,是一个典型的私人物品。但是它对外开放以后,通过收取门票的方式吸引游客参观浏览,就变成了可以收费的准公共物品。不仅公共物品与私人物品可以相互转化,而且纯公共物品与准公共物品之间同样可以相互转化。我国的各级公共博物馆,以前都是收费的,具有竞争性、非排他性,是一种准公共物品。2008 年以来,国家各级公共博物馆面向全民免费开放,就具有了非竞争性、非排他性的特征,成为纯公共物品。

纯公共物品和准公共物品虽然在非竞争性和非排他性方面有一定的差异,但是都具有不可分性,而且还有一个共同的特征——公益性。

§3.1.2 农村公共物品

自 1949 年中华人民共和国成立以来,虽然农村公共物品的供给方式、供给渠道几经变化,但是农村公共物品的基本内涵没有发生很大的变化,服务于农村生产、生活的功能没有变。在当前,农村公共物品依然是促进乡村振兴、脱贫攻坚的重要支撑力量。

那么,什么是农村公共物品呢?在第二部分中,我们分析了很多学者的定义和观点,总体来看,他们是从不同的研究视角、不同的学科领域提出了自己的观点。这些观点对于我们今天的研究非常有意义。我们认为,把农村公共物品用简单明了、通俗易懂的一句话来概括,那就是服务农村全面发展、服务农民共同富裕的公共性物品。这里之所以把农村公共物品直接用公共性物品来定义,是因为前面已经提到公共物品就是区别于私人物品的公共性物品。所以,这里采用了农村公共物品的功能定位来定义,这样更容易清晰地理解农村公共物品。通过分析研究,农村公共物品与其他公共物品的主要区别就在于其具有农村的特点。除此以外,农村公共物品的属性、特征与其他公共物品基本一致。

在我国农村,国防、警察、法律等纯公共物品的效能与城市是一致的。而一些准公共物品对农村的意义不同于城市,差异性比较大。如城市居民可以享受到便捷的公共交通、时尚的文化生活等,而农村居民则很难享受到,至少目前大多数的农村享受不到;同样,农民要依靠国家的公共服务、公共政策来维持生产、维持生计,而城市居民则一般不需要自己来研究生产性的问题。所以,相对城市来说,增加农村的准公共物品供给,对农村的生产、生活是非常重要而且相当必要的。这也是我们研究的重点。为了便于我们的研究能更好地服务于乡村振兴战略的实施,更好地服务于农村的全面发展和农民的共同富裕,在下面的研究中,我们把农村纯公共物品和准公共物品统称为“农村公共物品”,把农村公共产品和公共服务也统称为“农村公共物品”。

§3.1.3 农村公共物品分类

多年来,我们深入农村实地调查,掌握了第一手资料;多学科、多视角地开展理论研究,形成了较为完整的公共物品理论体系。通过理论与实践的对照研究,我们发现农村公共物品与城市公共物品相比,是一个更加庞大的物品系统,涉及的领域更宽、更广,农村公共物品的种类、供给的主体、供给的方式、供给的渠道等都呈现出多元化的特征。基于这种庞大而复杂的农村公共物品体系,我们把农村公共物品作一个简单的分类。以往的研究,往往把农村公共物品分为生产类、生活类,或者分为有形的、无形的,也有的分为公共服务类和基础设施类等。这些分类办法都是基于学者们的研究需要而进行的。基于我们的研究视角,可以对农村公共物品进行以下分类。

第一,全民共享类。这一类主要包括国家安全、警察、法律、国家宏观政策等。对于这一类公共物品,农村与城市没有多大区别,农民居民与城市居民同样享受着国家提供的这类服务,所以称为"全民共享类"。

第二,基础设施类。这一类是农民生产、生活必需的基础性公共物品,主要包括以下几个方面:

首先是道路交通设施。这是最基本的农村基础设施,既包括通村道路,也包括村内道路以及田间道路、山路等。它涉及农民的生产、农民的生活、农资及农产品的流通、农民的出行及对外交往等。没有了道路,农民的这一切都无法进行。愚公移山的寓言故事恰好说明了这样一个道理。河南省辉县市郭亮村的郭亮洞、四川省昭觉县阿土列尔村的藤梯变钢梯就是现实版的例证。

其次是农业基础设施。这是服务于农业生产的基础性保障设施,是解决农民靠天吃饭的重要途径和条件,是农民从自给自足的小农经济向现代化市场经济转变的重要依托。农业基础设施主要包括农田水利基础设施(重点是水源、引水、灌溉、防洪排涝等基础设施,具体体现形式是河道、水库、塘坝、灌渠、扬水站、高效节水灌溉工程、排水沟渠等各类水利设施)、农产品商品基地设施(重点是设施农业、商品粮棉菜等基地、果品生产基地、畜牧养殖基地、商品林基地等各种生产基地以及防护林等防风固沙、防潮汐设施、电子商务设施等)、农业科技设施(重点是农业基础研究、科技推广、农业机械、农民培训等)。在现代科技日新月异发展的今天,特别是互联网、物联网、大数据等信息技术在农业领域的推广应用,给农业科技赋予了新的内涵,由传统农业向智慧农业转变的时机日益成熟。2018 年,袁隆平院士的袁策集团在青岛市城阳区上马街道办事处种植的 100 公顷(1500 亩)海水稻,就是运用物联网技术,通过云平台,把前面提到的各类农业基础设施融为一体,进行一体化管理、一体化控制,从而把海水稻的生产推向了高科技领域。可见，农业基础设施是农业生产发展不可缺少的公共物品，而且现代科技的应用是农业基础设施得到快速提升的重要捷径。

第三，生态宜居类。实现乡村振兴，其中一个重要任务就是要建设生态宜居家园。理所当然，就要配备必要的生态宜居设施。这些设施除了道路设施以外，主要包括村庄规划、供水、供电、供热、供气、网络通信、有线电视等生活必要设施，也包括厕所革命、污水处理、垃圾处理、农业污染治理、综合环境整治、自然保护、绿化提升等绿色发展工程，还包括“雪亮工程”等平安智慧乡村建设等。

第四，社会服务类。这一类主要包括文化、教育、劳动等公共服务，也包括农民自治组织提供的各种公共服务。文化、教育服务，主要是建立各种服务机构，如农村图书馆（农家书屋）、文化站（文化广场）、剧院、影剧院、幼儿园、托儿所、小学、初中等文化教育机构。这些服务机构，主要由上级政府或村庄集体设置，主要服务于区域内的农村居民。劳动服务，主要是各级政府搭建的农民就业培训平台和就业信息服务平台。主要的培训平台就是国家实施的农村远程教育、“阳光工程”、新型职业农民培训、科技培训、创业培训等培训平台，包括大学、职业学校及各种培训机构，通过培训提升农民的职业技能和职业素养。就业信息服务平台，主要是县乡政府成立的各类就业服务机构。这些平台一方面为农民的进城务工或进入创客空间创业提供信息咨询服务，同时也为农民工返乡创业或进入星创天地发展提供项目、信息、金融和政策扶持等各种服务。目前，农村还存在各种自治组织，他们大多数是就某一领域或某一件事成立的自发组织，以解决上级政府以及村庄集体无法解决或很难解决得好的具体问题。这些组织有的是纯公益性的，也有的是通过利益联结而形成的共同体。但是它们有一个共同的特点，就是为组织内部成员按照约定提供具体的服务。山东省莱阳市北小平村有一类殡葬服务组织——老儿会，就是传承数百年、村民自发成立的、为内部会员服务的自治服务组织，组织内部不讲报酬、不求回报，是一种纯粹的互助性公益服务组织。在北小平村，目前还有 20 多个老儿会组织，为每一位逝去的老人进行殡葬服务。这是一类农民自治组织。另一类则是通过利益联结的农民自治组织，有正式登记的组织，也有非正式的临时组织。这类组织最为典型的就是农民合作组织。他们主要是为社员提供生产性服务，也有的是提供生活性服务的。截至 2019 年年底，全国农民合作组织已超过 220.1 万家。

第五，社会保障类。这一类主要包括健康养生、养老、社会救助等，主要是为保障人民健康、提升生活质量提供服务。这一类包括两大部分。一是各种社会保险的设置。目前，我国在农村主要开展的是基本养老保险和医疗保险。这是最基本的农村社会保险，是由国家和村民共同出资设置的保险产品，主要由国家设置的机构进行管理服务，重点解决的是农民养得起老、看得起病的问题。另外，有关保险机构还在农村开展了商业补充保险、意外伤害保险、家庭财产保险、照护保险等，这些保险是一种辅助的保险保障。二是各种康养机构的设置。自党的十九大提出乡村振兴战略以来，各种康养机构蓬勃兴起，成为重要的投资热点。从目前来看，我国农村的康养机构主要有医疗、养生、养老、社会救助四类机构，而且逐渐出现了医养结合、康养结合等融合发展的新模式。农村医疗机构主要是县以下的各类医院、卫生所、卫生室以及家庭签约医生等，也包括各种私人医院、私人诊所。农村养生机构是最近几年快速发展起来的，主要建在条件比较优越、风景优美、生态宜居的农村。比较典型的养生机构有农业生态园、垂钓园、休闲农业、康养小镇等。可以说，农村养生机构的建立，目前主要是吸引了城市居民旅游度假、旅居养生、旅居养老，农村居民只有小部分人享受到了养生机构提供的服务。围绕健康养生，大部分农村都建成了体育健身场所。山东省统计局第三次农业普查结果显示，截至2016年年底，山东省93.5%的乡镇有公园及休闲健身广场，72.1%的村有体育健身场所。农村养老机构在我国农村已存在很多年了，过去主要是政府投资建立的各种农村养老机构。改革开放以来，社会资本进入养老机构，而且日益成为养老机构投资建设的重要主体。目前，乡镇政府及农村集体主要建立了一些幸福院、光荣院、敬老院、日间照料中心等，更多的养老机构是由社会资本投资建立的。特别是最近几年，康养结合、医养结合新模式的出现，成为社会资本投资健康事业的热点。烟台御花园老年公寓就是由山东大学校友宋华西投资建立的，而且进入了全国医养结合机构50强。农村社会救助主要由政府及村庄提供，同时也有社会机构实施部分社会救助，救助的对象主要是农村贫困人口。综观农村社会保障体系，覆盖面广，涵盖了农村所有人口；服务种类多，涉及农村居民健康生活的方方面面。所以说，社会保障类公共物品对农民生活至关重要。

第六，公共政策类。这一类主要是各级政府出台的服务于农民生产、生活的各类政策法规，包括管理、分配、再分配、立法等方面的政策。公共政策看似是无形的公共物品，但其功能是强大的。国家供给的这些公共政策主要具有四大功能：一是分配社会资源功能；二是规范社会行为功能；三是解决社会问题功能；四是促进社会发展功能。这些功能可以调节资源、调整结构、规范行为、稳定社会，保障农民能够平等地获得必需的公共物品，平等地享受国家的自然资源、智力资源以及农村的公共资源，保障农民能够享受到必需的、最基本的社会救助，同时可以调整城乡公共物品供给，促进城乡公共服务均等化的实现。

第七，公共资源类。农村公共资源是指在农村自然形成的以及政府或农村集体投资形成的资源，包括公共牧场、公共森林、公共池塘、公共河道、公共水资源、公共矿山、自然景观等自然资源，也包括历史遗留下来的文化古迹、非物质文化遗产、文化典籍、民风民俗等文化资源，还包括公路桥梁、港口码头、科技成果等后天资源。这些资源是农村经济社会发展的基础性资源，人人可以享用。但是农村公共资源有一个很重要的特点，就是资源的有限性，有的是数量有限，有的是使用空间有限，有的二者兼具。也就是说，有一些公共资源的损耗是不可再生的，而且属于竞争性的资源。即便有一些自然资源可以再生，也需要一个过程，容易造成阶段性的空置。山东莱阳白垩纪国家地质公园就是一个典型的不可再生的自然遗产，其中的恐龙化石是世界性的稀缺资源，是科学研究的自然宝库。莱阳市邀请中科院对其进行了保护性挖掘开发和科学研究，目前地质公园已部分对外开放。可见，对农村公共资源必须进行保护性的开发利用，如果过度使用，就会造成拥挤，产生负外部性，甚至造成公共资源的破坏，导致“公地悲剧”的发生。

我们暂且把农村公共物品分为这七大类，这只是基于我们的研究进行的简单分类。可能有的农村公共物品的分类不太准确，也可能由于这种分类办法的局限性，有的农村公共物品有所遗漏。为了保证农村公共物品的完整性，我们用以下公式予以表达：

$$X = \sum_{i=1}^{n} X_i = X_1 + X_2 + X_3 + X_4 + X_5 + X_6 + X_7 + \cdots + X_i + \cdots + X_n$$

X 表示农村公共物品总量，X_1 至 X_7 表示第一至第七类农村公共物品，X_n 表示第 n 类公共物品。

从式中可以看出，农村公共物品总和包括但不限于以上七大类公共物品，还包括我们没有涉及的各类公共物品。

§3.1.4　农村公共物品特点

由于供给对象和区域的限制，我国农村公共物品具有区别于城市公共物品的显著特征。从我们的调查和研究来看，农村公共物品具有以下特点：

第一，层级化。由于我国农村公共物品供给主体的多样性、复杂性，不同主体供给的基本都是不同的公共物品。总体上看，农村公共物品主要有政府、农村、社会三个层面，而且每个层面内部又有不同的层级化特点。如图 3-1 所示，从政府层面来看，我国五级政府都具有进行农村公共物品供给的职能。政府作为主要供给主体，目前还主要是中央政府、省级政府供给，其次是县乡政府供给。另外，地市政府由于地位的特殊性，只供给少量的公共物品。从村级层面来看，农村也有一个大的供给群体，既有农村集体的供给、农村经济组织的供给，也有农村社会组织的供给，还有个体农民的志愿供给。从社会层面来看，有各类经济组织的供给，也有第三部门的供给。所以，我国农村公共物品供给主体的层级化特点，决定了其供给的农村公共物品的层级化特点：层级清晰，供给思路清晰，可以为农村公共物品供给达到帕累托最优提供最好的路径和方法。

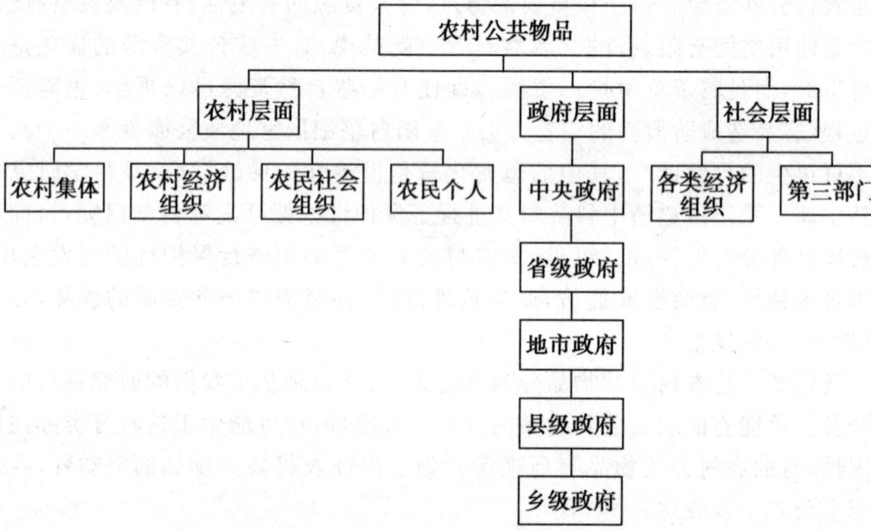

图 3-1　农村公共物品供给层级

第二，区域化。由于我国地域辽阔，各地自然条件差异较大，东部、中部、西部、东北地区经济发展不平衡，农民的生产方式、生活方式也因此而有着客观上的不同。表现在具体形式上就是农民的富裕程度呈现出区域化的差异，这也是我国新时代社会主要矛盾的具体体现。各地区的农民都有着日益增长的美好生活需要，这就要求解决区域发展不平衡、不充分的矛盾。所以，中央政府就加大了经济发展欠发达地区的支持力度。从这几年中央政府关于农村政策的走向我们可以看到，每年的中央 1 号文件都对中西部地区、东北地区进行政策倾斜。特别是在脱贫攻坚、改善农村生产生活条件等方面，对中西部地区更是倾注了更多的精力，给予了更多的公共服务政策。2019 年的中央 1 号文件明确提出重大工程建设项目、各种扶贫政策措施要向深度贫困地区倾斜，同时要求东西部协作扶贫和中央单位定点扶贫。在这个 1 号文件中，中央还要求各级财政要向“三区三州”重点倾斜，优先加大脱贫攻坚投入。除了脱贫攻坚，中央政府及各部委还对灾区、各种农业示范区（包括试验区等）以及特定的农村区域进行定向供给公共物品，以实现区域性的优先发展并发挥示范引领作用。中央政府这种区域性供给的农村公共物品，具有明显的区域化特点。省级以下政府供给的农村公共物品，同样也具有地方特色的区域化特点。区域化供给，对于解决不平衡发展问题发挥着积极作用,但是也存在竞争不充分,容易形成新的不平衡。比如由于政策的倾斜,中西部脱贫地区、灾后重建地区极大地改善了农业生产条件和人居环境,而东部地区很多区域的人居环境还远远落后于这些地区。

第三,碎片化。碎片化类似于区域化,但是又不同于区域化。碎片化接近于分散化,但是它与分散化又有不同。分散化往往是把一种有限的资源或政策,像撒芝麻盐一样,配置给全部或大多数的农民,可以说是普降喜雨,这可能存在着一个纳什均衡,但是对于每一个受益的农村地区、每一个农民都很难达到帕累托最优。相对于分散化,碎片化供给农村公共物品,供给的效率相对更低。碎片化就是一种缺乏系统性、整体性决策,配置公共资源、供给公共物品的方式。碎片化的出现,主要是由信息不对称导致的。当然,决策者的主观意志也起着重要的作用,其中也可能存在决策者的寻租现象。碎片化最主要的表现形式就是由于决策者寻租而将有限的农村公共资源、公共政策,配置给少数利益相关者,使其从中受益,而且受益者往往也达不到利益最大化。而真正需要的农村或农民无法得到这种公共资源,这里既不存在纳什均衡,也没有达到帕累托最优,没有实现有效供给。这是农村公共物品供给的一大陷阱。当然,碎片化的另一种情形则会好一点。这就是由于信息不对称,决策者盲目地配置有限的资源,进行区域均等分配或者点状分配,既可能把资源分配给了真正需要的农村、农民,也可能把资源配置给了不需要的农村、农民。如果配置给真正需要的农村、农民,就具有较高的供给效率,否则就容易造成部分或全部资源的浪费,供给有效和无效并存,甚至是供给无效率。与前一种情况相比,没有寻租现象,可能实现部分供给有效。

第四,差异化。按照需求导向原则进行供给,就要根据需求的差异化,进行差异化供给。所以,这里说的差异化包括两方面含义,即需求的差异化和供给的差异化。综合起来讲,差异化就是指由于农村基础条件的差异,地区之间、行业之间、农民个体之间对农村公共物品有着不同的需求,需要进行差异化供给。

在需求方面,差异化表现得最为突出。一是地区需求的差异化。地理位置与资源禀赋的差异以及经济发展条件与发展特色的不同,必然需求差异性的公共物品。在经济越发达的地区,特别是东部地区,农民不仅要求公共物品供给的种类、数量越来越多,而且还要求供给的水平更高,供给的质量更高;而在经济欠发达的地区,农民要求的公共物品可能都是最基础性的公共物品,主要目的是改善农村生产、生活条件,因而对公共物品的种类、数量有着更多的要求,对供给的质量要求相对不是很高。以公路为例,“四好公路”在发达地区早已实现,甚至达到了户户通水泥路,现在他们要求的是修高等级公路、铁路,方便农产品流通,方便城乡融合发展。欠发达地区的农村虽然也基本实现了村村通柏油路(水泥路),但是对高等级公路的要求并不是那么迫切,政府供给的能力和水平也远远不及发达地区。可见,农村公共物品与地理位置及资源禀赋具有很大的正相关性,而且农民对公共物品的需求与农民的收入水平也呈正相关性。二是行业需求的差异化。这个很好理解,不同的行业需求的是不同的政策、不同的技术、不同的服务。在行业内部,由于行业发展的阶段性特征和规模性特征,也要求供给不同的公共物品,因而也呈现出差异性特征。三是个体需求差异化。不同地区的农民有不同的公共物品需求,也很好理解。在同一地区、同一村庄(或社区),由于农民自身的各种因素,如经营的行业、家庭的经济条件、家庭的人口数量、居住的周边环境等都存在着差异,因而农民个体的需求也呈现出差异化特点。四是农村人口的双向流动,对公共物品有了新的需求和差异。随着乡村振兴战略的全面实施,农村人口由单向流动(农村→城镇)转变为双向流动(农村⇆城镇),特别是返乡创业人员,他们完成了一个否定之否定的过程,不满足于原有的农村公共物品供给,有了更多的新的需求,与外出务工的农民和原有的农民都形成了差异化的需求。外出务工的农民随着科技的发展和创新创业的需要,对公共物品的需求有了新的内涵,也形成了差异化的需求。

在供给方面,就是要按照需求的不同,坚持因地制宜、因事制宜地进行差异化供给,才能实现供给的有效性。从供给情况来看,我国农村公共物品主流上是坚持了差异化供给的原则。前面提到的政府区域化供给,实际上就是一种差异化供给。对农村低保户、五保户的制度性供给,也是一种差异化供给。所以,在差异化供给方面,供给效率是比较高的。但是,面对一些新的需求和更高水平的需求,供给的能力和水平还有待于提升,以更好地服务于农民的需求,服务于乡村振兴战略。

第五,不均化。供给不均衡,是普遍性问题,也是我国农村公共物品供给的主要问题之一。这虽然是一个历史性问题,但也是一个现实性问题,更是一个迫切需要解决的问题。不均衡是制约城乡一体发展、农民共同富裕的障碍因素。我国在国民经济与社会发展“十一五”规划中,就提出了均等化的概念,要求实现城乡基本公共服务均等化。这说明我国在基本公共服务方面还存在不均衡的问题,在非基本公共服务方面不均衡的矛盾可能更为突出。目前,这个不均衡的问题仍然没有得到很好的解决,而且有的方面还很突出。这主要表现为供给的不均衡和受益的不均衡。具体表现形式如下:

一是城乡之间不均衡。由于城乡二元结构的长期存在,在工业化初始阶段,我国大量的优势资源都配置给了城市,农村为城市的发展做出了很大贡献,但是农村没有得到与城市同样的公共服务。进入21世纪以来,我国围绕农村发展,循序渐进地提出城乡统筹发展、新农村建设、乡村振兴等重大战略,推行了工业反哺农业、城市反哺农村等重大举措,为基本公共服务均等化创造了条件。但是,农村的发展、国家战略的实施都需要一个过程。刘守英曾提出农村与城市之间有堵墙,这堵墙太长、太久、太固化。我们认为正是因为这堵墙,我国的城乡二元结构依然没有被打破。在公共物品供给上,这堵墙依然在发挥作用。虽然这些年公共物品的供给开始向农村倾斜,但是某些公共物品的供给仍然存在城乡二元供给模式。如养老保险、医疗保险等实行的都是二元供给模式。再如义务教育,城乡教育资源的配置明显是一种不均衡的配置。基础设施建设,农村与城市的差距就更大了。

二是地区之间不均衡。国家在供给农村公共物品时,根据发达地区与欠发达地区的差异,经常确定不同的分配政策,特别是确定中央与地方不同的分担比例,形成区域性的不均衡。再加上有的地方财政支出困难,客观上导致地区之间出现供给不均衡现象。如农民的基础养老金,在中央确定的标准下,由于地方支付标准不同,地市之间、县与县之间经常出现不同的执行标准,农村的受益自然出现差异。也就是说,同样是农民,却享受着不同的基础养老保障。

三是地区内部不均衡。地方财政同中央财政一样,在农村公共物品供给上也存在资金分配不均衡,导致地区内部行业之间、区域之间出现不均衡现象。我们调查发现,L 市政府出资在下辖的 GS 村建立了一所小学——GS 小学,而且学生上学全免费,包括午餐,资金全部由 L 市财政划拨。GS 小学是 L 市唯一一所全免费学校。也就是说,L 市政府提供的这种公共服务只有 GS 村的居民享受到了,而 L 市其他所有学校的学生都没有全面享受到这种公共服务。可见,不同地区的农民、同一区域内的农民,都很难享受到均等的公共服务。

第六,困境化。主要是农民需求的公共物品得不到满足,直接影响到农业生产和农民生活。出现这种情况主要有两个原因,即缺位和占位。从缺位来看,缺位本身就是供给不足。一是政府在城乡公共物品供给上,重城市、轻农村,对农村公共物品供给的种类少、总量小,同时有的地方政府出现间歇性缺位和选择性供给,也影响了公共物品的有效供给。虽然这种局面正在逐步得到改善,但是没有从根本上改变,农村公共物品短缺的现状一直没有得到大的改观。二是农村集体经济实力薄弱,很难供给更多的公共物品。三是市场和第三部门对农村公共物品的供给总量很少。四是农民又很难自己供给,很难满足需求。从占位来看,就是占位不到位。占位,就是有公共物品,被政府或私人占有,而农民不能享用,同样导致供给不足。举一个小例子,就很容易理解了。农村水库,过去都是为农民灌溉修建的。随着工业和城市的发展,若干比较大的水库增加了城市供水和库区周边农村供水功能。遇到干旱年份,灌溉与城市供水就产生了矛盾。农民需要灌溉农田,保住粮食生产,维持生计;政府需要城市供水,保证城市运转,发展经济。在这矛盾的选择中,农民往往成为弱者,牺牲了自己的利益,而服从了政府的决策,保证了城市供水。同样,还以水库为例来说明私人占有的问题。农村有很多水库,都被政府或村集体租赁或承包给私人,由私人管理使用。这就产生了两个问题:一是正常年份,农民灌溉用水的价格被私人垄断,私人承包者为了追求利益最大化,往往抬高供水价格,导致农民多付费,增加了农业生产成本。二是遇到干旱年份,由于承包者在水库养鱼,承包者为了自身的利益,拒绝为农民供水灌溉。关于农村水库的例子,是一个实实在在的问题。可见私人占位,也能出现农民需求公共物品的困境。

§3.2 农村公共物品面临的矛盾

通过对农村公共物品特点及分类的分析可以看到,大多数农村公共物品都是农民必需的基本生产、生活条件,对整个农村发展起着基础性的作用。我们通过对全国267个村庄的问卷调查和山东省等四省60多个农村的实地调查,利用全国第三次农业普查主要数据、山东省第三次农业普查主要数据以及国家统计局等有关部委发布的数据,分析后从中发现了一些亟待解决的问题。我们把其概括为七大矛盾。

§3.2.1 城市公共物品与农村公共物品的矛盾

城市居民与农村居民,本身就是一对矛盾。在我国,由于城市与农村实行的二元结构体制,使得城市居民与农村居民在户籍制度、生产方式、生活方式、社会保障等方面都存在较大差异,特别是户籍制度就像一道篱笆墙把城乡居民分为两种体制,城市居民与农村居民的矛盾就发展成为一种体制性的矛盾。改革开放以来,解放了农村劳动力,为农民向城市转移就业打开了大门。虽然很多城市对吸纳农民工就业、农民工落户降低了门槛,但是农民要成为真正的城市居民仍然比较困难。同样,城市居民要到农村去,也有很多障碍因素,特别是到农村落户,几乎是不可能的。由于城市居民与农村居民生产、生活方式的不同,他们所需求的公共物品当然也不同。除了公共安全、基本政策、法律服务、公共文化、医疗卫生、社会保障、生态保护等共同的公共物品需求,城市和农村最大的区别就在于生产性公共物品的需求差别。由于城市与农村的生产方式不同,因而其需求的公共物品就不同。集聚化的工业大生产是城市的主要生产方式,即使城市居民到一些小工厂从事生产活动,与农民的生产性公共物品需求也是有巨大差别的。从城市居民从事生产活动的方式来看,其对生产性公共物品的需求完全不同于农民的需求,城市居民最主要的需求就是生产技能、实用技术方面的生产性公共物品，而其他生产性公共物品（主要是生产主体的需求），城市居民并不怎么太关心。而在农村，以分散化的小农生产为主，每一个单个的农户就是一个独立的生产经营单位。这种自给自足的小农经济，它的生产是一种源头性的生产，因而对公共物品的需求也是一种源头性的需求。农村公共物品的供给量，对农民的生产起着决定性的作用。只有增加农村公共物品的供给总量，提升供给档次和水平，才能改变传统的原始小农耕作生产效率低下的局面。农民对公共物品的需求，与城市居民相比，除了生产技能、实用技术外，在基础设施、生产资料、生产环境、自然灾害和病虫害防治、销售平台等方面都有极大的期望与需求。也就是说，农民需求的生产性公共物品包含了城市生产主体与城市居民两方面的生产性需求。在生活性公共物品需求范围上，城乡居民基本是相同的。但是，由于城市居民与农村居民长期形成的生活方式、生活习惯的不同，在公共文化、基础教育、公共交通等方面他们需求的强烈程度、质量水平是有较大差异的，而在医疗保障、养老服务等社会保障类服务方面，农民的需求强烈程度一点都不亚于城市居民。但是二元结构的存在，农村居民与城市居民相比，明显是一个弱势群体。由此可见，城市居民与农村居民的公共物品需求存在着很多不同与矛盾。这些矛盾，是长期历史积累的矛盾，是发展转型中的矛盾。这种体制性的矛盾，在乡村振兴中必须得到有效解决，以满足城乡居民对公共物品的共同需求和差异化需求，逐步缩小城乡居民的差距，满足农民日益增长的美好生活需要。通过下面的公式，可以看出城市居民与农村居民对公共物品需求的差别。

$$G_1 = G_{c1} + G_{h1} = \sum_{i=1}^{n} C_i + \sum_{i=1}^{n} H_i \tag{1}$$

$$G_{c1} = \sum_{i=1}^{n} C_i = C_1 + C_2\,(n=2) \tag{2}$$

$$G_{h1} = \sum_{i=1}^{n} H_i = H_1 + \cdots H_i + \cdots + H_n \tag{3}$$

式(1)中，G_1 代表城市居民需求的公共物品总量，G_{c1} 代表城市居民需求的生产性公共物品总量，G_{h1} 代表城市居民需求的生活性公共物品总量。

式(2)中，C_1 表示居民个人需求的生产性公共物品总量，C_2 表示居民个人对生产主体类公共物品的需求量。

式(3)中，H_1 到 H_n 代表居民需求的生活性公共物品。

$$G_2 = G_{c2} + G_{h2} = \sum_{i=1}^{n} C_i + \sum_{i=1}^{n} H_i \tag{4}$$

$$G_{c2} = \sum_{i=1}^{n} C_i = C_1 + C_2\,(n=2) \tag{5}$$

$$G_{h2} = \sum_{i=1}^{n} H_i = H_1 + \cdots H_i + \cdots + H_n \tag{6}$$

式(4)中，G_2 代表农村居民需求的公共物品总量，G_{c2} 代表农村居民需求的生产性公共物品总量，G_{h2} 代表农村居民需求的生活性公共物品总量。

式(5)中，C_1、C_2 及式(6)中 H_1 到 H_n，与式(2)和式(3)中代表的意义一致。

在式(2)中，$0 \leqslant C_2 < 1$，1 代表全部生产性公共物品，0 代表没有生产性公共物品。也就是说，城市居民除了对个人需求的生产性公共物品外，对生产主体类公共物品的需求量仅是部分的，甚至不需求。

在式(5)中，$C_2 = 1$，也就是说，农民对生产主体类公共物品的需求量很大，它本身作为生产主体，需要全部的生产性公共物品供给。

从式(3)和式(6)可以看出，不论城市居民还是农村居民，他们对基本生活性公共物品的需求是一致的。

案例：2019 年 3 月 18 日新广网报道了题目为《老年人"免费"乘公交车原来暗含很多不公平，代表委员建议改发老年人"交通补贴"》的一则新闻。红河州人大代表、开远市公交公司副经理龙美玉提出通过对老年人发放交通补贴的办法，取消老年人"免费"乘坐公交车。龙美玉指出，开远市公交公司共发放了 39366 张老年爱心卡，但活跃度只有 1/3。而开远市包括农村老年人在内，有总数超过 6 万的老人。目前，开远市每年给予公交公司的财政补贴是 260 万元，但是这些公共财政补贴的实际受益者仅是办卡人中的 1/3，约为全部老年人的 1/4。在城市老年人中，1 万多人就享受到了公共财政补贴的绝大部分。不仅出现了持卡老年人过度乘车、转借乘车卡、上下班高峰期出行等问题，而且还出现了农村老年人、城市不坐或很少坐公交车的老年人到公交公司要求领补贴的问题。龙美玉认为，政府的公共财政应该是在同等条件下，让该区域内的人群人人都享受到，但目前政策的实行，却进一步拉大了城乡差距、人群差距。所以，龙美玉建议将"城市公交车补贴"改为"老年人公共交通补贴"，让老年人自行选择出行方式。

这个案例充分说明城市居民与农村居民在享受公共服务方面存在明显的差别，而且已经引起有关方面的关切。

无独有偶。2016 年 5 月 1 日，上海市对老年人享受有关待遇的政策进行了改革，建立起了统一的老年综合津贴制度，老年人不再享受免费交通制度，把老年人的交通补贴由暗补改为明补，统一纳入老年人综合补贴之中。这一制度的实行，使城乡所有符合条件的老年人均等享受到统一的老年福利待遇，既解决了城乡老年人之间、经常出行与不方便出行老人之间的不均衡待遇问题，也缓解了城市出行高峰期的交通压力。

§3.2.2 自上而下决策与农民需求表达的矛盾

供给侧的决策与需求侧的意愿是一种对立统一的关系。决策与意愿的矛盾通过一定的渠道表达得到解决。达成一致，就能实现农村公共物品的供给效率，否则就很难达到帕累托最优。应当说，我国既有农村公共物品供给效率不高的主要原因就是供给决策与需求意愿这对矛盾没有得到很好的解决。

多年以来，我国一直奉行的是自上而下的农村公共物品供给决策体制。这种体制在当下不失为一种比较有效的供给决策体制。但是，自上而下的供给决策体制往往不能把农民的需求意愿与供给决策有效结合起来，农民的真实需求偏好就很难得到最大限度的满足。这也是这种自上而下的体制性矛盾带来的必然结果。供给者的决策与农民需求的表达，需要一定的客观条件才能达成一致。2012 年，李秀义、刘伟平提出构建以需求为导向的农村公共物品供给制度。2015 年，在研究农村科技推广体制时，笔者也提出了要以农民的需求为导向构建公益性农业科技供给体制机制的观点。笔者和李秀义、刘伟平的观点，同样是要求解决供给决策与需求意愿的矛盾。

这对矛盾的产生，是有其历史根源和现实根源的。

从其历史根源来看，自中华人民共和国成立以来，我国实行的是大一统的公有制体制，由政府统一为农村供给公共物品。当时的供给基本上是没有地区差别的，都是由政府决策供给的，是一种计划性的、指令性的供给。改革开放以后，建设社会主义市场经济，客观环境发生了很大变化。农村结束了吃“大锅饭”的大集体时代，实行家庭联产承包责任制，农民逐渐发展成为市场主体，而且出现了家庭农场、农业专业合作社等新型农业经营主体，也包括一些新兴的农业服务组织、社会资本下乡新建的各种农村新兴产业组织等。时代的变化，环境的变化，思维的变化，发展模式的变化，都需要适应时代的要求，与时俱进，改变传统思维，建立起有效的农村公共物品供给体制。但是由于传统思维和传统模式的惯性，农村公共物品的供给决策体制还没有从根本上得到改变，自上而下的供给决策体制仍然占据主导地位。

从其现实根源来看，主要是来自政府和农民两个层面的问题。

在政府层面，政府是农村公共物品供给的决策者、主导者，掌握着最大的公共资源——财政。决策者也采用调研统计等方式了解农民的需求，但是他们采用的调研方式、调查样本等往往是具有很大局限性的，很难真正反映出农民的真实需求偏好，结果容易带有个案性、片面性的特点，而不具有典型性、全面性的意义。这样的决策条件，很难与农民的需求偏好达成一致。再加上决策者一些主观性的决策判断和人为性的决策决定,容易出现决策失误,导致供给低效或供给无效率。

在农民层面,他们本身就具有强烈的公共物品需求意识。但是在需求表达方面,农民存在两种倾向:一是对于需求表达无意识,二是具有强烈的表达意识。对于需求表达无意识的农民,主要来自两个群体,即具有思维定性、等待自上而下供给的固化群体和具有从众心理、缺乏参与意识的搭便车群体。这两个群体没有表达自己需求的意愿,容易导致农村公共物品的供给决策与需求意愿错位。对于具有强烈需求表达意识的农民,要真正准确地把自己的需求偏好表达出来,以形成供给者的决策,目前至少还存在五个障碍因素。一是,农民自身素质不高,缺乏准确表达自己真实需求偏好的知识和水平。从全国农业普查数据和我们的实地调查情况来看,农民接受教育的程度普遍较低,还有很多只上过小学或没上过学,即使接受过初中、高中教育的农民,大多数也缺乏专业知识,习惯于靠传统、靠经验经营的农民占了很大比例,返乡大学生、新乡贤、农村精英毕竟是少数。所以,农民整体上知识水平不高,影响了他们准确表达需求偏好的能力和水平。二是,信息不对称,影响农民需求的真实表达。信息,对于供求双方都是非常重要的。农民要表达真实需求偏好,需要了解供给方的供给信息。但是由于信息不对称,农民不了解政府的供给资源与意愿,就无法提出源于自身需求又能契合政府资源的需求表达,更无法提出契合自身需求、引导政府供给决策的需求表达。从另一个角度来说,由于信息缺乏,农民对于自身发展的定位缺乏政策性引导,定位不准,甚至定位过低,所以就提不出具有时代性、超前性的更高水平的需求意愿,这也影响了政府供给决策的科学制定。三是,由于供给效率低下,农民不愿表达自己的需求。国家实行村村通公路工程,有的村庄由于配套资金缺乏,修的路又窄、质量又差,没过几年就坑坑洼洼、毁坏严重。再比如说,取消农业税以后,国家出台了良种补助等种粮补贴,对于一些小农户来说,补贴数额有限,没有调动起种粮积极性,农业低效现象依然存在。所以,这种供给的低效率影响了农民真实需求表达意愿。四是,农村基层组织没有发挥出农民需求表达的桥梁作用。农村党组织、村委会等农村基层组织,也包括农村其他一些经济组织、社会组织,他们都是农村的精英、农民的代言人。特别是农村党组织和村委会,是由农民信任的、有威望的精英人士组成的。在现代体制下,他们的职能主要是乡镇政府职能在村庄的延伸,其中一项重要职能就是自上而下的贯彻职能,但缺乏一项自下而上的反馈职能。因而对于农民对公共物品的需求情况,这些农村基层组织不能认真听取群众意见,不能有效地进行搜集、反映农民意愿,使农民缺少了与上级政府沟通表达的桥梁。五是,农民缺少需求意愿的表达渠道。农民的需求表达是一种自下而上的反映机制。我国农村公共物品的供给主要由各级政府提供。农民要把公共物品需求反映给每一个供给主体,就需要逐级向上表达。目前,还没有建立这样一个完善的信息表达渠道。所以,政府的供给决策就缺乏来自需求侧的农民信息。

以上种种原因造成了政府的供给决策与农民的真实需求不一致。这种现实性的矛盾忽视了农民的需求,制约了农村的发展,影响了乡村振兴战略的实施。2019 年,在全国“两会”的部长通道上,代表委员的建言献策以及《农民日报》开办的“我‘带’农民上两会”专栏,建立了农民需求表达的一个新渠道。这是一个好的开端,农民关心的问题、需求的公共物品信息能够直接传递到有关供给主体。

§3.2.3 供给不足与供给过剩的矛盾

随着科学技术的迅猛发展和信息技术的推广应用,农业、农村的发展也要逐步与时代接轨,农民对公共物品的需求也在发生质的飞跃,既需要量的增加,也需要质的提高。从总体上看,我国对农村供给公共物品的总水平长期以来一直处于一种供给不足的状态,远远不能满足农民的需求。同时,供给过剩也不同程度地存在着。供给不足、供给过剩虽然是一对矛盾体,但是同样不利于农村的发展,不能达到纳什均衡,也不能实现帕累托效率。供给不足与供给过剩貌似两个问题,实际上它们是一个问题的两个方面,那就是公共资源的配置问题。由于公共资源的有限性,如果按照效率最大化原则来配置,就容易解决供给过剩的问题,同时可以弥补供给不足的问题。如果忽视效率最大化原则,就能导致供给效率失衡。

由于城乡公共物品供给非均等化,造成历史欠账太多,城市与农村的发展始终处于不平衡状态。农村公共物品的供给长期跟不上时代的发展,供给总量始终在低水平徘徊,满足不了农民的实际性需求,导致农村发展缓慢。最近几年,通过补短板的一系列重大措施,农村公共物品供给得到了改观,但是在城市发展方面依然给予了更多的政策与关怀,城市发展速度明显加快。国家实施的长三角、珠三角、京津冀一体化、粤港澳大湾区等重大战略,都是城市发展战略,提升了城市的发展质量和档次。实施乡村振兴战略两年多来,可以看出农村的振兴才刚刚起步,与城市相比,差距依然在拉大。这其中最大的短板仍然是农村公共物品供给不足,也是乡村振兴的一大难题。

农村公共物品供给不足,除了历史欠账以外,还有很多客观因素和主观因素。

一是供给主体单一。政府是我国农村公共物品供给的最主要主体。除政府以外,其他主体也有供给愿望。在实践中,市场和第三部门等主体也供给了部分农村公共物品。但是,由于受政府政策、服务收益、供给能力等方面因素的制约,其他主体只是处于起步阶段,只能进行一些小规模的、小范围的供给。目前,我国县乡以上政府承担着农村公共物品的供给责任,而且中央和省两级政府供给的公共物品要通过县乡政府配置到农村。由于我国实行的是分税制的财政管理体制,县级政府的事权与财权没能实现完全统一,县乡政府供给农村公共物品的能力是有限的。有的县级政府的财政收入不能支撑正常的各项事业支出,无力承担过多的支出责任。这样的地方政府不可能超出自己的财力供给公共物品,根本无法满足农民对公共物品的多样性需求。虽然近几年不少地方政府采用 PPP 模式供给公共物品,但是要达成 PPP 协议,也是有前提条件的,政府要有中长期的付费能力。当然,一些收费的公共物品可能不需要政府财政直接付费,但是也要通过政府出让公共资源去弥补社会资本投资的成本回收和投资收益,而且目前的 PPP 项目延伸到农村的还很少。由于部分乡级政府财政的无力,长期下去,就容易造成农村公共物品供给的结构性失衡。

二是高投入、低效率的困境。这里有两个方面的问题。首先,由于对实施项目的效益评估超过预期,导致决策失误,政府投入了大量资金,供给的公共物品质量、档次过高,超出了农民阶段性的需求,使公共物品长期低效运行。例如目前对一些需要搬迁撤并的边远村庄、空心村,仍然同其他村庄一样供给公共物品,这些公共物品就存在低效运行的问题。随着这些村庄人口的减少、村庄的撤并,这些公共物品不仅低效,而且会出现闲置,浪费了有限的公共资源。其次,公共物品项目的招标也容易产生高投入、低效率的困境。目前,我国政府的投资项目基本上都采取招标方式选择项目合作方,这是公开、公平竞争的有效方式。在对投标方进行考察时,可能出现考察失误,出现项目建设周期过长,超过预期,甚至有的可能无力完成,搁置项目,导致投入与效率相悖,影响有效供给。最后,项目招标往往是中标标的高于市场价格,而中标方又没有能力或者干脆就不提供高水平的公共物品,依然提供一般的公共物品,甚至提供质量低劣的公共物品,缩短公共物品的使用寿命。我国村村通硬化公路就不乏这样的案例。

三是供给主体的“经济人”特征。1842 年,马克思在《第六届莱茵省议会的辩论(第一篇论文)》中指出,“人们奋斗所争取的一切,都同他们的利益有关。”[①] 马克思通过对社会的考察得出的这个结论,放在我国现代社会,依然有效。根据马克思的观点,我国农村公共物品供给的主要主体——政府及其工作者,在政府利益、个人利益、公众利益的选择上,往往会因为个人利益而出现错位,甚至会表征出“经济人”的特点。我国查办的政府腐败案件很多都是与公共政策

① 《马克思恩格斯全集》第 1 卷,北京:人民出版社,1956 年,第 82 页。

有关,这也是公共物品供给中的政府寻租行为。有的政府工作人员把自己的个人利益捆绑在公共政策上,以实现个人利益的最大化,从公共资源中渔利,把有限的资源没有全部配置给真正的需求者。作为政府,也存在这个问题,为了实现部门利益的最大化,有的部门往往坐支公共资金,使公共政策只是部分地落实到了需求者手中。可见,政府队伍中的"经济人"现象容易把本来就供给不足的有限的资源,变得更加不足、更加稀缺,使供给效率大打折扣。

农村公共物品供给过剩,也是一个现实性问题。在公共资源有限、需求量很大的情况下,本来不应该出现供给过剩的问题。出现这个问题,至少与两个因素有关,即决策失误和政绩观错位。两者相比,政绩观错位居于主要地位,决策失误居于次要地位。

决策失误,是因为调研不足,缺乏对农村真实需求情况的信息提供,造成决策信息不对称,或者是传递了一个错误的需求信息。决策者依据这样的信息进行决策,就必然会出现失误。这样的决策,容易出现两种倾向:一是农村公共物品偏离需求,供非所需;二是农村公共物品的供给量超过农民的实际需求,供大于求。这两种表现形式都集中于一个点,就是供给过剩,结果就是资源浪费。

政绩观错位,这是供给过剩的关键性因素。有的政府决策者热衷于政绩,不从实际出发,不研究农民的真实需求,体现出一种形式主义、官僚主义的作风,专做表面文章,专门提供一些看得见、摸得着的公共物品,往往是物非所求。一是乐于形象工程、面子工程。我们外出调研发现,不少地方进行美丽乡村建设,仅把村庄主要街道两侧的墙壁涂成一色的黄色,而村里面的面貌依然如旧,没有改观。还有的,在农村出入口的道路两侧垒上小矮墙,或者按上小塑料栅栏。这都是华而不实的面子工程。二是乐于扎堆供给,制造典型。有的地方政府为了政绩的需要,集中优势资源,配置给个别基础比较好的村庄,甚至不惜重复投入,确实能够打造出一个别人无法复制的典型。资源的集中配置,典型村庄的农民可能无法有效利用各种资源,导致部分资源闲置浪费。同时,大多数没有得到资源配置的村庄,出现公共资源短缺,得不到应有的公共物品和服务。三是乐于供给"硬"性公共物品,疲于供给"软"性公共服务。"硬"性公共物品主要是看得见的农村公共基础设施,是容易出政绩的公共物品,有的地方政府愿意在这方面加大投入;而对农业科技、农民培训、农业信息、农民健康等"软"性公共物品,就缺乏热情,出现供给短缺。四是乐于提供见效快的公共物品,不愿供给短期见不到成效的公共物品。由于错位政绩观的驱使,有的决策者只管一时一事,而不顾长远。所以他只提供能够立竿见影的公共物品,有时能够达到供有所求,实现供给效率。但是作为政绩工程,供非所求、供过于求的形象,还是经常出现的。五是乐于提供新的公共物品,而疲于维护现有的公共物品。在有的决策者看来，提供新的公共物品是他的政绩，而维护已有的公共物品与自己无关。他认为，现有的公共物品出现问题，是原来提供者的问题，不应该由他来解决。甚至有的对已有的公共物品不维护，而重复投资上新的项目。这种重复投资，也是供给过剩的直接成因。可见，政绩观的错位，使农村公共物品的供给进一步陷入困境，并进一步加剧了供给不足与供给过剩的矛盾。

§3.2.4 政府供给与农民自助的矛盾

由于存在城乡二元结构，在城市主要由政府提供公共物品，城市居民无须自己出资提供公共物品；在农村，政府投资提供的公共物品远远不能满足农民的需求，农村集体和农民还要出资弥补政府的供给不足，自己提供相关的公共物品。可见，在农村存在政府和农民两个并列的供给主体，这两个主体之间存在着政府出资提供、同时要求农民自己也出资提供，与农民依靠政府出资提供而自己不愿出资提供的矛盾。为什么会产生这样的矛盾呢？让我们来简单讨论以下四个问题。

先来讨论第一个问题，农民究竟应不应该自己出资提供公共物品。关于这个问题历来是有争论的，主要有两种观点：一是支持农村自己供给公共物品的，二是支持由政府提供农村公共物品的。支持农民自己出资提供公共物品的观点认为，城市居民为国家纳税，应该由政府提供公共物品。农民不是纳税主体，不缴纳任何税，应该自己出资提供公共物品。支持应由政府提供农村全部公共物品的观点认为，虽然农民现在不缴纳农业税，但是历史上农民为国家发展、为城市建设做出了很大贡献，现在应该由工业反哺农业、城市扶持农村发展，农村发展需要的公共物品应该由政府提供，而不应由农民自己出资提供。这是两个针锋相对的观点，孰是孰非，不能一概而论。

首先，我们看看城市居民和农民究竟谁在向国家纳税。我国的主体税种都是流转税，在我们购买的商品或服务价格中就包含了税。也就是说，公民只要有购买行为就承担了相应的税负。从这个意义上讲，不管城市居民还是农村居民，都需要购买商品和服务，都应该算作是纳税人（实际是负税人）。农村居民与城市居民相比，除了购买日用消费品，还要购买农作物种子、农业生产资料等商品。也就是说，农村居民要比城市居民多承担农业生产资料的税负。除了这种间接纳税外，还有一些直接纳税的行为，城市居民与农村居民也略有不同。先看城市居民，城市居民按照国家个人所得税法，达到纳税起征点且进行专项扣除后依法缴纳个人所得税，也就是说还有相当一部分城市居民达不到起征点或者专项扣除以后不需缴纳个人所得税。个人所得税虽然是覆盖城市居民面比较广、纳税人比较多的税种，但还是把一部分人挡在门槛外面。国家实行大幅度的减税降费，过去一直缴纳税收的私营企业、个体工商户迎来了发展的重大机遇。但是从纳税的角度来看，减税降费以后，大部分个体工商户不再需要缴纳各种税费，私营企业的税收也大幅下降。由于国家扶持中小微企业发展，降低起征点，部分企业达不到起征点，因而这部分企业基本上不缴纳任何工商税收。就是说，这部分市场主体缴纳税收的范围大大缩小。第二、第三产业的从业者在缴纳各种税收的企业工作和服务时，他们为社会创造价值，可以说是间接缴纳税收。再就是缴纳利息税、股息税的城市居民，这部分税收数额比较少，只是利息税覆盖面比较广。同时，城市还存在没有工作的社会困难群体，他们是不直接缴纳任何税收的。通过上面的分析可以看出，城市居民不是全部直接纳税，而且由于国家减税降费政策的实施，不纳税的群体正在逐步扩大。那么，农村居民直不直接纳税呢？答案是肯定的，农村居民也存在一个直接纳税群体，只是相对城市居民来说，这个群体的规模小了很多。我国取消了农业税，对农民自产自销的农产品实行免税，并且对农产品加工企业实行低税负的优惠政策，进一步缩小了农村纳税群体。从目前情况来看，农民进城务工人员同城市居民一样，达到纳税起征点的需要缴纳个人所得税，同时进行间接纳税。农民创办的农产品加工企业，也需要按规定纳税。农民举办的其他私人企业、个体工商户也与城市居民同样纳税。具备条件的农民也要缴纳利息税、股息税。当然，不管城市居民还是农村居民都还有其他直接纳税的情况，只是纳税群体很小。从以上对比分析可以看出，农村居民也是全部纳税的，只是直接纳税的范围和纳税额远远不及城市居民。当然，农民的收入整体上也比城市居民低得多。据国家统计资料显示，2019 年全国城镇居民和农村居民的人均可支配收入分别为 42359 元和 16021 元，相差 1.64 倍。按照经济学的观点，政府是通过强制性的税收筹集资金来为全社会提供公共物品的。也就是说，全体公民都是通过缴纳税收的方式来为分享的公共物品付费的。根据这种观点，农村居民应与城市居民享受同样的公共物品。

其次，再看看谁为国家做出了更大贡献。在我国，不管城市居民还是农村居民，都是社会主义建设者，都在为国家的繁荣发展贡献自己的力量。由于社会分工的不同，城市居民和农村居民贡献的方式是不同的。但是，自中华人民共和国成立以来，在工业化初级阶段，农村资金大量流向工业和城市。2005 年，张立经分析认为，1952～1990 年城市通过税收、价格“剪刀差”、储蓄等渠道从农业获取资金 11000 多亿元。20 世纪 90 年代初期，我国工业进入中期阶段，并没有改变农村资金的流向。1990～1998 年，农村资金净流出 19222.5 亿元。通过张立的分析可以看出，农村资金大量支援工业和城市发展，使工业和城市都步入了现代化时代。但是，在农村资金大量流出的同时，政府并没有为农村供给与城市同样的公共物品。进入21世纪以来，工业和城市突飞猛进的发展为国家贡献了大量的发展资金。而农业与工业相比，还是相当低效的。农村与城市相比，受到很多因素制约，发展是比较缓慢的。所以，国家提出了实施乡村振兴战略，要实现全民共同富裕的目标。从对国家的贡献来看，农民的贡献一点都不比城市居民小，农民也应该享受与城市居民同样的公共物品。

通过纳税和贡献分析，农村公共物品也应该同城市一样，应当由政府出资提供，而不是由农民自己出资提供。2019年4月，吴奇修在《学习时报》上撰文，也提到由于城乡二元结构、国家财力薄弱等因素，在政策设计上，不得不让农民自己承担相当部分本应由国家公共财政承担的公共服务经费。① 从吴奇修的文章中可以看出，国家层面也注意到了农村公共物品究竟应该由谁来提供的问题，而且比较清晰地提出了应由国家公共财政承担农村公共物品的供给费用，而不是由农民自己来承担。

我们来讨论第二个问题，农民究竟有没有能力出资提供公共物品。让农民出资提供公共物品是一个真命题，究竟让农民自己提供多少公共物品，是一个值得好好研究的问题。与城市居民相比，农民要出资为自己提供相当数量的公共物品。比如农村的连村路、村内道路、小型水利设施、农村幸福院等，大多数都是采取农民出资、政府补贴的方式提供，也有农民全部出资提供的。让农民出资，农民能出得起吗？第一，从村庄来看，由于大多数村庄集体经济薄弱，国家取消农业税以后，村庄的集体收入微乎其微，甚至有的村庄基本没有收入，有的村庄连维护各种机构的正常运转都比较困难。集体经济基础好的村庄，有矿山、旅游等资源的村庄，集体收入相对比较充足，能拿出一定的资金供给公共物品。可见，农村集体经济的发展情况是千差万别的，而且差异较大，不少村庄由于资金短缺，使得提供公共物品成为不可能。第二，从农民的收入来看，2019年全国农村居民人均可支配收入中位数为14389元(中位数占平均数的89.8%)，比城市居民的中位数(39244元)低了24855元，有相当一部分农民的收入在中位数以下，而且到2019年年末，全国农村尚有551万贫困人口，还有相当一部分人因病返贫。贫困发生率虽然从2012年的10.2%下降到0.6%(数据来源于习近平2020年3月6日在决战决胜脱贫攻坚座谈会上的讲话)，但是毕竟还有0.6%的发生率。第三，从农民的支出情况来看，2019年全国农村居民和城市居民人均消费支出分别占其人均可支配收入的83.2%和66.3%。这是全国的平均情况，我们再来看一下经济发达的青岛市城乡居民收支情况。据《青岛市统计年鉴(2019)》发布的数据，2018年青岛市农村居民可支配收入达到

① 参见吴奇修：《奋力开创农村改革发展新局面》，《学习时报》，2019年4月29日第1版。

20820 元,是城镇居民(50817 元)的 40.97%,农村居民人均消费支出为 13885 元,占可支配收入的 66.69%,而青岛市城镇居民人均消费支出占可支配收入的比重为 64.72%。虽然城镇居民与农村居民的消费支出占可支配收入的比重比较接近,但是青岛市城镇居民的可支配收入是农村居民的两倍多,而且农村居民虽然比全国水平要好一些,但是也仅仅有 1/3 的资金可以用来投资农业生产和公共物品供给。不管是从全国平均水平来看,还是从经济发达的青岛市来看,农村居民除了消费开支以外,所剩资金很少,还要预备来年的生产资料投资,而城市居民还有 1/3 的富余资金可以支配。总体上看,农民除收入在中位数以上的少数较高收入者以外,其他农民基本没有剩余资金用来提供公共物品。第四,从农村经济组织来看,大多数规模都比较小,而且微利行业比较多。农村小超市、农资经营点、淘宝店、农家乐饭店、农机服务户、农业合作社、农产品初加工点等都属于小型微利经营单位,他们的收入相对纯农业经营户可能好一点,但是收入也不高,让他们来提供公共物品,也是比较困难的。另一类经营组织就是各类企业,这是农村的精英阶层,收入好的年份,可能有不少富余资金,出于他们的公益心,可能拿出一部分资金为村庄老百姓供给一定的公共物品。从农村集体、农民、经济组织三个方面来看,要让农民自己出资提供公共物品是比较困难的。非要让农民出资供给公共物品,不仅增加农民负担,而且还不一定能够奏效。国家取消农业税以后,在农村先是实行“一事一议”,后来又实行“一事一议,政府补贴”的方式,让农民自己供给必要的公共物品,但是都没能够全面铺开。

我们再来讨论第三个问题,农民自己出资提供公共物品会不会有效率。公共物品的供给,必须是有效率的,否则就会导致资源的浪费。张鸣鸣认为我国农村公共产品供给总量呈现结构性不足、供给技术效率不稳定以及规模无效率。崔治文等认为我国农村公共产品的技术效率没有达到最优,而且全要素生产率一直呈现负增长。近几年,学者们的研究大都得出了同样的结论。可见,当前农村公共物品的供给效率不是很高。那么,让农民自己供给公共物品,能够改变这种局面吗?

第一种情况,假如农村集体、农民、农村经济组织都有能力而且愿意出资供给公共物品,这就要根据“一事一议”的规则,采取全体一致投票同意的办法,对公共物品供给作出决策,使得全体出资人都认为自己能够获得最大利益。也就是说,共同出资提供的公共物品能使每一个出资人都达到帕累托最优。这是让农民出资供给公共物品的首要条件。比如说,村民共同出资修建村庄内部道路,这是对每一个村民都有益的事情,如果前面的假设条件成立的话,就容易达成一致,共同出资修建道路。就修道而言,还要解决修道的监管、后期的管理维护等问题。这些问题不解决,就很难达成一致。这样的案例,在农村是不少的。

只有达成一致，这条道路才能达到最优的供给效率。

第二种情况，农村致富带头人，特别是兴办私人企业的经济能人，这些人在农村有威望、有实力，也容易得到群众的信任，他们出资为农民提供公共物品是很有效率的。L 市 SDS 食品集团董事长 WXM 先生是一个非常乐于为民服务的优秀企业家，把企业建在自己的村庄——XBD 村。多年来在大量吸收村民就业的同时，他一直为村民提供各种服务，修建了村庄内部及村庄周边的道路，方便村民出行，2015 年又在 XBD 村建起了 SDS 幼儿园，2019 年又开始在 XBD 村筹建医养结合项目。像 WXM 先生这样的企业家，为农民供给的公共物品是非常有效率的。

第三种情况，比较有经济头脑的小能人为农民提供一些收费的、小规模的公共服务项目，如为农民提供播种、收割、脱粒等农业机械服务，这样的供给项目也是非常有效率的。

第四种情况，农民合作组织。农民合作组织不仅包括合作社，而且还包括农村一些农民自愿组成的服务组织。这些组织的供给效率是比较高的，如农业专业合作社或者农民合伙共同打的灌溉用的机井等，这些产品主要是为其组织内部服务的，偶尔也为其他村民服务。像合作机井这样的公共物品，在农村是比较普遍的，也是很有效率的。

可见，只要是这种公共物品与农民的利益相关性很强，特别是与农民的近期利益相关度很大，农民就能够自己提供这种公共物品，而且是有效率的。前面分析了农民的收支情况，结合我们到农村调研的实际情况发现，虽然农民能够自己提供一些有效率的公共物品，但是农民自己提供的公共物品是有局限性的，不仅规模较小，而且服务范围比较狭小，很少能惠及全体村民，所以，不具有普惠性的特点，对于全面改善农村的生态宜居条件、引领农民走上共同富裕道路还是远远不够的。

最后，我们再来讨论一下第四个问题，农民自己出资提供公共物品能不能解决搭便车的问题。不论在城市还是在农村，搭便车都是一个普遍的现象。只要选择使用者付费的方式，就能解决搭便车问题。农民合作供给或农民自己供给的公共物品，一般都是由供给合作者共同受益，合作者以外的人使用一般都是收费的，甚至在合作者内部使用，为了确保受益的均衡也采取收费服务。所以，这种小规模公共物品基本上都是收费服务的，一般不存在搭便车问题，这也是由其合作的体制机制决定的。据奥尔森集体行动的逻辑，一个农村实际上就是一个集团，村庄越大越不容易为集体利益而采取行动，因为在村庄内部始终存在搭便车者。相对来说，农村基本上都是比较大的集体，三个和尚没水吃的集体行动困境是不可避免的。前面假设的全体一致同意修村内道路问题，实际上真正能做到全体一致是非常不易的。往往是采取少数服从多数的原则，使一部分村民成为搭便车者。如果多数人出于搭便车的目的，就无法达成一致，修建村内道路计划就会落空。修建村庄周边道路、上山路、连村路，不愿出资的搭便车者就会更多，除了农村集体出资、政府补助，可能很难提供出这样的公共物品。因为这些道路都无法实行收费服务。其他一些农村基础设施、养老、教育等公共物品，都是因为搭便车问题，很难做到让农民出资提供。

我们讨论了以上四个问题，可以清晰地看出，农民也是纳税人，虽然农民收入低，可用于供给公共物品的资金不多，但是也可以供给一些小规模的公共物品。由于无法解决搭便车问题，农村一些规模较大的、涉及农村发展的、无法收费的公共物品，农民很难达成全体一致同意共同出资提供。所以，政府应该成为农村公共物品的主要提供者。

§3.2.5　农民公共物品供给与村庄空心化的矛盾

随着经济社会的快速发展，农民的消费水平、消费结构都发生了很大变化，农民对改善生活质量的愿望越来越强烈。他们对公共物品的需求偏好，出现两个新特点：一是呈现出多元化的态势，二是要求高质量和高效率。这两个特点也是国家规划的发展目标。国家"十三五"规划确定的城乡基本公共服务均等化，就能满足农民的这些需求偏好。社会的发展、农民的愿望、政府的目标，具有极大的契合性，这也是社会发展到一定阶段的必然结果，是符合发展规律的。基于此，再加上乡村振兴战略的伟大目标，我国各级政府都把农村的发展振兴放在了突出位置。客观上说，农村迎来了振兴的春天。

在国家重视农村发展、重视农村公共物品供给的同时，农村也出现了空心化问题。改革开放 40 多年来，农村经历了从家庭联产承包制到全面繁荣发展，再到人口流出逐渐出现部分空心村这样一个现实性问题。这个问题的出现，也是经济社会发展的必然阶段。但是这个问题的出现，使得农村发展面临着重大的挑战。

农村空心化主要表现在以下三个方面：

一是人口的空心化。由于城乡差距较大，农村基础设施和基本公共服务短板突出，乡村逐渐失去了对年轻人的吸引力，年轻人几乎以一种不可逆转的态势流向城镇，留在农村的年轻人越来越少。据青岛市统计局数据，2018 年青岛市农业从业人员中，35 岁及以下的仅占一成多，大专及以上文化程度占比偏低。[①] 也就是说，作为发达地区的青岛市也有超过 80% 的年轻人流向了城镇。

① 参见《决战乡村振兴　共筑美好家园——青岛市乡村振兴监测评价分析》，青岛市统计局网站，2019 年 11 月 20 日。

流向城镇的农民在城市务工、创业，甚至在城市安家落户。特别是现在的年轻人，结婚时都在城市购房安家，儿童也基本都在城镇上学。过去还有留守儿童、留守妇女的概念，现在这些妇女儿童也都一同进城了，留守儿童、留守妇女的概念也将成为历史。过去有的人说，农村常住人口是“哑铃形”结构，现在看应该是“锤头形”结构，中老年人成为农村的主力军。我们到东部地区一个发展比较好的 TW 镇 GS 村调研时发现，GS 村离县城大约 40 千米，是 TW 镇发展最好的村庄之一，人口流失不多。我们问村支书：“你们村发展得这么好，您儿子是不是可以回村来发展?”他说：“农村再好，也不能回来。”这个回答看起来与 GS 村的发展现状似乎不太相符，但是细想一下，确实是目前的农村再好，公共服务等方面也不如城市好。城市的核心引力，抽空了农村的劳动力，农村出现了人口的空心化。

二是农村房屋的空心化。人口的空心化，伴随而来的就是住房的空心化。农民进城了，农村的房屋又无法卖掉，因为宅基地是农村集体的，本村以外的农民也好，城市居民也好，都不可能购买空置出来的房屋，他本人也不愿意把房屋拆除，把宅基地复垦为耕地，所以只能选择空置。2015 年，我们到东部地区的 RS 市 SL 村看望一位老朋友。我们看到，他周边原来有 70 多户住户，到 2015 年时，真正有人居住的房屋不足 10 户，空置率达到了 85%以上。

三是公共服务设施的空心化。这第三个空心化也是伴随人口的空心化而来的。随着人口的减少，特别是年轻人、儿童的减少，真正建在农村的幼儿园、学校基本上都没有了，有的村庄甚至连医生也没有了，其他一些公共服务设施也正在逐步减少。原本没有投资建设的天然气、自来水等公共设施，由于供给成本问题，更是没有公共服务单位愿意投资。所以，这些空心化村庄的公共服务设施越来越少了，使村庄逐渐失去了吸引力。

虽然有的农村出现了空心化现象，但是由于消费水平的提高，居住在农村的居民仍然向往得到更好的公共物品提供。目前，我们国家实行的仍然是普惠性的供给策略，农村居民基本都能享受到基本一致的公共服务，因为国家要求在小康路上不让一个贫困户掉队。在这样一个大的国家，有这样一个大的格局，是需要巨大的投资作支撑的。国家正在进行的美丽乡村建设、健康中国战略等工程，都把触角延伸到了农村，如农村进行人居环境整治，开展农村改厕、农村垃圾清运体系建设，农村健身广场、雪亮工程建设，等等，几乎覆盖了所有村庄，这是国家给予农村的极大红利。空心村的农民虽然也享受到了这个大红包，得到了国家福利的红利，提高了生活质量，但是我们应该清醒地看到，这些空心村的发展趋势几乎是不可逆的。随着村庄人口的减少，对公共物品的需求量也是一种递减的趋势。根据第二次、第三次全国农业普查数据，我国 2016 年比 2006 年减少了 40561 个村，平均每年有 4000 多个村消失，平均每天就是 10 多个村消失。青岛市第三次农业普查数据显示，自然村 2016 年末比 2006 年减少了 11.2%。这些村庄大都是从空心村中消失的，当然也有扶贫搬迁消失的。消失后的村庄，原有的公共服务设施就是一种供给过剩，供给无效率。不仅闲置浪费，而且还要投资拆除，造成更大浪费。如果不给这些空心村提供相关的公共服务，不符合全面建成小康社会的要求，也不符合城乡基本公共服务均等化的发展目标，对这些村民也是不公的。

通过以上分析可以看出，政府的公共物品供给与空心化村农民的需求的确是相互矛盾。这是中国特色社会主义建设过程中的矛盾，不容回避。这对矛盾是供给与需求的矛盾，是有限资源配置与资源浪费的矛盾，是尊重人权与浪费物权的矛盾，而且也呈现出供给过剩与供给不足的矛盾。那么，怎么办呢？我们认为，这对矛盾只有通过加快实施乡村振兴战略来解决，因为这是发展中的矛盾，只有通过更高水平的整合发展，才能得到有效解决。

§3.2.6 县乡政府权力与供给效率的矛盾

县乡政府是我国最基层的政府，是与农村打交道最直接的、最频繁的地方政府，直接为农民提供公共物品。县乡政府为农村提供公共服务的权力主要体现在事权与财权上。实际上，事权就是政府为农民提供公共物品的责任，或者说是政府提供公共物品的职能职责以及对提供的公共物品进行有效管理的具体责任。财权就是政府为农民提供公共服务的一种支出责任。事权与财权的正确运用，直接关系到农村公共物品的供给效率问题，这也是以人民为中心发展理念在农村公共物品供给上的真实体现。但是，我国县乡政府的事权与财权还有一些不尽合理的地方，不能很好地做到事权、财权与农民的真实需求偏好相一致，影响到了农村公共物品的供给效率，出现了一些偏差和矛盾。

党的十八届三中全会明确提出："要改进预算管理制度，完善税收制度，建立事权和支出责任相适应的制度。"中央提出要建立这样一种制度，说明这种制度还没有完全建立起来，至少还是不完善的。财权，包括政府财政收入权和财政收入支配权这两种权力。目前，我国实行的分税制，在各级财政收入权与支配权划分上存在不对等的形象。主要表现是把收入权划分得很明确，但是支出责任划分得不够明确，尤其是公共服务支出责任，存在支出责任重叠、支出责任缺位等问题，影响了农村公共物品的正常供给。支出责任划分不明确，主要是由于事权的划分与责任不明确。我国是按照各级政府的责任清单来划分政府责任的。不过，这是理论上的划分。由于我国政府的层级性特点和上级管理下级的特点，经常出现事权责任主体错位现象。这种错位有三种表现形式：一是一些应当由县乡政府提供的农村公共物品，出现了中央和省级政府直接提供的现象；二是一些应当由中央和省级政府提供的农村公共物品，而让县乡政府提供；三是一些应当由中央或省级政府提供的农村公共物品，中央或省级政府要求与县乡政府一起提供，典型的形式就是中央政府或省级政府下拨资金作为引导资金，让县乡政府配套人财物，或直接让农村自己配套。事权主体责任错位，是供给责任不清的主要影响因素，容易出现推诿扯皮现象，导致供给低效率或无效率。

从县乡政府所处的位置来看，它具有供给农村公共物品最为有利的条件。县乡政府是农村公共物品的直接供给者，是与农村接触最多的基层政府，相比中央政府和省级政府，更了解农民的需求偏好，能够做到精准供给，实现纳什均衡和帕累托最优。特别是乡级政府，站在为农民提供公共物品的最前沿，能够了解、整合农民的需求偏好，制定出最佳的供给方案，这是任何一级政府无法比拟的。

在事权上，县乡政府有供给责任，那么在财权上又是一种什么情况呢？第一，我国县乡政府的财力是极不均衡的。东西部地区差别较大，经济发达地区与欠发达地区差距更大。目前，还有不少县乡政府基本是吃饭财政，而且还有的县乡政府要依靠转移支付才能维持吃饭财政。相对来说，发达地区的县乡政府在财力上是比较充足的，能够承担起部分农村公共物品的供给责任。第二，转移支付不均衡。多年来，我国一直实行转移支付制度，上级政府通过转移支付弥补县乡政府在公共服务方面的刚性支出的不足。在转移支付过程中，上级政府对不同的县乡政府采取了差异化的转移支付政策，必然出现县乡之间供给农村公共物品的不均衡性，很难实现城乡之间和地区之间的均等化。仅就转移支付资金来说，大多数县乡政府是很难满足农民最基本的公共服务的资金需求的。第三，县乡政府支出困难。新修订的《中华人民共和国预算法》对地方政府举债实行限额管理，一方面能够有效规避地方政府的财政风险，另一方面也对地方政府的财政支出额度作了硬性约束。过去，县乡政府可以通过多种渠道举债，满足各种刚性支出。现在，县乡政府在开支不足的情况下，只能在限额内以地方政府债券的方式融资，弥补不足。在支出责任分级管理的情况下，这就使得本来已经困难的县乡政府很难取得满足农民需求的公共服务资金，出现供给短缺。第四，支出责任下移，加剧了贫困的县乡政府的支出困难。上级政府经常下放一些事权，由县乡政府来承担，加大了县乡政府的支出责任。同时，上级政府出台一些要求县乡政府配套资金的项目，也加大了县乡政府的支出责任。所以，贫困地区的县乡政府由于地方财力本来就不足，很难承担得起这么大的支出责任，结果就是农村公共物品供给的严重不足。由此可见，发达地区的县乡政府基本能够满足农民的基本公共服务需求，而欠发达地区出现支出困难。如果欠发达地区农村公共物品能够实现供需平衡的话，也只能是一种较低水平的供需平衡。再一个问题，就是我们经常看见或者听到县乡政府财政每年都是收支平衡，但是这并不意味着农村公共物品的供需平衡，这是两个概念。

可见，县乡政府在事权上责任重大，在财权上压力巨大。即使在这种情况下，上级政府也在矫正和主导公共物品供给。前面提到的中央和省级政府确定的一些指令性的政策性的农村公共物品项目，上级只提供引导资金、让县乡政府配套人财物，这就是上级政府引导农村公共物品供给方向的一个主要手段。但是，起决定作用的还是考核机制的建立。上级政府对下级政府的考核结果对地方干部在政治方面、精神方面具有导向作用，特别是还有一些一票否决的考核项目，直接决定考核的结果。因此，县乡政府出于自身利益最大化的考虑，往往出现供给的偏好。这种偏好主要指向了上级政府考核的重点领域。上级政府重视哪种公共物品的供给，哪种公共物品就能得到重视，而其他没有列入考核的公共服务项目就容易被忽视，农民得不到最佳供给，甚至会出现零供给。由于各地情况不同，政府统一的考核项目和考核标准，有时是农民真正迫切需求的公共物品项目，与农民的需求呈正相关性，而且县乡政府的重视程度也与农民需求的满足程度呈正相关性。但是也不可否认，有的考核项目在个别地区就不是最需要的服务项目，容易出现供求不平衡现象。

另外，由于财政分权，缺乏一种统领性的供给责任和供给体制，容易导致供给的区域化、不均衡化，出现低效率供给现象。目前，国家也在极力地调整农村公共物品供给政策，并取得了一定成效。但是从总体上看，还是任重而道远。农村人口的流动性越来越大。由于受农村公共服务的区域性影响，各地的执行标准有差异，农民的异地养老、异地医疗结算等问题都需要政府制定相应的政策，逐步加以解决，以满足农民不同的需求偏好。特别是异地就医，手续复杂、结算困难、报销率低等问题，都需要为农民提供方便的公共服务，避免农民为了一张报销单跑来跑去。这种事权，是县乡政府自身无法解决的，需要国家、省一级的政府在更大范围内，甚至在全国范围内统筹考虑、统一解决。而另一类问题则是县乡政府的事权范围。一些国家统一推行的或者县乡政府根据农民需求自己设定的一些农村服务项目，由于各地条件不同，出现明显的区域性特点，而且在本区域内部也存在不均衡的特点。如农村干部报酬及乡村运转经费、乡村医生补助、农家书屋建设、农村低保、老年人长寿津贴、农村家庭签约医生补助等，受县乡政府财力强弱的影响很大，县与县之间是极不均衡的，供给的效率参差不齐。比如说家庭签约医生，由于部分县级政府财力不足，没有能够培养或引进足够的医生，为农民提供签约服务，那么他的供给效率是很低的。2018

年，我们在L县NG村一个J姓的老太太家调研时，正好碰上家庭签约医生上门服务。这个医生告诉我们，在NG村只有她一个医生，共签约了1300多个家庭，平时她还要坐诊，根本不可能照顾到每一个签约家庭。通过这个医生的告白，我们可以猜想在NG村，可能有的签约家庭几年都得不到一次签约医生的公共卫生服务。所以，这种公共卫生服务对于每一个签约家庭来说是不公平的，供给是失衡的、低效的。乡镇政府作为最基层的政府，承担着巨大的事权责任，但是与此相匹配的财权则是极为有限的，因而，乡镇干部在农村道路、污水治理、水利设施、农村医疗等亟须资金的公共项目建设方面困难大于责任，有时显得很无助。

通过以上分析可以看出，县乡政府的权力不是绝对的，而是相对的。不管事权还是财权，都受一定的因素制约。事权虽然进行层级划定，但是上级经常进行事权下放，加大县乡政府的责任。财政分权，为了满足事权需求，县乡政府支出压力很大。虽然上级政府在平衡支出责任时，经常通过转移支付、专项资金等调整县乡政府财权、增加公共物品的供给资金，但是上级拨付往往不是单一的供给主体，需要县乡政府共同承担供给责任，也就是要求县乡政府进行资金配套。这种上下级政府共同承担供给责任的财政支出办法，加大了县乡政府支出压力。出于县乡政府的供给责任、上级政府的考核导向、国家宏观调控农村公共物品资源配置、县乡政府自身财力等原因，县乡政府的供给效率出现区域之间不均衡、区域内部不均衡、各类公共物品项目之间不均衡、受益农民不均衡等现象，对于上级政府考核、农民又迫切需求的重点项目，供给效率往往是最高的，而对于一些普通项目、大众化项目有时会出现供给不足或供给低效。所以，县乡政府的权力与供给效率是不一致的，而且事权与财权也是不一致的。

§3.2.7　政府供给与政府监管的矛盾

政府供给，政府监管，这是我国公共物品供给的一大特点。也就是说，政府既是运动员又是裁判员。这种体制能不能保证供给效率呢？关于这个问题也是有争论的。有的学者认为政府作为农村公共物品的主导者、供给者，理应加强监督管理，确保供给效率。事实上，政府自身加强监管，在很多公共物品的供给上是很有效率的。如在农村基础养老金的供给上，由政府负责资金的发放与监管，使每一个老年人都能按月足额领到养老金，这种监管就是很有效率的，农民也是很满意的。再如，农村垃圾集中清运，由于政府加强了监督检查，也确保了农村垃圾的及时清运，为农民提供了一个美好的生活环境。也有的学者对政府监管持否定态度。他们认为，政府供给，政府监管，就是自己监督自己，无法保证供给目标的实现。

我们认为,政府供给是一种公共权力的应用,政府监管同样是一种公共权力的应用。政府自己监督自己的供给行为,就是运用政府的公共权力对政府行使的公共权力进行监督。供给和监管,本身就是一对矛盾,把矛盾对立的双方统一到一方去解决,有时是比较困难的。对农村公共物品供给的监管,包括供给决策的监管和供给效率的监管。政府供给具有客观性和主观性两个方面,主观与客观相统一,就能作出科学的供给决策。如果主观和客观不能达到相统一,就不能科学地作出决策,容易出现偏差和失误,影响供给效率。特别是当主观因素占据了主导位置,起了决定作用时,供给决策就很难保证科学性,可能出现供需错位。出现这种情况,政府就无法对自己进行监管,即使监管往往也是无效的。在供给效率方面,政府的监管实际上是对公共物品供给的两个阶段的监管,即对供给的过程进行监管和对供给的绩效进行评价。政府供给,是否公开、公平、公正;对公共物品进行招标采购、合理供给,是否存在对不同村庄供给不均衡的问题,是否存在政府寻租现象,是否存在供给过程中的搭便车行为,等等。这一系列问题,都需要进行监督检查。关于对供给绩效进行评价,评价的指标体系是否合理,是否具有明显的政府导向和主观意志,是否能够真正体现农民的意愿,是否存在因为政府内部因素而导致绩效评价具有明显的、与供给决策相悖的不合理的问题(这个问题往往出现在政府决策者内部意见不一致时,决策时处于劣势的一方在绩效评价时表现出的一些反常现象;也可能出现在上下任交替以后,后任对前任的否定),是否存在具体评价者的主观意志,等等,这些问题都需要进行监督检查。如果对供给过程不进行有效监督,对供给效率不进行科学评价,就有可能出现供给不到位、供给低劣公共物品等现象的发生。前几年,农村修的连村路、农村养殖污染处理等公共项目由于缺乏必要的监督,有的就存在低效供给问题。但是像这样的监督,如果交给政府自己对自己的供给行为进行监督,很有可能监督体现的是决策者的主观意志,而不是一种主观达之客观的有效监督。

目前,我国中央及省一级政府供给的农村公共物品大多数是通过县乡政府直接供给的,很少有中央或省一级政府直供的农村公共物品。同时,也采取了自上而下的政府监督。具体的监督方式主要是调度、暗访、定期检查等,近几年又引入了第三方机构(指独立的、非政府的第三方服务机构)参与监督。这些监督方式主要是加强了对县乡政府供给责任的监督。特别是第三方机构的监督,目前相对具有公正性,能够比较客观地反映农村公共物品供给的效率问题。比如国家对农产品检测公共服务平台建设的扶持资金,就是委托第三方机构进行评价的;山东省中小企业局对中小企业的各项扶持资金,也是通过第三方机构进行评价的。像这样采用项目式供给的公共物品的监督,引进第三方机构监督是比较有效的。像一些面上的供给、大范围的供给，目前还没有通过第三方机构进行监督的，基本上都是上级监督下级。如种粮补贴，这种全国性的大面积供给现在还没有一种很好的监督办法。所以，也出现了不少问题，有的村民为了多领补贴，少种多报；有的农村干部变相多领取补贴，产生腐败；特别是发放补贴后，农民种粮的积极性如何、补贴的效益如何（如是否还有撂荒现象、粮食是否稳产增产等），都没有很好地进行监督评价。像这样的补贴政策，相关的供给机构确实应当采取科学的监督评价机制，及时掌握供给绩效情况，适时调整供给决策，真正达到最佳的供给效率。

近几年出现的市场供给和政府与社会资本合作项目，是非政府资本或非全部政府资本参与供给的公共物品。从公共物品的性质来看，既然是公共物品，就要体现公益性，而不是以营利为目的。那么，对于这些公共物品，不管供给主体是市场还是政府，都必须纳入监管范围。既然要加强监管，政府就应当担负起责任。政府可以自己直接监管这些公共物品，也可以聘请第三方机构进行监管。对于私人提供的公共物品，政府部门应当加强行业监管。农村的基本公共卫生服务项目，不管是政府提供还是私人提供，都是典型的农村公共物品，为了保证农民的合法权益，卫生健康部门都应该加强监督管理，必须由具备从业资格的人来提供。对于农村卫生医疗机构提供的服务是否有效率、是否体现公益性等，就应该聘请第三方机构进行评价。家庭签约医生覆盖面比较广，那么效果怎样呢？就应该定期请第三方机构进行绩效评价，让服务对象——农民来发声，而不是由政府来发声。如果让政府来评价，就容易为错位的政绩观所左右，掩盖了家庭签约医生供给低效的真实问题，不符合以人民为中心的发展理念，也不符合健康中国的发展战略。对于私人提供的其他农村公共物品，也应当加强监管、科学评价。防止一些不法机构和人员，打着为农民提供公共物品的旗号，改变公共物品的公益性，以营利为目的，损害农民的利益。以权健为代表的保健品乱象，由于监管部门的监管不到位，就极大地损害了人民的身心健康。对于一些江湖医生，也应当加强监管，防止违法行为产生。对于PPP项目，牵扯政府投资和社会资本投资，也有一些政府不需要投资的收费服务项目，但是，政府要为其制定一些规则，授予特许经营权。目前，PPP项目主要在城市，农村还比较少。在农村，政府与社会资本合作项目主要集中在交通设施、医养结合等领域。建在莱阳市城厢街道东赵疃村的威德医养结合项目，是莱阳市政府与私人企业威德集团的合作项目，项目包括医疗、养老、康复、娱乐等社会服务，还包括一些养老地产，是一个综合性的老年服务机构，自2017年重阳节开业以来，项目运作良好。像这样的医养结合项目，采用PPP模式的比较多，而且成功率也比较高，能够满足老年人的需求。随着政府与社会资本合作项目在农村的实施，大多都涉及农民的切身利益，加强对这些项目的监管显得非常必要。目前，我国对这类项目的监管主体主要是政府。前面提到政府的监管有其有利的一面，也有其不利的方面。政府与社会资本合作也涉及政府供给问题，所以也应该改变政府监管的方式，聘请第三方机构进行监管，这样可能会更有效。

综上所述，政府供给农村公共物品，又对自己的供给行为进行监管，政府既是供给主体又是监管主体，不利于供给效率的实现。对于一些简单的、直观性强的公共物品，像农村基础养老金发放这样的公共物品，政府既供给又监管是有效的，而且不容易出现寻租和腐败现象，供给绩效比较高。但是，政府作为主体，既供给又监管，哪怕是上级政府监管下级政府，也容易出现监管不到位或者监管错位现象，不利于供给绩效的提高。对于私人和 PPP 模式提供的公共物品，政府也应聘请第三方机构进行监督和绩效评价。总之，政府不能自己供给公共物品，又自己进行监管，要发挥第三方机构的作用，把政府及其他主体供给的农村公共物品全部纳入监管范围之内，体现公共物品的公益性和供给的高效性。

本部分只是根据我们研究的需要，对农村公共物品从概念、分类、特征以及供给过程中的一些矛盾和问题，进行了初步的分析研究。我们的研究思路可能与大多数研究者有所不同，这是基于我们研究乡村振兴视角的需要。关于围绕全面实施乡村振兴战略，如何根据农民的需求偏好提供公共物品问题，将在后面几部分中进行详细研究。

第四部分

本部分是第三部分的理论延伸研究，也是本书的特色理论研究，即乡村振兴视角下的农村公共物品需求偏好理论研究。本部分首先简要介绍了乡村振兴战略，引申出四类村庄分类振兴的乡村振兴特色。然后从理论上分别对集聚提升、城郊融合、特色保护、撤并搬迁四类村庄的特点进行了全面诠释，奠定了需求偏好理论的研究基础。最后，也是本部分的核心内容，从共性与个性两个方面全面研究了农村公共物品的需求偏好。从共性需求来看，基本的生产性和生活性公共物品是他们的共同需求。本部分还从住房、道路、交通、供水、供电、通信、生态环境等基础设施和公共文化、教育、就业、医疗卫生、社会保障、健康养老等基本公共服务两大领域，对其共性需求进行了全面的理论分析。从个性需求来看，四类村庄由于特点不同，对公共物品的需求偏好出现个性差异：城郊融合类村庄偏好的是与城市融为一体的公共物品需求；集聚提升类村庄偏好的是全面集聚的各类公共物品需求，这也是集中供给的现实依据；特色保护类村庄则更加偏好于与保护开发相适应的公共物品需求；搬迁撤并类村庄虽然对公共物品有着与其他类村庄极为相似的需求偏好，但是作为过渡，只需供给其搬迁撤并前亟须的公共物品即可。本部分进行的需求偏好的研究，是供给策略研究的理论依据。

2020 年，全面建成小康社会；脱贫攻坚全面收官；乡村振兴取得重要进展，制度框架和政策体系基本形成。

2035 年，乡村振兴取得决定性进展，农业农村现代化基本实现。

2050 年，乡村全面振兴，农业强、农村美、农民富全面实现。

这些宏伟目标的实现，内部深藏着一个巨大的工程，这就是补短板工程。最大的短板，其实就是农村基础设施、社会事业和公共服务。概括起来，就是农村公共物品。那么，要实现上述目标，需要供给什么样的农村公共物品呢？这就是本部分要研究的主题。

小康不小康，关键看老乡。只有农民实现了小康，才是真正实现了小康，小康路上不让一个人掉队。党的十九大把乡村振兴作为国家的一大战略提出来，并作了一系列的具体部署和安排，这充分体现了国家对农业、农村、农民重要性的认识。从我国整体发展情况来看，农村与城市在经济社会各方面的发展都是有差距的，是不平衡的，尤其是农村的发展是不充分的。同样，我国的农村与世界发达国家的农村相比也是有差距的。我国的现代化，是全面的现代化，是不能没有农村的现代化。习近平总书记提出的实现中华民族伟大复兴的中国梦，是全中华民族的梦，是全国人民的梦，也是广大农民的梦。

2017 年，乡村振兴上升为国家战略。从国家到地方，各级政府纷纷制定出了乡村振兴战略规划，提出了具体的振兴目标，为我国全面实施乡村振兴战略理出了思路，找到了路径。可以说，目标明确，思路清晰。我们认为，要实现乡村振兴战略的伟大目标，补短板非常重要，必须提到重要的议事日程上来，必须按照已经确定的乡村振兴战略规划量身定制，有针对性地补短板，做到短板不短，长板适中，全面服务于乡村振兴战略的实施。

§4.1　乡村振兴战略

2018 年，中央 1 号文件提出了乡村振兴 12 个方面的 50 个具体意见，对乡村振兴进行了全面的谋划布局，提出了“产业兴旺、生态宜居、乡风文明、治理有效、生活富裕”的 20 字总要求。2018 年 9 月，中共中央、国务院印发了《乡村振兴战略规划(2018～2022 年)》，围绕 20 字总要求，明确了 22 项具体的指标，确定了到 2022 年的目标值。规划提出，要坚持乡村振兴和新型城镇化双轮驱动，统筹城乡国土空间开发格局，优化乡村生产、生活、生态空间，分类推进乡村振兴，打造各具特色的现代版“富春山居图”。

全面抓好农村公共物品供给，尽快补齐短板，重点就是要围绕乡村振兴的具体布局，根据各类村庄的具体需求进行供给。关于村庄的分类，在规划中也提出了具体要求。要求根据不同村庄的发展现状、区位条件、资源禀赋等，分为集聚提升、城郊融合、特色保护、搬迁撤并四类村庄，进行分类推进。乡村振兴规划提出的这四类村庄，就是分类供给农村公共物品的总依据。这四类村庄，对每一类村庄都要进行具体分析，也不能搞一刀切，因为同一类型的村庄也是千差万别的，各个村庄之间由于历史文化不同、基础不同以及资源禀赋的差异，因而其经济社会发展程度不同，发展的路径和方向也大不相同。所以，要有一种实事求是的态度，因村施策，统筹考虑。

关于全面实施乡村振兴战略，经过两年多的实践，各地都纳入了重要的议事日程，而且都出台了具体的实施意见。各地也探索总结出了一些振兴模式，山东的“齐鲁样板”、河北的“燕赵样板”是实施乡村振兴战略的重要举措和特色模式。同时也涌现出了一些特色模式，这些模式大多数是过去基础比较好、基本实现振兴的村庄。贵州省的“塘约道路”，陕西省的“袁家村模式”，四川省的“汉源模式”，浙江省的“特色小镇”模式，山东省潍坊市总结出的“潍坊模式”“诸城模式”“寿光模式”，青岛市的“莱西经验”，莱阳市的“濯村模式”，等等，各个地区都在探索培养自己的乡村振兴模式，以起到示范引领作用。同时，各地也涌现出了一些具体的行业振兴模式，如上海市松江区泖港镇的城郊集约型模式、浙江省安吉县高家堂村的生态保护型模式、河南省洛阳市孟津县平乐村的文化传承型模式、江西省婺源县江湾镇的休闲旅游型模式、内蒙古太仆寺旗贡宝拉格苏木道海嘎查的草原牧场型模式等以及各地不断培育出的文旅小镇模式、田园综合体模式、电商模式、休闲农业模式等，各种模式凸显的是乡村振兴在全国各地的全面行动。可以说，全面实施乡村振兴战略在全国已凝聚成为一种共识，凝聚成为一种力量，凝聚成为一种共同的行动。

§4.2 乡村振兴中农村公共物品需求偏好

上面提到的这一系列乡村振兴模式，他们都是一手抓乡村振兴，一手抓补短板。他们的实践充分说明，补短板是融入乡村振兴全过程的。可以说，乡村振兴的过程，就是补短板的过程。通过调研我们可以看到，不同的村庄类型、不同的产业模式、不同的自然条件和资源禀赋、不同的基础条件、不同的发展方向，在对乡村振兴起着支撑作用的同时，也起着制约的作用。正是由于这种种的不同，决定了乡村振兴的道路不同，乡村振兴的目标模式不同。同样也是由于这种种的不同，决定了乡村振兴的短板不同，补短板的任务、路径不同。为了全面了解和掌握补短板的具体任务，我们必须根据不同类型的村庄、不同的行业特点、不同的振兴模式列出补短板的清单，也就是他们需要的公共物品的清单。下面，根据我们的调研和判断，对四种不同类型的村庄及几个主要行业的短板情况进行分析研究，找出他们的共性特点和个性需求，以便在乡村振兴中能够准确施策，靶向供给。

§4.2.1 四类不同类型村庄特点

我国在乡村振兴规划中，把村庄共分为四类，这也是我国农村发展的阶段性特征的具体体现和客观要求。我国农村经过改革开放 40 多年的发展，由于发展的不平衡性，村庄分化严重，即使在发达地区，也不同程度地存在着分化现象。我们调研的结果与这种划分也是相吻合的。所以说，划分为四类村庄进行分类振兴，是比较科学的，是具有前瞻性的，决不能搞“一刀切”，不能搞大一统的振兴模式。这种分类振兴的模式能够很好地整合资源，实现资源的优化配置，使资源流向优势村庄，让农民“用脚投票”，实现重点村庄的集聚发展，最终达到实现乡村振兴的目标。

关于村庄的分类工作，目前还没有或者没有全面展开。进行科学分类，是乡村振兴的前提和基础，是对村庄振兴的定位。为了快速推进村庄分类规划工作，2019 年 1 月 4 日，中央农办、农业农村部、自然资源部等五部委联合下发了《关于统筹推进村庄规划工作的意见》，要求 2019 年年底前完成村庄分类工作，2020 年年底基本完成县域层面的村庄布局工作。这是一个硬任务，对全国 6 万个村庄进行分类，是一个大工程，也是乡村振兴的基础性工程。要实现乡村振兴，就必须迈出这一步。

对村庄进行分类，要有分类标准作依据，在国家《乡村振兴战略规划（2018～2022 年）》中，提出了四类村庄的基本条件。《关于统筹推进村庄规划工作的意见》也重申了这些条件和要求。国家提出的这些基本条件和要求，是宏观的，对面上工作的开展具有指导意义。各地区要开展村庄分类工作，需要根据地区特点制定详细的细则，明确各类村庄的具体标准，科学地对村庄进行分类。

对村庄进行分类，是一项涉及千家万户的工作，涉及每一个农民的切身利益，所以，不能盲目，不能急于求成，要在充分听取群众意见的基础上，通过合理的程序来进行分类，比如召开村民大会表决。要体现村民的意愿，这是振兴的要求，也是振兴的基本前提。

对村庄进行分类，是规划布局的前提条件。规划布局，就要按照各类村庄的基础条件和资源禀赋，对具体的村庄进行振兴定位，统筹用地规划、建筑规划、产业规划、生态规划、基础设施配套规划等相关的详细规划，描绘出乡村振兴的宏伟蓝图。

基于村庄分类的重要性，我们先来分析一下这四类村庄的特点。

§4.2.1.1 集聚提升类村庄特点

这是农村振兴发展的主流，是乡村振兴的重点村庄。这类村庄占据了农村的大多数。这个大多数只是一个相对的说法，是目前相对于其他三类村庄而言的。发展的规律是客观的、不可抗拒的。随着社会的发展，目前的集聚类村庄很可能发生转化，有的可能发展成为城镇，实现城镇化，也有的可能转化为空心村，最终成为搬迁撤并类村庄。根据辩证发展规律，目前的四类村庄将来可能再次发生分化，这是社会发展的大趋势，也是农村发展的大趋势。那么，这种属于相对的集聚提升类村庄具有什么特点呢？

第一个特点，就是人口多，这是一个非常突出的特点。这里的人口多有两个含义。一是村庄比较大，而且人口流失少，原籍的居民基本都在村庄居住。二是农村劳动力比较多，基本都在村庄就业，从事农业、加工业、服务业等各种产业。还有另外一种人口多的现象，虽然也相对具有这两种含义的特点，但是村庄比较小，只是一种相对意义上的人口多，是一种数字比例大的人口多。但是，它不具备集聚类村庄比较大的特点。

第二个特点，就是村庄比较大。第三次全国农业普查时，全国共有603686个村级单位，普查登记农户数量是230270510户，平均每个村级单位是381.44户。所以，村庄比较大的概念应该有一个数字上的概念。我们认为，村庄的登记户数不应低于全国平均数，这是一个基本的数量要求，否则不能算是比较大的村庄。当然，各地区都有其具体的情况，可以根据实际需要进行确定。村庄太小，不可能具备集聚功能。所以，我们建议集聚类村庄的规模至少应当定在500户以上，这样村庄才能实现住房有规模、人口有规模、产业有规模，也才能有吸引力，才可能达到集聚提升的目标。

第三个特点，就是住房有规模。住房有规模，至少要体现三重意义。一是住房多，这是第一要义。人口多，住房必然多，这是天经地义的。但是，要体现户户有住房，每户至少要拥有一套以上住房（当然需要按照国家“一户一宅基地”的要求落实住房）。根据国家统计局第三次全国农业普查数据，截至2016年年底，全国99.5%的农户拥有一套以上住房，仅有0.5%的农户没有住房。所以，户户有住房这也是基本要求。二是基本没有空置房。空置房至少是由两个原因形成的，既有人口流失或者农民死亡无继承人造成的，也有个别农户多占宅基地造成的。前一种，如果村庄不采取措施利用的话，可能会成为永久的闲置房，后一种可能是一种间歇性闲置，农户偶尔利用，或者挪作他用。不管是永久闲置还是间歇性使用，都造成资源的浪费。国家进行宅基地改革，提出采取“一户一宅基地”办法来解决农村住房问题，这是从政策上解决资源浪费问题。在集聚提升类村庄，不应该有这两种资源浪费情况存在。三是村庄规划布局要有特点。作为集聚提升类村庄，要有整体规划布局，住房、道路布局要有特点，要方便群众生产、生活。不能整个村庄没有规划，住房布局明显不合理，不能让人一看就有一种散、乱的感觉。所以,住房有规模,是一种规划布局合理的规模,而不是一种杂乱无序的规模。

第四个特点,就是区位优势明显。区位优势,是一种得天独厚的优势,能够带来良好的发展机遇。区位优势,是一种综合优势,不仅仅是一种位置优势。我们把它概括为三个方面。一是地理布局,也就是位置优势。这是区位优势的基础优势,也是一种非常客观的优势。它是一种历史选择,而不是现实选择。所以,集聚提升类村庄应该在位置比较优越的区域,比如位于平原、交通要道、沿海等,而不应在交通闭塞的山区、荒无人烟的荒山荒滩沙漠、危险地区以及污染企业周边等环境恶劣的地区。二是交通优势。交通是农民生产、生活的重要条件,集聚提升类村庄至少要通硬化的连村路,达到"四好农村路"标准,这是最低要求。交通优势明显,就是公路或者水路、铁路很方便,能够很好地连接城市与农村、农村与农村,方便农产品运输,降低物流成本。同时,村庄至少要通公共汽车,最好能通公交车。三是生产要素优势。村庄一般要有丰富的土地、水、矿产等自然资源,要有具有体力和智力两方面优势的劳动力群体,要有必要的农业资本,同时还应有必要的教育、科技、信息、物流等资源。土地等自然资源,归农村集体所有。而农业资本就不同了,它可能是集体所有的,也可能是私人所有的,更可能是工商资本下乡形成的企业资本。一个村,有了自然资源、劳动力、资本以及科学、信息等生产要素优势,简单说就是解决了人、地、钱的问题,就拥有了发展的空间和机遇,就有了集聚发展的优势。集聚提升类村庄具有了这些区位优势,才能具有选择优势,人们才能"用脚投票"来选择它,它才能实现集聚提升。也就是说,区位优势是集聚提升的一个必要条件。

第五个特点,就是产业特色鲜明。这是集聚提升类村庄区别于其他三类村庄最为突出的特点。乡村要振兴,产业振兴是关键,所以,集聚提升类村庄必须有特色鲜明的产业。这里讲的产业特色,包括两个含义。一是指具有特色的产业。当然,这里不包括纯粹以种植粮食作物为特色的农业产业。因为规模比较大、人口比较多的村庄,单纯以种植粮食作物,很难保证农民获得高收入,村庄就留不住人,就不会产生集聚效应。所以,我们讲的特色产业主要是指在区域内依据特有的农业资源,如莱阳梨、哈密瓜、五常大米等名优农产品,发展起来的特色产业。应当说,特色产业具有浓郁的地域特色、气候特色、特殊的物种资源特色;也包括一些农村民间的传统工艺,如草编、刺绣、剪纸、泥塑、雕刻等手工工艺,这些产业带有明显的地方文化特色;还包括围绕农业生产、农民生活发展起来的一些新兴行业。二是特色产业要具备一定的发展基础,逐步发展成为主导产业。农村不仅要有这些特色产业,而且这些产业都要得到发展和挖掘,形成一定的规模优势。比如说种养产业,必须具备一定的规模,还要有科学的组织形式，至少是初步形成了“农户＋合作社”“农户＋公司”或“农户＋合作社＋基地＋公司”等发展模式，形成了一种良性的发展机制。目前，有不少村庄利用互联网技术、物联网技术，发展起了电商产业，发展起了智慧农业，这些都是很好的特色产业优势。

第六个特点，就是基本公共服务供给到位。基本公共服务是乡村振兴的必要条件。作为集聚提升类村庄，教育、医疗卫生、社会保障、公共文化等基本的公共服务都应该供给到位。只有具备了基本的公共服务条件，农村才有可能留住人，也才有集聚提升的基础和条件。在城乡公共物品供给不均衡的情况下，这些村庄要有比较好的基本公共服务，除了政府投资以外，更重要的是要引进民间投资和工商资本下乡投资。所以，集聚提升类村庄基本公共服务应当有这样三个特点。一是有着比一般村庄更多的服务项目、更好的服务质量。L县GS村拥有一所全免费的公办小学，这就有了其他村庄无可比拟的教育资源优势。二是伴随着工商资本下乡，产业发展与基本公共服务供给有了重要依托，实现了一体化发展，改善了农村的基础设施，提供了必要的公共服务。三是产业兴旺后，集体经济得到发展，集体能够拿出一定的财力，力所能及地为村民提供一些基本的公共物品。从我们调研的情况来看，大多数村庄都是提供一些基本的基础设施和公共福利，这是大多数集聚提升类村庄能够做到而且正在做的。

第七个特点，就是建立了比较完善的社会管理体系。在农村治理方面，机构健全，管理制度完善，领导得力，建立了自治、法治、德治相结合的治理体制。除了村党组织和村委会，村庄还建立了包括村集体经济组织、村民会议、村民代表会议、村民小组、村民议事会、村民理事会、村民监事会、农民合作组织等农村群众性自治组织，也包括一些协会性质的群众组织和农民自愿组织起来的自我服务组织。通过这些组织广泛吸纳农民参与乡村治理，实现了治理的规范化、法制化、程序化。

以上我们分析的七个特点，是集聚提升类村庄的共性，具体的村庄还有其个性的特点。集聚提升类村庄大多数都是农村社区的中心村，最近几年又出现了一个新的特点，就是政府供给农村的优势资源正在向这些村庄集中。不仅产业发展政策向这些村庄倾斜，更重要的是农村基本公共服务项目也在向这些村庄倾斜，而且有的地方还在这些中心村建立了农村公共服务中心，为整个社区及周边村庄提供公共服务，方便村民办事。可见，集聚提升类村庄具有明显的优势和特点。

§4.2.1.2　城郊融合类村庄特点

城郊融合类村庄是具有区位优势农村的发展方向。城郊融合类村庄一般是指位于城市近郊、县级城市驻地及其周边的郊区村庄，也包括一些发达的乡镇驻地村庄。这些村庄是乡村振兴的优势村庄，占据农村的较大比例。这类村庄具有五大特点。

第一，人口集中，吸聚力强。由于我国城乡二元结构长期存在，城乡差距较大，农民普遍向往城市生活，大量的农民逐步由农村向城市集中。据有关资料显示，2018 年我国农村劳动力中有 2.88 亿人外出务工，而农业内部的劳动力仅有 2.1 亿人左右。2018 年，我国城镇常住人口 83137 万，常住人口城镇化率为 59.58%，而城镇户籍人口为 60517 万，户籍人口城镇化率为 43.37%，其中有 22620 万是非城镇户籍人口。在非城镇户籍人口中，大多数是农民进城人口和其他流动人口。通过农村劳动力外出务工和农民进城居住两个数据可以看出，城市对农民的吸引力是巨大的。由于城市的吸引拉动，城市周边的村庄也日益兴旺起来，成为农民进城的聚集地。目前，在城市近郊、县级城市驻地及其周边的郊区村庄、重点镇驻地除了原籍居民外，还吸引了三部分人向这里聚集：一是吸引了一部分头脑灵活、有创业精神的农民集聚在这些村庄创业、打工，并租房、买房居住。二是吸引了一部分喜欢郊区田园生活的城市居民到这些村庄买房、租房居住。当地居民通常称这两部分人为“外住户”。这些“外住户”的到来，为村庄添加了活力，为村庄多元化发展创造了条件，甚至有的成为村庄发展的主力军。三是农村的女孩向这些村庄出嫁转移，这也是农民向这些村庄集聚的重要形式。目前，城郊村都集聚了大量的外来人口，而且有的城市还出现了外来人口超过常住人口的“倒挂”现象。2017 年 8 月以来，我国开始探索利用集体建设用地建设租赁住房工作，并分两批分别在 13 个城市和 11 个城市进行了试点，这就使这些城市及其周边农村地区加大了人口吸聚力度，使城市郊区成为城市外延发展的重点地区，为城郊融合发展创造了条件，奠定了基础。

第二，住房集中，土地资源宝贵。目前，城郊融合类村庄基本都纳入了城市总体规划范围以内，而且村村都有自己的发展规划。从住房和土地角度来看，这类村庄有三个发展趋向：一是随着经济的发展、城市的扩张，部分村庄已经或正在融入城市发展之中，与城市融为一体。但是由于农村户口的性质没有改变，仍然称其为“农民”，村庄称为“城中村”。这些村庄基本没有农村的痕迹，完全是一种城市形象。他们统统按照城市规划，集中居住，而且土地资源极为宝贵，有的村庄甚至已经没有可开发利用的土地。二是一些没有改造的城中村、城市周边村庄，虽然也有村庄规划，但是由于等待城市统一规划发展，不批建新房子，村庄面貌多年没有改变，村民集中居住在老房子里，人口密度很大，而且土地在不断增值，拆迁成本不断增大，拆迁难度也越来越大。由于这些村庄的地理区位优势，使得这些村庄面临着很大的发展机遇，同时由于部分农民的一些狭隘思想也会给村庄的大发展添加难度。三是各类园区的发展，逐步向城市周边扩张，这些城郊融合类村庄不断地为其提供宝贵的土地资源。这些村庄的土地越来越少，人口越来越多，居住点越来越集中，有的已经或正在成为园区中村。由于受规划的管控、土地的制约、城市的外延，这些村庄融合城市发展的机遇是无可替代的。

第三，产业集中，农业比例呈下降趋势。城市周边村庄及县级政府驻地村庄，可以直接接受城市的辐射，纳入城市的产业布局或者接受城市产业转移，实现与城市的产业融合发展。据我们实地调研，L市的LHP村离市区4千米，过去是一个纯粹的以种粮为主的典型农业村庄。2001年9月，L市成立了食品工业园，以LHP村及其周边村庄为主体进行建设。2005年，LHP村又承接了L市市区搬迁过来的果蔬批发市场。LHP村从此成为L市的食品工业发展基地，成为L市的重要的食品流通基地。目前，LHP村只有很少的一点农业用地，全村95%以上的农户由农业转移到第二、第三产业。可见，LHP村是一个典型的、承接城市产业转移的城郊村。从LHP村的发展历程可以看出这类村庄的产业特点：一是第二、第三产业逐步成为村庄的主导产业；二是承接城市产业转移，成为城市产业布局的一部分；三是产业特色鲜明，产业集聚发展；四是农业比重不断下降，甚至全部退出农业产业，劳动力集中转移到第二、第三产业。当然，还有一部分离城区更近的村庄承接了城市居住区的功能，没有了农业产业，农村劳动力全部转移到城市第二、第三产业或者居住区的物业服务上。

第四，公共服务集中，逐步与城市接轨。由于城郊融合类村庄离城区较近，在接受城市功能、城市产业转移的同时，也享受到了与城市接近或相同的公共服务。这主要表现在六个方面。一是，村庄道路城市化。通往这些村庄的主干道都纳入城市的统一规划，由政府统一修建、统一管理，农民享受到了与城市居民一样的待遇。在前面提到的LHP村，L市就规划了6条主干道，这是一般的乡下农村无法比拟的。二是，基础设施管网化。由于这类村庄是城市延伸发展的重要区域，纳入了城市总体规划，实现了水、电、暖等基础设施与城市同步建设。还以LHP村为例，农民能够喝上与城市居民一样的自来水，冬天一样能够享受到城市集中供暖，农民不用再为冬天取暖问题而发愁，而且天然气与城市居民同网同价，家家户户用上清洁能源，而且污水、生活垃圾等全部由城市统一处理。三是，农民出行市民化。这类村庄不仅有了宽敞的道路，而且大多数村庄都通上了公交车，一些大城市周边还通上了地铁。如青岛市的地铁11号线，通往即墨区的鳌山卫，沿路村庄的居民都可乘坐地铁出行；2019年4月1日正式开通的济南地铁1号线贯穿槐荫、长清两个区，也给沿途村庄的居民带来了出行的方便。四是，社会保障城镇化。这类村庄的农民由于土地的减少再加上劳动力向第二、第三产业转移，大多数的社会保障由农村转向了城镇，逐步与城镇接轨。这种接轨有三个渠道，即农民自己缴纳各种城镇保险、村集体给村民缴纳各种城镇保险、企业为就业职工缴纳各种保险。2015年，我们到青岛市黄岛区的X村（农村社区）调研时，了解到X村通过拆迁改造，村庄给每户居民解决了一至二套住房，还为符合条件的村民全部缴纳了城镇职工保险，而且每年还给村民发放一定的福利补贴。同时，有的农民还享受政府提供的农村居民基础养老金。城郊融合类村庄的其他社会保障也正在逐步与城镇接轨，农民的生活、生存质量在逐步提高。五是，义务教育均等化。城郊融合类村庄的义务教育基本都纳入了城市义务教育的整体规划，学校布局、教师等资源实行与城市均等配置。如莱西市，把市一中搬迁到东郊后，又把市重点初中也布局到东郊，使东郊的村庄也享受到了与城市一样的义务教育资源配置。还有的城市在城郊村划片建立公办小学、初中，把城市的教育资源与城郊村统一配置。L市近几年在城郊新建了两所九年义务教育一体化公办学校，基本解决了城郊村义务教育与城市均等化问题。六是，医疗卫生同城化。城郊村离市区比较近，农民看病一般直接就进入城市医院就医。这是其一。其二，也是一种发展趋势，不少的市区医院为了扩张规模正在向城郊发展，而且很多医院正在探索医养结合，直接就把医院建在了城郊，使城郊村的农民看病更方便。城郊村的公共文化、公共安全、互联网、就业服务等其他一些公共服务，也正在与城市接轨，逐步纳入城市公共服务体系。

第五，农村治理集中，凸显城市特色。城郊村由于产业发展的变迁升级，农民的生产、生活方式发生了很大变化，农民的观念也得到了升华。农民出于自身发展的需求，发自内心的要求改变传统的农村治理方式。应该说，这是农村管理者面临的一个新课题。这种内生理论驱使城郊村治理的集中升级。城郊融合类村庄的治理主要分为两大类：一是，城中村、政府驻地村。这类村庄位于城区，要解决的是城市化问题，所以在治理上基本上是按照城市化的要求进行治理的。青岛市城阳区从2002年开始，每年的6月9日（城阳区建区日）举办市民节，一方面让农民感受到做市民的骄傲，另一方面通过市民节让农民真正成为市民。在治理模式上，这些城中村全部按照城市模式进行治理，把村庄变社区，把农民变市民，把农村变城市。目前，城阳区的城中村已逐步按照发展大城市的架构进行集中治理。二是，城市周边村庄。这部分村庄是城市与农村的缓冲带，是城市与农村的交汇点，兼具接受城市辐射与服务城市的双重功能，更是城郊融合类村庄振兴的重点。这些村庄的治理极具特殊性，他们既要保留淳朴的农村治理模式，同时又要考虑与城市治理接轨。所以，这些村庄走的是特殊化的城市化道路。由于城市外延发展，带动了城郊村庄的提升发展，使城郊村成为城市发展的后备军。基于这些因素，城郊村都在接受城市发展理念，模仿城市的发展模式、治理模式探索村庄的理想模式，所以，走城市化治理道路是这些村庄的主要选择。L 市的 LHP 村、LX 市的 CZ 村、YT 市的 MJG 村等都是很好的典范，他们既与城市接轨，具有城市的一些特征，同时又保留了农村的一些优良传统和习惯，成为农村居民和城市居民共同向往的理想之地。

§4.2.1.3 特色保护类村庄特点

这是传承历史文化的特色村庄，是重要的历史文化传承及独特的自然资源的聚合体。其特色就是它具有区别于其他村庄的独有个性特征，是一种特殊的村庄符号系统。这类村庄之所以叫“特色保护类”，就是因为这些村庄在历史的长河中形成了各具特色的村庄特点，具有浓厚的历史文化沉淀，具有独特的自然风貌，需要保护和传承。这类村庄的共同特点是：

第一，资源丰富，特色鲜明。这类村庄都拥有特色的历史文化资源禀赋。这些资源概括起来主要包括四个方面。一是历史文化资源。这是人类实践所创造的物质财富和精神财富。由于特殊的历史背景、特殊的人类实践、特殊的人文环境，各个地区、各个村庄的历史文化资源都具有不同的特点，而且有的差异性还很大。这种差异性创造了不同的历史记忆，具有不同的文化符号。这些村庄的活跃度，都是与其历史记忆密切相关的。历史记忆的形成带有其明显的时代特征，不同的历史时代造就的是不同的历史记忆。所以，历史记忆往往是不可复制的，具有唯一性的特点。历史文化资源一般是由两部分构成的，即物质形态和非物质形态历史文化资源。物质形态的历史文化资源，如古村落、古街道、古文化遗址、古建筑、古墓、名人故居、古庙宇、古战场以及地质遗址等，都是固定区域的特色文化资源，一般无法移动、无法复制，这就形成一个村庄的特色历史文化资源。莱西市产芝村有两处进士故居、一处家族祠堂遗址以及“菩萨庙”“龙王庙”等遗址，这就是产芝村特有的物质形态的历史文化资源。非物质形态的历史文化资源，如胶州大秧歌、莱阳豆面灯碗、高密扑灰年画、鲁西南鼓吹乐等，虽然发源地可以通过申请非物质文化遗产保护，但是通过传承人的发扬光大，很难被一个村庄所占有、所独享。还有一些乡风民俗等，往往也是区域性的历史文化资源，为区域内村庄所共享。胶州大秧歌，虽然是由包烟屯村发起的，但是传播很广，是山东省三大秧歌之一，目前已不是包烟屯村独享的历史文化资源了。村庄的空间布局也彰显着一种历史文化。浙江省兰溪市诸葛村的建筑格局是按“八阵图”的样式进行布局的，安徽省黄山市呈坎村是按《易经》八卦理论进行选址布局的，这两个村都被称为“八卦村”，具有浓厚的历史文化积淀，也是著名的历史文化名村。可见，历史文化名村、传统村落都具有特色鲜明的、丰富的历史文化资源。物质形态的历史文化资源不可移动、不可复制；

非物质历史文化资源可以拥有，很难独享。二是特色景观资源。特色景观是一种自然资源，是特色景观旅游的重要载体。由于我国地大物博、地貌复杂，不同的地形特点、不同的气候条件、不同的自然环境通过大自然的变迁，造就了各自不同的自然景观，是大自然赐予人类的最美的自然艺术品，是乡村旅游的重要资源。山东省临沂市九间棚村的挂心橛、双乳峰、母子山、张郎背姜婆山峰、千年藤萝树、云雾洞等自然景观，已成为九间棚景区的重要组成部分。吉林省舒兰市马鞍岭村二合屯的冰雪资源，也是一种得天独厚的自然资源优势。同时，有的村庄由于历史的原因，造出了一些人造景观，也构成了特色景观村的重要资源。如郭亮村的郭亮洞就是颇具特色的人造景观，现在成为郭亮村重要的旅游资源。再比如说千岛湖（新安江水库）就是一个人造景观，虽然不为一个村所拥有，但周边的村庄都可以共享千岛湖的资源。一概言之，以自然景观为特点的特色保护类村庄，自然资源比较丰富，都有自己特色的自然景观，可以说是“村村有景观，村村有特点”。三是特色产业资源。特色产业的魂就是“特”。以特色产业为特点的特色保护类村庄一般都拥有已经成熟的特色产业，有的是传统的手工艺行业，有的是特色的加工业，有的是特色的农业种植业，特别是近几年兴起来的旅游观光农业，也包括认养农业、休闲农业、设施农业等特色农业，康养小镇、田园综合体、农业主体公园、采摘园等特色经营业态，也是很好的特色产业资源。休闲农业和乡村旅游已成为休闲、旅游、旅居的重要目的地。张家港市永联村的江南农耕文化园建立了九个农耕文化功能区，是一个展现江南农耕文化的农业主体性公园。这个公园很有特色，让人们既可以观赏江南田园风光，又可以品味江南农耕文化，是很好的农村特色产业资源。南京市溧水区郭兴村的郭兴庄园和郭兴大地艺术景观是一个很有特色的田园综合体。四是特色民族风情资源。我国有 56 个民族，民族风俗多种多样，民族文化异彩纷呈。特别是少数民族地区的民族风情风俗浓厚，形成很多区域性的民族特色资源。傣族的泼水节、白族的敬客三道茶、哈尼族的长街宴、纳西族的抢婚和跑婚等民族风俗文化，是各族人民的历史积累与沉淀，是代代传承的习俗与文化。少数民族分布地区广泛，全国大多数的省份都有民族地区。凡是有少数民族聚集区的地方，就有特色的民族风情资源，就有文化深厚、民俗鲜明的民俗特色村、精品村。

第二，知名度高，吸引力大。这是特色保护类村庄的一大特点，更是振兴的一大优势。其知名度主要来自三个方面。一是来自村庄自身的特色资源优势。特色保护类村庄与其他村庄相比，村庄的个性、形象特色鲜明，这是其内在优势。二是来自村庄自身的宣传造势。村庄通过公关活动、广告宣传、营销活动、IC 策划等方式，宣传自己的资源、自己的优势，让社会、让人们认识自己，来提高知名度。三是来自政府等外部力量的政策导向。各级政府每年都出台一系列的扶持政策，对特色保护类村庄的资源保护、开发利用等进行政策引导，并给予一定的资金支持，这无形中就提升了这些村庄的知名度。如2018年“中国农民丰收节”期间，农业农村部推出了特色村庄、品牌农产品、乡村文化活动、乡村美食、乡村旅游路线等“5个100”典型。对这500个典型来说，政府的支持，就是他们的广告，不仅塑造了他们的形象，而且还提升了知名度，增强了吸引力。2017年以来，国家出台政策支持国家现代农业产业园建设，农业农村部、财政部已连续三年出台文件支持现代农业产业园、田园综合体等重点项目建设，并给予以奖代补的扶持政策，既给予了资金扶持，又给项目增加了无形资产。总之，一个村庄有了优势资源，有了知名度，就有了吸引力。

特色保护类村庄除具有上面的特点外，还有一些共同的特点和问题值得关注和思考。这类村庄与集聚提升类、城郊融合类村庄有一个很大的区别，就是他们在位置、规模方面可能不具有优势，但是他们在资源方面具有强大的优势。这些村庄的资源开发利用是不容乐观的。就目前情况来看，这些村庄都意识到了资源开发利用和村庄振兴的重要性，但是大多数的村庄没有把资源优势很好地利用起来，只有少数村庄开发利用得比较好，做得有声有色。当然，这其中有很多因素制约。一是认识问题。现在仍有不少的村庄，特别是村民，没有认识到资源保护利用的重要性，更没有认识到各种资源的历史文化价值。主观上的原因，导致了客观上的被动。不少村民不仅对保护古建筑、古文物有抵触情绪，而且对自己的传统民居也不珍惜，随意拆建翻新，破坏了具有文物价值的历史文化遗产。二是资金问题。这是一个大问题，更是一个普遍性问题。农业农村进入后税费时代以后，大多数村庄失去了集体收入的来源，村庄集体资金缺乏，即使有的村庄有一定集体收入，也很难支撑起进行历史文化资源保护开发的巨额投资。现实生活中，有的村庄利用自己的微弱收入，对历史文化资源进行保护开发，但是收效甚微。前面提到的LX市CZ村拥有很多历史文化资源，近几年来保护了一片古建筑，也进行了部分开发，但是规模太小，又缺乏必要的基础设施配套，因而对游客的吸引力不大，游客来了住不下。再是国家政策性资金重点向基础比较好、短期内有开发前景的村庄、项目倾斜，大多数村庄得不到这种支持。工商资本下乡，也很少有对这种投资大、见效慢的项目感兴趣的。所以，资金问题是制约特色保护类村庄振兴的瓶颈问题。三是完整性问题。完整性是指村庄的自然资源、历史文化资源保护完整，没有遭到自然破坏和人为损坏，这是特色保护类村庄振兴的重要基础。据我们调查了解，只有少数村庄保护得比较好，古建筑、古街巷及其空间布局几乎没有遭到破坏，而且开发利用得也比较好。如前面提到的诸葛村、呈坎村保护利用得就非常好，可以说是一个典范。除了自然灾害破坏和自然侵蚀损害外,更多的还是人为因素的破坏,淡化了开发利用价值,甚至有的丧失了历史文化价值。客观上,农民进城务工,空置的传统民居无人管理,自然损害;主观上,也有人为拆除、人为改变布局,导致古建筑和传统民居被破坏以及新建筑与传统民居混杂乱象,古村不古,新村不新,真实的古村落不复存在,中华优秀文化的传承、历史文化价值都打了折扣。四是规划问题。这是认识和资金问题的伴生者。大多数保护类村庄,没有村庄发展规划,更没有历史文化资源的保护规划。没有规划,就没有保护,剩下的只有自然损害和人为破坏了。少数村庄制定了保护规划,但是也有一些村庄没有必要的资金去保护,再加上缺乏监督管理机制,保护的效果也不理想。另外,这类村庄的道路交通等基础设施,有的条件还比较差,要实现特色资源的保护开发利用,实现乡村的振兴,还需进一步加强基础设施建设,实现基本公共服务的均等化。

§4.2.1.4 搬迁撤并类村庄特点

搬迁撤并,是全面实现乡村振兴的重大举措和客观要求。这些村庄之所以要搬迁撤并,是因为他们缺乏振兴发展的基本条件。从实地调查情况来看,有的村庄已经成为贫困村,有的正在沦落为贫困村,还有一些已经或正在成为空心村。这就是这些村庄的共同特点。搬迁撤并的目的就是要实现脱贫,实现振兴。目前,全国已异地扶贫搬迁 960 多万贫困人口。

这些需要搬迁撤并的村庄在设立之初,其地理位置、自然条件、生产生活条件都是与当时的历史背景相吻合的,是适合人类生存居住的。但是随着社会的发展、科技的进步,村庄原来的优势发生了改变,有的村庄的优势越来越明显,而有的村庄的优势正在逐渐丧失。而且人们追求美好生活的愿望越来越强烈,不断向生产生活条件好的地方集聚,使优势村庄好上加好,人气更旺,而劣势村庄人口越来越少,环境越来越恶劣,失去了村庄存在的基本条件。乡村振兴是要实现人人振兴,而不是村村振兴。为了实现人人振兴的目标,对失去基本存在条件的村庄只能实现搬迁撤并,向好的村庄、好的地方聚集。那么,究竟什么样的村庄要搬迁撤并呢?根据国家乡村振兴的有关规定,至少六类村庄需要搬迁撤并。当然,村庄的搬迁撤并不是一蹴而就的,要尊重村民的意愿,还要选择合适的时机,选择搬迁的方向和目的地。具体分析一下这六类需要搬迁撤并的村庄的情况。

一是自然条件恶劣、生存环境恶化的村庄。这类村庄多数位于荒漠、深山老林、山顶、库区等生存条件恶劣的地区,村民出行、物资交流等生产、生活极为不便,而且这些村庄人口一般都比较少。对这些村庄进行大规模的基础设施建设,改善生产、生活环境,实为必要,但是实不可行,不仅投资大,而且施工难度大、危险性大。即使投资建设了基础设施，村民出行依然不如其他地区的村民方便，严重制约村民的生产、生活水平提高。像这样的村庄，要实现振兴，唯有搬迁。

二是生态环境恶化、生存条件受到威胁的村庄。应当说，村庄在建立之初，肯定是各方面条件都比较适宜人类居住生活的。但是，由于自然与人为两方面因素的影响，这些村庄的生态环境条件发生了较大变化，甚至不断恶化。受自然因素影响的村庄主要集中在中西部地区。由于受风沙侵蚀和干旱影响，部分地区逐渐荒漠化、沙漠化，原来的生态环境遭到破坏，例如新疆的楼兰古城、米兰古城、高昌古城等许多散落在荒漠的古城，都是由于风沙的作用，使其失去了原来的繁华盛况。目前，在中西部地区仍然有部分村庄的生态环境正在受到威胁。受人为因素影响的村庄主要集中在生产污染区和矿山开采区。前些年，由于受追求利益的驱使，部分地区忽视了环境保护，生产企业排放不达标，严重污染了周边的水、气、土等自然环境，使人类的生活环境和生存条件受到严重威胁。受自然侵蚀的村庄和被污染的环境一时很难得到改善的村庄，人民要想过高质量的生活，也只有撤离这些区域，最好的出路就是村庄搬迁撤并。

三是自然灾害频发、生命财产受到威胁的村庄。这类村庄相比前两类村庄在数量上会相对少一些。由于国家的治理、防灾减灾救灾措施的落实，自然环境得到了很大改善，自然灾害的发生率呈下降趋势，如 2018 年我国自然灾害发生率较常年正常偏少。[①] 虽然村庄受自然灾害威胁的程度有所减弱，但是自然灾害的发生往往是不可控的，而且在一些地区自然灾害的发生率还是比较高的，人民的生命财产安全受到严重威胁。我国的自然灾害主要有台风、暴雨、泥石流、地震、沙尘暴、暴风雪、地面塌陷等。位于这些灾害频发区的村庄，为了保证村民的生命财产安全，应当搬迁。还有一些头顶库村，时刻受到水库的威胁，特别是暴雨季节，洪涝灾害频发，头顶库村的村民天天提心吊胆，生命财产时刻受到威胁，像这样的村庄也应当搬迁。

四是重点项目建设而需要搬迁撤并的村庄。国家重点项目一般包括公路、铁路、机场、大型水库、军事项目等基础设施类项目，也包括像雄安新区这样的城市规划建设项目、像青岛中德生态园这样的园区建设项目、像莱阳白垩纪国家地质公园这样的地质和历史文化保护类项目等。这些项目规划区内的村庄随着项目的逐步实施，都要进行逐步搬迁撤并。像因三峡大坝工程建设，国家对建设区内的村庄全部进行了搬迁，实施了一个国家战略。目前，凡在重大工

① 参见应急管理部：《2018 年我国自然灾害发生率较常年正常偏少》，新华网，2019 年 1 月 22 日。

程建设范围内的村庄，都要与落实乡村振兴规划一并实施搬迁撤并。

五是人口流失严重、人员老化空心的村庄。这些村庄一般是青壮年劳动力外出创业、务工，甚至举家迁移到城镇居住，留守村庄的人员越来越少，村庄逐渐空心化。空心化的村庄，大多数除了种植业，没有其他主导产业，要实现振兴难度很大，而且这些村离城镇都比较远，公共服务设施比较少，农民生活很不方便。还有一些贫困村也属于这种情况。对于这类村庄，只有通过搬迁撤并才能脱贫致富，实现振兴发展。

六是总体规模太小、没有产业特点的村庄。这些村庄虽然也有劳动力外出务工，但是由于离城镇比较近，村民大多数都居住在村庄，属于候鸟式的农民工，人口流失很少。在产业发展上，由于劳动力大部分外出务工，没有形成自己的产业特点，基本上是以种植业为主，农村劳动力由农民发展成为兼业农民。随着城市化的加速以及兼业农民劳动技能的提升和对城市生活的向往，这一群体可能发生分化，一部分兼业农民可能到城市置业，留在了城市，这些村庄的人口会越来越少，也有可能成为空心化村庄。为这部分村庄提供更多的公共服务，显然是不可取的，也是不现实的。所以，应当把这部分村庄纳入整体搬迁撤并的规划范围内，等待时机逐步向集聚提升类村庄靠拢，或者直接向城市社区靠拢。

通过对以上四类村庄的特点进行分类分析研究可以看出，这四类村庄的特点都非常鲜明。根据乡村振兴规划要求，对这四类村庄要分类推进，不能搞“一刀切”。乡村振兴是一个长期的任务，所以对四类村庄分类推进也是一个长期的任务。乡村振兴，要补的最大短板就是农村基础设施、公共事业和基本公共服务。乡村振兴，必须与补短板同时进行，甚至补短板还要先行一步。2019 年，民政部出台了 10 项补齐农村公共服务短板的惠民举措，国家发改委等 18 部门联合制定了《加大力度推动社会领域公共服务补短板强弱项提质量　促进形成强大国内市场的行动方案》，把补短板提到了重要的议事日程。可见，补短板的大幕已经拉开，农村公共物品的供给迎来了新的机遇。

§4.2.2　四类不同类型村庄公共物品需求偏好

那么，应该补哪些短板、供给哪些公共物品呢？具体到这四类村庄，应该为他们补什么短板、供给什么公共物品呢？这是一个重要的课题，它关系到实施乡村振兴战略的成功与否。四类村庄的特点不同，发展方向不同，需要的公共物品就不同，所以，要有差别地进行分类提供，最终达到基本公共服务均等化的目标。

§4.2.2.1　四类村庄公共物品共性需求偏好

现在，我们讨论一下这四类村庄都需要什么样的公共物品。虽然村庄类别不同，但是作为农民，他们需求的公共物品有很大的相似性，有很多共同需求的公共物品。从大处说，或者笼统地说，无论是全面建成小康社会，还是全面实施乡村振兴战略，这四类村庄的农民都有共同的基本公共物品需求偏好，这就是他们的共性。

我们先来看看农民需求的共性特点，也就是共同需求的公共物品。

其一，农村基础设施。这是一个大的需求范畴，包括住房、道路、交通、水、电、气、通信、电子商务、环境保护等与农民生产、生活息息相关的基础设施。

住房，主要是由村集体提供宅基地，由农民自建或村集体集中建设。

道路，重点是全面推进“四好农村路”建设。主要有三部分道路。一是公路，包括铁路、高速公路、国省道、县乡公路、连村路，也包括港口、码头、机场等重要的基础设施。二是村内道路，包括村内所有的大街小巷，直到农户门口。三是农业生产道路，包括上山路、田间路等通往农田的、必要的生产物资及农产品运输道路。公路和村内道路应当修筑柏油路或水泥硬化道路，农业生产道路至少应当是平坦的沙路。

交通工具，除了农民自备的出行工具，主要包括公共汽车、公交车、火车、飞机、船只等相关的出行工具。同时，需要配备必要的停车站点、停车场等方便农民出行和停放车辆的配套设施。

供水，主要包括三部分：一是生活饮用水，包括机井、自来水、水厂等供水实施；二是农田水利设施，主要包括水库、水塘、机电井、排灌站、灌渠、拦河坝等水利设施，也包括喷灌、滴灌、渗灌等节水灌溉设施；三是大坝加固、河道防洪堤等防洪减灾设施。

供电，主要包括农业生产、农产品储藏加工及各类生产经营性、服务性用电和农民生活用电以及围绕农村供电配套的变电站、变压器及高、低压线路等配电设施，也包括为电动汽车配套的充电桩等充电设备。另外，还包括农村光伏发电等清洁能源并网设施和微电网系统。

供气，主要包括天然气输送设施和液化石油气站等基础设施。

供暖，主要是农民冬季供暖设施，应当为农民配备必要的水、气、电等集中供暖或分布式供暖设施。

通信，主要包括电话、有线电视、宽带互联网等通信设施。

生态环境保护的重点是健全资源生态环境管理制度和各种生态环境治理措施。一是防止水土流失、土地沙化、草原退化等自然保护措施；二是化肥、农药、养殖、农田残膜、耕地重金属、农作物秸秆等面源污染治理设施；三是农村改厕工程；四是生活污水、农业退水、工业污水等水污染治理设施；五是农村生活垃圾收集处理设施；六是农村大气污染治理设施；七是农村街道排水沟及河道、湖泊等污染治理设施等。

物流主要包括农村商品交易市场、物流配送站点和电子商务配送站点及其相关配送设施。

其二,农村公共事业和基本公共服务,本书将其统称为“基本公共服务”。农村基本公共服务涵盖了农业生产和农民生活的方方面面,这里重点分析农民生活方面的基本公共服务,农业生产方面的基本公共服务将在农业行业发展需要的公共物品一节中进行分析说明。农民生活方面的基本公共服务主要包括文化、教育、就业服务、医疗卫生、社会保障、健康养生、养老服务、红白喜事、公共安全、邮政、金融、科技、信息、农村精神文明建设、农村社会管理等很多方面。下面,针对农村基本公共服务的几个基本的、重要的方面作一简要分析。

农村公共文化实际上应当包括乡镇和村庄两级。乡镇一级,应当有文化站、图书馆、影剧院、音乐厅等综合性公共文化设施,同时应当建立流动放映队、文化宣传队,深入农村开展文化宣传活动。村庄一级,包括村庄集体、群众组织、农户三个层次的文化设施。一是村庄集体,应当设有文化活动室、农家书屋、文化广场等公共文化活动场所。村庄集体还应建立历史文化保护组织,对一些历史文化遗迹、非物质的历史文化遗产进行传承、保护。二是村庄群众组织。农村党支部、村委会应当引导农民组建一些群众性的文化娱乐组织,如舞蹈队、秧歌队、民间乐队、地方性传统剧团以及一些知识性、趣味性、娱乐性、群众喜闻乐见、参与广泛的文化娱乐团队,繁荣群众文化生活,传承历史文化经典。三是农民家庭。首先,应当户户通有线电视、宽带互联网,实现文化资源共享。其次。农村党支部、村委会应当在村民当中进行社会主义核心价值观教育,树立社会主义农村新风尚。除了乡镇和农村应当建立的公共文化设施,县一级政府也应当建立一些诸如图书馆、文化馆、各类演出组织等辐射农村的公共文化机构,加强农村公共文化服务。

农村教育主要包括学前教育、义务教育、职业教育三部分。一是农村应当建有幼儿园、托儿所,至少方圆 5 千米以内应该有幼儿园、托儿所,方便农村幼儿就近入托入园。二是农村应当建有小学、初中,至少方圆 5 千米以内应该有小学,方圆 10 千米以内应该有初中,而且应当配备与城市均等化的教育资源。三是乡镇和农村都应当建立常规化的职业教育机构,或者挂靠国家有关培训机构,经常性地开展农民职业技能培训,组织农民参加阳光工程培训,加强对新型职业农民、农民合作社理事长、合作经济管理师、返乡创业农民等专业人员的培训。

农村就业服务。县、乡镇应当建立农民就业服务机构,农村应当建立农民就业服务联系点。农民就业服务机构应当建立农民工信息档案,对外出务工的农民进行职业介绍、组织培训、劳务代理、就业管理，对返乡创业的农民提供创业引导、技能培训、政策扶持、金融服务。甘肃省设立的“400免费电话”为农民工返乡创业提供务工、创业、营销以及生产、生活相关的免费信息服务。

农村医疗卫生。落实国家分级诊疗制度，配备以全科医生为重点的基层医疗卫生队伍。具体应当包括四方面。一是乡镇应当建立医疗卫生机构，村庄或农村社区应当设立卫生室或卫生所，而且乡镇和村庄都应当有执业（助理）医师，向农民提供基本的医疗卫生服务。二是农村要建立家庭签约医生制度，建立签约家庭健康档案，为签约家庭提供基本公共卫生服务和健康咨询等个性化服务。三是县一级应当建立服务农村的医疗联合体，为农村培养医疗人才、联合开展农村医疗服务。四是县、乡两级要建立农村疾病预防控制机构，加强辖区内居民的疾病预防和控制，同时建立相应的体制机制，应急处置辖区内农村突发的各类公共卫生事件。

农村社会保障。在农村，社会保障是一项非常重要的基本公共服务，涉及每一个农民及其家庭。农村社会保障主要包括四方面。一是农村社会保险。这是农村最基本的社会保障，涉及农民的生命和财产保障。农民生命类保险主要有养老、医疗、意外伤害等保险，还有一些商业险作补充，还应当开展长期照料险。财产类保险主要有家庭财产、车辆、农业等保险。二是农村社会救助。救助对象主要是农村的特殊群体。这类保障主要包括灾害性救助和困难性救助。灾害性救助是对由于地震、台风、雹灾、海啸、泥石流等各种不可抗拒的自然灾害而陷入生活困境的人群进行的社会救助。困难性救助是向农村低保户、五保户、残疾人、困难家庭、失业群体、贫困学生等困难群体提供的生活救助、医疗救助、福利设施以及生产资料、生产技术、生活设施等必要的社会救助。三是农村社会福利。随着社会的发展，农村各方面的条件越来越好，很多农村都为农民提供了各种各样的社会福利，也有的是驻地企业或本村在外成功人士为本村村民提供的一些社会福利。胶州市刘家村每年为60～70岁的老人提供1.2万元的生活补助、70岁以上的老人提供1.6万元的生活补助。莱阳市梁好泊村每年为村民免费提供面粉、花生油及各种蔬菜。这就是村集体为本村村民提供的社会福利。还有村庄的成功人士为本村村民提供一些力所能及的社会福利。这些福利有的是普惠性的，也有的是针对特殊群体的。四是农村社会优抚。这类保障是针对农村军属和退伍军人实施的一项社会补助。这项补助包括两部分，即政府补助和村集体补助。以政府补助为主，村集体补助为补充。集体经济比较薄弱的村庄可能村集体没有经济补助，但在精神方面也是给予必要的补助的。

农村健康养老。随着人口老龄化的发展、农村人口空心化的出现，农村逐步发展成为老龄群体留守的重要阵地，所以，农村老年人的健康、养生、养老问题成为农村社会发展的一项重要任务。要解决好农村老人的健康养老问题，需要建设相应的服务机构和服务设施。一是应当建设日间照料中心，有的地方也称其为“光荣院”，解决老人无人照料的难题。二是建设养老院，解决老人的养老问题。三是推进居家养老服务。在提供基本的健康养老公共服务基础上，应当积极推广智慧健康养老模式，打造养老公共服务平台，实现信息、技术共享，提高老年人的生活质量。在农村，还应当逐步推广老年综合性服务模式，打造老年生活全服务平台，为老年购物、健康理疗、老年养老、老年旅游、老年培训等提供一站式服务。

农村社会管理与公共安全。这是加强农村治理、稳定农村发展的重要保障。重点包括三部分内容。一是农村组织管理，这是农村有序发展的保障。一般包括村民自治组织的管理、农村经济组织的管理、农村社会组织的管理，也包括农村一些自发的、临时性的、群众组织的管理，保障农村各类组织有序发展。二是农村社会事务管理，这是服务农民的重要渠道。三是农村公共安全管理。一般包括生产安全管理、消费安全管理、社会安全管理等各种公共安全服务。通过加强农村社会管理，提供公共安全服务，构建和谐稳定的农村发展环境。

以上农村公共物品是四类村庄农民的共性需求偏好，涵盖了农村基本的公共物品，是农民向往美好生活的基本要求。

§4.2.2.2　四类村庄公共物品个性需求偏好

从四类村庄的实际情况来看，他们的公共物品需求是有差异的，而且从实现乡村全面振兴的要求来看，也需要进行差别化供给。

首先来看城郊融合类村庄，城中村已经实现了由村庄变社区，村民也实现了由农民向市民的转变，城郊村与城市的融合发展，也必将实现农民向市民的转变。这种转变，不仅是身份上的转变，而且还是职业上的转变，带来的是生产方式和生活方式的转变。随着农村土地的逐步减少，村庄最终会与城市融为一体。这些村庄的农民，对公共物品的需求就会发生质的变化，城乡居民基本公共服务均等化的目标就能够实现。也就是说，这些村庄的农民变为准市民、市民以后，他们就会逐步提出与市民一样的公共物品需求。

其次是集聚提升类村庄，这是全面建成小康社会和实现乡村振兴的重点村庄。由于经济社会发展得比较好，至少也是农业产业基础很好，具有较强的吸引力，能够实现产业集聚、人口集聚，成为农村的中心村，是真正的农村公共物品的重点需求村。所以，应当对集聚提升类村庄进行集中供给公共物品，以适应村庄集聚提升发展的需要。通过对山东省部分重点村庄及其重点建设项目

(田园综合体、农业公园、乡村旅游等重点项目)的调查[①],我们认为集聚提升类村庄对公共物品的需求重点主要包括以下四个方面:

一是道路交通、供水、供电、污水处理等基础设施类公共物品。这是农村集聚提升、实现振兴的基础性工程。道路交通是乡村振兴的重要条件。这次考察的16个村庄基本都是当地条件比较好的村庄,能够成为集聚提升的村庄。这些村庄,无论是连村路还是村内路,都十分平整、干净、靓丽,给人一种非常舒服的感觉。特别是五莲县实行农村公路攻坚行动、"巷巷通"惠民工程、城乡公交一体化改革"三位一体"推进等。2017年开始,县政府每年拿出5000万元共计2亿元,实施"巷巷通"惠民工程,巷道铺装坚持去水泥化,采用当地青石板、大理石、毛石、原石进行透水铺装,预留绿化带。目前,12个乡镇全部开通了至县城的公交车,执行城乡2元的统一票价。农民群众"出门硬化路、全城公交车"的愿望正在逐步实现。2019年2月22日,《中国青年网》报道了一则河南杞县李胡楼村的大学生回家修路的新闻。大学生回家修路,是因为道路不好走,已经影响了农民的生产、生活,只有修好路,才能为乡村的振兴、人民的富裕打通一条通道。这说明我们国家的新生代也认识到了这个乡村振兴的短板问题。2019年4月15日,《农民日报》第4版报道了题为《脱贫攻坚修路为先》的新闻,全面介绍了安徽省"老鸭公路"的修建情况。老鸭村拥有红色旅游资源和自然景观资源,而且临近大明山AAAAA级旅游景区,但由于道路不通畅,沦为贫困村。自2014年以来,老鸭村在国家政策的扶持下,分批实施了23.7千米的拓宽及通组硬化道路。道路的畅通,不仅使老鸭村脱贫致富,而且老鸭村还可以发挥资源优势,踏上村民致富奔小康的新途径,进而能够发展成为重要的集聚提升类村庄。再看污水处理工程。生活污水、农业退水、工业污水是农村污水的主要来源。集聚提升类村庄在产业集聚、人口集聚的同时,村民对生产环境和生活质量也有了新的需求,特别是污水的处理和污染的治理。村庄集聚提升程度越高,污水排放就可能越多,就越需要进行治理。目前对于农村的污水处理,很多地区还没有提到议事日程上来,严重影响了农村的集聚发展。还有垃圾处理问题,我国大部分地区目前都是按照村收集、镇运输、县处理的模式进行处理,很少有进行分类处理的。2019年4月9日,我们在胶州市大麻湾二村调研时,看到胶东街道办事处在全街道推行垃圾分类处理,应该说这是一个发展方向。浙江省的"千万工程"开展农村人居环境整治,提升农村生活品质,为农村的集聚发展创造了条件。日本的农村垃圾分类处理是通过《废弃物处置法》,

① 2019年4月9～13日,我们跟随山东省L市美丽乡村建设考察团,到胶州市、五莲县、沂南县、兰陵县、微山县5个县市考察了16个重点村庄的美丽乡村建设情况。

以法律的形式固定下来的。在我国，还没有建立起这种法律体系，农村垃圾分类也包括城市的垃圾分类处理，仍然是一个短板。被列为集聚提升类的村庄，在这些方面必须尽快补齐短板，为乡村振兴创造条件。我们在调研中发现，这个短板补得好的村庄，产业兴旺、村民富裕，反映出的是一片欣欣向荣的景象；反之，村庄则出现空心化，甚至是一片败落景象。我们调研的同样是1000户左右的两个村庄，本来都应该是集聚提升类村庄，但是由于在补基础设施短板上出现差距，村庄的发展出现了完全相反的两种景象。RS市的SL村由近千户居民下降到现在不足400户，逐步变为空心村。而L市的GS村则仍然保持了1000户左右的规模，且产业提升、人口集聚，真正成为集聚提升村。所以，基础设施的满足程度直接关切到村庄发展的前途和命运。

二是文化、教育、医疗卫生等公共事业。首先看文化。随着人民生活水平的提高，农民的精神文化需求越来越强烈，而且要求越来越高。他们不仅追求有没有农村公共文化设施，而且在追求提供的公共文化好不好、优不优，能不能满足他们的需求，集聚提升类村庄更是如此。因为集聚提升类村庄要吸引农民工、大学生返乡创业，要吸引工商资本下乡、吸引城镇人口到农村创业发展，要吸引周边村庄的村民过来共同发展。新型职业农民群体的形成，特别是新农人的加入，为集聚提升类村庄的公共文化供给提出了一个新课题，这就是要实现文化振兴，这也是乡村振兴中的五大振兴之一。文化是精神财富，更是灵魂。所以在集聚提升类村庄中，不仅要提供更高水平的公共文化基础设施，而且还要挖掘村庄的历史文化，保持传统优秀文化的历史传承，同时吸收新成员的文化精华，实现原居村民与新加入的新农人、周边村庄居民文化上的大融合，形成适宜村庄健康发展的新型农村文化，树立起村庄振兴发展的文化自信。在此基础上提升公共文化基础设施的档次和水平，提供与村民美好生活需要相适应的公共文化产品，这就是集聚提升类村庄农民的基本文化需求。其次看教育。在我国，关心下一代的健康成长最重要的就是教育。集聚提升类村庄的一个显著特征就是人口的集聚提升。这里面包括两个概念：一个是人口的集聚，一个是人口质量的提升。不管是集聚还是提升，人们关心的一个共同问题必然就是教育，而且是城乡均等的教育，因为集聚提升类村庄有可能发展成为一个大的农村社区，也有可能发展成为小城镇。一个村庄，如果没有教育资源，吸聚人口就缺少了凝聚力，就不可能实现集聚提升发展。前面提到的RS市SL村，这么一个千户大村，竟然没有教育资源，没有了凝聚力，所以成为空心村，下一步就有可能成为第四类村庄，被搬迁撤并。而微山县的杨村，村里建有幼儿园、小学，就吸引了部分成功人士或大学生返乡创业。由此可见，集聚提升类村庄必须具备最基本的教育资源。也就是说，最起码要有幼儿园、小学，附近要有初中，特别是离城区较远的村庄，更是必备的资源。所以，在进行村庄规划时，必须把幼儿园、小学作为必选项纳入规划，而且要优先建设、提前启动，留住原住居民，吸引大学生、退伍军人、新农人及其他人群。同时，要加强职业技术教育，让村民能够不出村就获得基本的生产技能，提升自己的执业水平。最后看医疗卫生。健康是人民幸福生活的重要条件，人民向往的美好生活离不开健康。所以，医疗卫生是每一个人必需的公共物品需求，而且人们都需要社会提供良好的公共医疗服务。一个村庄要实现人口的集聚提升，就必须解决基本的公共医疗服务问题。试想，一个连基本的医疗服务都得不到保障的地方，或者一个医疗服务极不方便的地方，怎么可能会成为人口聚集地呢？相信，每一个人都会采取以脚投票的方式，流动到基本公共服务均等化的地区。所以，集聚提升类村庄必须实现城乡基本公共服务均等化，这是聚集提升的前提，或者说是必要条件。在医疗卫生方面，必须建有村庄卫生所，最起码要有卫生室，必须要有执业医师，承担起最起码的群众基本公共卫生服务。同时，要落实分级诊疗制度，落实全国三甲医院开展远程医疗服务制度。通过“家庭签约医生＋村庄卫生所(室)＋分级诊疗＋远程医疗”，让集聚提升类村庄享受到均等化的基本医疗服务。可见，文化、教育、医疗卫生是集聚提升类村庄必需的三项最基本的公共事业，是必须超前解决的问题。

三是就业服务、健康养老等基本公共服务。人口集聚以后，除了文化、教育、医疗以外，就是要解决就业问题和养老问题。就业，是解决生计问题。那么多人聚集到一个村庄来，要做什么呢？当然不是吃喝玩乐，而是要就业，要创业。随着家庭农场、田园综合体、农业公园等新型农业主体的出现，部分农田开始集中经营、集约经营，兼业农民会逐步减少，农民的就业有了新的转机：一方面，农村闲散劳动力可能增多，需要外出务工；另一方面，农民工、大学生返乡创业就业以及城市职工到农村创业会显著增加，形成双向就业新局面。为了更好地服务双向就业，集聚提升类村庄应当建设就业服务机构，与县乡劳动服务机构联网，建立全村的劳动资源信息库，定期发布劳动需求信息，为村民和村内的各类市场主体提供就业服务，这也是农村产业振兴、农民创业致富的重要保证。农民解决了吃饭问题，还要解决养老问题。我国已逐步进入老龄化社会，农村的老龄化问题不可忽视。目前，居住在农村的人口老龄化问题日趋严重，突出表现为高龄化、空巢化、独居化、丧偶化、多病化。集聚提升类村庄实现人口集聚后，老龄化问题出现的新特点要求必须改变传统的养老模式，以满足农村老年人多样化的养老需求。所以，解决新时代农村养老问题，必须提到议事日程上来。集聚提升类村庄如果不能有效地解决养老问题，人们会逐步向养老机构健全的地方流动，使所谓的集聚提升类村逐步陷入空心化的尴尬境地。所以，建立必要的养老机构是村庄集聚提升的重要条件。那么,集聚提升类村庄需要什么样的养老机构呢?可以肯定地说,农村跟城市一样,居家养老成为养老的主要形式,机构养老成为补充。可能有人要问,既然居家养老为主,为什么集聚提升类村庄必须建设养老机构呢?这就是我国现实的特殊情况,是基于农民对美好生活的追求、农村老龄化问题严重、独生子女群体导致空槽老人增多等现实情况,必须作出的一个选择。这个选择必须要作实作牢,因为这是个根基。具体措施为:应当采取“村卫生所(室)+家庭签约医生+日间照料中心”的医养结合的居家养老模式,规模较大的村庄应当建立养老院,或者多村共同建立养老院,或者采用市场机制引导社会资本创建养老院。新建的养老院必须按照医养结合模式进行建设,满足村民健康养老需求。除了就业、养老,其他的基本公共服务同样是集聚提升类村庄农民的迫切需求,同样需要公共服务部门进行配套供给,可以采取公共服务大厅或者互联网服务平台的形式为村民提供方便快捷的公共服务。

四是科技、信息、金融等生产性服务。农业生产性服务业,是现代农业生产体系的重要组成部分。集聚提升类村庄的产业必然是集聚提升的,原来的小农生产会被新型农业主体所取代,将会出现特色化、标准化、规模化、制约化的特点。建设现代农业产业园、田园综合体、特色小镇等成为当前农村发展和振兴的重要举措,将推动农业产业全面升级、全链条增值。据河北新闻网报道,截至2018 年年底,河北省沧州市共建设各级现代农业园区 150 个。2019 年 4 月 9 日,中国农业新闻网报道,重庆市要求到 2022 年,每个县区至少要建成 1 个(区县级以上)现代农业产业园。我们调查的代村、压油沟村、朱家林村都是通过建设农业国家公园和田园综合体而发展成为集聚提升类村庄的。产业集聚提升、产业模式升级,要求农业生产性服务业也必须进行升级,必须适应现代农业的发展,提供更高标准的需求服务。广东江门新会区的国家级现代农业产业园——陈皮产业园,与其大基地、大加工、大科技、大融合的发展模式相匹配的是大服务。这种大服务涵盖的是管理、政策、金融、科技、信息、电商、农资、农技、人才等诸多方面的服务。智慧农业的发展,也是集聚提升类村庄的一个发展趋势,也需要搭建科技平台,为智慧农业提供各种科技、信息服务。小农户要与现代农业对接,提高农业生产效率,最根本的问题也是要解决生产性服务问题。现代农业产业园、田园综合体、智慧农业,包括小农户与现代农业对接,是现代农业的发展趋势,而且是现代的规模农业,它所需要的必然是规模化的生产性服务。目前,现代农业、智慧农业正在兴起,规模化的农业生产性服务刚刚开始,需要进一步探索规模化农业生产性服务的内涵和路径,这是集聚提升类村庄发展现代农业的迫切需求。

以上都是乡村振兴的短板。集聚提升类村庄要实现振兴,必须补齐这些短板。如果这些短板补不上,集聚提升就很难实现,即使实现了集聚提升,也只能是暂时的,终究会成为新的空心村、空白村,沦为撤并搬迁村。因为,根据木桶理论,这些短板如果补不上,就会对村庄的振兴起到限制和制约作用。农民以脚投票,就会流动到更加适合自己生产、生活的地区。

再次是特色保护类村庄。这类村庄是乡村振兴的特色类村庄,其发展方向重点就是保护开发、旅游观光。与集聚提升类村庄不同的是,它所需求的公共物品更偏重于乡村旅游方面的服务。当然,特色保护与现代农业、智慧农业融合发展的乡村旅游,也需要基本的农业基础设施和必要的农业生产性规模服务的提供。文化是旅游的灵魂,没有了乡村文化,乡村旅游就失去了活力和吸引力,同时乡村旅游也能使优秀的乡村文化得到传承和发展。所以,挖掘历史文化,提供各种公共文化服务,是特色保护类村庄发展的特色需求。文化、旅游、康养一体发展,也是特色保护类村庄的发展方向,在这方面同样需要提供一些必需的公共服务项目。归集起来,特色保护类村庄和村民除了基本的共同公共服务外,重点需要提供以下几个方面的服务:

一是加强文化生态保护,这是特色保护类村庄发展的重中之重。特色保护类村庄一般都是具有历史文化积淀丰厚、历史文化资源保护完整、存续状态良好的村庄,例如拥有保护完整的古村落、古街道,拥有特色的历史文化资源,拥有保护完整的自然生态资源,拥有特色鲜明的民族特色的少数民族村寨,拥有非物质文化遗产的村庄,等等,这些村庄和资源都需要进行保护、开发、利用,但是单靠村庄的力量是远远不够的。这就需要政府和社会组织采取措施,加强对这些特色资源的保护利用。通过开列清单、制定保护办法,从对特色历史文化资源的甄别、审定、规划等方面,也包括政府部门对非物质文化遗产的认定、审批,为特色保护类村庄的发展提供全方位的公共服务。同时,要引导当地村民广泛参与,挖掘传统文化和乡俗风情,保护资源,传承文化。

二是统筹规划、差异发展,这是特色保护类村庄发展的重要战略。目前,乡村旅游正在或者已经在全国兴起,而且正在逐步火热起来。特别是乡村民宿、农家乐、特色采摘、各种农产品节庆活动等,成为乡村旅游的首选项。应当说,这些乡村旅游项目操作简单,而且有的季节性比较强,虽然也是推动农业农村发展的重要举措,但是由于缺乏顶层设计和区域性规划,普遍存在着档次低、季节性强、时间短、缺乏持续性收入机制等问题,而且随着特色小镇和田园综合体项目的不断增多,也开始出现同质化问题。同质化就等于没有特色,这是很简单的道理。近几年,国家和省级政府都在审批特色小镇、田园综合体、农业公园等项目,而且都给予政策扶持。但是据我们调查和查阅有关资料发现,已经审批的特色小镇等项目，有的被考核警告，有的被取消。项目一旦被取消，就会导致各种资源的浪费，甚至会破坏特色保护类村庄的既有资源，这种破坏是不可逆的。为了保护好特色资源，使其更好地为乡村振兴，为历史文化传承服务，政府部门就应当积极地为特色保护类村庄的资源开发利用搞好规划服务，做到差异化规划、个性化发展，使特色真正特起来。国家相关部门应当在全国范围内做好统筹规划，科学布局。省级政府甚至地方政府，都应该做好地区性的统筹规划工作，最起码要在一个地区之内，根据区域特点和资源禀赋，优化特色村庄的规划布局，做到特色村庄差异化协调发展。这种差异化的规划服务，作为一个村庄，自己是很难做好的，必须由政府及其相关部门提供规划、引导服务。通过科学规划，实现文化生态保护与乡村振兴、乡村旅游有机结合，为乡村全面振兴创造条件、奠定基础。

三是提升基础设施，这是特色保护类村庄发展的重要前提。通过实地调研，我们认为特色保护类村庄应当具备的最基本基础设施主要有三个方面，即道路交通，供水供电供气通信，垃圾、污水处理工程。这三方面的公共服务，基本都需要政府及社会组织提供，少量的可以由投资商或者村庄提供。在此，重点谈谈道路交通问题。因为特色保护类村庄的发展模式主要是保护和开发，主要的形式就是乡村旅游，所以，良好的道路交通条件对特色保护类村庄的发展来说是至关重要的，畅通的道路交通是改善乡村旅游环境的重要因素。首先要有通往城市、通往重要旅游景区的交通主干道，要有通往附近集聚提升类村庄的、方便快捷的连村路，这是方便各类旅游休闲、康养群体进入村庄的必要条件。其次在这些交通干道上要有方便的公共交通运行车辆，一般应当开通城乡一体化的公交车，同时应当开通乡村旅游专线，并把特色保护类村庄纳入旅游专线，这样能很好地提升特色保护类村庄的旅游地位，很好地引导各类群体进入特色保护类村庄旅游、观光、康养。再次要建有自行车慢道(我们考察的朱家林田园综合体项目，在公共交通干道上就建有自行车慢道)、房车营地(LX市的JS湿地建有大型的房车营地)、交通驿站等基本的基础设施，为自行出游的人们提供必要的公共服务。以上这三个方面的基础设施，一般应当由政府提供。另外，在村庄内或旅游景区内，应当适当地建有游客步行通道以及游客临时休息区、生活区，这些设施一般应当由村庄或投资方提供。

四是完善基本公共服务体系，这是特色保护类村庄发展的软环境。特色保护类村庄需求的基本公共服务除了农村、农民共同的基本需求外，重点要抓好三个方面的服务，即公共卫生服务与乡村康养服务、乡村旅游咨询服务、乡村旅游智能化服务。

在公共卫生方面，重点是两个方面，即医疗卫生和环境卫生。医疗卫生包括对村民和游客的基本医疗服务，也包括围绕健康养老开展的、针对老年人的医疗卫生服务。环境卫生服务包括日常的村庄和景区的美化服务，更包括农厕改造服务。要对农村居民的家庭厕所进行改造，这种改造要因村制宜，按照村庄的特点和居民的需求意愿进行改造，最好是根据村庄的特色进行特色化设计、个性化改造，凸显特色村庄的特点。同时，应当围绕村庄的发展特点，特别是要围绕乡村旅游的特点，建立必要的公共卫生间，方便游客的基本需求。在公共卫生间建设上，要建设第三方卫生间，方便特殊群体的需求。

在乡村旅游咨询服务方面，重点是标志牌建设、历史文化解说、民俗体验、安全救援等基本的旅游服务。这些服务是村庄或投资方为村民或游客提供的基本服务。其中，历史文化解说、民俗体验是体现特色村庄特点的重点项目，应当作为亮点重点打造。位于莱阳市金岗口村的白垩纪国家地质公园关于莱阳恐龙的解说就很有特点，充满了知识性、趣味性，具有很强的吸引力，每年都有大量的中小学生到地质公园游览学习。

在乡村旅游智能化服务方面，重点是打造智能化信息服务平台。首先是要建设一个智能化的信息平台，然后通过平台，宣传、推介特色村庄，让特色村庄的“特”真正特出去，提高知名度。其次是要建立平台信息服务机制。平台的工作重点是提供村庄介绍、景点解说、网上预约预定、网上支付等信息服务，同时要建立与游客的网上互动机制，了解游客的需求，接受游客的投诉，更好地完善村庄及项目的各种功能，更好地为游客提供多元化的服务。

以上三方面的基本公共服务，除公共医疗卫生服务应该由政府提供以外，其他大部分的服务内容应该由村庄集体或者前来开发经营的投资商提供。

最后是搬迁撤并类村庄。搬迁撤并类村庄是乡村振兴中必须密切关注的村庄。搬迁撤并，必须尊重村民的意愿，这是一条基本的原则。所以，搬迁撤并类村庄有可能出现两种发展方向。一是整体搬迁撤并，与集聚提升类村庄实现融合发展，或者整体异地搬迁重整发展，这是搬迁撤并类村庄振兴发展的主流。二是由于村民的乡愁情结，故土难离，村庄可能逐步变小，最后发展成为小型的农村居民聚居点，由行政村转变为小型的自然村落。将来也有可能出现逆城市化的发展方向，有一部分城市居民选择在乡下居住，来到这些小型居民点。处于这第二种发展趋向的村庄，将来可能也不在少数。所以，搬迁撤并类村庄的公共服务也不可忽视。这部分村庄的居民同样需要基本的公共服务。

由于我国大部分地区还没有出台乡村振兴四类村庄的具体规划布局，虽然在重点发展振兴方面有一些倾向性的思路和重点，但是从总体上看，这四类村庄的界定还不够清晰，发展思路还比较模糊，因而在基础设施和基本公共服务供给方面大多数地区还是平均用力。这样做，短时间可能满足了农村居民的需求，但是从长远来看，有一些基础设施项目可能会出现闲置浪费。所以，应当尽快作好四类村庄规划，特别是要把撤并搬迁类村庄定位好，以便根据其需求提供必要的基本公共服务。基本的社会保障、文化、教育等公共服务，也包括一些生产性的公共服务，各类村庄的居民都是共同需求的。但是，文化、教育等公共服务可能在供给上会出现差别，小型居民点可能会依靠集聚提升类村庄对其进行辐射提供。

搬迁撤并类村庄有一个过渡期，但过渡期之后，就会出现分化。一部分村民用脚投票，走向了城镇或者集聚提升类村庄，村庄可能整体消失，也有可能变成小型居民点。在过渡期，撤并搬迁类村庄同其他村庄一样，不会减少对基本的公共物品需求，但是随着村庄空心化的日益严重和村民对搬迁撤并意愿的日趋强烈，对一些诸如道路交通等投资较大的基础设施类公共物品、农村公共服务中心等集中公共服务类公共物品的需求强度可能会逐步减弱。转变为小型居民点以后，村民对公共物品的需求与集聚提升类村庄也会出现差异化。我们到农村进行实地调查时，通过听取农村干部和村民的意见，发现目前空心村的农民对于公共物品的需求往往与城市进行比较，与发展比较好的村庄进行比较，可以看出他们对更高水平的公共服务是非常向往的，这也正是农民用脚投票走向城市的主要原因之一。但是，他们很明确地告诉我们，这样的村庄（空心村）迟早是要消失的，道路、学校等公共服务没有人建设，也没有必要建设了，建设了也是浪费。从目前的空心村情况来看，主要是“三化”并存，即村庄空心化、家庭空巢化、人口老龄化，其中后两化问题比较突出，这也是部分农村发展的瓶颈。国家统计局数据显示，2019 年全国农民工总量达到 29077 万，占乡村总人口（55162 万）的 52.71%，其中，外出农民工 17425 万，占乡村总人口的 31.59%；本地农民工 11652 万，占乡村总人口的 21.12%。从这组统计数据可以看出，31.59%的外出农民工长年不在农村居住，这一个指标就使全国农村人口的空心率达到了 31.59%。21.12%的本地农民工也有相当数量的人口长年不在农村居住。总体上看，农民工一项指标就使农村人口空心化率达到了 40%左右。从表 4-1 农民工的年龄结构变化情况来看，农村空心化的趋势似乎也是不可逆转的。40 岁及以下新生代农民工一直保持在 50%以上的比例，虽然占比有所下降，但是绝对数值六年仅仅下降了 765 万，而 50 岁以上的农民工一直处于上升的势头，六年时间的绝对数增加了 2458 万。从这两个数字的比较来看，不仅新生代留在农村的人口在减少，而且 50 岁以上的老年人也呈现减少的趋势。依这种发展趋势，农村还会有更多的空心村出现，并逐步转化为搬迁撤并类村庄。

表 4-1　2014～2019 年农民工结构分析

年度	40 岁及以下		41～50 岁		50 岁以上	
	占比（%）	绝对数（万）	占比（%）	绝对数（万）	占比（%）	绝对数（万）
2014	56.5	15478	26.4	7232	17.1	4685
2015	55.2	15316	26.9	7464	17.9	4967
2016	53.9	15184	27.0	7606	19.1	5381
2017	52.4	15014	26.3	7535	21.3	6103
2018	52.1	15024	25.5	7353	22.4	6459
2019	50.6	14713	24.8	7211	24.6	7153

注：表中数据是根据国家统计局发布的有关数据进行测算得出的。

我们关于全国 267 个村庄的问卷调查结果与上面的分析基本吻合。从表 4-2 可以看出，我们选出的 267 个样本村中有 104 个村的房屋空置率达到了 21%以上，占 39%。其中，有 1 个村的房屋空置率达到了 80%以上，有 3 个村达到了 71%～80%，有 5 个村达到了 61%～70%，有 12 个村达到了 51%～60%。从人口空心化和房屋空置率来看，农村的空心化问题是比较严重的。

表 4-2　全国 267 个村房屋闲置率调查情况

项目	村庄数（个）	占比（%）	有效百分比（%）	累积百分比（%）
10%及以下	82	30.7	30.7	30.7
11%～20%	81	30.3	30.3	61.0
21%～30%	47	17.6	17.6	78.7
31%～40%	14	5.2	5.2	83.9
41%～50%	22	8.2	8.2	92.1
51%～60%	12	4.5	4.5	96.6
61%～70%	5	1.9	1.9	98.5
71%～80%	3	1.1	1.1	99.6
80%以上	1	0.4	0.4	100.0
合计	267	100.0	100.0	—

从表 4-3 来看，267 个村中 60 岁以上老人的比例也是很大的，有 159 个村占到了 21%以上，占总数的 59.5%，有 40 个村占到了 31%～40%，有 32 个村占到了 40%以上。可见，伴随着农村人口空心化而来的人口老龄化问题正在逐步加重。空心村会逐步过渡为撤并搬迁类村庄，或者转化为小型农村居民点。

表 4-3　全国 267 个村 60 岁以上老人分布情况

项目	村庄数(个)	占比(%)	有效百分比(%)	累积百分比(%)
10%及以下	45	16.9	16.9	16.9
11%～20%	63	23.6	23.6	40.4
21%～30%	87	32.6	32.6	73.0
31%～40%	40	15.0	15.0	88.0
40%以上	32	12.0	12.0	100.0
合计	267	100.0	100.0	—

通过数据分析和我们的实地调查，并根据空心村的实际情况，在过渡期内撤并搬迁类村庄最为迫切的基本公共服务需求主要是社会保障类需求，重点是针对留守老年群体的公共服务。老年群体的社会保障需求是非常迫切的，重点是医疗、照料、养老问题。这三个问题不解决，老人的晚年生活就得不到保障。只有建立健全医疗、照料、养老机构，农村老年人才能幸福地度过晚年生活，真正体验到幸福感、获得感。这些基本的社会保障服务应当由政府或者村庄为村民提供，也可以引进社会化的服务机构为农民提供服务。

过渡期之后，剩下的小型农村居民点的公共物品需求与集聚提升类村庄相比没有大的差别，但是他们对提供的方式、数量等方面会提出与集聚提升类村庄不同的要求。由于对小型居民点进行城乡基本公共服务均等化提供的成本太大，他们不可能要求在聚居点建设医院、学校、文化室、大型公共娱乐场所以及公共服务中心等公共设施，需要依靠集聚提升类村庄提供这些。但是，人居环境的改善、供水供电等生活必需的基本条件都需要全面提供，农业生产性服务也是必不可缺的。道路是农业生产资料和农产品的运输通道，也需要根据农产品的吞吐量进行合理建设，同时方便农民的出行和对外交往。这些公共物品也应该由政府或者集聚提升类村庄为其提供，或者由在村庄投资发展的投资主体提供。

第五部分

本部分是在前三部分理论研究的基础上开展的现实研究，是理论与实践相结合研究的重要部分。本部分以中央1号文件为研究主线，以现实为研究依据，通过对国家、地方政府以及青岛市发布的各类数据和我们的调查研究数据进行科学分析，全面剖析农村公共物品供给现状，对已供公共物品和公共物品供给短板作出准确判断，为供给策略研究提供现实依据。

本部分是内容最为丰实的部分之一。本部分运用各种资料、文献、数据，从乡村振兴的角度，对农村基础设施、人居环境、农业基础设施、农业科技、公共文化、农村教育、医疗卫生、社会保障等八大领域的30多个具体的公共物品进行了非常详细的分析研究，并与城市公共物品供给情况做了比较研究。通过研究发现，城乡不均衡、供给不足是各类农村公共物品的共同问题。本部分用事实和数据，对每一个农村公共物品都实事求是地总结出供给总量、供给效率、供给短板，是有针对性地进行可操作性的、接地气的农村公共物品供给策略的最基础的现实依据。

在前面,我们分析了在实现乡村振兴背景下,农村需求偏好的公共物品情况,而且对乡村振兴设计的四类村庄有针对性地进行了公共物品需求偏好探析,基本厘清了农村公共物品的共性与个性需求偏好情况。为了有针对性地研究农村公共物品供给策略,我们有必要从国家政策和现实供给的角度,全面分析一下我国目前的农村公共物品供给情况,并通过分析找出我们究竟供给了哪些公共物品,还有哪些公共物品需要提供。也就是说,要找出需要补的农村公共物品的短板。通过补短板,逐步实现城乡基本公共服务均等化供给,推动乡村振兴的全面实现。

在本部分,我们重点研究国家相关政策,并运用大数据和实地调查情况进行全面分析研究。在国家相关政策方面,重点研究历年的中央1号文件和国家出台的有关农村公共物品方面的规划、文件。在大数据方面,重点采用三方面的数据:一是第二次、第三次全国农业普查的有关数据,二是国家统计局及有关部委发布的相关数据,三是我们的问卷调查数据。由于统计的范围、调查样本的选择、相关数据的计算口径等因素的制约,有些数据可能具有一定局限性,但是总体上是具有代表性和科学性的。下面,根据前面分析的农村公共物品的需求偏好情况和国家关于农村公共物品供给以及实现城乡基本公共服务均等化的制度安排,分析研究我国农村公共物品的供给与需求的差异性,为下一步制定供给策略提供第一手的基础性研究成果。

§5.1 农村基础设施建设

§5.1.1 农村道路建设

第一,通村道路突出的短板:短板村和质量短板。

短板村。《第三次全国农业普查主要数据公报(第一号)》显示,2016年年末[①],在乡镇地域范围内,有火车站、码头、高速公路出入口的乡镇分别占8.6%、7.7%和21.5%;通公路的村庄达到了99.3%。从这一组普查数据来看,农村的交通条件大有改观,农村通公路的比例比第二次全国农业普查时(2006年年末)的95.5%增加了3.8%。但是,我们的问卷调查结果与全国农业普查的数据是略有差异的。调查统计数据(见表5-1)显示,到2018年年末,我们调查的267个样本村中还有21个村没有通公路,占比7.9%,这个比例是比较大的。当然,这可能与我们的样本选择有关,也可能与调查对象对村村通公路的认定有关系,不过也说明农村是没有达到村村通公路的目标的。从第二次、第三次

① 第三次全国农业普查的标准时点为2016年12月31日,时期资料为2016年度,下同。

全国农业普查和我们的问卷调查来看，通过国家连续多年的村村通公路政策的实施，大多数行政村基本都按照国家政策修建了路面宽度不低于3.5米的连村路，村村通公路的目标正在逐步实现。但是不管是0.7%的村，还是7.9%的村，这剩下的少数没有通公路的村庄就是道路基础设施建设的短板村。

表 5-1　您所在村庄是否通公路

项目	村庄数(个)	占比(%)	有效百分比(%)	累积百分比(%)
是	246	92.1	92.1	92.1
否	21	7.9	7.9	100.0
合计	267	100.0	100.0	—

质量短板。从第二次、第三次全国农业普查数据来看，通村道路的修建标准和质量都有了很大提高。截至2016年年底，全国通村道路是水泥路面和柏油路面的比例达到了96.6%，比2006年年底的61.5%提高了35.1个百分点，这是一个可喜的成就。但是还应该看到另一个问题，村村通公路采取的是村庄修建、政府补贴的政策，这带来了两个问题：第一个问题是上面分析的没有通公路的村庄或者通村道路没有硬化路面的村庄的出现，第二个问题是村村通公路的质量不高和可持续性差的问题。这两个问题是由一个共同原因导致的，即部分村庄没有道路建设和维护资金的支付能力。没有通村道路的问题需要解决，而村村通公路的质量问题和可持续问题更是必须解决的一个大问题，这个问题如果不解决，将直接影响到小康社会的全面建成和乡村的全面振兴。我们在去往农村的调研途中，经常发现这么几个问题：一是有的农村连村路过窄，车辆会车特别是与大货车会车时很危险，有时不得不在一侧等候，轮流通过。二是一些比较偏远的农村连村路没有硬化，雨雪天通行困难。三是有的连村路修建质量不高，没过几年就坑坑洼洼，而且维修不及时，甚至一直就没有人维修，严重影响通行质量。这几个问题对农民的出行和农产品的流通造成了很大影响，极有可能威胁到农民的生命财产安全问题。可见，这第二个大问题就是农村通村道路的第二个短板问题。

第二，村内道路突出短板：硬化短板。

关于农村的村内主要道路建设情况，在全国第二次、第三次农业普查时都进行了普查统计。也就是说，从统计的角度来看，农村村内主要道路已经上升到重要的公共物品的地位，需要进行供给与统计。但是对村内的其他街道和村内小巷的建设情况则没有进行普查统计，忽略了这一公共物品的供给情况。我们认为，村庄作为农民生产、生活和开展社会活动的重要场所，农村村内的各种道路建设情况都是与农民生产、生活息息相关的公共物品，而且是一种基本的农村公共物品。2014 年的中央 1 号文件提出，实施村内道路硬化工程，加强村内道路的运行管护。2019 年的中央 1 号文件再次提出，要加强农村的村内道路建设，把村内道路建设进一步上升为中央的决策和部署。2019 年 4 月 15 日，中共中央、国务院发布的《关于建立健全城乡融合发展体制机制和政策体系的意见》又把农村道路问题作为重点提了出来，要求加快实现县乡村(户)道路联通。值得注意的是，中央再一次把通往村、通到户的道路，写进了两个中央文件。这说明，农村道路建设对于乡村振兴的重要性，对改善农民生产、生活条件的重要性。中央的高度重视，是直接关注到了农村住户的门前路。有关省市也开始积极行动起来，开始关注农村通户路建设。如 2019 年 10 月，山东省出台了推动农村通户道路硬化工作方案，要求 2020 年年底基本实现全省农村通户道路硬化。

通过实地调查，我们认为农村村内道路一般包括三部分，即村内主街道、其他街道以及村内小巷。村内主街道一般是指能够直接与村外道路相连接的主要街道，也是村民在村内活动的主要通道。村庄一般都有 $1+n$ 条主街道。村内其他街道一般是指除了主街道以外的其他街道，主要是方便周边居民生产、生活。这样的街道比较多，一般都有 n 条。村内小巷就是直接通到家家户户的村内道路。相比主街道和其他街道，村内小巷是最多的，一般一条小巷居住着 $1+n$ 户，而且这个 n 不是很大，至多也就是六七户，最多不会超过十户(一般情况，$0<n\leqslant 10$)。农村村内的这三部分道路建设情况参差不齐，所以调查问卷设计时，我们充分考虑农村村内道路的实际情况，按照这三方面的村内道路进行了相关的问卷设计，重点是关注了各种村内道路的硬化情况。

第三次农业普查数据显示，截至 2016 年年底，全国农村村内主要街道铺水泥路面、柏油路面、沙石路面的村庄分别占到 80.9%、8.6%和 6.7%，还有 3.8%的村是用其他材料铺筑的村内主要街道路面。从第三次农业普查数据来看，全国有 89.5%的村庄是水泥路面或柏油路面，其余 10.5%的村庄则没有硬化。这个数据比第二次全国农业普查时提高了很多。截至 2006 年年底，全国只有 27.7%的村内主街道是水泥路面，11.1%的村是柏油路面。再从问卷调查情况(见表 5-2)来看，267 个村中有 247 个村的主街道是沥青路或者水泥路。还有 20 个村的主街道没有硬化，占比 7.5%，这与我们调查的没有通公路的 21 个村庄所占比例(7.9%)极为相似，只差 1 个村庄，而且与全国农业普查数据也较为接近。这说明我们调查样本中的村庄所反映出来的情况是比较真实的(只针对样本而言)。村庄之所以没有完成村村通公路的目标，是因为即使国家财政给予补贴，村庄也是没有经济能力来完成其他的道路修建支出的。同样，这样的村庄也基本没有能力硬化村内道路，即使是主街道也无力硬化。

表 5-2　您所在村庄主街道是否是沥青路或者水泥路

项目	村庄数(个)	占比(%)	有效百分比(%)	累积百分比(%)
是	247	92.5	92.5	92.5
否	20	7.5	7.5	100.0
合计	267	100.0	100.0	—

从表 5-3 可以看出,267 个村中只有 149 个村对村内其他道路进行了硬化,刚刚超过了一半(占比 55.8%),还有 118 个村没有全部硬化,占的比例比较大(占比 44.2%)。从我们走访调查的村庄来看,集体经济实力不够强,甚至没有集体经济收入来源的村庄,村内的道路基本没有全部硬化,有的只硬化了一条主街道。如 L 市的 XHC 村,虽然村庄比较小,但是村庄内也只硬化了一条主街道。

表 5-3　您所在村庄道路是否全部硬化

项目	村庄数(个)	占比(%)	有效百分比(%)	累积百分比(%)
是	149	55.8	55.8	55.8
否	118	44.2	44.2	100.0
合计	267	100.0	100.0	—

再看表 5-4,这是户户通硬化路的问卷调查情况。数据显示,267 个村只有 141 个村户户通了硬化路,占 52.8%,比村内其他街道硬化比例又有所下降。没有户户通硬化路的比例就有所上升,达到 47.2%。

表 5-4　您所在村庄是否户户通硬化路

项目	村庄数(个)	占比(%)	有效百分比(%)	累积百分比(%)
是	141	52.8	52.8	52.8
否	126	47.2	47.2	100.0
合计	267	100.0	100.0	—

通过对农村村内三种道路硬化情况的调查分析,我们可以得到这样一个规律,即村村通公路与村内主街道硬化具有一致性;村内三种道路随着道路等级的降低,其硬化率也随着降低,出现一种正相关性。为什么会出现这样一种情况呢?我们调查的结果也给出了一个正相关性的结论,即随着村庄集体经济的壮大,农村各种道路的修建硬化比例也是不断升高的。这两个正相关性的结论指向的一个共同问题是经济基础问题。同时,也提出了一个关键问题,即农村的道路究竟应该谁来投资修建的问题,特别是村内道路是不是就应该由农村集体或村民自己投资修建的问题。

目前,农村的村内主街道和其他街道的修建硬化工作基本都是由村庄集体投资完成的。所以,集体经济实力比较强的村庄就有能力完成这些道路的修建,满足村民的需求,而集体经济薄弱的村庄修建这些道路就比较困难,甚至显得无能为力。户户通的村内小巷,有的村庄是村集体修建的,而大多数村庄都是由村民自己投资进行硬化的。如山东省莱阳市濯村是乡村振兴的省级示范村,村内的大街小巷全部是由村庄集体投资硬化的。村民自己投资硬化村内小巷,就出现了两种情况:一是没有经济条件的住户,门前道路一般不会进行硬化;二是有经济条件的住户不仅对自己门前的道路进行硬化,而且还会根据自己的需要抬高自己的门前道路。当然,由于农村人口向城镇的转移,出现了一批空置房,也影响了户户通硬化路的全面实施。这样的结果:一是村内小巷整体上不美观,不符合美丽乡村建设的要求;二是邻里出行不方便,有时还会影响邻里和睦,也不符合构建和谐社会的要求。但是由于农村正处于转型发展的时期,这个问题比较普遍地存在着。

其实,农村道路的修筑、硬化等问题并不是非要一刀切,一定要建成沥青路或水泥路。山东省五莲县去水泥化的做法就非常具有典型意义。它保存了农村记忆,留住了农村的乡愁,也是一种积极作为的有益探索。我们考察的五莲县大旺村和新立村、沂南县的常山庄老村等村庄,都是因村制宜,根据村庄发展需要,利用当地的石板、小石块砌排水沟、铺路面,保持了一种原生态的景色。实际上,就地取材,发动群众,也能完成村内道路的硬化工作,改善村民的生产、生活条件。

综上,农村的村内道路现状不容乐观,从村内主街道到其他街道再到村内小巷,公共物品的需求范围越来越小,投资的主体逐步由村庄集体变为农户,硬化率也变得越来越低,短板问题就变得越来越突出。

§5.1.2 农村公共交通建设

第二次全国农业普查时,全国村内有车站、码头的村庄只有25%,距车站、码头1～3千米的村庄占了大多数,达到45.2%。2006年全国农业普查时,全国共有656026个村级组织。根据统计比例计算,全国只有164006个村有车站、码头,有296523个村距车站、码头1～3千米。两者相加也只有460529个村的村民出行很方便或比较方便。但是对于老年人或者行动不太方便的人来说,也只有25%的村庄比较方便,剩下的195496个村的村民出行是极为不方便的。第三次全国农业普查时没有普查这个数据。据交通运输部统计,截至2018年6月,全国通客车的建制村总数已达到55.5万个,建制村通客车率提升至96%。根据这一数据分析,到2018年,全国仍有2万多个建制村未通客车,而且部分省份建制村通客车任务还比较重。可以看出，经过十几年的努力，通客车的村庄比例大为提升，从25%到96%，提高了71个百分点[①]，成绩来之不易。但是还剩下了2万多个建制村，可能还会有更多的自然村没有通上客车，特别是部分边远、贫困地区和山区的村庄，交通运输的基本公共服务基础还比较薄弱，这是农村交通的最大短板问题。

但是我们高兴地看到，自第二次全国农业普查以来的十几年，我国农村的交通状况已经发生了可喜的变化：

一是农村客运服务面正在扩大。随着国家"四好农村路"建设工程的全面实施，农村公路伸向广大农村。前面提到全国有99.3%的村通公路，与此相适应的是国家全面推进农村交通运输工程建设，使96%的村庄通上了客车，这是一个了不起的成就。而且交通运输部《综合运输服务"十三五"发展规划》中提道："'十三五'期间，具备条件的建制村要100%通上客车，人口在500人以上的岛屿要100%实现通航，建制村直接通邮比例也要达到100%。"

二是城乡一体化的交通运输服务网络正在加紧建设。2016年10月，交通运输部提出加快推进城乡交通基础设施、客运服务、货运物流服务一体化建设。2017年6月，在全国选择了北京市怀柔区等52个县（市、区），开展了第一批城乡交通运输一体化示范县创建工作，而且同时开展了100个全国"农村四好路"示范县创建工作（2017年50个、2018年50个）。地方政府也在积极推进城乡交通运输一体化工作。贵州省的"村村通"和"通村村"工程打通了农村交通运输、通信网络、乡村物流的"微循环"，客运服务接通了"千家万寨"。山东省青岛市加强了农村地区的交通运输基础设施建设，交通运输服务实现了城乡一体化，覆盖了全部农村地区。

三是城市公交正在逐步向农村延伸。城乡公交一体化，不仅是农村居民出行的一项重要举措，也是城乡居民基本公共服务均等化的一项基本要求。交通运输部《综合运输服务"十三五"发展规划》中对农村客运发展提出了三个重要发展方向：一是有条件的地区实施农村客运公交化改造，二是发展镇村公交，三是推广农村客运片区经营模式。这个规划提出了一个明确的发展方向，就是农村客运公交化的发展方向，这是农民向往美好生活的一个基本需求。据我们实地调查发现，目前城市公交向城市周边地区不断延伸，已成为城乡公交一体化发展的大趋势。山东省莱阳市作为一个县级市，城市公交已经覆盖了市区及周边的7个镇街的大部分村庄，实现了农村与城市公交同网同价。前面提到的山东省五莲县，已开通了12个乡镇的公交车。威海市正在做《全域城乡交通运输

① 统计口径可能有差异，但是不影响说明问题。

一体化发展规划(2018～2030)》。青岛市基本实现了村村通公交车,而且大部分村庄实现了与城市同网同价。在东部发达地区,有不少的地方已经或正在实现城乡公交一体化。可见,城市公交向农村延伸,逐步实现城乡公交一体化,已经成为满足农村居民出行的迫切需求。据我们的问卷调查(见表5-5)显示,在调查的267个村民当中,骑自行车(包括电动自行车)、骑摩托、开私家车出行的比例分别为42.3%、9.7%、14.2%,总计为66.2%。而选择乘坐公共汽车、乘坐城乡公交车的比例分别是5.2%、4.5%,总计为9.7%。从这两组数据可以看出,农民出行主要还是依靠自己的出行工具。据实地调查发现,出现上述状况主要有两方面的原因:在不远行的情况下,农村居民一般都不乘坐公共汽车;农村的公交体系不发达,虽然有的村庄通了公共汽车,但是汽车的班次较少,客车载客数量有限,不能满足农民日常出行需求,村民乘坐公共汽车出行是不太方便的,如有的农村客运线路一天只有两个班次(上午、下午各一个班次),甚至只有一个班次,而且每个班次只能载客20～30人,这样的安排很难满足农民出行的需求,必然降低农民乘坐公共交通工具出行的比例。再加上通往农村的城乡公交车比例太少,农民的出行还是不方便的。所以,我们应当清醒地看到,虽然城市公交车正在向农村延伸,而且也进入了各级政府的规划和决策,但是城乡公交一体化是一个大工程,不可能一蹴而就,是一个需要耐心的过程,这也正是城乡基本公共服务在公交出行方面的不均等化问题,是农村发展的一大短板。

表5-5　您的主要出行方式

项目	人数(人)	占比(%)	有效百分比(%)	累积百分比(%)
步行	64	24.0	24.0	24.0
骑自行车 (包括电动自行车)	113	42.3	42.3	66.3
骑摩托	26	9.7	9.7	76.0
开私家车	38	14.2	14.2	90.3
乘坐公共汽车	14	5.2	5.2	95.5
乘坐城乡公交车	12	4.5	4.5	100.0
合计	267	100.0	100.0	—

四是农村货运物流正在蓬勃发展。交通运输部《综合运输服务"十三五"发展规划》提出,要推进农村物流资源整合与协同开发,构建县乡村三级农村物流服务网络,拓展农村客运站场、村邮站物流服务功能,推广"多站合一"的农村物流节点发展模式,而且要协助100个左右的县开展城乡交通一体化推进行动。可以说,农村物流已纳入国家的发展规划。国家《乡村振兴战略规划(2018～

2022)》也提出，到2020年，农村物流配送网点要覆盖全部行政村和具备条件的自然村。第三次全国农业普查数据显示，全国25.1%的村有电子商务配送站点。第二次普查没有统计这一数据，说明当时的农村基本没有电子商务配送站点。据我们的问卷调查（见表5-6），截至2018年年底，267个样本村中只有111个村设有电子商务配送点，占41.6%，还有156个村没有，占比58.4%。从样本村的情况来看，虽然比第三次全国农业普查的数据提高了16.5个百分点，但是有超过一半的村庄没有电子商务配送点的现象是不容乐观的，这会严重影响农村的货物流通，拉大与城市方便快捷的物流距离。2019年3月，在全国政协远程协商会上，委员们围绕"村村通客车"工程和覆盖县乡村三级物流网络建设提出了一系列积极可行的建议。可以说，农村货运物流已引起社会的广泛关注。农村货运物流的短板，有了国家政策的指引，有了好的发展势头，有了社会各界的关注，有了现代科技的支撑，应当会尽快补齐的。

表5-6　您所在村庄是否有电子商务配送点

项目	村庄数(个)	占比(%)	有效百分比(%)	累积百分比(%)
是	111	41.6	41.6	41.6
否	156	58.4	58.4	100.0
合计	267	100.0	100.0	—

综上，农村公共交通有了大的改观，但是短板问题也是非常突出的：一是农村客运服务需要全覆盖，二是需要建立城乡交通运输服务一体化网络，三是农村客运公交化还任重道远，四是农村货运物流仍是制约农村发展的一大瓶颈。这是我国农村在公共交通方面的四个主要短板问题。除此之外，农村子女上学接送服务、村民紧急出行不便（没有出租车、网约车等）等问题也是短板问题，都需要通过推行城乡交通基本公共服务均等化予以解决。

§5.1.3　能源、通信建设

农村能源、通信建设是农业、农村基础设施建设的重要组成部分，是农业生产、农民生活都离不开的基本公共物品。根据第三次全国农业普查数据（见图5-1），截至2016年年底，全国通电的村庄达到99.7%，通天然气的村庄达到11.9%，通电话的村庄达到99.5%，安装了有线电视的村庄达到82.8%，通宽带互联网的村庄达到89.9%。通过普查数据可以看出，通电、通电话的村庄比较普及，只有少数村庄属于短板村。而没有通天然气、有线电视、宽带互联网的村庄比较多，短板村比较普遍，特别是通天然气的村庄仅仅为11.9%，短板很大。

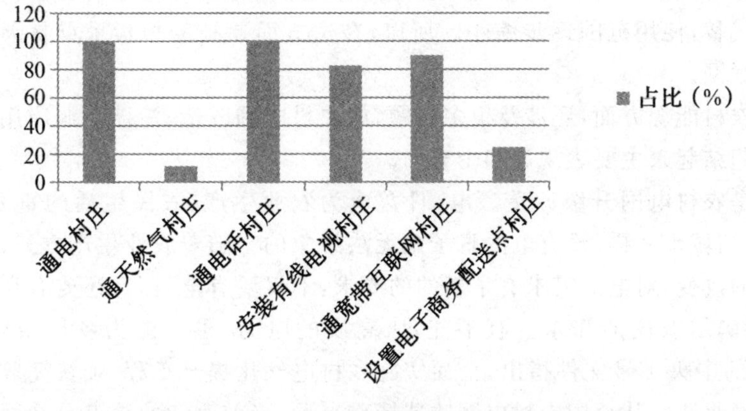

图 5-1　村庄能源、通信设施情况

图中数据来源：第三次全国农业普查主要数据公报(第三号)。

267 个村的问卷调查数据(见图 5-2)则显示，89 个村通天然气，占 33.3%，231 个村安装有线电视，占 86.5%，221 个村通宽带互联网，占 82.8%。这三个数据与第三次全国农业普查的数据比较接近，其中通天然气的村庄比例大为升高，但是比例也是很少的，仅仅占了 267 个村的 1/3。

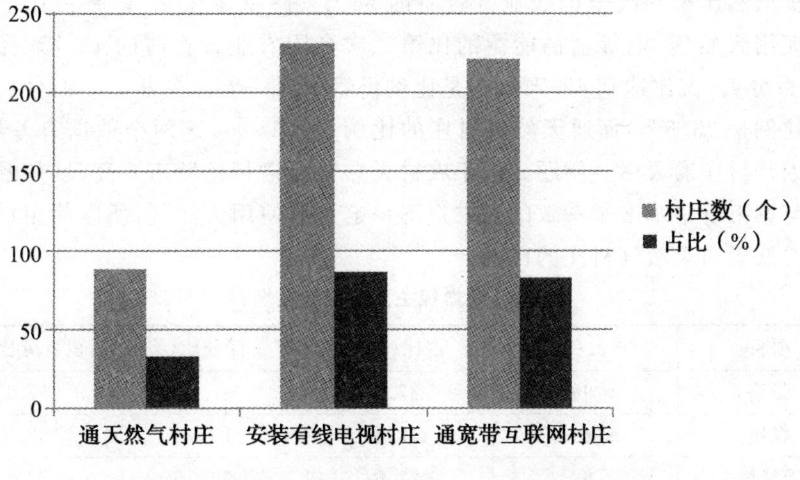

图 5-2　267 个村庄通天然气、有线电视、互联网情况

图中数据来源：267 个村庄调查问卷。

通过普查数据与我们的问卷调查数据对比分析，能源、通信在农村共同的短板就是天然气、有线电视、宽带互联网。目前，通电的村庄基本普及，有线电

话逐渐被无线电话代替，随着宽带互联网的普及应用，有线电视也正在被宽带互联网代替，使用范围逐步缩小。所以，在这方面要补的短板重点是天然气和宽带互联网。

在农村能源方面，还涉及很多问题，如农村电网改造、清洁能源应用等。这些问题归结起来主要表现为四个方面。

一是农村电网升级改造。电，日益成为农业生产、农民生活的重要基础。在农村，与城市一样，没有电的日子是无法想象的。随着农业生产方式、农民生活方式的改变，对电的需求有了新的的要求，不仅要有电，而且还要有高质量的电，才能满足农民的需求。有了充足、高质的电力，也才能为乡村振兴助力。2019 年的中央 1 号文件指出，全面实施乡村电气化提升工程，加快完成新一轮农村电网改造。从全国农村电网改造情况来看，当前改造的重点是贫困地区和偏远山区。智能电网建设也需要摆上重要议事日程，要跟上 5G 时代、大数据时代，农村电网的智能化改造迫在眉睫。

二是农村清洁能源应用。据我们对 267 个村民“您做饭主要使用什么燃料”的问卷调查，发现使用柴草、煤炭、天然气、液化石油气、电的比例分别是 37.1%、16.9%、23.6%、19.9%和 2.2%，还有 0.4%的村民使用其他燃料。从这组数据来看，农村应用传统能源的还是占了大多数，柴草和煤炭占了 54%，这个数据虽然比第二次全国农业普查时的 86.3%降低了很多，但是占比依然很高。使用天然气、电等清洁能源的比第二次全国农业普查时的 12.7%提高了 33 个百分点，占比达到 45.7%，但是比例仍然不到一半。在表 5-7 中，使用天然气的比例是 23.6%，而通天然气村庄的比例是 33.3%，这两个数据有差异，主要原因是村庄通天然气问题。由于农村天然气价格相比城市要高(城郊融合类村庄与城市价格基本是一致的)，农户不一定全部使用天然气，所以使用户数的比例要低于通天然气村庄的比例。

表 5-7　您做饭主要使用什么燃料

项目	户数(户)	占比(%)	有效百分比(%)	累积百分比(%)
柴草	99	37.1	37.1	37.1
煤炭	45	16.9	16.9	53.9
天然气	63	23.6	23.6	77.5
液化石油气	53	19.9	19.9	97.4
电	6	2.2	2.2	99.6
其他	1	0.4	0.4	100.0
合计	267	100.0	100.0	—

农村清洁能源除了天然气、液化石油气、电网供电，还包括沼气、光伏发电、风力发电、小水电等。国家一直在农村地区通过政策推广沼气应用，但是农村沼气的应用面很小，没有得到广泛推广。近年来，国家又在实施“煤改气”工程，但是在农村地区的难度很大，关键是农村通天然气的比例太低。为了加强城市污染治理，2018 年 8 月 30 日国务院出台意见，要求全国新增天然气量要优先向两个方面倾斜：一是优先用于城镇居民生活用气，二是优先用于大气污染严重地区冬季取暖散煤替代。这个意见对于农村使用清洁能源、增加通天然气比例是一个制约，农村“煤改气”工程会不同程度地受到影响。关于光伏发电，国家也出台了一些优惠政策推动分布式光伏发电，特别是光伏扶贫工程，使一些贫困地区、贫困户实现了脱贫。但是，光伏发电还没有在农村地区全面推开。

三是农村充电桩建设问题。随着电动汽车的推广普及，充电桩像加油站一样要逐步成为必要的基础设施。但是我国的充电桩建设速度不够快，还没有全面延伸到农村地区，而且有的城市也没有完全普及，这也制约了电动汽车在农村的推广，影响了农民出行选择清洁能源的积极性。

四是农村地区能源安全性问题。冬天利用煤炭取暖，一氧化碳中毒现象时常发生；农民用的液化石油气罐多年不更换，存在严重的安全隐患；用电、用气也存在线路、管道老化等问题。解决这些问题需要加强农村能源基础设施建设，推广应用清洁能源，改善农村地区的用能环境和条件，提高农民的安全意识，同时加强政府监管，如此才能有效地为农民提供安全稳定的能源环境。

在宽带互联网方面，除了需要全覆盖，农村的互联网基础设施还比较滞后，跟不上日新月异的互联网科技发展速度，这也是影响乡村全面振兴的短板问题。

§5.2 人居环境建设

农村人居环境与城市相比差距很大，突出表现为“脏、乱、差”。虽然多年来国家采取积极措施进行新农村建设、美丽乡村建设，陆续建成一批样板村、特色村，还培育出一批最美乡村、宜居乡村等各种不同类型的先进村庄，推动了美丽乡村建设，人居环境有了很大改观，但是与城市相比，农村历史欠账较多，人居环境还有很多不尽如人意的地方。均等化问题仍然是一个始终没有破解的难题，始终是全面建成小康社会和全面实现乡村振兴的短板问题。农村的人居环境与城市相比，在饮用水供给、污水处理、垃圾处理、农厕改造以及农业生产废弃物处理等方面还有很多不尽如人意的地方，这也是体现城乡差别的重要因素。下面根据国家有关统计数据，结合我们的调查数据，对农村人居环境方面的短板问题进行分类分析研究。

§5.2.1 供水问题

安全可靠的饮用水问题，是农村地区的重要需求。目前，农村水资源污染问题不容忽视，这是影响农村居民饮水安全的突出问题。国家“十二五”规划和“十三五”规划都强调了农村饮用水安全问题，从农村饮用水安全工程建设和集中式供水上升到实施农村饮水安全巩固提升工程。2018年、2019年和2020年连续三年的中央1号文件都高度重视农村饮用水提升工程建设，要求解决农村“吃水难”和饮水不安全问题，特别是2020年的中央1号文件，要求在人口相对集中的地区推进规模化供水工程建设，有条件的地方要把城市管网向农村延伸，推进城乡供水一体化。可见，自“十二五”规划以来，国家把农村饮水安全问题作为重大的民生问题进行重点规划部署，重点解决的是两个大问题，即饮水安全问题和集中式供水（或规模化供水）问题。

根据第三次全国农业普查数据（见表5-8），截至2016年年底，全国集中或部分集中供水的乡镇比第二次普查时提高了19个百分点，从72.3%提升到91.3%，但仍有8.7%的乡镇没有实现这一目标。

表5-8 乡镇、村卫生处理设施

项目	全国（%）	东部地区（%）	中部地区（%）	西部地区（%）	东北地区（%）
集中或部分集中供水的乡镇	91.3	96.1	93.1	87.1	93.6
生活垃圾集中处理或部分集中处理的乡镇	90.8	94.6	92.8	89.0	82.3
生活垃圾集中处理或部分集中处理的村	73.9	90.9	69.7	60.3	53.1
生活污水集中处理或部分集中处理的村	17.4	27.1	12.5	11.6	7.8
完成或部分完成改厕的村	53.5	64.5	49.1	49.1	23.7

数据来源：第三次全国农业普查主要数据公报（第三号）。

根据第三次全国农业普查数据（见表5-9），截至2016年年底，全国用上经过净化处理的自来水的农户只有47.7%，比第二次普查时的23.1%提高了24.6个百分点，而且地区之间极不平衡，最低的东北地区比东部地区低了26.2个百分点。从“十二五”规划时提出大力实施农村集中式供水，截至2016年年底，全国仍有52.3%的农户没有吃上经过净化处理的自来水，这个比例还是很大的。相对来说，东部地区好一点，没有吃上自来水的农户只有37.7%。而我们的问卷调查数据（见表5-10）则更好一点，截至2018年年底，267户中吃上自来水的达到72.7%（包括未经净化处理的自来水21%和经过净化处理的自来水51.7%），但是也有27.3%的农户没有吃上自来水。对这两组数据进行比较,2018 年比 2016 年吃上自来水的农户增加了 10.4 个百分点。如果按照这个速度的话,那么,27.3%没有吃上自来水的农户需要大约五年的时间就可以全部吃上自来水了,集中式供自来水就可以实现全覆盖。但是国家《乡村振兴战略规划(2018~2022)》的规划数据显示,2016 年农村自来水普及率为 79%,规划到 2020 年达到 83%,2022 年达到 85%。目前没有通自来水的村庄,要么是缺乏水源,要么是山区村铺设困难,要么是缺乏资金投入。总体来说,这些村庄通自来水的困难较大,吃上经过净化处理的自来水的难度更大。根据国家《乡村振兴战略规划(2018~2022)》的规划目标,到 2022 年还有 15%的村庄吃不上自来水,更不用说吃上经过净化处理的自来水了。

表 5-9 按饮用水来源划分的住户构成

项目	全国(%)	东部地区(%)	中部地区(%)	西部地区(%)	东北地区(%)
经过净化处理的自来水	47.7	62.3	43.9	38.2	36.1
受保护的井水和泉水	41.6	33.5	42.8	45.8	58.5
不受保护的井水和泉水	8.7	3.5	11.9	11.8	5.3
江河湖泊水	0.6	0.1	0.4	1.3	0.0
收集雨水	0.7	0.0	0.4	1.7	0.0
桶装水	0.3	0.2	0.4	0.4	0.0
其他水源	0.4	0.3	0.3	0.8	0.1

数据来源:第三次全国农业普查主要数据公报(第四号)。

表 5-10 您的主要饮用水类型

项目	户数(户)	占比(%)	有效百分比(%)	累积百分比(%)
未经净化处理的自来水	56	21.0	21.0	21.0
经过净化处理的自来水	138	51.7	51.7	72.7
地下水(如井水)	38	14.2	14.2	86.9
山泉水	11	4.1	4.1	91.0
桶装净化水	24	9.0	9.0	100.0
合计	267	100.0	100.0	—

再一个问题,就是饮水安全问题。第三次全国农业普查数据(见表 5-9)显示,不受保护的井水和泉水(8.7%)、江河湖泊水(0.6%)、收集雨水(0.7%)、其他水源(0.4%)等占到 10.4%,而受保护的井水和泉水(41.6%)由于没有经过净化处理,其安全性也是无法保证的,只是比 10.4%的不安全的饮水能够相对

安全一些。从普查结果得知，52%的农户饮水是不安全的。而我们的问卷调查（见表 5-10）则显示，截至 2018 年年底，267 户中有 14.2%的饮用地下水（如井水）、4.1%的饮用山泉水，这两个群体（占到总数的 18.3%）的饮水是不够安全的。再加上 21%的饮用未经净化处理的自来水的农户，饮水不安全的农户也达到了 39.3%。如果用普查数据与调查问卷数据进行对比的话，可以看出 2018 年比 2016 年饮水不安全的农户降低了 12.7 个百分点，平均每年降低 6 个百分点左右。照这个速度，39.3%的不安全饮水农户还需要将近七年的时间才能全部吃上安全可靠的饮用水。

由此可见，饮用水供给的短板问题重点是两个：集中式供水和饮水安全。

§5.2.2 污水处理

农村污水问题向来就是一个难以解决的大问题。由于村庄分散，再加上一些村庄位于边远山区和贫困地区，污水集中处理难度很大，基本形成了污水不治理、不处理，完全靠自然蒸发，或者排入河流湖泊。所以，在不少农村污水横流，污染严重，成为困扰农民生产、生活的大问题。国家环境保护“十二五”规划对乡镇和村庄的污水处理分别提出了不同的规划要求：一是鼓励乡镇和规模较大的村庄建设污水集中处理设施，二是城市周边村庄纳入城市污水管网，三是分散的村庄要推进分散式、低成本、易维护的污水处理设施建设。“十三五”生态环境保护规划又提出，要整县推进农村污水处理统一规划、建设、管理。2018 年和 2019 年的中央 1 号文件从加强农村污水治理到厕所革命和村容村貌提升，几乎覆盖了农村人居环境整治的各个方面。2020 年的中央 1 号文件要求开展农村黑臭水体整治，优先解决乡镇所在地和中心村生活污水治理问题。从中央的这一系列决策部署可以看出，中央对农村的污水处理越来越重视，要求越来越高，目标就是农村的污水得到全面整治处理。事实上，关于农村污水处理工作，各地也在有条不紊地推进，并取得了一些明显的成效。第三次全国农业普查数据（见表 5-8）显示，全国生活污水集中处理或部分集中处理的村达到了 17.4%。而第二次全国农业普查时，全国仅有 19.4%的镇的污水进行集中处理。2019 年 5 月 6 日，国家发改委发展战略和规划司司长陈亚军在新闻发布会上指出，农村的污水处理率达到了 22%，城市的污水处理率达到了 95%（国家发改委门户网站，2019 年 5 月 6 日）。从以上数据的变化可以看出，农村的污水处理率在不断提高。

再看看我们的调查问卷数据情况（见表 5-11），截至 2018 年年底，通过污水管道送到污水处理厂集中处理的达到了 21%。这个样本数据与陈亚军司长通报的数据比较接近，说明农村的污水处理率的确比以前有了较大提高。

表 5-11 您的生活污水是怎么处理的

项目	户数(户)	占比(%)	有效百分比(%)	累积百分比(%)
直接排到房屋周边的排水沟	159	59.6	59.6	59.6
沿街漫流	17	6.4	6.4	65.9
通过污水管道排到河流或其他地方	31	11.6	11.6	77.5
通过污水管道送到污水处理厂集中处理	56	21.0	21.0	98.5
其他	4	1.5	1.5	100.0
合计	267	100.0	100.0	—

但是,综观全国的农村污水处理情况是不容乐观的,毕竟与城市的污水处理率相差太大。在陈亚军司长的通报中,农村与城市的污水处理率相差了73个百分点,这可不是一个小数子,这是涉及农村千家万户的大事情。邓保群、缪翼在《农村厕所革命·大国里子工程》中说,目前全国还有超过1.6亿的农户的生活污水需要处理。[①] 虽然这个数字看起来很大,但是我们认为这个数字是比较保守的。我们调查问卷的数据显示,在样本数据中还有79%的污水是没有进行处理的,仅比陈亚军司长通报的数据多了1个百分点。而且样本显示的农村污水除了21%的进行了集中处理,其他的情况是直接排到房屋周边的排水沟的占59.6%、沿街漫流的占6.4%、通过污水管道排到河流或其他地方的占11.6%、其他的占1.5%。从这组数据可以看到,排到房屋周边排水沟和沿街漫流的占到66%,这些污水:一是通过排水沟排到了河道,二是自然蒸发。这说明,目前农村没有经过处理的污水成为农村水资源污染的一个重要因素,不仅污染了河道,而且还严重破坏了农村居民生活的周边环境。

通过以上分析可知,虽然国家高度重视农村污水处理工作,而且下大气力推进农村污水处理,但是农村的污水处理率依然很低,仍然是影响农村居民生活的大问题。可以说,农村生活污水是当前农村人居环境整治的突出短板。

§5.2.3 垃圾处理

随着农民生活水平的提高和生活方式的改变,农村居民越来越重视生活质量和健康水平的提高,农村的生活垃圾相应地发生了较大变化,不仅数量逐渐增多,而且垃圾的种类也在逐渐增多,处理难度也越来越大,成为影响农村环境改善的一大顽疾,也是造成农村"脏、乱、差"的重要因素。国家环境保护"十二

① 邓保群、缪翼:《农村厕所革命·大国里子工程》,中国农林科技网,2019年4月13日。

五”规划和“十三五”生态环境保护规划都对农村垃圾处理提出了具体的治理目标和治理措施。“十三五”生态环境保护规划要求完善农村生活垃圾“村收集、镇转运、县处理”模式，而且提出了就地资源化的处理模式。2012 年以来，历年的中央 1 号文件循序渐进地提出了农村垃圾治理措施和治理目标。从 2012 年部署农村垃圾处理，到 2016 年的五年专项行动和 2017 年的农村垃圾分类和资源化利用，再到 2018 年和 2019 年列入农村人居环境整治的重点，应该说是步步提升了农村生活垃圾的处理目标。2020 年的中央 1 号文件又重点强调了农村生活垃圾要就地分类、源头减量。2019 年 10 月，国家住房和城乡建设部还出台了农村生活垃圾收集、转运和处置体系的指导意见，确定了到 2022 年农村生活垃圾收集、转运和处置的目标和任务。可见，农村垃圾问题是一个多年没有解决的问题，也是农村人居环境的突出问题，还是中央高度关注的一个大问题。

第三次全国农业普查数据（见表 5-8）显示，截至 2016 年年底，全国生活垃圾集中处理或部分集中处理的乡镇达到 90.8%，村庄达到 73.9%。这个数据比第二次全国农业普查数据要好得多，2006 年年底全国只有 36.7%的乡镇有垃圾填埋场。而 2016 年年底，生活垃圾集中处理的村庄都达到了 73.9%，而且有的地区的垃圾集中处理率更高，如 2019 年 5 月 7 日广西新闻网报道，那坡县的农村垃圾治理率达到 90%，这是一个可喜的进步。陈亚军司长通报的数据是，农村生活垃圾处理率仅仅达到 60%（这个数据与第三次全国农业普查数据统计口径不太一致，第三次全国农业普查还包括了部分集中处理的村庄），比城市的 97%低了 37 个百分点。我们的问卷调查数据（见表 5-12）显示，送到垃圾箱、由村里集中填埋处理的占 28.1%，送到垃圾箱、由村里或镇里清运到县垃圾处理厂集中处理的占 49.1%，由村里安排专人挨家挨户集中回收、统一处理的占 2.2%，这三项合计有 79.4%的农村垃圾进行了集中处理。应当看到，占 28.1%的村里集中填埋处理，也是不科学的处理方式，容易造成地下水污染。国家《乡村振兴战略规划（2018～2022）》对生活垃圾进行处理提出了具体的目标，即到 2020 年要有 90%的村庄对生活垃圾进行处理，到 2022 年要超过 90%。应该说要达到这个目标需要付出极大的努力。即使达到 90%，从理论上讲，不能对生活垃圾进行处理的村庄还有 10%。

表 5-12　您的生活垃圾是怎么处理的

项目	人数（人）	占比（%）	有效百分比（%）	累积百分比（%）
随便倒到村头、河里或其他地方	55	20.6	20.6	20.6
送到垃圾箱，由村里集中填埋处理	75	28.1	28.1	48.7

续表

项目	人数(人)	占比(%)	有效百分比(%)	累积百分比(%)
送到垃圾箱,由村里或镇里清运到县垃圾处理厂集中处理	131	49.1	49.1	97.8
由村里安排专人挨家挨户集中回收,统一处理	6	2.2	2.2	100.0
合计	267	100.0	100.0	—

从第三次全国农业普查、陈亚军司长的通报、问卷调查的三个数据来看,农村生活垃圾集中处理的比例都不高,特别是在问卷调查中发现,有 20.6%的村庄不仅没有处理,而且还仍然是把生活垃圾随便倒到村头、河里或其他地方,造成垃圾污染。

再看垃圾分类处理问题。农村垃圾分类处理正式进入中央文件,是 2017 年的中央 1 号文件,当时要求进行分类处理和资源化利用。经过几年的推广,在部分地区取得了较好的成效。青岛市胶州的胶东街道办事处在辖区内的全部村庄率先开展了农村生活垃圾分类工作。中新网 2019 年 4 月 30 日报道了河南省新乡县毛庄村垃圾分类处理的新闻。毛庄村自 2018 年开始进行垃圾分类处理,每天回收的 1 吨多垃圾有 97%得到了回收利用,而且通过垃圾分类处理,展现出美丽乡村的新面貌。[①] 毋庸置疑,我国的垃圾分类处理仍处在探索阶段,虽然 2017 年中央就要求农村生活垃圾进行分类处理,但是城市的生活垃圾分类处理也没有全部覆盖,而且是大部分地区都没有做到分类处理。所以,农村地区的生活垃圾分类处理也只是在少数地区进行尝试,还没有形成整体推进的态势。

总体上看,农村生活垃圾处理有两大短板:一是生活垃圾集中处理率太低,而且垃圾处理不够科学,有的容易造成二次污染;二是生活垃圾分类处理问题需要引起高度重视。

§5.2.4 农厕改造

农厕改造,也称“厕所革命”,是中央关注的另一重大民生问题。国家环境保护“十二五”规划还没有提到农厕改造问题,到了“十三五”生态环境保护规划,就正式提出了“开展农村厕所无害化改造”的任务。2015 年以来的中央 1 号文件都部署了农村改厕工作,到了 2018 年的中央 1 号文件时,把农村改厕上升

① 参见韩章云、毛渊磊:《豫北乡村的垃圾分类实践:村子靓了 村民笑了》,中新网,2019 年 4 月 30 日。

到了农村厕所革命的高度，开始更加关注和重视农村厕所问题。2018 年 12 月，中央农办等八部委围绕提升人居环境建设水平，提出了到 2020 年和 2022 年农村“厕所革命”专项行动的具体措施和目标任务。2019 年的中央 1 号文件更进一步提出中央财政对农村厕所革命整村推进等给予补助，全面加大了农村厕所革命的力度。2019 年 3 月 5 日，在全国两会“部长通道”上，农业农村部部长韩长赋指出，2019 年中央财政计划安排 70 亿元资金，推动全国 3 万个村庄、1000 万的农户实现改厕。2020 年的中央 1 号文件继续把厕所革命作为农村人居环境整治的重要任务进行具体部署。2019 年 4 月 3 日，财政部、农业农村部又专门出台了农村“厕所革命”的财政奖补政策，确定了五年的农村“厕所革命”目标，要求有条件的农村全面普及卫生厕所，并对厕所粪污进行处理和资源化利用，从根本上改善农村人居环境。

由于中央高度重视，我国农村改厕工作稳步推进，而且取得了初步成效。第三次全国农业普查数据（见图 5-3）显示，截至 2016 年年底，全国使用水冲式卫生厕所和水冲式非卫生厕所的农户分别达到 36.2%和 3.1%，合计达到39.3%，使用水冲式厕所的农户比第二次农业普查时的 12.8%增加了 26.5 个百分点。2006～2016 年的十年间，从增加的比例来看，2016 年是 2006 年的 3 倍多，貌似比例很大，但是从增加的速度来看，平均每年只增加了 3%左右，速度并不快。

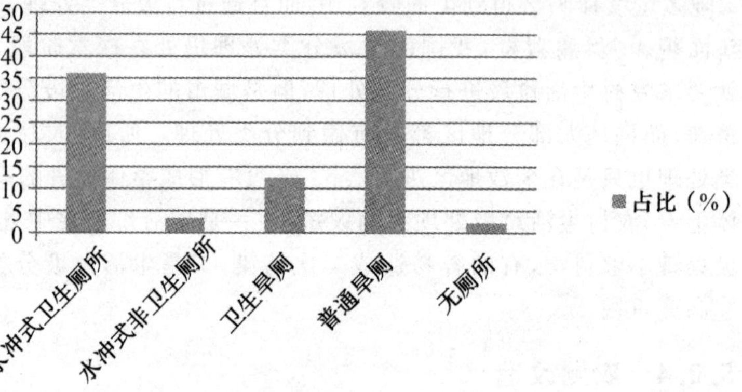

图 5-3　按家庭卫生设施类型划分的住户构成

图中数据来源：第三次全国农业普查主要数据公报（第四号）。

我们的问卷调查数据（见表 5-13）显示，267 户中使用水冲式厕所的比例达到了 49.8%。这个比例明显比第三次全国农业普查数据要高，而且高出了10.5个百分点。如果按每年 3%的速度增加的话，问卷调查的数据则比农业普查数据高出仅仅 4 个左右的百分点。也就是说，问卷调查数据基本接近于农业普查数据。

表 5-13　您是否水冲式厕所

项目	户数(个)	占比(%)	有效百分比(%)	累积百分比(%)
是	133	49.8	49.8	49.8
否	134	50.2	50.2	100.0
合计	267	100.0	100.0	—

《中国农业绿色发展报告(2018)》(由中国农业科学院中国农业绿色发展研究中心编写发布)显示,全国使用卫生厕所的农户达到 48.6%。这个数据与我们的问卷调查数据较为接近。

但是,2019 年 4 月 14 日,《民主与法制时报》在第 1 版报道的《乡村厕所之变》中提到,根据国家卫生健康委员会(原国家卫生和计划生育委员会)的数据,2000～2017 年间,拥有卫生厕所的农村住户比重大幅提高,从 40.3%增至 81.8%;拥有无害化卫生厕所的农村住户比重从 19.3%增至 62.7%。从这个数据来看,农村卫生厕所已经达到了较高的比例。可能由于统计口径的不同,这个数据与全国农业普查数据及调查问卷数据差距较大。即使目前达到了 62.7%,与《"健康中国 2030"规划纲要》提出的到 2030 年全国农村居民基本都能用上无害化卫生厕所的目标,仍有较大差距。国家《乡村振兴战略规划(2018～2022)》提出,到 2020 年农村卫生厕所普及率达到 85%,2022 年超过 85%。要实现这个目标,压力也是很大的。

通过以上几组数据的分析比较,我们认为,目前全国使用卫生厕所的农户应该在 48%以上、50%以下,这是一个比较符合我国农村实际的数据区间。

在农村厕所革命中,有不少研究者提出了一些值得关注的问题。武汉大学的刘燕舞老师在《半月谈》上撰文《何处"方便"?旧厕拆了,新厕不如愿》,提出了资金来源、设计和后期运营管理等问题。2018 年 12 月 21 日,大众网发表了题为《农村改厕工作存在的问题及对策建议》的文章,指出目前农村改厕存在着上报数据信息失实、招标程序不规范、工程质量不达标、后续服务管理不到位的问题。2019 年 1 月 24 日,中央电视台《焦点访谈》栏目报道了《新厕所为啥成摆设》的新闻,报道了甘肃和山东的两个区县花大力气改造的冲水式厕所却用不了的典型案例,同时曝光了农村改厕账实不符、监管不力等实际问题。这些问题也引起了学界和基层的关注。范彬提出要谨防"二次厕所革命"问题①。还有学者、基层工作者,也包括农民,提出了农村厕所改造要标准化、规范化,要加强后期的管护。另外,一些山区村居民居住比较分散,再加上近几年空心村的出

① 参见范彬:《谨防农村厕所革命演变成水冲厕所运动》,《民主与法制时报》,2019 年 4 月 14 日第 3 版。

现,也影响了农村改厕的全面推进。

在全面进行农村厕所革命的同时,必须清醒地看到,农村改厕不是一蹴而就的,是一个非常艰巨的任务。第三次全国农业普查数据(见图 5-3)显示,农村非卫生厕所的比例还比较大,其中使用旱厕的农户达到 58.6%,这个比重是很大的,另外还有 2%的农户没有厕所。这 2%没有厕所的农户达到了 469 万户,是一个不小的数字。我们的调查问卷(见表 5-13)显示的是,样本数据中有 50.2%(2018 年年底)的农户没有使用水冲式厕所。这两个数据都说明,农村还有一半以上的农户没有用上卫生厕所,农村改厕的压力还是很大的。同时,农村公共厕所的改造任务也很艰巨,涉及乡村旅游村庄、农业采摘园、农家乐以及农村的幼儿园、学校、日间照料中心、各类经济实体等公共场所,都需要进行厕所革命,建设提高农民生活品质的无害化卫生厕所。

厕所革命,作为农村最直接的民生工程,是农民最现实的迫切需求,目前最大的短板就是水冲式非卫生厕所和旱厕改造,目标就是让农民全部用上无害化卫生厕所。

白色污染以及畜禽养殖、化肥农药、秸秆焚烧等带来的污染,都属于农业生产废弃物或农业生产的衍生污染,其危害越来越严重,也成为农村人居环境整治的重点。下面对这一类影响农村人居环境的问题进行逐一分析,找出其真正的短板问题,以便有针对性地进行对策研究。

§5.2.5 白色污染

随着农业的现代化,农村使用地膜的频率不断提高。为了提高农作物产量,农民不断增加农膜的使用范围和使用量,由最初的地膜发展到大棚膜、小棚膜、瓜果套袋、反光膜等农用塑料薄膜。根据国家统计局数据,2010～2015 年全国农用塑料薄膜的使用量呈现逐年增加的态势,由 2010 年的 2172991.39 吨增加到 2015 年的 2603561 吨。2016 年以后开始逐年出现小幅回落,2018 年降为 2464795.41 吨。虽然 2018 年的数据有所下降,但也比 2010 年增加了 13.43 个百分点。这些农用薄膜由于回收不及时甚至不回收,被丢弃在环境中,造成了严重的环境污染。同时,包装用的塑料袋、塑料膜、塑料盒、塑料餐具等塑料包装物也经常被散落在田间道旁,增加了农村的白色污染。白色污染具有两种危害:一是视觉污染,二是潜在危害。由于塑料制品不容易降解,对土壤形成长期危害。

由于白色污染危害严重而且具有长期性,多年来,我国一直重视白色污染的治理工作。在国家环境保护"十二五"规划和"十三五"生态环境保护规划中,分别提出了加强废弃膜的资源化利用和开展农膜回收利用的意见。关于农膜回收利用问题,进入了 2014 年以来的所有中央 1 号文件,而且力度逐年加大。

2019 年的中央 1 号文件要求下大气力治理白色污染。2020 年的中央 1 号文件继续强调了农膜污染治理问题。2017 年 5 月 16 日，农业部印发了《农膜回收行动方案》，要求完善农膜回收网络，提升资源化利用水平，到 2020 年农膜回收利用率要达到 80%以上，"白色污染"得到有效防控。2018 年 11 月 6 日，生态环境部、农业农村部联合印发的《农业农村污染治理攻坚战行动计划》提出了试点"谁生产、谁回收"的废旧地膜回收处理制度。2018 年 12 月 29 日，中央农办等 18 部委制定的《农村人居环境整治　村庄清洁行动方案》反复强调要抓好白色垃圾、废旧农膜的清理工作。2018 年 12 月 29 日，国务院办公厅印发的《"无废城市"建设试点工作方案》则更加明确地提出了试点城市要以回收、处理等环节为重点，提升废旧农膜及农药包装废弃物的再利用水平，而且对使用农膜的标准、回收的办法都作出了具体规定，并重申了到 2020 年农膜回收率达到 80%以上的目标。2019 年 1 月，农业农村部、自然资源部等 10 部委联合下发的《关于加快推进水产养殖业绿色发展的若干意见》也提出着力治理白色污染问题。从中央的这一系列政策和文件中，我们可以看出中央对白色污染治理的重视程度，从农膜的回收和资源化利用，到农业各产业农膜应用的管控，逐步升级，逐步实现了全覆盖。

由于中央及各级政府的高度重视，我国的白色污染逐步得到了有效控制。《中国农业绿色发展报告(2018)》显示，我国农膜回收率超过 60%，新疆、甘肃等地区的废旧地膜当季回收率接近 80%。如果达到了 80%的标准，就基本达到了"无废城市"建设的要求。我们的调查团队到农村调查时发现，山东省 RS 市加大了白色污染的治理力度，通过出价回收农膜的方式，组织农民收集农业生产废弃的白色垃圾。山东省 L 市 BXP 村的村干部也自觉地组织农民上山捡废弃的塑料农膜，进行统一回收处理。2019 年 1 月 23 日，在首届白色污染防治与生态塑料发展论坛上，山东天壮环保科技有限公司董事长王丽红女士提出，下一个十年公司要在全国规划布局建立 180 家生态塑料产业扶贫基地，实现每年解决 2000 万吨的塑料污染。2019 年 2 月 20 日，昌吉政府网报道了奇台县按照"谁使用、谁回收、谁污染、谁治理"的原则，加强废旧地膜的回收利用，2019 年全县地膜回收率要达到 75%以上，2020 年达到 80%以上。作为地方政府、企业，甚至农村的村干部和村民，都意识到了白色垃圾的危害，而且都在行动，向白色污染宣战。像刚才提到的 RS 市、奇台县、天壮环保公司、L 市的 BXP 村这样的案例越来越多，白色污染的网被拉得越来越紧。

虽然我国目前的农膜回收率达到了 60%，但是有些地区的回收率仍然很低，资源化利用率相对更低。40%的残膜，就是将近 100 万吨的规模，这个数字是惊人的，而且离 2020 年达到 80%的回收率，还有较大差距，离 100%的回收率和资源化利用率差距更大。这就是白色污染治理的短板。

§5.2.6 畜牧养殖污染

改革开放以来，我国的畜牧养殖业得到了快速发展，已成为我国农业发展的重要产业，是农林牧渔中除了农业种植业的第二大产业。根据国家统计局网站公布的有关数据，2017 年全国牧业总产值达到 29361.19 亿元，仅比 2016 年的 30461.17 亿元低了 3.61%，是 2012 年的 110.83%，而且自 2012 年以来的其他年份都是逐年提高的。2018 年下降为 28697.40 亿元，与 2015 年基本持平。虽然 2017 年、2018 年出现小幅下降，但是总体上还是比较稳定的。体量如此庞大的畜牧养殖业，产生的畜禽粪便、污水、空气等污染也是巨大的，成为影响周边居民生活品质的重要污染源。

从 2019 年 4 月 17 日在广西南宁举办的“2019 畜禽粪污资源化利用高峰论坛”上获悉，目前全国畜禽粪污综合利用率达到 70%，规模养殖场粪污处理设施装备配套率达到 63%。2019 年 4 月 18 日，农业农村部网站报道：2019 年要组织实施好整县推进项目，完成大型规模养殖场粪污处理设施装备配套率达到 100%的任务，完善粪污资源化利用路径，同时加强技术支撑和服务。可以看出，国家对于畜牧养殖污染的治理非常重视，而且提出了很高的治理目标。通过国家在规划、治理、政策等方面的举措能够更清晰地看到，国家给予畜牧养殖污染治理极大的关注。

国家环境保护“十二五”规划仅仅提到了提高养殖业污染防治水平，而没有进行具体污染治理规划；国家“十三五”生态环境保护规划要求养殖密集区推行粪污集中处理和资源化利用，实际上已经上升到国家战略的高度。2013 年 11 月，中华人民共和国国务院令第 643 号《畜禽规模养殖污染防治条例》把治理畜牧养殖污染上升为国家法规的高度，畜禽养殖废弃物的综合利用和无害化处理都要依法进行。从历年的中央 1 号文件来看，2014 年提出了规模养殖场畜禽粪便资源化利用问题，之后连续六年的中央 1 号文件都提出畜禽粪便的集中处理和资源化利用问题，其中 2016 年提出设施资源化利用和无害化处理区域示范工程建设，2019 年提出实施畜牧养殖大县粪污资源化利用整县治理全覆盖，2020 年要求基本完成大规模养殖场粪污治理设施建设。围绕贯彻中央文件精神，国务院相关部委积极出台了一系列的政策措施，推动畜牧养殖污染治理工作。2015 年 4 月，农业部提出到 2020 年畜禽粪便基本资源化利用和规模畜禽养殖场（小区）配套建设废弃物处理设施比例达 75%以上的治理目标。2017 年 5 月 31 日，国务院又要求规模养殖场粪污处理设施装备配套率达到 95%以上，大型规模养殖场粪污处理设施装备配套率提前一年达到 100%。这比 2015 年农业部的要求提高了 20 个百分点。自此，国家开始密集地出台文件，加强畜禽粪便的污染治理工作。2017 年以来，国务院办公厅、农业农村部、财政部等部委出台了10多个专门研究部署畜牧养殖污染防治的政策文件，对这项工作倾注了极大的人力、物力和财力。农业农村部在2019年和2020年畜牧兽医工作要点上，强调了提高治理目标：一是提出要由整县推进畜禽粪污综合利用提升到整省推进，二是提出了具体目标，要求畜禽粪污综合利用率要达到75%以上，规模养殖场粪污处理设施装备配套率达到95%以上。

各地区在畜牧养殖污染防治方面，按照中央的部署都在积极地推进。浙江省自2003年以来，一以贯之地实施“千万工程”，畜禽粪污综合利用、无害化处理率达到97%，成为全国整省推进的典范。这比2019年整省推进要达到的综合利用率还高出22个百分点。近年来，全国各地加强了不达标的养殖场整治工作，清理了一批露天禽粪晾晒场，关停了一批不达标的小型养殖场，搬迁了一批在禁养区内的畜禽养殖场和养殖专业户，整改了一批不合格的大型养殖场，建成了一批畜禽粪污综合利用设施和集中处理设施。同时，加强了畜牧养殖污染防治的监管工作，污染防治水平有了很大提高，臭气熏天、污水横流的局面得到了有效遏制，过去农村“一家养殖、全村受污”的现象基本消失了，全国畜禽粪污的资源化利用率也达到了70%。

但是，畜牧养殖污染防治工作是一项长期工作，容易反弹，必须常抓不懈，这也给基层工作增加了压力。更重要的是要看到，我国畜禽粪污综合利用率虽然有了较大幅度的提高，但是2018年年底仅仅达到70%，还有30%的短板。要解决这30%的短板，不仅涉及资金投入，还关系污染治理成本，最终取决于养殖效益。自2019年以来，受非洲猪瘟疫情等多方面因素的影响，我国畜禽养殖业都取得了较好的经济效益。在养殖利益向好的情况下，引导企业加大投入，进行畜禽粪污综合治理，是一个很好的机遇。国家《乡村振兴战略规划(2018～2022)》也规划了畜禽粪污综合利用率的预期目标，要求到2020年和2022年分别达到75%和78%。按照这个规划，到了2022年还有22%的短板。要补齐这些短板，必须进行整县、整省的推进，最后达到全国全部治理到位的理想目标。同时，还要防止二次污染的出现。所以说，畜禽粪污治理工作短板突出，压力很大。

§5.2.7　化肥、农药污染

自20世纪中叶以来，化肥、农药在我国逐步得到推广应用，成为农业发展的重要生产资料。应该说，化肥、农药的广泛应用，对提高以粮食为重点的农作物产量，解决我国10多亿人口的吃饭问题，功不可没。从国家统计局官网发布的统计数据来看，由于我国是一个农业大国，化肥、农药的使用量在规模上是很大的。化肥使用量2009～2015年是逐年增加的，但是增速是一个逐步放缓的趋势。2009年全国农用化肥施用折纯量是5404.4万吨，2015年达到6022.6

万吨，达到了峰值，六年间增长了 11.44%。农药的使用量 2009～2014 年是逐年增加的，2009 年全国农药使用量 170.9 万吨，2014 年达到了高峰，达到 180.69 万吨，五年间增长了 5.73%。由于国家采取措施控制化肥、农药使用量，双双出现了下降趋势。化肥使用量出现逐年下降趋势是从 2016 年开始的。2016 年全国农用化肥施用折纯量是 5984.1 万吨，2018 年则降到 5653.42 万吨，比 2012 年的 5835.85 万吨减少了 182.43 万吨。2018 年的农药使用量下降到 150.36 万吨，低于 2011 年 178.7 万吨的水平。从图 5-4 和图 5-5 可以看出，化肥、农药的使用量从 2010 年开始都是缓慢增长的，但是 2015 年以后化肥使用量、2013 年以后农药使用量逐步呈现出下降趋势。

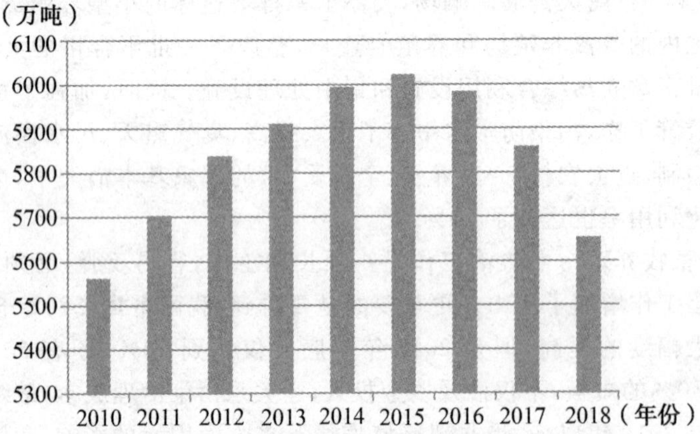

图 5-4　2010～2018 年全国农用化肥施用折纯量

图中数据来源：国家统计局网站。

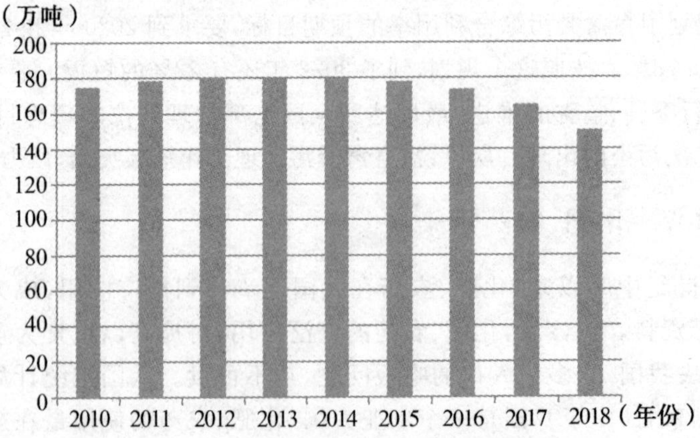

图 5-5　2010～2018 年全国农药使用量

图中数据来源：国家统计局网站。

国家对化肥、农药的生产、使用都提出了明确的调控目标。2015 年 7 月 20 日，工信部《关于推进化肥行业转型发展的指导意见》对化肥生产提出了明确的调控目标，而且对提升环保节能也提出了明确的目标要求，要求到 2020 年化肥生产的能源消耗水平、污染物排放等都必须达到规定的标准。对农药管理调控则更为严格，在 2000 年对甲胺磷等五种高毒有机磷农药加强登记管理的基础上，2002 年 5 月 10 日农业部第 194 号公告对氧化乐果等 6 种高毒农药在甘蓝等部分作物上的登记使用予以撤销，并停止受理 11 种高毒、剧毒农药的新增登记。2002 年 6 月 5 日，农业部第 199 号公告对六六六、滴滴涕、毒杀芬等农药明令禁止使用。自此，原农业部等相关部委已发布 10 多个文件，对部分农药进行禁止使用和限制使用，而且有的还针对具体的农作物进行禁止和限制使用相关农药。

在国家宏观调控化肥、农药的生产、使用的基础上，这也逐步列入了国家战略，并多次写进中央 1 号文件。国家"十三五"生态环境保护规划明确提出了化肥、农药的调控目标，要求到 2020 年，实现化肥农药使用量零增长，化肥利用率提高到 40%以上。2012 年的中央 1 号文件提出要引导农民合理使用化肥、农药。2014 年，将支持高效肥和低残留农药使用再次写进中央 1 号文件。2015 年的中央 1 号文件又提出大力推广生物有机肥、低毒残留农药。2016 年的中央 1 号文件更明确地提出实施化肥、农药零增长行动。2018 年的中央 1 号文件要求推进有机肥替代化肥、病虫害绿色防治。2019 年的中央 1 号文件要求实现化肥、农药使用量负增长。2020 年的中央 1 号文件要求开展化肥、农药减量行动。2015 年，农业部提出实施化肥、农药零增长行动。围绕零增长行动的实施，原农业部提出了三个配套的指标要求：一是测土配方施肥技术覆盖率达 90%以上，二是农作物病虫害绿色防控覆盖率达 30%以上，三是肥料、农药利用率均达到 40%以上。2019 年和 2020 年农业农村部的种植业工作要点，围绕落实化肥、农药使用量实现负增长的目标，对化肥、农药的使用要求，实现了由推进化肥、农药减量增效行动，到促进环境友好型绿色农药替代传统农药的转变。而且 2020 年又重申了化肥利用率提高到 40%以上、主要农作物病虫绿色防控覆盖率达到 30%以上的目标。在政策上，2018 年财政部在《关于实施绿色循环优质高效特色农业促进项目的通知》中专门提出了有机肥替代化肥补贴办法。2019 年，农业农村部、财政部又把果菜茶有机肥替代化肥行动列入了《2019 年重点强农惠农政策》中的重点支持范围。2019 年 5 月 9 日，中共中央、国务院印发了《关于深化改革加强食品安全工作的意见》，要求实施化肥农药减量增效、水产养殖用药减量、兽药抗菌药治理三大行动，淘汰 10 种高毒农药。可见中央对化肥、农药、兽药的使用高度重视，纳入了健康中国战略和乡村振兴战略。

从国家对化肥、农药的生产、使用的宏观调控，到国家采取积极的政策，实现化肥、农药使用量的零增长、负增长，这是我国实施的一项重大民生工程，关注了国家对生态环境的保护，体现了国家对全民健康的关爱，贯彻的是一种以人民为中心的发展理念，也是健康中国的重要组成部分。

从全国各地落实化肥、农药减量增效行动来看，很多地区都取得了积极的成效。2017 年年底，山东省农药使用折百量 2.42 万吨，实现了连续三年下降。① 2018 年 10 月底，海南省农药、化肥使用量同比分别减少 5.2%、1.1%，化肥、农药减量目标提前实现。② 到 2018 年，湖北省化肥、农药使用量已连续五年负增长。③ 2018 年，河北省实现减施化肥 6 万吨。④ 2018 年，云南省化肥使用量首次出现负增长，农药使用量已连续三年实现负增长。⑤ 2018 年，四川省巴中市南江县主要农作物化肥利用率达到 38%。⑥ 2018 年，甘肃省民乐县推广水肥一体化，减少化肥农药使用量 20%左右。⑦ 从这些典型案例可以看出，随着人们对食品安全和环境保护的高度重视，化肥、农药污染问题逐步被提到重要的议事日程，开始向化肥、农药等面源污染宣战。政府的政策引导，农民的自觉行动，消费者的积极抵制，使得化肥、农药使用量正在呈现出零增长、负增长的发展趋势，国家确定的预期目标正在一步一步实现。

但是，由于我国是一个农业大国，担负着 14 亿人口的吃饭问题，多年来的农业增产增效主要依靠的就是化肥、农药的广泛使用，虽然近几年我国一直在实施减量增效行动，但是化肥、农药的使用量和利用率与发达国家相比，差距还是很大的。从原农业部公布的有关数据不难看出我们的差距与不足。2015 年 12 月 2 日，农业部首次公布了化肥、农药利用率的相关数据（见表 5-14），2015 年我国水稻、玉米、小麦三大粮食作物化肥利用率和农药利用率分别比 2013 年提高 2.2 个百分点和 1.6 个百分点。这两个数字可以减少农民 26 亿元的投入，也就是说可以减少 26 亿元的农业生产成本。在这个通报中，原农业部还比

---

① 参见杨久涛、李振博：《山东农药用量连续三年下降》，《农民日报》，2018 年 6 月 1 日第 6 版。

② 参见傅人意：《海南大力推广绿色防控技术　去年提前完成化肥农药减量目标》，人民网，2019 年 1 月 17 日。

③ 参见佚名：《湖北化肥使用量已连续五年负增长》，中国化肥网，2018 年 8 月 31 日。

④ 参见赵红梅：《河北今年将减施化肥 6 万吨》，《农民日报》，2018 年 6 月 1 日第 5 版。

⑤ 参见白靖利、赵珮然：《云南：化肥使用首次实现负增长》，新华网，2018 年 12 月 10 日。

⑥ 参见佚名：《四川省深入推广化肥零增长行动》，中国农业新闻网，2018 年 7 月 2 日。

⑦ 参见祝兆庆：《民乐县推广水肥一体化肥料利用率可达 80%以上》，《农民日报》，2019 年 5 月 18 日第 7 版。

较了我国与欧美发达国家的相关情况，通报说欧洲主要国家粮食作物利用率大体在65%，比我国高15～30个百分点。我国农药的利用率只有35%，比欧美发达国家（平均为50%～60%）低15～25个百分点。而美国粮食作物氮肥利用率大体在50%，也远远比我国高出约15个百分点[①]，这个差距是显而易见的。我国亩均化肥用量是21.9千克，而世界平均水平是8千克，我国远远高于这个水平，分别是美国和欧盟的2.6倍、2.5倍。[②] 2019年2月，农业农村部等7部委制定的《国家质量兴农战略规划（2018～2022年）》中提到，2017年我国主要农作物化肥、农药的利用率分别达到了37.8%和38.8%（见表5-14）。这个数据分别比2015年提高了2.6个百分点和2.2个百分点，取得这个成绩也是难能可贵的，但是与世界发达国家相比，差距依然很大。原农业部制定的到2020年化肥和农药使用量零增长行动方案，要求到2020年主要农作物化肥、农药利用率都要达到40%以上。这个目标仍然低于欧美发达国家50%～60%的水平。《国家质量兴农战略规划（2018～2022年）》稍稍提高了控制指标，2020～2022年的两年时间只提高1个百分点，即主要农作物化肥、农药利用率都要达到41%以上。虽然这两个规划目标比2013年的都有了很大提高，与欧美发达国家的差距正在缓慢缩小，但是与欧美等发达国家相比，差距依然较大，仍然需要继续采取强有力的措施，逐步降低使用量，提高使用率。这是摆在我国面前的一个迫切而重要的民生工程，是广大人民美好生活的热切期盼。

表5-14 主要农作物化肥、农药利用率情况

年份	2013	2015	2017	2020	2022
化肥（%）	33.0	35.2	37.8	40.0	41.0
农药（%）	35.0	36.6	38.8	40.0	41.0

注：2013年的数据是根据农业部2015年首次公布化肥、农药利用率推算的数据；2015年和2017年两年的数据是原农业部公布的数据；2020年的数据是原农业部《到2020年化肥使用量零增长行动方案》和《到2020年农药使用量零增长行动方案》规划的目标数据；2022年的数据是《国家质量兴农战略规划（2018～2022年）》规划的目标数据。

综观我国化肥、农药在使用量、利用率上与欧美等发达国家的差距，数据是表面现象，背后深藏的是技术问题和观念问题，也有管理上的问题。关于技术问题，在这里我们不作过多的阐述。

---

① 参见佚名：《农业部首次公布化肥、农药利用率数据》，中国有机农业网，2015年12月26日。

② 参见王克：《中国亩均化肥用量是美国的2.6倍　农药利用率仅为35%》，《中国经济周刊》，2017年8月29日。

我们先看看观念问题。观念问题包括两个方面。第一个方面是传统的化肥、农药观念。在我国依靠化肥、农药提质增效，可能还要持续很长一段时间，即使真能做到每年减少1%的化肥、农药使用量，同时每年提高1%的利用率，要达到欧美国家50%以上的利用率也还需要10多年的时间。虽然人们都认识到了化肥、农药带来的危害，但是减量增效需要一个过程。所以这种传统的依靠化肥、农药的观念，不仅是人们认识的转变问题，而且还需要在技术层面，通过提供更多的先进技术来推动化肥、农药的减量增效。这第一方面的观念问题如果说还带有善的一面，那么第二个方面的观念问题可能就不那么简单了。"城里人真抗药"这句话，可能大家都听说过。虽然不少人听了可能当成一句玩笑话，但是其内部包含了部分农民不够"善"的观念，这就是第二个方面的观念问题。这第二个方面的观念问题，简单地说就是部分农民为了追逐利益最大化，抛弃了食品安全理念，为社会提供了不应该提供的、危害人民健康的食品。这个问题是比较普遍存在的，只是在不同的地方存在的程度不同。我们实地调研时发现，有种植户也有养殖户，都是在采用两个标准进行生产，一个标准生产的是自己食用的，另一个标准生产的是投放市场的。这就出现了"城里人真抗药"这个似乎是玩笑话的真话。比如说，农民在种植水果时，自己吃的不打药、不用膨大素，而商品化产品则既打药又用膨大素。记得有一次，一位朋友到市场上买了一捆豆角，回家做熟了以后，农药味特重，没法吃，只好扔掉。所以说，观念的问题是首要的问题。这个问题不解决，规划目标就不可能实现，缩短与欧美发达国家的差距也只能是一句空话。值得注意的是，这种观念的问题正在逐步得到解决，而且可以通过加强教育引导、政策引导和管理约束等手段予以解决。

再看看管理问题。化肥、农药的管理问题至少包括三个环节，即生产管理、使用管理和追溯管理。更重要的还是通过问题管理和追溯管理，进行倒逼管理。通过问题管理，建立一整套的发现问题、解决问题的制度、办法，防患于未然。化肥、农药的生产、应用事关农业提质增效，事关食品安全，必须采取问题管理的办法，解决可能出现的与化肥、农药相关的任何问题。但在现实生活中，化肥、农药的生产，特别是使用，管理比较松懈。在生产环节，国家相关部门管理得比较严格，从各种制度上加以规范约束。而在使用环节，由于我国小农户面广量大，他们自行使用化肥、农药，缺乏规范化管理的制度和措施，随意性较大。比如有的小农户由于土地比较少，在播种时一次性打上灭草剂，再定期打药，这种粗放式的管理方式很难减少农药的使用量，其利用率也很难保证，而且带来的是土壤破坏和食品安全风险。所以说，加强问题管理是非常重要的。追溯管理，是加强农产品安全管理的重要手段。早在2015年，国务院就出台了重要产品追溯体系建设意见，2016 年农业部提出了农产品质量安全追溯体系建设的具体意见，这两个意见对我国食用农产品、农业生产资料可追溯体系建设提出了具体要求，是我国农产品质量追溯的重要依据。之后，甘肃、浙江等省都逐步建立了各自的农产品质量安全追溯体制机制。农产品从生产环节到进入流通或生产加工环节的全程可追溯体系，逐步在全国各地建立起来。虽然有了可追溯的体制机制，但是在具体的运作过程中，还没有做到主要农产品全覆盖。就目前而言，我国的农产品可追溯体系的重点是在家庭农场、农业合作社、种养大户、农业产业化龙头企业等规模相对较大的农业生产单位，也有一些小农户适应电子商务的发展，自己建立了一套可追溯的质量管理制度。人们在购买农产品时，也没有意识要去进行质量追溯。在我们的日常生活中，很少发现有人购买农产品时索要发票，也就是说缺少质量安全追溯意识。在消费者没有质量追溯意识的情况下，加强质量监管是非常有效的办法之一。农业农村部、商务部都要求在大型农产品市场、超市等农产品销售的重要场所，都要建立农产品质量检测中心，对市场销售的农产品进行快速检测，并且相关质检部门进行定期不定期的抽检，这对于保护消费者权益、保证食品安全起着重要的作用。但是，建立质检中心或者进行快速检测的农产品销售单位数量太少，覆盖不了我国庞大的农产品销售网络体系。再好的制度，也需要有人去落实，有人去监督，否则只能是一纸空文。山东省农业厅、食品药品监督管理局自 2017 年 11 月 1 日零时起，全面推行韭菜产品（不含加工品）“双证制”管理，但是时间过去了两年多了，没有双证的韭菜仍然在市场销售。那么问题来了，应当由谁来监督一个好的制度实行呢？没有规矩不成方圆，有了规矩没有监管，也难以成方圆，这是一个很简单的道理。所以，必须通过加强对韭菜等农产品市场的监管，追溯禁用和限制农药的生产、使用，保证农药使用量的下降和利用率的提高，保障农产品质量安全。

通过以上的分析研究，我们认为国家在化肥、农药的生产、使用、管理等方面提供了很多的政策、制度、规范，全国的化肥、农药的生产、使用都在朝着既定的目标发展。但是就全面建成小康社会、全面实现乡村振兴而言，化肥、农药的短板问题依然很突出，概括起来就是污染问题和食品安全问题，具体讲就是化肥、农药的使用量和利用率与欧美等发达国家差距较大，监督管理也有不少需要解决的问题。化肥、农药的短板问题，其源头是农业农村问题，但是它不仅是农业农村需要解决的问题，而且还是涉及全民健康的问题。

§5.2.8 秸秆焚烧污染

秸秆作为农作物生产的废弃物，是具有很高的使用价值的。20 世纪 70 年代甚至80年代以前，农作物秸秆主要是作为家庭生活能源和养畜饲料。由于那个时代物资缺乏，基本没有焚烧秸秆现象，甚至有的家庭秸秆还不能满足生活能源和养畜需要。但是，随着人们生活水平的不断提高，液化石油气、天然气等清洁能源逐步进入农村，改变了农村生活能源结构，秸秆作为主要生活能源的地位逐步下降。过去农村大多数农户养殖役牛作为农业动力，但是随着农业机械化的发展，农村家庭养畜的结构也发生了变化，役牛也退出了历史舞台，逐步改为养殖食用畜禽，而且养殖畜禽的农户比养殖役牛的农户大大减少，畜禽成品饲料也代替了秸秆。基于以上这两个因素，农村秸秆出现了剩余，露天焚烧和随意丢弃现象时有发生，甚至有的地区露天焚烧成为处理秸秆的主要途径，造成了严重的大气污染。

秸秆露天焚烧现象早已引起各级政府的关注。20世纪90年代，我国大多数地区就已经开始实施禁止秸秆露天焚烧；进入21世纪，秸秆资源化利用逐步提到议事日程上来，从国家到地方各级政府都出台了一系列政策措施，遏制秸秆焚烧，鼓励资源化利用。首先值得关注的是，2002年12月修订的《中华人民共和国农业法》(第六十五条)，首次把农产品秸秆的综合利用上升到法律地位。2012年12月再次修订的农业法，维持了2002年的提法，再次以法律的形式把秸秆的综合利用固定下来。

从国家规划来看，对农作物秸秆的利用越来越重视，对秸秆综合利用率、还田率都制定了具体的工作目标(见表5-15)。国家环境保护“十一五”规划提出了秸秆的综合利用，国家环境保护“十二五”规划提出了秸秆的资源化利用，国家“十三五”生态环境保护规划进一步提出了要强化秸秆综合利用与禁烧。2015年5月，农业部等8部委制定的《全国农业可持续发展规划(2015～2030)》，提出要禁止秸秆露天焚烧，并且提出了秸秆全量化利用的理念，确定到2030年农作物秸秆要得到全面利用。2016年10月，国务院印发的《全国农业现代化规划(2016～2020年)》，提出推动秸秆的“五化”(肥料化、饲料化、基料化、能源化、原料化)利用和全量化利用。2016年年底，国家发改委办公厅、农业部办公厅印发了《关于编制“十三五”秸秆综合利用实施方案的指导意见》，进一步强调了“十三五”期间农作物秸秆综合利用的目标任务。2019年2月，国家7部委发布的《国家质量兴农战略规划(2018～2022年)》重申了秸秆综合利用，而且优先支持秸秆就地还田。从秸秆的综合利用到全面禁烧，再到全量化利用，列入国家环境保护等相关规划，说明秸秆露天焚烧带来的污染日趋严重。从另一个角度来看，则说明秸秆虽然是农作物的废弃物，但是作为一种资源是有其资源利用价值的，可以通过资源化利用变废为宝。所以禁烧以后，就必须进行全量化利用。

表 5-15 农作物秸秆综合利用率和还田率情况

年份	2010	2013	2015	2017	2018	2020	2030
秸秆综合利用率(%)	70.20	—	80.00	82.00	83.68	85.00	全量化
秸秆还田率(%)	—	35.00	—	—	—	60.00	—

注:表中秸秆还田率数据是原农业部《到 2020 年化肥使用量零增长行动方案》中的数据;秸秆综合利用率数据是《全国现代农业发展规划(2011~2015 年)》《全国农业现代化规划(2016~2020 年)》以及《全国农业可持续发展规划(2015~2030)》中的数据,其中 2017 年、2018 年数据为原农业部发布的数据。

从国家政策来看,对农作物秸秆的综合利用从利用方式、利用技术、利用政策等多方面给予了政策引导,而且提出了明确的发展目标。2001 年 11 月,国务院《关于发展高产优质高效农业的决定》提出了秸秆利用的两个途径:一是养畜,二是秸秆还田,增加有机肥。2004 年,中央 1 号文件《关于促进农业增加收入若干政策的意见》提出要通过秸秆气化增加农民收入,进而通过国家政策把秸秆的利用引向了一个新的方向。自 2005 年以来,几乎每年的中央 1 号文件都涉及了农作物秸秆利用问题,主要聚焦于秸秆的综合利用、资源化利用、就地还田以及秸秆的气化、固化成型、养畜等问题,并且还涉及了政策支持问题,2009 年的中央 1 号文件提出对农民秸秆还田进行奖补试点,2017 年的中央 1 号文件提出健全秸秆多元化利用补贴机制。2018 年、2019 年、2020 年的中央 1 号文件都再次强调了秸秆利用工作。

2006 年,中共中央、国务院《关于推进社会主义新农村建设的若干意见》强调秸秆利用技术问题,提出要推广秸秆气化、固化成型、发电、养畜等技术,为秸秆的综合利用进行技术支持。2008 年 7 月,国务院办公厅专门下发了《关于加快推进农作物秸秆综合利用的意见》,首次专门就秸秆利用问题下发文件,足见国家对秸秆利用的重视程度。在意见中,对秸秆利用的原则、目标、方向、技术、政策等都作了明确规定,而且针对农作物秸秆产业化问题,提出了种养业综合利用秸秆以及以秸秆为原料的生物质能、加工业等的具体利用形式。2009 年 8 月,要求全国设施清洁能源工程的 22 万个自然村到 2015 年农作物秸秆综合利用率要达到 90%以上。在 2014 年农业部确定的、为农民办实事方案中,把建设 130 个秸秆养畜示范点列入 12 件实事之一。2018 年、2019 年又高密度地部署了农作物秸秆综合利用工作。2018 年,国务院的《"无废城市"建设试点工作方案》、国家发改委等 3 部委的《关于开展秸秆气化清洁能源利用工程建设的指导意见》、生态环境部和农业农村部的《农业农村污染治理攻坚战行动计划》、农业农村部的《关于全面做好秸秆综合利用工作的通知》和《关于做好农作物秸秆资源台账建设工作的通知》等一系列文件,密集部署秸秆综合利用工作,进一步明确秸秆综合利用目标和支持政策，而且在《种养结合循环农业示范工程建设规划(2017～2020 年)》中提出到 2020 年建成 300 个种养结合循环农业发展示范县、在 2019 年重点强农惠农政策中提出要打造秸秆全量利用样板县。这么大的力度推进农作物秸秆综合利用，是多年来所没有的。这说明伴随着农作物秸秆的全面露天禁烧，综合利用、全量化利用不仅成为变废为宝、保护生态环境的重要举措，而且还是增加农民收入、提升生活品质的重要渠道。

国家的密集政策，掷地有声。从表 5-15 可以清楚地看到，多年来我国的农作物秸秆利用率正在逐步提高，到 2020 年 85%的目标有望实现，60%的秸秆还田率也是可望可及的，禁止秸秆露天禁烧将得到全面落实。到 2030 年，国家提出的实现秸秆全量化综合利用目标，将会成为全社会的共识和共同行动。按照中央的决策部署，各级地方政府都已积极行动起来，秸秆露天禁烧和综合利用都取得了良好的成效。目前，秸秆露天焚烧基本得到了遏制，秸秆的综合利用水平有了很大的提高，这从各省市及地方政府通报的相关数据可以得到验证。在表 5-16 中，我们搜集了部分省近几年的农作物秸秆综合利用率情况以及到 2020 年的规划情况。与全国的综合情况对比，这些省的农作物秸秆综合利用率、包括到 2020 年的规划数据，大多数高于全国的平均数，山东、河北、江苏 2015 年就已达到了全国 2020 年 85%的奋斗目标，到 2018 年只有个别省没有达到 85%。从表 5-16 数据来看，到 2020 年只有黑龙江达不到国家规划目标。

表 5-16　部分省主要年份农作物秸秆综合利用率统计

年份	2014	2015	2016	2017	2018	2020
山东	—	85.00%	87.70%	—	—	92.00%
黑龙江	—	—	60.41%	64.10%	65.00%	75.00%
安徽	—	—	—	87.30%	—	90.00%
河北	—	93.00%	95.60%	96.80%	—	96.00%
江苏	88.00%	90.00%	—	92.00%	—	95.00%
江西	82.17%	—	87.20%	—	88.00%	90.00%
湖北	75.50%	—	—	—	—	95.00%
辽宁	75.00%	80.00%	83.00%	84.00%	85.00%	87.00%

数据来源：农业农村部网站以及各省政府相关部门的公布数据及规划数据。

另外，我们在农业农村部网站上也看到，大部分地市及县(市、区)的农作物秸秆综合利用率也很高，远远高于全国的平均水平。如上海市崇明区、黑龙江省逊克县 2017 年的秸秆综合利用率达到 90%以上；山东省临沂市的秸秆综合利用率 2018 年达到 90%，到 2020 年计划达到 92%；山东省曲阜市 2018 年主要农作物秸秆还田率已经达到 98%；黑龙江省兰西县 2017 年秸秆利用率达到 56.8%，虽然利用率比较低，但是兰西县计划三年内秸秆综合利用率达到 85% 以上；等等。这些案例与前面提到的部分省市的数据都说明，我国的农作物秸秆综合利用正处于一个良性发展阶段。全国各地一方面在积极利用国家相关政策，另一方面正在不断地出台、完善地方的引导政策，全力推进农作物秸秆的综合利用。虽然只有少数地区的利用率相对较低，但是全面完成国家提出的到 2020 年达到 85%的目标任务，应该是没有问题的。

但是，全国各地区不平衡问题依然存在，而且有的地区差距还比较大，如个别地区到 2020 年的规划目标还远远低于国家规定的目标，这势必会影响到全国统一目标的实现。我们还应该关注到，秸秆露天焚烧现象时有发生，部分地区的管控还存在漏洞。同时，还应注意到部分地区综合利用技术比较落后，利用成本较高，既影响到农民收入的增加，也影响了秸秆综合利用的全面展开。前面这几个问题是就利用本身而言的。就全国秸秆的综合利用率来看，到 2020 年达到 85%的比例，还有 15%的秸秆得不到综合利用，这 15%怎么办呢？首先不能露天焚烧，这是肯定的。如果不处理，就要影响周边的环境，增加防火防灾的压力。所以，这 15%的秸秆也是影响农民增收的因素，也会影响全面小康社会的建成。

总之，农作物秸秆综合利用已是大势所趋，而且已经成为共同行动，但是 15%的农作物秸秆得不到综合利用，个别省份达不到国家规划要求以及目前利用成本高、技术差等问题，依然是目前的短板问题，需要在发展中不断探索，确保到 2030 年达到全量化利用的目标。

§5.3 农业基础设施建设

农业基础设施，历来是农业农村工作的重中之重，不仅国家高度重视，而且还经常进入理论研究者的视野。农业基础设施与农村基础设施，这两个概念在各级政府的不同政策文件中，其表述有时是不太一致的。在理论研究者的具体研究中，也经常出现不同的表述。为了不引起歧义，有必要在此作一简单的说明。

从中央 1 号文件来看，历年来的中央 1 号文件对农业基础设施与农村基础设施都有具体的表述，大多数时间是把农业基础设施和农村基础设施分开部署的。对纯农业基础设施，一般是进行专门部署，有时也不提农业基础设施的概念，只是进行逐项部署。对农村基础设施，大多数时间是专门提出、专门部署。这基本上是历年中央 1 号文件的惯例。2004 年的中央 1 号文件在部署加强农村基础设施建设一部分中，讲投入时重点讲的是农业基础设施建设，而在部署具体建设内容时，虽然是用了加强农业和农村基础设施建设的提法，但是具体的建设内容也是以农业基础设施为主的，兼顾了农村基础设施。2008 年的中央 1 号文件的主题就是加强农业基础设施建设，在部署具体建设内容时，讲的是纯农业基础设施。通过分析中央 1 号文件，我们觉得应该把农业基础设施和农村基础设施适当分开来进行研究。

从全国农业普查情况来看，我们分析了第二次、第三次全国农业普查的有关数据。它们对农业基础设施和农村基础设施都是分开进行普查统计的，只是没有专门提出农业基础设施的概念，但是农村基础设施是专门提出的，而且进行了具体统计。所以，根据全国农业普查情况，把农业基础设施和农村基础设施分开研究也是适当的。

从理论研究者的研究情况来看，大多数人是把农业基础设施和农村基础设施合在一起进行研究的，有的称为“农业基础设施”，有的称为“农村基础设施”，虽在提法上有所不同，但在具体内涵上是一致的，没有加以区分。只有极少数研究者专门提出并研究了农业基础设施问题，但是期间也往往把一些农村基础设施掺杂其中，如詹慧龙等在研究我国农业基础设施建设时，把农业基础设施分为六大类，其中前五类是标准的农业基础设施，而第六类其他公共服务实施中既有纯农业基础设施也有农民生活服务设施。也就是说，把少量的非纯农业基础设施也纳入了农业基础设施当中进行研究。张洁在研究美国农业基础设施融资问题时，就是研究的纯农业基础设施。伍佳、曾福生在《我国农业基础设施建设的现状》一文中，也是研究了纯农业基础设施问题。马晓河、陈侃等则是把农业基础设施与农村基础设施放在一起，统称为“农业农村基础设施”。我们认为，在马晓河和陈侃等研究者那里，农业基础设施与农村基础设施也是不一样的。通过对研究者们的观点进行分析，为了能够更清晰地研究农业基础设施问题，也应该把农业基础设施与农村基础设施分开进行研究。

一概言之，把农业基础设施与农村基础设施分开研究，是实施乡村振兴战略的需要，是精准服务农业农村经济社会发展的需要。而我们的研究，是从农村公共物品的角度进行研究的，以全面实现乡村振兴为目标，按照国家提出的补农村基础设施、公共事业和基本公共服务短板的要求，把农村全部的基础设施统称为“农村基础设施”，然后把农业基础设施作为其中的一部分内容进行专题研究。这就是本节的主要任务。

农业基础设施担负着农业发展的公共服务职能，包括硬性设施和软性设施，从另一个角度也可以说是物质条件和社会条件。但是，我们更倾向于从硬性设施和软性设施的角度进行研究，这样能够更加精确地研究农业基础设施的供给现状，精准地找出短板问题。下面，我们根据硬性设施和软性设施的具体情况，把农业基础设施的几个主要板块进行分开研究，分别找出具体的短板。

§5.3.1 农田水利基础设施

1934 年，毛泽东同志就提出，“水利是农业的命脉”。中华人民共和国成立以来，大兴水利，建设了一大批农田水利基础设施，为我国农业的发展奠定了基础，创造了条件。2008 年的中央 1 号文件《关于切实加强农业基础建设进一步促进农业发展农民增收的若干意见》把农田水利作为农业基础设施建设的重点提出。2011 年的中央 1 号文件《关于加快水利改革发展的决定》是一个专门研究部署水利建设的文件。在这个文件中，中央进一步明确了水利在经济社会发展中的地位，把水利上升为现代农业建设首要条件的高度，而且强调是不可或缺的；进而又强调水利是经济社会发展的基础支撑，而且是不可替代的；还强调水利是生态环境的保障系统，而且是不可分割的。通过这三个定位，确立了水利在现代农业建设、经济社会发展和生态环境保护中的重要地位。从 2011 年的中央 1 号文件来看，国家是把水利基础设施上升为国家的发展战略。在这个文件中，中央还把水利基础设施定性为公益性、基础性、战略性，也就是说，是一种具有基础性、战略性的公共物品。其战略定位是一种国家安全的战略定位。文件强调，水利不仅关系到防洪、供水、粮食的安全，而且还关系到经济、生态、国家的安全。由此可见，水利基础设施不仅是农业生产的基础条件，而且还是国家安全的战略保障。因此，多年来国家一直高度重视水利基础设施建设，历年的中央 1 号文件，历届的五年规划（计划）特别是最近几个五年规划（计划），都把农田水利设施建设作为重点进行规划、部署，在国家财政资金投入上也进行了重点倾斜。

第一，中央 1 号文件。我们分析了 2004～2020 年共 17 个中央 1 号文件，每年中央都把农田水利基础设施建设放在农业基础设施建设的重要位置，进行重点部署。综观这 17 年的中央 1 号文件，从农田水利基础设施建设、农田水利设施管护、节水工程推广到水利改革、补短板，涉及了农田水利设施建设的各个方面。2004 年的中央 1 号文件没有展开部署农田水利设施建设，只是作了一般性的强调。2008 年的中央 1 号文件在对农田水利建设作了重点部署的同时，又加上了节水灌溉和病险水库加固，而 2018 年、2019 年和 2020 年连续三年的中央 1 号文件则重点关注了大型水利设施建设、农业节水等问题。除 2011 年的中央 1 号文件专门部署水利工作以外，其他 16 个中央 1 号文件都比较详细地部署了农田水利设施建设工作，只是每一年的重点有所不同。总体上看，17 个中央 1 号文件关注了农田水利设施建设的四个问题。

一是大中小型水利设施建设。17 个中央 1 号文件都提到了大中小型水利设施建设问题，重点是大中型灌区的建设和节水改造工程。对小型水利设施的建设改造，也列入了2005年、2008年等的多个中央1号文件。2010年的中央1号文件专门提出了山丘区建设雨水集蓄等小微型水利设施，2011年正式提出了“五小水利”工程建设，在之后的多个中央1号文件中都有提及。特别是2017年，把“五小水利”工程建设列为补短板的重要内容。

二是节水灌溉工程。17个中央1号文件全部关注了农业节水工程，从农业节水工程建设到节水技术的应用，国家越来越重视农业节水工程。到了2017年的中央1号文件，农业节水工程上升到了方向性、战略性的大事，提出要大规模实施农业节水工程，对大中型灌排工程、田间节水设施、高效节水灌溉工程、农业节水技术和产品的开发、农业节水技术产品标准体系建设等都作了具体的安排部署。2018年、2019年、2020年连续三年的中央1号文件，也是把节水灌溉作为农田水利设施建设的重中之重，重点部署了这项工作。

三是大中小河流域治理和病险水库除险加固。2005～2013年，连续九年的中央1号文件都部署了流域治理和病险水库的除险加固工作。2008年以前关于流域治理的重点是中小河流的治理，对大江大河的治理略有提及。2009～2012年，都是大江大河和中小河流治理，其中2009年和2010年提出的是大江大河和重点中小河流，从2011年开始把重点中小河流改为中小河流，拓宽了改造范围。2013年，在部署水利建设时又强调要加快中小河流治理，但是没有提到大江大河的治理问题。自2014年以后，中央1号文件再没有提到流域治理和除险加固工作，说明我国的流域治理和除险加固工作已经取得了较大成效，而其他的农田水利设施建设工作显得更为重要、更为迫切。

四是农田水利设施管护工作。自2006年以来的中央1号文件，都涉及了农田水利设施的管护问题，而且逐年重视。在强调农田水利设施管护主体时，把农民用水户作为管护主体提出来，要求他们参与灌溉管理和水利工程管理。而且在历年的中央1号文件中，多次强调要落实好中央财政资金补助管护资金等政策、办法。到了2014年，中央1号文件对农田水利建设的管护工作作了专门部署安排，提出要探索农田水利基本建设新机制。2016年又提出鼓励社会资本参与小型农田水利工程建设与管护。自此，我国农田水利建设的管护机制逐步建立起来。

第二，农田水利建设规划。我们对农田水利设施建设的相关规划进行了详细分析研究，重点是全国农业和农村经济发展的“十一五”“十二五”“十三五”规划以及相关部委出台的《全国大中型灌区续建配套与节水改造实施方案（2016～2020）》《全国旱作节水农业发展规划》《全国现代灌溉发展规划》等农田水利建设方面的规划意见等。通过梳理这些规划意见，可以清晰地看出我国农田水利设施建设的发展走向和未来的发展目标。总体来看，规划目标非常明确，重点围绕大中型灌区建设改造、大中型灌排泵站更新改造、田间渠系建设、“五小水利”工程、节水工程建设以及中小河流治理、病险水库除险加固、病险水闸更新改造、重点区域排涝能力建设等方面进行了规划布局，对新增农田有效灌溉面积、农田灌溉水有效利用系数、节水灌溉等都提出了明确的目标(见表5-17)。《国家质量兴农战略规划(2018～2022年)》提出，2022年全国农业节水灌溉面积达到0.43亿公顷(6.5亿亩)。同时，水利部在加快推进新时代水利现代化的指导意见中提出，“十三五”期间，新增高效节水灌溉面积0.07亿公顷(1亿亩)；到2035年，全国农田高效节水灌溉率达到50%。

表5-17　农田灌溉规划目标

年份	农田灌溉水有效利用系数		新增农田有效灌溉面积	
	目标值	年均增长(%)	目标值(万亩，1万亩=666.7公顷)	年均增长(%)
2005	0.450	—	—	—
2010	0.500	0.050	—	—
2015	0.530	0.030	4000	—
2020	>0.550	>0.018	1200	>0.120
2035	0.600	—	—	—

数据来源：2005年、2010年、2015年、2020年四年数据分别来自《全国农业和农村经济发展第十一个五年规划(2006～2010年)》《全国现代农业发展规划(2011～2015年)》《全国农业现代化规划(2016～2020年)》，2035年数据来自《水利部关于印发加快推进新时代水利现代化的指导意见的通知》。

多年来，国家发改委、农业农村部、水利部、财政部等部委围绕贯彻中央1号文件、落实各项规划，也制定了一系列的政策措施，对高效节水灌溉、农田水利改革、水利工程维修养护、水利建设重点县和重点项目、水利建设资金等出台了很多的指导性意见和具体的落实措施，对我国农田水利设施的建设和维护起到了积极的促进作用，有效地保证了我国14亿人口的吃饭问题和粮食安全问题。

由于国家对农田水利建设的高度重视，我国的农田水利设施的建设和管护得到了重大改善，目前全国农田水利设施配套率提高到70%以上，全国农田灌溉水有效利用系数达到0.542。[①] 通过分析全国农业普查数据，可以看到我国农田水利建设的发展状况。从表5-18可以看到，截至2016年年底，全国能正常使用的机电井达到659万眼，排灌站达到42万个，能灌溉用的水塘和水库达到

① 参见吉蕾蕾:《让农业“水龙头”发挥更大效应》,《经济日报》,2018年7月23日第5版。

349万个。这三项指标在全国的分布非常不平衡，东北地区与东部地区相比，差距比较大，而且也远远落后于中部和西部地区。这三个指标在第二次全国农业普查时没有统计，所以没法与2006年的情况进行比较。表5-19显示的是农田灌溉方面的数据，截至2016年年底，全国灌溉耕地面积达到了6189万公顷(92835万亩)，比2011年的0.603亿公顷(9.05亿亩，数据来源于原农业部关于推进节水农业发展的意见)增加了155.7万公顷(2335万亩)。其中有喷灌、滴灌、渗灌设施的耕地面积占全国灌溉面积的16.2%，占全部耕地面积的7.42%，占耕地面积的比重比第二次全国农业普查时的2.6%提高了4.82个百分点。表5-19中还显示了2016年年底使用地下水、地表水灌溉的农户和农业生产单位分别为30.5%、69.5%，地下水的使用量占比较大。《2017年中国水资源公报》显示，我国地下水和地表水的供水比例分别为16.8%、81.8%，其他为1.4%，这个供水结构没有区分农用水、饮用水和其他用水，农业用水的比重应该远远超过16.8%的水平。全国减少利用地下水灌溉行动，也取得初步成效。2016～2017年，华北、东北等地区的农业灌溉累计减少地下水开采量超过10亿立方米。①

表5-18　农田水利设施

项目	全国	东部地区	中部地区	西部地区	东北地区
能正常使用的机电井数量(万眼)	659	206	208	152	92
排灌站数量(万个)	42	18	16	7	1
能灌溉用的水塘和水库(万个)	349	43	224	78	4

数据来源：第三次全国农业普查主要数据公报(第二号)。

表5-19　农田灌溉

项目	全国	东部地区	中部地区	西部地区	东北地区
灌溉耕地面积(千公顷)	61890.0	16044.0	20064.0	18633.0	7148.0
有喷灌、滴灌、渗灌设施的耕地面积	10018.0	1655.0	1899.0	5079.0	1385.0
灌溉用水主要水源(%)	—	—	—	—	—
地下水	30.5	36.9	35.7	12.1	59.3
地表水	69.5	63.1	64.3	87.9	40.7

数据来源：第三次全国农业普查主要数据公报(第二号)。

① 参见吉蕾蕾：《让农业“水龙头”发挥更大效应》，《经济日报》，2018年7月23日第5版。

从我们的问卷调查情况来看，关于“您所在村庄是否有农业灌溉设施”的问卷调查（见表 5-20），157 个村庄有农业灌溉设施，占比 58.8%；110 个村庄没有，占比 41.2%。如果剔除部分城郊融合类村庄，这个比例与第三次全国农业普查时全国农田灌溉面积占全国耕地面积的比例（45.87%）大体相当。

表 5-20　您所在村庄是否有农业灌溉设施

项目	村庄数（个）	占比（%）	有效百分比（%）	累积百分比（%）
是	157	58.8	58.8	58.8
否	110	41.2	41.2	100.0
合计	267	100.0	100.0	—

我们在走访调查时，通过与农户和农业生产单位的交流，了解到国家有关农田水利设施建设的政策正在全面推开，惠及广大的农民和农业生产单位，大部分的大中型水库通过除险加固，扩大了库容，增加了灌溉面积；通过喷灌、滴灌、渗灌等设施改造，把过去的一些旱地也变成了节水灌溉的水浇地；田间渠系也逐步完备，“最后一公里”的渠道问题正在逐步得到解决；农业大户和农业生产单位投资建设、管护水利设施的积极性正在逐步提高，水利设施的完好率也在逐步提高。当然，在实地调查时我们也听到、看到一些没有解决好的问题，如小流域治理滞后、部分耕地仍然靠天吃饭、小型水库除险加固、部分灌渠年久失修、浇地大水漫灌、城市与农业争水等等问题。这些问题也亟须得到解决，以满足农业生产发展的需要。

通过以上分析不难看出，我国的农田水利设施建设经过多年的投入，已经发生了很大变化，取得了阶段性的可喜成就，逐步拉近了与世界发达国家的距离。当然也应当看到，我国的农田水利设施建设短板问题还是比较突出的，需要尽快补齐。由于历史欠账较多，农业生产的物质技术条件没有得到全面改善，农业靠天吃饭的现象依然存在，这是农田水利设施的最大短板问题。

一是农田水利设施还不能全面覆盖全部耕地面积。第三次全国农业普查的全国灌溉面积与 2016 年年底的全国耕地面积之比为 45.87%；按照《全国农业现代化规划（2016～2020 年）》规划的目标，到 2020 年全国有效灌溉面积超过 0.667 亿公顷（10 亿亩），也达不到全部耕地面积的 50%。国家统计局数据显示，2018 年全国新增耕地灌溉面积 72 万公顷（1080 万亩），这个数据接近于《全国农业现代化规划（2016～2020 年）》规划的五年新增目标（＞80 万公顷），2019 年又分别新增耕地灌溉面积和高效节水灌溉面积 27 万公顷和 146 万公顷。如果按照这个速度，我国的农田有效灌溉面积将在 2020 年前后达到或超过 50%。

这个目标虽然可喜,但是还有 50%的耕地基本靠天吃饭,遇到干旱年份就面临着大面积减产,甚至有的地方还会绝产。我们调查发现,最近几年胶东地区由于干旱严重,莱阳、莱西等部分县市的个别地区农作物减产比较厉害。由于连续干旱,缺乏蓄水,也是减少灌溉面积的重要因素。

二是全国农田灌溉水有效利用系数太低。从表 5-17 可以看出,我国的农田灌溉水有效利用系数自 2005 年的 0.45 到 2020 年达到 0.55,利用十五年的时间增长了 0.1,再利用 15 年的时间,到 2035 年达到 0.6,增长 0.05。虽然看起来只有 0.1、0.05,但是我国农业用水量是一个大数字,提高 0.1 就是一个惊人数据。据水利部发布数据,2018 年全国农业用水 3693.1 亿立方米,占用水总量的 61.4%,农田灌溉水有效利用系数达到了 0.554。按照这个系数计算,2016 年农业用水的实际有效利用量只有 2045 亿立方米,仍有 1648.1 亿立方米属于无效用水。如果按照利用系数提高 0.05 计算,2016 年的有效利用灌溉水就会增加 184.7 亿立方米,但是仍然会有 1643.4 亿立方米没有得到有效利用。这里需要说明的是,2018 年农田灌溉水有效利用系数已经超过了到 2020 年达到 0.55 的规划目标。而欧美等国家农田灌溉水有效利用系数已经达到 0.7 左右,即使到 2035 年我国达到 0.6 的目标,还要落后欧美国家 0.1,这个差距是很大的。

三是农业节水工程和制度短板。我国是一个水资源缺乏的国家,而且缺口很大,我国的人均水资源仅是全球平均水平的 1/3。农业是我国的用水大户,多年来的缺口一直在 300 亿立方米左右。我国自从 1998 年启动大型灌区节水改造以来,农业灌溉面积不断增加,同时农业用水量也出现相对稳定的趋势,2016 年、2017 年、2018 年《中国水资源公报》显示,2016 年比 2015 年农业用水减少 84.2 亿立方米,2017 年比 2016 年减少 1.6 亿立方米,2018 年比 2017 年减少 73.3 亿立方米,虽然处于减少的趋势,但是变化不是太大。从全国农业用水量占用水总量的比重(见图 5-6)来看,自 2011 年以来变化也不大,基本稳定在 61.3%～63.6%。2010 年、2011 年连续两年都是 61.3%,2012 年达到了 63.6%,2018 年又降到 61.4%。这说明粗放式灌溉模式还没有得到彻底改变,节水工程建设步伐还有待进一步加快。2012 年,农业部关于推进节水农业发展的意见中提到,到 2011 年我国工程设施节水面积仅占 44.3%。按照规划,到 2020 年我国的农田有效灌溉面积达到 0.667 亿公顷(10 亿亩),也仅占耕地的 50%左右。如果进一步提高灌溉面积比重,同时提高节水面积比重,节水的潜力还是很大的。这个巨大的潜力,就是目前巨大的短板。

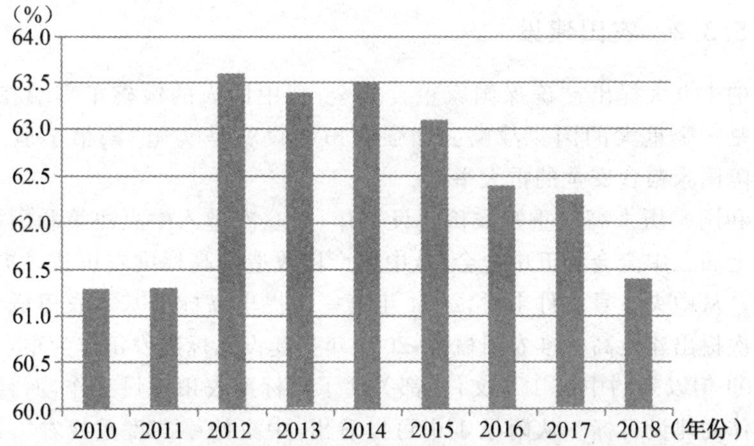

图 5-6　2010～2018 年全国农业用水量占全国总用水量的变化情况

图中数据来源:2010～2018 年《中国水资源公报》。

四是农田水利建设薄弱环节短板。前面提到的我们实地调查的有关情况,很多都是农田水利建设的薄弱环节,有的是不被重视,有的是资金缺乏、无力顾及,长期下去,短板会越来越突出。中小河流域治理、中小型水库除险加固、漫灌式灌溉、灾害防控等问题,是目前的薄弱环节,也是农田水利设施建设的短板。

五是农田水利设施管护短板。前面提到农田水利设施的管护机制正在形成,这是毋庸置疑的。从全国水利设施管护机制来看,由于大型水利设施关系到重大的国计民生,是管护的重点,因而管护机制建设的比较健全。相对来说,小型水利设施其建设主体比较分散,大多数是由基层单位(特别是一些农村投资)建设的小型水利设施,由于管护责任、管护资金、管护队伍等多方面因素的制约,其管护机制有的还没有建立起来,即使有的建立了管护机制,也不够健全或者没有有效运转。如小型水库、塘坝清淤不及时,造成库容量减少,防洪蓄水能力下降,使用效率不高;小型灌区、河流年久失修,利用率不高,甚至无法利用;新上的喷灌、滴灌、渗灌设施缺乏管护,损坏严重,无法利用;还有的水资源不充足,虽然农田水利设施建设的不少,但是很多设施不能得到有效利用;等等。这些问题是农户和农业生产单位普遍关注的问题,而且是一个面上的问题,不可小视。

总之,我国的农田水利建设已经迈开大的步伐,大中型的农田水利设施已基本建立起来。但是短板问题也很突出,而且越往基层、越往边远地区、越往小型设施、越接近“最后一公里”,短板越突出。归结起来,重点短板就是农田有效灌溉面积低,不到 50%;农田灌溉水有效利用系数低,仅为 0.55;节水工程潜力挖掘不到位;设施管护机制没有全覆盖;区域性、季节性缺水问题依然很突出;还存在其他一些薄弱环节。

§5.3.2　农田建设

党的十九大提出:"确保国家粮食安全,把中国人的饭碗牢牢端在自己手中。"这是一个重大的国家战略。加强农田建设就是实施"藏粮于地、藏粮于技"、保障国家粮食安全的重大举措。

党和国家历来高度重视农田建设工作,其多次进入中央决策和国家规划。党的十七届三中全会和五中全会,从中低产田改造到高标准农田建设提出了具体要求。从中央1号文件来看,2004年第一次提出高标准基本农田概念,2005年第一次提出建设高标准农田概念,2007年把建设高标准农田作为重点进行推进。2009年以来的中央1号文件,都关注了高标准农田建设工作,而且提出了一些具体的建设目标。从附录1中可以看出,中央始终高度重视农田建设,特别是高标准农田建设,每年的中央1号文件都专门部署农田建设工作,对高标准农田的规划、重点建设的区域、建设的重点内容、建设的目标以及政策支持和监督管理都提出了一些明确的要求。历年的国务院《政府工作报告》也都提到农田建设工作,特别是近几年的报告都提出了明确的发展目标:2016年提出增加深松土地0.1亿公顷(1.5亿亩)的目标,2018年和2019年都提出了当年增加高标准农田533万公顷(8000万亩)的目标。目前,高标准农田建设已成为我国农业发展、农民增收的重要途径,更是国家粮食安全的根本保障。

从国家的各项规划来看,农田建设都进入了相关规划,而且国家制定了专门的农田建设规划,对全国的农田建设进行总体布局。国家国民经济和社会发展"十二五""十三五"规划,都把农田建设作为重点进行规划,尤其是中低产田改造和高标准农田建设。"十二五"和"十三五"两个土地整治规划同样把高标准农田建设作为重点进行规划,两个五年都要求增加0.267亿公顷(4亿亩)的高标准农田,而且2016～2020年力争增加0.4亿公顷(6亿亩)。表5-21显示的就是这两个规划的相关目标。《全国农业和农村经济发展第十一个五年规划(2006～2010年)》在农田建设规划方面,还关注了主要农区耕地退化问题,要求五年下降10个百分点。"十二五"和"十三五"全国现代农业发展规划以及《全国新增1000亿斤粮食生产能力规划(2009～2020年)》《全国现代灌溉发展规划》、国家《乡村振兴战略规划(2018～2022)》等相关规划,都把农田建设,特别是高标准农田建设纳入规划之中,说明农田建设是极其重要的,是国家关注的焦点问题。2013年,国家相继出台的《国家农业综合开发高标准农田建设规划》(以下简称"规划1")和《全国高标准农田建设总体规划》(以下简称"规划2"),是两个专门的高标准农田建设规划。两个规划对高标准农田的定义,都落脚于旱涝保收的高产高效农田,但是在具体表述上是略有差异的。其共性是土地平整肥沃、高产稳产，其差异性则表现在：规划 1 重点强调的是水利设施、田间道路、林网建设，特别强调的是科技的先进适用；规划 2 重点强调的是集中连片、旱涝保收的高标准农田建设，特别强调的是与现代农业生产和经营方式相适应。两个规划的规划期限都是 2011～2020 年，主要目标都是到 2020 年新建 0.533 亿公顷(8 亿亩)高标准农田。两个规划是相辅相成的，虽然侧重点不同，但是对高标准农田建设的具体目标、建设的标准、建设的内容、保障措施、后续管护等都作了详细规划布局。规划 2 还对与高标准农田建设相关的田、土、水、路、林、电、技、管各个具体要素分别作了具体的安排布局。国家《乡村振兴战略规划(2018～2022)》要求，到 2022 年全国确保建成 0.667 亿公顷(10 亿亩)高标准农田，按照这个目标，2021 年和 2022 年每年都要新建 0.067 亿公顷(1 亿亩)的高标准农田，比 2018 年和 2019 年的目标都要增加 133.3 万公顷(2000 万亩)的任务，规划的目标是非常宏伟的。可以说，国家对农田建设特别是高标准农田建设规划的目标非常明确，而且目前也正在一步一步地向前推进。

表 5-21　土地整治规划部分指标

指标	2015 年	2020 年
高标准农田建设规模	0.267 亿公顷(4 亿亩)	0.267 亿～0.4 亿公顷(4 亿～6 亿亩)
经整治的耕地质量提高程度	1 个等级	1 个等级
补充耕地总量	160 万公顷(2400 万亩)	133.3 万公顷(2000 万亩)

数据来源：《全国土地整治规划(2011～2015 年)》和《全国土地整治规划(2016～2020 年)》。

国家发改委、农业农村部、财政部等部委都围绕落实中央 1 号文件和农田建设相关规划出台意见办法，全力推进高标准农田建设。2014 年，国土资源部和农业部牵头制定了《高标准农田建设通则》(GB/T 30600—2014)。2017 年 2 月，国家发改委等 7 部委下发了《关于扎实推进高标准农田建设的意见》。2019 年 2 月，农业农村部印发了《高标准农田建设评价激励实施办法(试行)》等等。这些措施、意见对于加快高标准农田建设发挥了积极作用。2018 年国家机构改革，整合了有关部委的职责，在农业农村部成立了专门司局负责高标准农田建设工作，这是我国首次成立专门负责高标准农田建设的机构。国家从机构、规划、政策等方面，对高标准农田建设给予了人力、物力、财力的倾斜。各地也积极地推行高标准农田建设工作，不仅目标要求高，而且发展速度快。重庆市和湖北省专门制定高标准农田建设规划，到 2020 年高标准农田将分别达到 53.133万公顷(797 万亩)和 238 万公顷(3570 万亩)。2018 年，江苏省的全省高标准农田占比已经达到 61%。《山东省乡村振兴战略规划(2018～2022)》提出高标准农田建成面积要从 2017 年的 300 万公顷(4500 万亩，占全国的 8%)，到

2020 年达到 398.8 万公顷(5982 万亩),接近 400 万公顷(6000 万亩),平均每年增加 33.3 万公顷(500 万亩),占全国年均 533.3 万公顷(8000 万亩)的 6.25%。从这些省份的数据来看,他们都高度重视高标准农田建设,而且把其作为农村产业振兴的重要抓手,牢牢抓在手上,成为我国农业基础设施建设的一个重要力量。据 2019 年 2 月 17 日央视网报道,截至 2018 年年底,全国已建设高标准农田0.427亿公顷(6.4 亿亩),而且取得了实实在在的经济效益和社会效益。已建成高标准农田有三个指标可以佐证:一是亩均增产 100 千克左右,二是亩均节水 24.3%,三是化肥、农药分别减量 13.8%和 19.1%。从央视网报道的这组数据和国家规划目标来看,2019 年、2020 年两年的时间,必须加大高标准农田建设力度。国家在计划安排上也是加大了硬性任务指标,其中 2019 年国家计划完成 533.3 万公顷(8000 万亩)的任务,2020 年再新建 533.3 万公顷(8000 万亩)高标准农田,到 2020 年年底就可以完成 0.533 亿公顷(8 亿亩)的规划任务。如果到 2022 年实现乡村振兴规划的 0.667 亿公顷(10 亿亩)目标,全国粮食就可以增产 1000 亿千克,缓解我国农业用水缺乏的问题,化肥、农药污染将逐步得到遏制。

但是,从我国目前 1.333 亿公顷(20 亿亩)左右的耕地来看,到 2020 年建成 0.533 亿公顷(8 亿亩)的高标准农田,还有 0.8 亿公顷(12 亿亩)的中低产田,中低产田的占比依然很高,达到 60%。即使到 2022 年建成 0.667 亿公顷(10 亿亩)的高标准农田,仍然还有 0.667 亿公顷(10 亿亩)的中低产田,这一半的中低产田改造难度会越来越大,这是农田建设的最大短板。如果这个短板补齐了,我国又能增加 1000 亿千克的粮食,总计增加 2000 亿千克的粮食,把中国人的饭碗牢牢端在自己手上的目标就会逐步实现。

同时,我们还要看到,我国发展不平衡、不充分的问题在农田建设上同样存在。由于我国地形、气候等客观因素的制约,高标准农田建设不仅分布不均衡,而且建设也不够充分。由于客观因素,分布不均衡是很难改变的,而且国家也关注到这一问题,所以在规划上也不是平衡布局,而是根据各个区域的特点,科学地安排规划。根据《国家农业综合开发高标准农田建设规划》,粮食主产区的东北区、黄淮海区、长江中下游区分别占 23.46%、29.9%、16.64%,这三个区占了总数的 70%,而偌大的非粮食主产区仅仅占了 30%。发展不充分的问题,一是还有 0.667 多亿公顷(10 多亿亩)的中低产田需要改造建设,二是我国增加农田面积的潜力还很大,沟渠、田间道路等占地约 13%,随着乡村振兴战略的实施,农村宅基地将释放出大量土地,也包括大量需要复垦的土地,这些潜在的因素是高标准农田建设的巨大潜力。发展不平衡、潜力得不到挖掘,也是农田建设的重大短板。

另外,监督管护不到位,也是影响高标准农田建设的重要问题。监督,主要是建设工程的监督,包括对建设标准、建设时间、建设资金等方面的监督,也包括对管护的监督。管护，主要是使用过程中的管护，包括对高标准农田设施的管理和维护。目前，各级政府及农业农村部门对于高标准农田建设项目的监督还是比较到位的，出台了一系列的监督管理办法，但是也存在监督的死角，如监督走过场的问题、寻租现象，影响监督效果。关于管护问题，有的因资金问题管护不到位，也有的因主体责任不清导致管护主体缺位等。所以，监督管护不可或缺，这个短板也应当随时补上。

当然，还存在一些制约高标准农田建设的具体问题。一是农户土地分散，一户多地块在全国较为普遍地存在，而且有的地块太小，不利于连片建设高标准农田；二是由于化肥、农药的长期使用，土壤污染、酸化板结，客观上增加了高标准农田建设难度；三是田间道路标准低，机械化耕作难度大；四是沟渠、道路、地堰、堤堰、枯水河道等占地面积太大，2013 年时占地面积高达 13%(《全国高标准农田建设总体规划》中的数据)，土地整理难度大；五是地方资金缺乏，容易产生降低标准问题；六是前面提到的农田水利设施的短板问题，等等。这些问题既是高标准农田建设的影响因素，也是高标准农田建设的短板问题。

总之，农田建设的短板是非常清楚的，概括起来就是 0.667 多亿公顷(10 多亿亩)的中低产田需要改造、平衡发展和挖掘潜力、监督管护，以及一些具体的问题需要解决。

§5.3.3 农业机械化

2019 年 5 月 29 日，农业农村部网站报道："全国将有 1630 万台农业机械投入小麦、油菜等作物抢收、秸秆处理、烘干作业以及玉米、水稻、花生等作物抢种作业，其中联合收割机 64 万台，跨区作业联合收割机 27 万台。预计今年夏收夏种机械化水平将持续提高，参加跨区作业的大喂入量收割机占比将超过 60%，黄淮海主产区小麦机收率、玉米机播率将分别达到 96%、90%以上。"

这则报道至少透露了 2019 年"三夏"机械化生产的五个信息：一是夏收夏种的机械化水平持续提高；二是联合收割机得到大量应用；三是联合收割机跨区作业；四是跨区作业的大喂入量收割机比例超过 60%；五是黄淮海主产区机械化率超过 90%。通过这五方面的信息，可以看出我国农业机械化水平已经达到了比较高的水平：一是农业机械的普及率得到提高；二是综合机械化水平普遍提高；三是大型农业机械得到广泛应用；四是农业机械跨区作业的生产性服务水平(包括服务的范围、服务的质量等)不断提高。可见，农业机械化正在成为我国农业现代化的重要载体。

没有农业机械化，就没有农业农村现代化。农业机械化不仅是农业现代化的重要载体，而且还是农业现代化的基础和现代农业的发展方向。提高农业装备水平，加快实现农业现代化，是党和国家的一贯主张。我们分析了2004年以来的17个中央1号文件以及国家出台的相关规划和政策文件，从这些政策文件中可以看出，国家对农业机械化不断提出了更高水平的要求，而且目标明确、措施到位，成为农业机械化快速发展的不懈动力。

17个中央1号文件，除了2011年是关于水利工作的专题文件，其余16个中央1号文件对农业机械化工作都提出了具体的目标要求和明确的政策措施。其中农机购置补贴基本贯穿了16个1号文件，2018年、2019年、2020年的三个中央1号文件虽然没有直接提出农机购置补贴的具体要求（见附录2），但是2018年的中央1号文件提出的是严厉整治惠农补贴、提高补贴效能的要求，2019年的中央1号文件提出的是加快构建新型农业补贴政策体系。作为农业补贴政策的农机购置补贴，在2018年、2019年、2020年三个中央1号文件中都纳入了农业补贴的政策体系中一并综合考虑。其他13个中央1号文件中关于农机方面的补贴政策，也是不断地发生变化，从单纯的购置补贴到补贴机型和范围的扩大、以旧换新、报废更新、农机作业等方面不断提出相关的补贴政策，同时扩大了补贴对象范围，不仅对农机的购买单位和个人给予补贴，而且还对农机的研发、生产等环节也给予补助，并提高了补贴标准，有效地推动了农机的推广普及和农业装备水平的提高。2018年2月，农业部办公厅、财政部办公厅印发了《2018～2020年农机购置补贴实施指导意见》，对补贴范围和补贴机具、补贴对象和补贴标准、资金分配使用等作出了具体规定，确定中央财政资金对15大类42个小类137个品目的农机具购置给予补贴。这个意见对农机购置补贴的范围、标准更加明确，政策更加清晰透明。

历年的中央1号文件除了高度重视农业补贴政策，还高度重视农业机械化问题，有11个文件直接提到推进农业机械化或提高农业机械化水平，其他5个文件虽然没有直接提出农业机械化的概念，但是都围绕农业机械化提出了一些具体的推进措施。综观16个中央1号文件，都把农业机械化作为农业现代化发展的重点，提出了六个方面的推进措施和具体要求：一是提高农业机械装备水平。这项措施的重点是从研发、制造的角度，加大对轻便型、大型农业机械及其关键零部件的研发、制造支持力度，加大农机工业技术改造支持力度，发展高端农机装备制造，提高农机国产化水平。二是推动农业全程机械化。加快农业机械在粮食主产区、南方丘陵山区、血吸虫疫区的推广应用，提高重要农时、重点农作物、关键生产环节、粮食主产区的农业机械化水平，逐步探索农业全程机械化生产模式。三是加强良种选育，培育适合农业机械化的新品种。四是加强农机服务，推广农机合作经营模式，拓展农机作业和服务领域。五是加强农机信贷支持，积极探索农机融资试点。六是加强农机安全监理，提高农机安全生产水平。另外,还有其他一些支持农机发展的政策措施。

中央1号文件是风向标,规划是发展的战略目标和策略方针。我国对农机事业的发展,从各个方面都作了科学的规划,农机发展"十二五""十三五"规划对农机总动力等主要指标都作了具体的规划安排(见表5-22),要求农机农艺、机械化与多种形式适度规模经营、农机化信息化融合发展。"十三五"农机规划要求到2020年农作物耕种收综合利用率达到70%左右,小麦、水稻、玉米耕种收综合机械化率稳定在80%以上。与"十二五"期间的数据比较,这样一组指标的增长速度明显呈现出缓慢发展趋势。关于农机总动力,"十三五"规划没有明确的指标安排,主要是由于"十二五"末我国亩均农机动力达到了0.55千瓦,已经高于一般农业发达国家水平(美国0.07千瓦、日本0.33千瓦)。我们认为,我国亩均农机动力水平比较高,特别是比农业发达国家高,可能与我国小型农机占比高有很大关系,而且我国还有很多需要淘汰的小型农机,但农民一直都在勉强使用。与"十二五"规划相比,"十三五"规划更加重视绿色环保技术在农业机械中的推广应用,说明国家更加重视生态环境保护,农业机械的应用也要体现"人与自然的和谐共生"理念。"十三五"规划还把"互联网+"农业机械化提到重要议事日程,推进农业机械化大数据平台建设,加快农业机械化、信息化融合发展。

表5-22 农机规划目标情况

项目	农机总动力		耕种收综合机械化率		主要农作物综合机械化率			规模以上农机企业主营业务收入	
					小麦	水稻	玉米		
	完成(亿千瓦)	增长(%)	完成(%)	增长(%)	完成(%)	完成(%)	完成(%)	完成(亿元)	增长(%)
2010年	9.28	—	52.3	—	—	—	—	2838.1	162.0
2015年	11.20	20.4	63.8	11.5	93.7	78.1	81.2	4524.0	73.6
2020年	稳步增长		70.0	6.2	稳定在80.0%以上			—	—

数据来源:《全国农业机械化发展第十二个五年规划(2011~2015年)》和《全国农业机械化发展第十三个五年规划(2016~2020)》。

注:表中增长数均为与上一个五年计划末比较的数据。2010年的规模以上农机企业主营业务收入采用的是工业总产值数据。

国家《乡村振兴战略规划(2018~2022)》对农业机械化没有确定量化指标,只有定性目标,只是笼统地要求发展智慧农机,并逐步实现农业生产的全程机械化,要求建设基于卫星遥感、航空无人机、田间观测一体化的农业遥感应用体系。虽然乡村振兴战略规划没有提出2022年的具体目标,但是《国家质量兴农战略规划(2018~2022年)》提出了到2022年农作物耕种收综合机械化率达71%的目标,这个目标仅仅比"十三五"农机规划到2020年的目标提高了1个百分点。《农机装备发展行动方案(2016～2025)》确定了农机装备主机产品重点发展目录和农机关键零部件重点发展目录,明确了到2020年和2025年农机装备的行动目标。

在推动耕地机械化方面,原农业部还制定了《全国农机深松整地作业实施规划(2011～2015年)》和《全国农机深松整地作业实施规划(2016～2020年)》两个规划,要求在适宜地区全面推广农机深耕整地技术,到2020年全国适宜的耕地全部深松一遍。

2018年12月,国务院又出台了农业机械化和农机装备产业转型升级的指导意见,对农业机械化进行了较长期的规划,提出到2020年和2025年两个时间段的发展目标,其中对农机总动力和农作物耕种收综合利用率两个重点指标,提出了具体的发展目标,即全国农机总动力在这两个时间节点要分别达到10亿千瓦和11亿千瓦;农作物耕种收综合利用率要分别达到70%和75%。这个意见还进一步强调了绿色高效技术和智慧农业的示范推广。

通过对中央1号文件和农业机械化相关规划的分析研究,我们认为通过国家规划引领、政策驱动,农业机械化正在有条不紊地全面推进,各项指标都在稳步提升。2019年3月17日,农业农村部张桃林副部长在2019年全国农业机械化工作会议上透露,2018年农机总动力达到10亿千瓦,较上年同口径增幅超过1%;2019年全国农作物耕种收综合机械化率达到70%,比2018年提高2个百分点,而且提前实现了"十三五"规划目标。从我们在农业农村部网站上搜集的部分地区2018年相关指标(见表5-23)来看,全国各地都高度重视农业机械化水平的提高,耕种收综合机械化率大都达到了较高水平,还有不少地区超过了全国的平均水平,有的达到了很高的水平,如黑龙江省达到了97%,山东、新疆、河南等都超过了80%,新疆昌吉回族自治州、河北赵县、吉林榆树市等部分市县也超过了90%。从表5-23可以看出,只有重庆涪陵区、云南大理州没有达到全国平均水平,而且差距还比较大。

表5-23　部分地区2018年主要农作物耕种收综合机械化率

地区(省级)	机械化率(%)	地区(县级)	机械化率(%)
山东	86.50	重庆涪陵区	47.0
新疆	84.68	新疆昌吉回族自治州	95.5
安徽	79.00	云南大理州	54.0
湖北	69.00	江西萍乡市	70.5
黑龙江	97.00	吉林长春市	88.5
河南	82.60	吉林榆树市	91.0
河北	78.00	河北赵县	95.0

数据来源:农业农村部网站。

从主要农作物品种来看，全国的小麦、水稻、玉米耕种收三个主要环节的机械化水平普遍达到了比较高的水平。据李安宁分析的 2017 年主要农作物耕种收综合机械化水平的有关数据，我国小麦最高，达到 94.35%，其次是水稻、大豆、棉花、玉米四种农作物，依次分别是 79.12%、76.13%、74.4%、74.2%，都超过了全国 67.23% 的平均水平。而马铃薯、油菜、花生分别为 46.13%、56.97%、60.14%，低于全国平均水平。机耕水平，小麦、水稻、棉花、油菜高于全国平均水平，马铃薯、大豆、花生低于全国平均水平，玉米与全国平均水平基本持平；机播水平，小麦、棉花、大豆、玉米高于全国平均水平，马铃薯、油菜、水稻、花生低于全国平均水平；机收水平，小麦、水稻、大豆、玉米高于全国平均水平，马铃薯、棉花、花生、油菜低于全国平均水平。

从李安宁的分析报告来看，我国不仅主要农作物的农业机械化水平不平衡，而且全国各省（自治区、直辖市）之间也有较大差距，以 2017 年为例，黑龙江、新疆都超过了 90%，分别达到 95.59% 和 93.95%。吉林、天津、山东、内蒙古、辽宁等 12 个省（自治区、直辖市）也超过了全国 67.23% 的平均水平。其他省（自治区、直辖市）均未达到全国平均水平，其中云南、贵州、四川、海南、北京均未达到 40%，云南只达到 20.94%，属于全国最低水平，离全国平均水平差了 46.29 个百分点，贵州是 25.02%，也差了 42.21 个百分点。

我们在调查问卷中也设计了农业机械化方面的问题，重点设置了播种、管理、收获、运输四个问题。从样本数据（见图 5-7）来看，农作物播种机械化的占比为 58.8%，农作物管理机械化的占比为 24.7%，农作物收获机械化的占比为 57.7%，农作物运输机械化的占比为 60.7%。通过问卷调查的这组数据可以看出，调查样本数据明显低于全国平均水平。

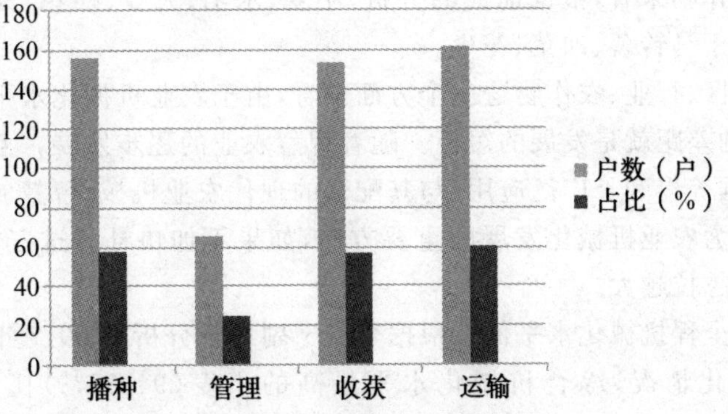

图 5-7　267 户村民农业机械化情况

图中数据来源：267 户调查问卷。

从国家规划数据、2017年数据、2018年数据以及我们的调查数据来看,存在三个短板问题。

一是全国总体水平不高。虽然我国农机总动力高于发达国家水平,但是我国的农业机械化水平不高,说明我国的农机装备现代化水平不高。从全国耕种收综合机械化率来看,2018年和2019年分别达到68%和70%,规划到2025年达到75%,2018~2025年的七年时间增长7%,平均每年增长1%。目标值太低,与迅猛发展的科技相比,发展速度太慢。

二是极端不平衡,主要是地区之间、行业之间、农作物之间的极端不平衡性。

从地区来看,2018年各地区之间农作物综合机械化水平最高与最低相差50%。而李安宁副司长分析的2017年各省(自治区、直辖市)的数据差距更大,最高的黑龙江省(95.59%)与最低的云南省(20.94%)相差74.65个百分点。

从行业来看,李安宁副司长提供的行业之间的发展水平对比数据显示,设施农业、畜牧养殖、水产养殖、农产品初加工、果茶桑这五个行业的机械化率分别是33.12%、31.33%、28.9%、33.15%、24.6%。这五个行业的数据远远低于全国农作物耕种收机械化平均水平。根据国家规划要求,到2025年,设施农业、畜牧养殖、水产养殖、农产品初加工机械化率都要达到50%的水平。从增长速度看,这五个行业从2017~2025年共八年的时间,要分别增长16.88个百分点、18.67个百分点、21.1个百分点、16.85个百分点、25.4个百分点,平均每年2~3个百分点,是全国主要农作物增长速度的2~3倍。即使这样的发展速度,到2025年与全国农作物耕种收综合机械化75%的目标值还有25个百分点的差距。

从农作物来看,根据前面的分析,小麦、水稻、大豆、棉花、玉米的机械化水平明显高于马铃薯、油菜、花生。

从地区、行业、农作物这三个方面来看,由于农业机械化水平的极端不平衡性,其中的差距就是发展的短板。随着智慧农业的逐步发展,"互联网+"、物联网、大数据等得到了广泛应用,与其配套的现代农业机械、智慧农业机械的推广应用将成为农业机械化发展的重要方向,如果不加快补齐这三方面的短板,可能差距会越拉越大。

三是全程机械化水平低。根据李安宁副司长分析的2017年8种主要农作物的机械化情况,综合机械化水平最高的小麦(94.35%)比最低的马铃薯(46.13%)高出48.22个百分点,差了一倍多。而且耕、种、收三个环节中,小麦都是最高的,马铃薯都是最低的。不同农作物之间的机械化水平有差异,而同一种农作物在耕、种、收不同的生产环节其机械化水平也是参差不齐的。以水稻为例，2017 年水稻的综合机械化水平虽然总体上高于全国平均水平，但是水稻的机播水平低于全国平均水平。同样，棉花的机收水平则远远低于全国平均水平。再如油菜的机耕水平比较高，而机播、机收水平都低于全国平均水平。在我们的调查问卷数据中，管理环节的机械化水平最低，只有 24.3%，比播种环节低了 34.5 个百分点，也显示出各个环节的不同步性。可见，耕、种、收三个环节的机械化水平具有极大的不同步性，离全程机械化尚有较大差距。

通过实地调查和查阅有关资料发现，“十五”期间我国的农业生产方式实现了历史性的跨越，最主要的表现就是从以人力、畜力作业为主转向了以机械作业为主，农业机械逐步成为农业发展的主要生产资料。但是从全国范围来看，这种跨越不是全面的跨越，也没有实现全产业链的全面跨越。前面通过数据分析的三个短板也说明了这个问题。就全国而言，除了上面三个短板，还有其他一些具体的短板问题，需要在全面建成小康社会和实现乡村全面振兴中逐步补齐。这些短板，可以初步归纳为以下几个方面：

一是基础设施条件不配套。我国丘陵山区耕地面积较多，约占全国耕地面积的 50%。丘陵山区地势不平，耕地碎片化，小而分散，宜机化水平太低，其农业机械化率还达不到 40%。还有一些地区的土地整理不到位、高标准农田建设不到位、各项配套设施不健全，对提高农业机械化水平和实现全程机械化来说都是障碍。

二是农机装备技术有效供给不足。这个短板包括三个突出的问题。其一是装备结构不合理。截至 2017 年年底，我国 20 马力(1 马力约为 735 瓦)以下的小型拖拉机及其配套农具分别达到 1634.24 万台和 2931.43 万部，而 20 马力以上的大中型拖拉机及其配套农具仅有 670.08 万台和 1070.03 万部。小型农机占领了主要市场，对开展大规模的农业机械化作业带来困难。在目前丘陵山区耕地较多的情况下，小型农机又很难展开作业，缺乏适合丘陵山区作业的、轻便型的、微型的农机具，出现无机可用的尴尬局面。同时也存在运输机械多、农田作业少和低档次农机具多、高档次少等现实问题，还有一部分农机具老化失修，面临淘汰。其二是智能化水平低。农业机械是智能装备的重要载体，物联网、大数据、人工智能等是推动农业智能装备发展的重要因素，在这方面我国的普及率还很低，业已成为我国推广大规模农业机械化的短板。其三是服务水平低。我国农机服务大多数是小规模、小范围、单一性的服务，农机专业户、农机服务企业比较少，也很少有组建农机合作社等专业服务组织的；服务半径主要限于当地，跨区作业的比例太少，而且跨区作业农作物品种单一、服务项目单一，主要以小麦收割为主；小型农机户的服务大多数是单项服务，很少有耕种收配套服务的。所以说，我国的农机服务整体水平比较低，这与国家提倡的农业生产社会化服务还有较大差距。

三是农机农艺融合度低。早在制定农机发展“十一五”规划时，国家就提出了农机、农艺融合发展问题。经过十多年的发展，我国的农机研发与农艺的结合度一直不够高，一些农作物品种的选育、栽培、种养、加工等技术与农机的研发、生产相脱节，农业生产的运输管理、田间管理以及耕种收等环节的农艺标准与农机作业规范相脱节。可以说，针对农艺发展的需要，还没有形成完整的农机研发系统解决方案，这也是制约农业机械化、农业现代化的瓶颈问题。随着农业生产技术的快速发展、高标准农田的大规模建设，需要有与农艺发展高度融合的农机装备相配套，需要建立一套农机、农艺融合发展的制度体系，真正实现农机农艺融合发展，提高农业生产效率。

四是农机安全生产存在隐患。从农业农村部通报的2018年农机事故情况来看，我国国家等级公路以外的农机事故起数、死亡人数、受伤人数和直接经济损失均比2017年下降。但是农机道路交通事故起数、死亡人数、受伤人数均比2017年有所增长，只有直接财产损失一项比2017年有所下降。从通报情况来看，发生农机安全事故的主要原因还是农机监理不到位，导致无牌、无证驾驶，不遵守交通法规；培训不到位，导致操作不当、操作失误等。《全国农业机械化安全生产“十三五”规划》中提到，2015年全国的拖拉机上牌率、检验率、持证率综合水平超过70%，比“十一五”末提高了30个百分点。也就是说，到2015年，我国的拖拉机有30%的比例是无证、无牌、无检验运行的，存在严重的安全隐患。2016年以来，国家相关部门一直在强调提高农机上牌率、检验率、持证率，但是我们没有找到官方数据。从有关方面了解到，享受购置补贴的农机基本都按规定进行了上牌，而没有享受补贴的农机，特别是小型农机，农机户很少有主动上牌的，这就导致无牌、无证、无检验农机的出现，在农村这个比例是很高的，安全隐患也是很大的。另外，农村还有大量的农机年久失修，带病作业，甚至是应该淘汰而没淘汰的农机仍在继续运行，这也是一个大的安全事故隐患。

综上，我们共分析了农业机械化方面七个短板：一是综合机械化水平不高；二是地区、行业、农作物之间极端不平衡；三是全程机械化水平低；四是基础设施条件不配套；五是农机装备技术不高；六是农机农艺融合度低；七是农机安全生产存在隐患。当然，农业机械化方面存在但不限于这七个短板问题，学者们也从不同的角度分析了其他短板问题，这一系列的农机短板需要在乡村振兴的过程中予以补齐。

§5.4 农业科技

番茄树上挂，鱼戏菜叶间，西瓜吊着长，甜瓜甜掉牙……因为这些与以往蔬菜、瓜果种植的大不同，2019年5月13日，内乡县中国、以色列高效农业科技创新合作示范园里人潮涌动，前来观赏采摘的游客、集体外出研学的孩子络绎不绝，“智慧菜园”成了“旅游乐园”。

在水培生菜棚内，鱼儿竟然在营养液池内畅游。示范园生产负责人刘奇告诉记者，这是鱼菜共生技术，属于全新的高科技。

“这里既是植物‘梦工厂’，又是田园‘迪士尼’”。

——记者孟向东、通信员樊迪、杨铎：“‘智慧菜园’变‘旅游乐园’”

（《河南日报》2019 年 5 月 14 日第 8 版）

《河南日报》上的这则消息，透视着现代农业的一个发展方向或者称为“一种发展模式”，即“高科技＋农业产业园”→“生态＋农业＋旅游＋文化”→智慧农业。高科技在农业领域的推广应用，或者说高科技与农业的融合发展，颠覆了传统农业的发展模式，引领着我国农业向高科技方向发展，这是我国多年来一直高度重视农业科技创新发展的卓越成就。

伴随着改革开放，农业迎来了科学的春天。1982 年以来，22 个中央 1 号文件专题部署了农业农村工作，特别是 2004 年以来的连续 17 个中央 1 号文件，把农业科技工作都摆在农业农村工作的重要位置。在历年的中央 1 号文件（见附录 3）中，对于农业科技工作，基本都从科技研发创新、成果转化、推广应用以及资金投入等主要方面进行安排部署。

关于农业科技创新，2004 年的中央 1 号文件提出了加大农业科技创新能力投入，安排引进国外先进农业科技成果的资金，引导和推动企业成为农业技术创新主体。这是三个信息，一是强化农业科技创新能力，二是要引进国外先进技术，三是要引导企业成为科技创新主体。在 2004 年的中央 1 号文件中，对农业科技成果转化和推广应用也都提出了具体的实施意见。自此，我国的农业科技研发创新、成果转化、推广应用同时步入了快车道，成为农业农村经济发展的重要支撑力量。

从农业科技创新体系建设来看，历年的中央 1 号文件呈现出六个明显的特点。

第一，高度重视农业基础性研究。历年的中央 1 号文件多次提到农业基础性研究，因为农业基础性研究对于革命性理论发现、农业复杂科学问题解决、新兴交叉学科发展具有重要意义。所以，国家一直要求加强农业科技自主创新体系和自主创新能力建设，加快农业科技基础前沿研究，提升原始创新动力，要把农业科技的重点放在良种培育上，放在对现代农业建设有重要支撑作用的技术研发上，推动农业科技自主创新。

第二，高度重视农业关键技术研究。关键技术，是关键领域、重要产品的核心技术。多年来，国家一直重点支持这方面的科学研究，而且在中央 1 号文件中还具体提出实施主要农作物强杂交优势技术研发、农作物转基因技术、生物育种、智能农业等重大应用技术、关键技术的联合攻关行动，推动我国农业科技创新总体上达到发展中国家领先水平。

第三，高度重视农业高新技术研究。高新技术一直是我国农业发展的重头戏，所以国家始终推动农业的高新技术研究（用 G_i 表示农业高新技术）与共享高新技术在农业上的应用研究（用 G_j 表示可以共享的高新技术），也更加重视这两种高新技术的融合发展与应用（用 $G_i G_j$ 来表示二者的融合发展与应用模式）研究。通过加强加快生物技术和信息技术等高新技术研究，推动了农业信息化建设和智慧农业的发展，目前正在发展数字农业、智慧农业，推进物联网试验示范和遥感技术应用。内乡县科技示范园就是一种典型的 $G_i G_j$ 模式。

第四，高度重视农业科研体系建设。农业科研体系实际上是由科研主体和科研载体共同构成的一个农业科学技术研究体系。农业科研主体就是从事科学技术研究的科技工作者队伍。关于国家重视农业科研主体建设的情况在这不作过多阐述，重点分析一下中央1号文件重视农业科研载体建设的情况。2004年，中央提出支持大中专院校参与农业科学技术研究，把大中专院校纳入了农业科学技术研究的载体。2006年，中央1号文件不仅强调了国家和区域性研究载体的建设，而且还把企业纳入了农业科技研发载体的建设。2008年，中央1号文件又提出了建设现代农业产业技术体系。国家第一批共启动建设了50个现代农业产业技术体系，每一个现代农业产业技术体系都由首席科学家、岗位科学家、国家产业技术研发中心和国家产业技术综合试验站组成。2010年，中央又提出建立农业产学研联盟。2013年，中央要求建立国家农业科技园区和高新技术产业示范区。2014年和2015年，都提出建立农业科技协同创新联盟。2017年，要求建立现代农业产业科技创新中心。2019年，提出要加强农业科技创新平台基地建设，重点建设农业领域国家重点实验室等。2020年，继续强调要加强农业关键核心技术攻关和农业生物技术研发，同时进一步强调了现代农业产业技术体系建设。2004年以来的17年时间里，从科研院所发展到大中专院校、企业，再到产学研结合、科技创新平台建设、协同创新联盟建设、集中全国优势科研力量开展产学研高度融合的现代农业产业技术体系建设，中央把农业科技研发的载体建设，始终贯穿于农业科技创新体系建设的全过程。也正是因为有了这些科研主体和科研载体的强力推动，我国的农业科技正在走向世界的前列。

第五，高度重视农业全领域和全产业链的科学技术研究。这里讲的全领域是指涵盖农林牧渔各主要产业以及与这些产业相配套的农田水利建设、农业机械化、物联网等全方位的农业科技创新体系建设。全产业链是指针对每一个产业、每一个种类都开展产前、产中、产后的科技创新研究。多年来的中央1号文件都高度重视这方面的研究，特别是现代农业产业技术体系建设和智慧农业工程建设，都是针对全领域和全产业链开展农业科学技术研究的典型模式。

第六，慎重研究推广转基因技术。转基因技术是一项非常敏感的技术，所以，国家也是非常慎重地部署这方面的研究和推广工作。在 2004 年以来的 17 个中央 1 号文件中，共有五年提到了转基因技术的研究工作。其中 2008 年提出启动，2009 年和 2010 年都是继续实施转基因生物新品种培育科技重大专项。2015 年提出要加强农业转基因生物技术研究、安全管理、科学普及，而到了 2016 年，则提出了新的要求，一方面要求加强农业转基因技术研发，另一方面则要求加强转基因技术的监管和慎重推广。从 2015 年的安全管理、科学普及，到 2016 年的加强监管、慎重推广，国家对转基因生物技术的应用越来越慎重。而且 2016 年以后的中央 1 号文件，再没有提及转基因生物技术的研究和推广工作。

从农业科技成果转化来看，历年的中央 1 号文件重点从五个方面安排部署农业科技成果转化工作。

第一，要求增强农业科技成果转化能力。发挥科研院所、高校在农业科技成果转化中的作用，不断提升基层农业科技成果转化能力。

第二，实施重大项目转化工程。要求加快推进农业技术成果的集成创新和中试熟化，提出实施两大工程和三大行动计划。两大工程是“种子工程”“畜禽水产良种工程”，三大行动计划是农村科技创业行动计划、科技富民强县专项行动计划、科普惠农兴村计划。2005 年，还专门提出超级稻的技术转化和推广工作。国家从 1996 年就把超级稻研发列为国家重大科研项目，并于当年启动了“中国超级稻育种及栽培体系”建设；经过九年的时间，到 2005 年正式启动转化推广工作；又经过九年的时间，2014 年湖南省溆浦百亩方亩产达到 1026.7 千克，首次突破 1000 千克，创造了我国水稻亩产的新纪录。袁隆平团队研发的海水稻，2017 年也创造了最高亩产达到 620.95 千克的纪录，超过 300 千克的预期，取得了突破性的成就。目前，超级稻已经得到全面推广，海水稻正处在实验阶段。

第三，加强知识产权保护。我国的农业知识产权保护与世界农业发达国家相比，起步比较晚。一般认为，始于 20 世纪 90 年代，以 1997 年颁布的《植物新品种保护条例》为标志。这个条例的颁布，当时主要是用于对植物新品种权的保护。也就是从这个条例开始，我国越来越重视农业知识产权的保护。2006 年开始，农业知识产权保护多次被写进中央 1 号文件。2006 年中央 1 号文件的提法是加强种质资源和知识产权保护。在中央政策的推动下，2007 年 6 月，中国农业科学院成立了农业知识产权研究中心，专门从事农业知识产权相关问题的研究。2012 年、2013 年、2016 年的中央 1 号文件都关注了农业知识产权保护。2017 年、2019 年的两个中央 1 号文件又有了新的要求，不仅强调农业知识产权的保护，而且进一步提出要加强农业领域知识产权创造与应用，2019 年还提出要建立健全农业科技成果知识产权制度。除了中央 1 号文件，2015 年 12 月，国务院还出台了加快知识产权强国建设意见，要求实行更加严格的知识产权保护。这一切都说明我们国家很早就开始重视科研成果的自主创新，并对拥有自主知识产权的科研成果加强了保护。由于中央政策的引导，我国农业科技人员和科研机构对自主知识产权的保护意识明显增强，有效地保护了农业科研人员科技创新的积极性，对于我国农业科技的创新发展起到了积极的推动作用。

第四，建立成果转化激励机制。科技成果转化，是由潜在生产力向现实生产力转变的重要途径。除了科学研究者的内生动力，政策激励则是科技成果转化的重要外在动力。2014 年以来的 7 个中央 1 号文件都围绕农业科技成果转化的制度改革、体制机制构建、政策激励等问题进行了研究部署。中央提出农业科技成果转化制度改革的目的，就是要充分调动广大科研工作者的积极性，推动农业领域的科技创新和科研成果的转化应用。这 7 个中央 1 号文件，是步步递进、逐步提出了较完备的农业科技成果转化制度。其一是建立健全了农业科技成果产权制度。产权制度，是最直接的激励制度。2019 年的中央 1 号文件非常明确地提出，要赋予科研人员科技成果所有权。这个具体意见极大地调动了科研人员研发、转化和推广的积极性。其二是落实了科技人员成果受益权。可能有的科技工作者并不非常看重成果受益权，但是成果受益毕竟是调动科研人员积极性的有效途径。所以，国家也非常重视和关心科技人员的受益权。2015 年 8 月修订的《中华人民共和国促进科技成果转化法》，改革了职务科研成果转让办法，其中最重要的是将职务科研成果的转让收入和作价入股的提出比例都提高到不低于 50%。2015 年以来的连续 6 个中央 1 号文件都针对农业科技人员的成果受益权问题提出了具体的实施意见，从科技人员股权激励改革试点，到探索成果权益分享，再到落实科技人员兼职兼薪，一步一步地完善了科技人员的成果受益权，而且提出了完善农业科技人员分类管理制度和人才评价、流动保障机制。这些制度的提出和完善，极大地保护了科技人员的成果所有权和成果受益权，为科技人员农业科技创新和科技成果转化创造了一个宽松的制度环境，从而也促使科技人员积极研发满足市场需求的科技产品，逐步实现技术研究与农业生产、科技与经济的融合发展。

第五，建立农业科技成果交易平台。为了鼓励农业科技成果转化，在落实农业科技成果所有权和受益权的基础上，2012 年中央在专题部署农业科技创新工作时，提出要稳步发展农业技术交易市场，这就是要建立农业科技成果转化的市场机制，通过市场来配置农业科技成果资源，推动农业科技要素进行合理有序流动，提高农业发展的科技含量。之后的2014年、2015年、2016年、2017年，连续的4个中央1号文件都对建立农业科技成果交易机构作出了具体的部署，提出了一些具体的机构模式，如农业技术交易市场、农业科技成果交易中心、农业科技成果托管中心等。特别是2017年的中央1号文件，提出要建立新型农业技术研发、成果转化和产业孵化机构，而且要支持园区产学研合作建立技术交易机构等科研服务平台。在国家政策的指引下，我国的农业科技成果交易、转化机构在全国逐步建立起来。2014年和2015年，国家在中国农业科学院成立了两个农业科技成果转化服务中心：国家种业科技成果产权交易中心、全国农业科技成果转移服务中心。浙江、山东、广东等地区也都建立起了各种类型的农业科技成果转化服务平台，推动农业科技成果的交易、转化。多年来，各地也在积极探索建立农业科技成果交易平台，如山东省烟台市连续举办了多届“国际果蔬·食品博览会”，开展果蔬领域的国际技术交流与合作，促进转化科技成果。

从农业科技推广应用来看，历年的中央1号文件突出了三个重点。

第一，强调国家农业科技推广的公益性特点。公益性，是农业科技普及推广的重要特点。我国一直致力于以国家推广体系为主的推广渠道，无偿地向广大农村推广农业科技。公益性这个特点，也经常出现在中央和国家的有关文件之中。从中央1号文件来看，2004年以来至少有七年直接提到农业科技推广的公益性问题，其他年份虽然没有直接出现公益性的概念，但是从字里行间也能看出其公益性的特点，如在不同的文件中提到的农业科技公共服务机构、政府购买农业科技服务、农业院校和科技机构推广等都体现着公益性的特点。这些公益性的要求，重点的是要强化国家推广的公益性职能。在强调公益性的同时，国家也不排斥经营性的农业科技推广，因为经营性科技推广也是提高农业科技含量的重要渠道。为了鼓励经营性机构参与农业科技推广，国家要求把公益性职能与经营性服务分开管理，全面放活农业科技经营性服务。在2005年的中央1号文件中，对国家公益性农业科技推广机构的职能进行了全面规范，确定了公益性推广的范围。2008年提出要健全机构和队伍，确保国家规定的各项公益性农业科技推广服务。2012年，要求进一步明确乡镇或区域性的农业科技推广公共服务机构的公益性定位，同时设置必要的公共服务岗位。可见，国家对农业科技推广的公益性是高度重视的，逐步规范了农业科技推广机构的公益性职能和农业科技公益性推广的服务范围。

第二，实施农业科技入户工程。农业科技推广的重要目标，就是要让广大农民和农业生产者广泛受益，也是科技兴农、科技致富的重要途径。农业科技进村入户，是实现农业科技推广目标的最直接手段。中央高度重视农业科技入户工程，多次在中央1号文件中进行具体的部署安排，提出了一系列的具体指导意见，从农业科技进村入户体制机制，到扶持培育科技示范户和科技大户，再到进村入户、到田到户，都作了具体的安排。

第三，要创新公益性农业科技推广的服务模式。历年的中央1号文件提出了多种农业科技推广的服务模式或服务方式。一是建立健全国家自上而下的公益性农业科技推广体系，通过国家农业科技推广的公共服务机构直接实施农业科技推广工作。二是组织农业院校和科研院所参与农业科技推广工作。中国农业大学在曲周县探索的科技小院模式，就是农业院校直接参与农业科技推广的典范。三是实施科技特派员、专家大院制度，启动基层农技推广机构特设岗位计划，架起农业科技专家与农业科技推广的桥梁，充分发挥农业科技专家在农业科技推广中的作用。四是培养新型职业农民和农业技术实用人才，推动农业科技在农业生产一线的应用推广。五是发挥农业科技协会等社会组织的作用，引导他们积极参与公益性农业科技推广工作。六是通过政府购买服务等方式，一方面把经营性服务组织等各类社会力量纳入公益性农业科技推广体系，另一方面强化农业科技推广的公益性特点。七是建立各类农业科技园区。中央把农业科技园区建设，作为农业科技示范、推广的重要阵地，通过各种政策和渠道，规范建设现代农业产业园、农业高新技术示范区、农业科技园等各类农业科技园区。这些科技园区的建设，在发挥示范作用的同时，不断地向外推广各种先进的农业科技，呈现出“一个园区一个阵地、一个园区辐射一片”的农业科技新景象。

从农业科技投入来看，历年的中央1号文件都把投入作为农业科技发展的重中之重予以高度关注。

第一，强调政府在农业科技创新投入中的主体作用。农业科技的公益性特点，决定了政府投入的必然性。在农业科技创新投入方面，中央始终把国家财政作为重要的主体，在历年的中央1号文件中都对政府投入进行重点安排部署。财政对农业科技创新研发投入，从较大幅度的增加到大幅度的增加，再到持续加大，这是一个循序递进的加大投入模式。历年的中央1号文件都要求公共财政要优先安排农业科技研发资金，而且对国家安排农业科技投入提出了三个要求：一是要不断提高占国家科技投入的比重，二是增幅要高于财政经常性收入的增幅，三是要建立起稳定增长的长效机制。通过这三个要求，我国农业科技投入呈现出逐步增长的好势头，而且带动了其他主体的农业科技创新投入。

第二，建立农业科技创新基金。在多个中央1号文件中，都强调建立农业科技创新基金（以下简称“基金”）的重要性，而且对基金的建立、基金的筹措提出了具体的要求。在基金筹措上，强调的是多渠道筹措。首先是把政府作为重要的投入主体，要求不断加大公共财政投入，奠定政府在基金中的基础性作用和导向作用。其次是筹措社会资金，建立多主体投入机制。多渠道的重点就体现在社会资金的筹措上：一是各类金融机构的投入，重点是鼓励和引导金融信贷资金、风险投资基金等多方资金的投入；二是各类企业的投入，重点是鼓励和引导大型涉农企业投入基金建设；三是其他社会资本的投入。通过基金的建立，支持农业科技研发，支持农业科技创新创业。

第三，支持涉农企业科技创新。这方面的支持政策主要体现在三个方面：一是放开放活政策，把农业企业和民营企业、科技组织统一纳入国家农业科技研发、推广体系上来，允许他们申请使用国家资金；二是允许涉农企业科技创新等有关费用，享受国家关于企业研发费用加计扣除、企业所得税、高新技术等相关政策；三是支持涉农企业承担国家各类农业科技项目的研发、攻关，支持引导企业增强自主创新能力，成为技术创新和应用的主体。

第四，支持引进国外先进技术。2004 年，中央 1 号文件就提出国家要安排引进国外先进农业科技成果的资金，在以后的多个中央 1 号文件中都再次提出继续安排这方面的资金，这说明国家在加强农业科技自主创新的同时，也注重引进国外的先进科学技术，来推动我国的农业科技创新工作。

第五，支持成果转化和推广应用。一是国家一直高度重视农业科技成果转化工作，从资金上予以保障；二是对公益性的农业科技推广，要求各级财政要确保必要的经费；三是对重大农业科技专项推广，要扩大补贴规模；四是要建立农业科技推广激励机制，重点是要按照推广规模和服务绩效安排推广经费，把补助经费与服务绩效考核有机结合起来，提高成果转化和推广应用的效率。

历年中央 1 号文件中关于农业科技创新工作的部署，与国家关于农业科技发展的各项规划是一脉相承的。在全国农业和农村经济发展“十一五”“十二五”“十三五”规划和《国家质量兴农战略规划(2018～2022 年)》、国家《乡村振兴战略规划(2018～2022 年)》等规划中，都把农业科技作为农业农村发展的重要内容进行规划。科技部为了落实国家乡村振兴规划还专门编制了《创新驱动乡村振兴发展专项规划(2018～2022 年)》，对农业科技的发展作了专项规划。在这些规划中，关于农业科技的规划是有其共同特点的。

一是把农业科技创新定位为农业农村发展的战略支撑。综观这些规划，都从战略高度定位农业科技创新。科学技术是第一生产力，因而把农业科技创新也定位为引领农业农村发展的第一动力，是提高农业核心竞争力的核心抓手，是农业农村现代化的重要途径。

二是把农业科技创新放在优先发展的位置。《创新驱动乡村振兴发展专项规划(2018～2022年)》提出,在资源要素配置、科研资金投入、科技服务、人才培养和智力引进上,都要放在优先的位置优先安排,以此来提高农业科技水平。《乡村振兴战略规划(2018～2022年)》提出的农业农村四个优先发展战略中,优先满足"三农"发展要素配置就包含了农业科技的优先配置。

三是确立农业科技创新重点任务。在创新内容上,重点强调农业科技的自主创新能力。各个规划都突出了农业基础性研究、前瞻性研究以及原创性重大成果突破,关注了关键核心技术、高新技术的创新能力提升。在创新平台建设上,重点是发展各类农业科技园区、创建各类农业科技创新联盟以及建设各类农业科技服务平台。在科技成果转化应用上,重点是引导支持农业院校、科研院所加快成果转化和推广应用,逐步建立健全农业科技成果转化工作机制,充实完善基层推广体系,发挥农业科技在农业生产中的支撑和引领作用。

四是规划了近期、远期的农业科技创新效益指标。重点是规划了主要农作物良种覆盖率、农业科技进步贡献率、农业劳动生产率等指标(见表5-24),以彰显农业科技创新对农业农村经济发展的重大作用。

表5-24 农业科技应用的几项主要规划指标

项目	主要农作物良种覆盖率(%)	农业科技进步贡献率(%)	农业劳动生产率(万元/人)
2005年	95	48.0	—
2010年	—	52.0(53.0)	—
2012年	—	53.5	—
2015年	—	56.0(55.0)	—
2016年	—	56.7	3.1
2017年	96	57.5	4.2
2018年	—	58.3	—
2019年	—	69.2	—
2020年	—	60.0	>4.7
2022年	—	61.5	5.5

注:2010年和2015年括号外数据为规划数据,括号内数据为当年实际数据,2018年和2019年为实际数据。

各省(自治区、直辖市)以及各级地方政府也都按照中央1号文件的部署和国家的各项具体规划,也包括发改委、农业农村部、科技部、财政部等相关部委的具体部署,积极开展了农业科技创新工作,而且取得了突破性的成就。改革开放40年来,农业科技突飞猛进,取得了整体性的提高,并取得了一系列原创性的标志性成果,共有2227项农业科技成果获得国家各类科技奖励,农业科技贡献率由改革开放之初的27%，到2017年达到了57.5%，增长了30.5个百分点，这是一个了不起的成就。我们通过农业农村部网站查找整理到的有关地区的相关指标也能充分说明这个问题。从表5-25显示的部分省（自治区、直辖市）的相关指标来看，农业科技进步贡献率都超过了全国平均水平的58.3%，其中河北省最低，也达到了58.5%，比全国平均水平高出0.2个百分点。最高的北京市是72%，高出全国平均水平13.7个百分点，已经达到了一个比较高的水平。表5-25中显示的河北、河南等5个省（自治区、直辖市）的主要农作物良种覆盖率都超过了90%，其中河北、河南、山东达到了比较高的水平。而农业主推技术到位率，我们只查到河北、河南两个省的指标，都达到了95%。

表5-25　2018年部分省(自治区、直辖市)农业科技相关指标情况

项目	农业科技进步贡献率(%)	主要农作物良种覆盖率(%)	农业主推技术到位率(%)
河北	58.50	98	95
河南	60.70	97	95
江苏	66.20	90	—
山东	63.26	97	—
宁夏	59.20	90	—
北京	72.00	—	—
湖北	58.70	—	—
黑龙江	66.50	—	—
全国平均	58.30	—	—

改革开放以来，我国农业科技创新以超常规的速度取得了长足进步，支撑起了农业发展的主框架，成为我国农业发展的第一动力。从总体上看，虽然我国农业科技创新取得了令人瞩目的成就，但是也应当实事求是地承认，其中也存在一些短板问题，在制约着农业的全面快速发展。

第一，投入不足。投入是农业科技创新的关键因素和重要保障，投入强度是衡量自主创新和可持续发展的重要指标。我们按投资比重和投入强度两个指标分析这个问题。一是投资比重。2017年，胡祎等学者研究了我国2009～2014年五年的农业科技投入问题，从绝对数上看有了较大幅度的增长，年投入额从71.48亿元增长到124.41亿元，增长了74.05%。但是农业科研经费投入占总科研经费的比重始终处在一个比较低的水平，一直徘徊在6.4%～7.4%，不仅没有大的增长，而且2012年以后还出现了逐年下降的趋势。可见，农业科技投入在全国科研投入中所占的比重太低，连8%都没有达到。二是投资强度。

农业科技投资强度是指农业科技投入占 GDP 的比重。2019 年我国研究与试验发展(R&D)经费支出与国内生产总值之比为 2.19%,比 2017 年提高了 0.06 个百分点,比 2018 年仅仅提高了 0.01 个百分点,而创新型国家一般都在 2.5% 以上,可见,我国总的科技投资强度也不够高。如果按照农业科研投入占全部科研投入的 10%计算的话,那么,2019 年农业科研投入占国内生产总值的比重只有 0.219%,这个比例是非常低的。再从农业科技研发投入占农业总产值的比重来看,我国一般徘徊在 0.2%～0.5%,而发达国家一般将近 4%,发展中国家一般达到 1%。这个差距也是显而易见的。由此可见,我国农业科技投入的绝对数在大幅度的增加,而投入的强度仍然不高,这其中固然有我国经济快速增长(GDP 增幅较大)的因素,也从中说明我国农业科技投入的增长速度跟不上经济发展的增长速度。这不仅仅是与发达国家的差距,而且还是影响我国农业自主创新的重要因素。

第二,农业科技成果世界领先的少、转化率不高。从农业科技领域的学科来看,虽然我国近年来取得了一系列的世界领先科技成果,但是我国农业科技领域在国际上处于领先的学科只有 19%,17%的学科处于并行,还有 64%的学科仍然处于跟踪或跟跑阶段。从转化率上看,我国的农业科技成果转化率基本为 30%～40%,有 60%以上的成果没有转化为现实生产力。发达国家的转化率比较高,一般为 70%～80%。我国每年的农业科研成果一般都超过 7000 项,而真正能够得到转化应用的不多,呈现出较高的科技效率与较低的科技成果转化率并存的矛盾。我们再根据农业科技成果转化率计算公式分析一下,以下是计算公式:

$$R=\frac{a_0 t}{a t_0}\times 100\%$$

式中,R 是转化率,a_0 是实际转化成果数,t_0 是实际转化周期,a 是研究成果数,t 是正常转化周期。a 和 t 是两个相对稳定的确定值,而 a_0 和 t_0 是两个变量。

根据这个公式可以看出,成果转化量越少,转化周期越长,成果转化率就越低。可见,农业科技成果转化率与成果转化量呈正相关,而与转化周期呈负相关。由此可以得出,我国农业科技成果转化率低的两个直接因素:一是转化量少,二是转化周期长。出现这两个问题主要是由于我国农业科学研究与实际需求结合不够紧密、科技成果扩散和采纳的速度比较慢,当然还有其他一些因素的共同作用。由此导致我国农业科技成果出现四个“一批”,即“成果转化一批、正在转化一批、沉睡等待一批、无效废掉一批”,这个局面需要尽快改变。

第三,农业科技推广应用不到位。农业科技成果转化为现实生产力的最重要的环节,也是关键的环节,就是推广应用。自中华人民共和国成立以来,我国逐步建立起自上而下的公益性农业科技推广体系。这种推广体系的最大特点就是能够实现广覆盖,同时使一些适用技术能够得到及时推广应用。从推广效果来看,最具效益的就是良种推广。目前,我国主要农作物基本实现了良种全覆盖,养殖业的畜禽良种覆盖率也很高。但是,我国还有很多的农业实用科技没有得到推广或全面推广应用,这其中有不少制约因素,最根本的还是不能以农民和农业生产者的真实需求为目标进行科技推广。我们分析认为,主要受三个因素的影响。一是农业科技推广经费相对不足。我国农业科技推广经费占农业总产值的比重在 0.2%左右,而发达国家一般在 0.6%~1%,发展中国家一般也在 0.5%左右。我国的推广经费还不到发展中国家的一半,与发达国家相比差得更远。二是农业科技推广队伍规模太小。我国农业科技推广人员占农民总数的比例仅仅达到 0.053%,远远不及发达国家,这与当前突飞猛进发展的农业科技极不相称,制约了我国农业农村现代化的发展。三是农业科技的实施主体素质参差不齐。图 5-8 显示了我国 2016 年年底从事农业生产经营的人员接受教育程度的情况。从图中可以看出,接受教育程度较高的是大专及以上和高中或中专两个档次,但这两个档次占比很低,分别只有 1.2%和7.1%,而初中和小学的分别占 48.4%和 37%,还有 6.4%的没有上过学。规模经营户的农业经营人员的文化水平也不高,大专及以上的也只有 1.5%,高中或中专的是 8.9%。可见,从事农业生产的人员整体文化素质较低,不能适应现代科技发展的新形势,这也是影响农业科技推广的重要因素。

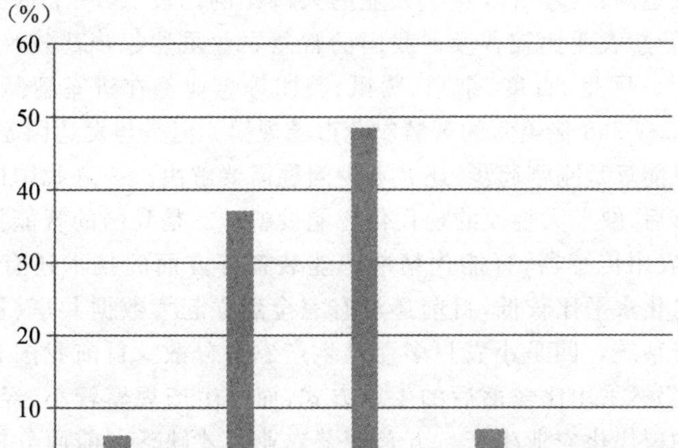

图 5-8　农业经营人员受教育程度

图中数据来源:第三次全国农业普查。

第四,农业科技的贡献率不高。在农业科技研发、转化、推广、应用四个环节中,最终的落脚点是实用科技的应用,最终的成效是提高农业科技进步贡献率。在前面我们已分析过农业科技进步贡献率、主要农作物良种覆盖率、农业主推技术到位率、农业劳动生产率等反映农业科技创新成果的主要指标,包括前几节分析过的农业机械化相关指标、高标准农田建设相关指标、水利设施建设相关指标等,都是农业科技对农业的贡献指标。整体上,这些指标与发达国家都有一定的差距,在此只分析一下农业科技进步贡献率,因为农业科技进步贡献率是反映成果转化的综合性指标。从表 5-24 和表 5-25 可以看出,农业科技进步贡献率的国家平均水平从 2005 年的 48%发展到 2018 年的 58.3%,13 年的时间增长了 10.3 个百分点,2018 年最高的北京市达到了 72%。虽然成绩来之不易,但是与欧美发达国家相比,差距还是很大,目前欧美发达国家农业科技进步贡献率已达 85%[①],远远高出我国平均水平 26 个百分点,比北京市也要高出 13 个百分点。农业科技进步贡献率的差距,就是效益的差距,说明我国农业的比较效益相比欧美发达国家要低很多。

第五,智慧农业的发展尚有差距。智慧农业是现代农业发展的大趋势。目前,世界上已兴起一股发展智慧农业的热潮,美国、日本和西欧的国家已经走在了世界的前列。以色列是世界上现代农业发达的国家,从事农业的人口只有 2.2%,却养活了 880 万人口,这是非常高的农业效率。而我国从事农业的人口达到了 22.7%,养活了 14 亿人口,但我国从事农业的人口是以色列的十倍多。在以色列等发达国家,之所以从事农业的人口比例比较低,一个重要的原因就是科技发达,智慧农业比较普及。我国的智慧农业虽然起步比较晚,但是发展速度很快,恒大、阿里、百度、京东、腾讯、美团等企业都在进军智慧农业,预计 2020 年我国将有 268 亿美元的智慧农业市场规模。但是与发达国家相比,我国的智慧农业只能算是刚刚起步,还有不少问题需要解决。一是我国的农业基础设施还比较落后,缺少大规模的现代化智能设备。二是我国的智能技术还存在短板问题,如农用传感器、智能化精准作业装备等方面的技术还有待于提高。三是农用信息化水平比较低,目前还没有完全建立起大数据共享、资源互联互通的公共服务系统。四是小农户多而且生产农户分散。目前我国有 2.6 亿户小农户,有的仍然采用比较落后的生产方式,而且生产规模较小,经营分散,不适合大规模的现代化农业生产。五是智慧农业人才缺乏。前面分析了我国农业从业人员的文化程度,高中及大专以上的比例太低,即使是高中及大专以上

① 参见廉卫东、魏然、杨学莹等:《为乡村全面振兴贡献山东力量》,《大众日报》,2018 年3 月9 日第 5 版。

的从业人员，也很难完全操控智能设备。因此，要发展智慧农业，必须首先解决人才匮乏问题。

综上所述，我国的农业科技短板主要有投入不高、领先技术少、成果转化率低、推广不到位、贡献率低，特别是智慧农业还有较大差距。

§5.5 农村公共文化

阅读指数调查显示：成都市全民阅读指数为 119.479%，相比上年度提高 1 个百分点；成都市民综合阅读率达 87%；年人均纸质阅读量 7.306 本，数字阅读量 7.92 本，高于全国水平。

成都市居民家庭户均藏书约 90 册；2018 年度市民人均纸质阅读消费约 192 元；成都市民的数字阅读率达到 86.02%，市民日均数字阅读时长为 46.4 分钟，两项数据均高于全国平均水平。

成都现有书店 3522 家，按全市人口 1633 万计算，每万人拥有书店 2.16 家，位居全国前列。

——记者陈谋、刘海韵："快看你'拖后腿'了吗？成都市民年人均阅读量数据公布"

（四川新闻网，2019 年 4 月 24 日）

四川新闻网这则报道中的有关数据，是 2019 年 4 月 23 日中共成都市委宣传部主办的"阅动天府——2019 书香成都阅读年启动仪式"上发布的《2018 年度成都市全民阅读指数》中的有关数据。从这则报道来看，成都市全民阅读的主要指标都超过了全国平均水平。这说明成都市在公共文化供给方面，特别是在政府推动全民阅读方面，走在了全国的前列。成都市的这个启动仪式，正是政府推动公共文化建设的重要举措。2015 年，武汉市公共图书馆人均藏书 1.6 册，超过了当时全国 0.7 册的平均水平。而 2018 年，全国公共图书馆人均藏书才达到 0.74 册。可见，武汉市 2015 年的公共图书馆人均藏书量已经是 2018 年全国平均水平的两倍多。

成都市也好，武汉市也好，作为副省级城市，虽然不具有全国性的普遍意义，但是从公共图书馆人均藏书量和全民阅读水平等相关指标来看，他们的公共文化服务都达到了一个比较高的水平，代表了我国公共文化服务发展的一个重要方向，这也正契合了我国多年来高度重视公共文化建设的各项政策，为实现城乡基本公共服务均等化提供了经验，可以有效地推动公共文化服务向农村延伸，满足农民对公共文化的需求，以实现农村的文化振兴。

推进农村公共文化建设，同样需要国家政策的指引、各级政府的推动、各种社会力量的参与。回顾我国关于农村公共文化的政策、措施以及取得的成效，也是值得让人骄傲的。改革开放 40 年来，特别是进入 21 世纪以来，我国倍加重视农村公共文化建设，着力推进城乡公共服务均等化，提升了农村公共文化供给水平。下面从几个维度来分析一下我国农村公共文化建设情况。

从历年的中央1号文件来看，国家对农村公共文化建设不断提出新的目标和新的要求。

2004年以来的中央1号文件，从农村公共文化的投入、项目建设到公共文化机构、队伍的建设，从农村传统的历史文化资源的保护到历史文化资源的挖掘，从发展农村文化事业到城乡一体化再到城乡均等化，都作了一系列的具体部署，而且逐步提升了农村公共文化建设的地位。

在附录4中，从农村公共文化建设、项目和投入、机构和队伍、资源保护与挖掘四个方面对2004年以来的中央1号文件中有关农村公共文化建设的相关内容进行了粗略梳理。基于表格的限制，对有些内容作了相应的简化，可能总结全面性不够，分类准确度不高。为了更加清晰地了解历年中央1号文件关于农村公共文化建设的精神，在此从四个方面作进一步的阐述。

第一，关于农村公共文化建设的总体要求。在2004年的中央1号文件中，只是简单提了一下把发展农村社会事业作为工作重点。当然，这里面也包括了农村公共文化建设。2005年的中央1号文件则明确提出了完善农村公共文化服务体系的总要求，同时要求巩固农村宣传文化阵地，加强文化市场管理。2006年以后的中央1号文件，重点是围绕加强农村公共文化服务体系建设，提出了加强农村精神文明建设、践行社会主义核心价值观、繁荣发展农村文化、增加农村公共文化产品供给、开展农村体育建设活动、加强农村文化市场管理以及培育优良家风、文明乡风和新乡贤文化等一系列具体的要求，特别是2012年提出了促进城乡文化一体化发展、缩小城乡文化发展差距，2019年重点提出了加快推进城乡基本公共服务均等化的要求，2020年进一步提出了基本公共文化服务要向农村延伸，扩大乡村文化惠民工程覆盖面。综观历年的中央1号文件，对农村公共文化建设重点关注了两个问题：一是农村公共文化服务体系建设问题，二是城乡基本公共服务均等化问题，也就是农村公共文化建设的发展方向问题。其他的具体思路和要求，都是围绕这个总体要求展开的，是总体要求的具体化，是不同时期、不同年度的发展重点。

第二，农村公共文化建设投入问题和具体项目建设问题。项目是重要载体，投入是重要保障。历年的中央1号文件在关于农村公共文化建设投入问题上重点提出了四个方面的具体要求：一是关于新增文化事业费，中央要求主要用于农村，2005年还要求新增部分中不低于70％的比例用于县以下；二是要求全国各级政府都要重视农村公共文化建设，加大公共财政投入力度；三是要求建立稳定的农村文化投入保障机制；四是引导和鼓励社会力量投入农村文化建设。这四个方面的具体要求，概括起来就是建立投入保障机制、加大财政投入、引导社会力量投入。通过这些措施，保障农村公共文化建设资金。关于具体的农村公共文化项目建设问题，根据各个年度的特点，在中央1号文件中提出了各个年度的具体工作任务，概括起来主要包括以下几个方面：一是农村电视"村村通"工程；二是农村公共文化体育设施建设；三是开展文化下乡活动；四是抓好县文化馆、图书馆、文化礼堂、文化广场等公共文化设施建设，完善基层综合性公共文化服务设施；五是培育特色文化村镇、村寨；六是支持"三农"题材文艺创作等农村公共文化产品的生产、供给；七是抓好移风易俗，树立健康文明新风尚；等等。这些具体项目的建设，重点是丰富农村公共文化服务的内涵，提升农村公共文化服务水平，满足农民基本公共文化需求。

第三，农村公共文化服务机构和队伍建设问题。在机构建设方面，一是加强乡镇和村庄两级公共文化设施建设，重点是文化站、文化室、农家书屋等，二是加快农村基层综合性文化服务中心建设。这两个重点实际上是密不可分的，农村基层综合性文化服务中心是一个层次比较高、综合性比较强的服务机构，而且可以接受县级公共文化机构的辐射，这也是下一步农村公共文化服务机构的重点发展方向，还是方便农民消费公共文化的综合机构。在队伍建设方面，重点强调了三个方面问题：一是引导城市文化下乡，到农村拓展服务；二是鼓励大中专毕业生到农村创业、服务；三是培育挖掘农村乡土文化本土人才，扶持农村业余文化队伍建设。

第四，农村历史文化资源的保护与挖掘。农村历史文化资源，都是在独特的历史条件下形成的，凝聚着浓厚的乡土气息，是农村文化的重要组成部分，是农村长期发展形成的具有地方特色的文化资源，更是农村公共文化的历史积淀，农民对优秀的历史文化传统具有高度的认同感。所以，中央非常重视农村历史文化资源的保护与挖掘，在历年的中央1号文件中多有体现。特别是近几年的中央1号文件，每年都有具体的部署和要求。归结起来，重点提出了两个方面的具体要求：一是要保护好各种历史文化资源。要从历史文化资源普查入手，建立台账和保护名录，制定并落实保护规划。二是传承发展农村优秀传统文化，同时保持农村的乡土风貌。对历史文化资源的保护与挖掘，能够很好地保持农村的特色风貌，发挥优秀传统文化的魅力，能够"留住记忆、留住乡愁"，为实现乡村全面振兴提供很好的基础资源。

综观历年的中央1号文件不难发现，主要是围绕着两条线研究部署农村公共文化建设的：一是自上而下的农村公共文化服务体系建设，二是农村历史文化资源的保护与挖掘。这两条主线涵盖了农村公共文化建设的主要内容，从"送文化""种文化"到"挖文化"，顾及到了农民方方面面的需求。第一条主线是

“送文化”“种文化”，第二条主线是“挖文化”。这两条主线是相辅相成的，其作用是不可相互替代的。

从国家关于农村公共文化服务体系建设的相关规划来看，国家对农村公共文化建设的目标明确、措施到位。

由于国家对农村公共文化服务体系建设的重视，涉及这方面内容的规划比较多。从文化事业的单项规划到农业农村发展规划、基本公共服务规划、乡村振兴规划，再到国民经济及社会发展规划，虽然规划的侧重点不同、着墨不同，但是几乎都对农村公共文化建设提出了相应的规划要求。我们重点研究了两方面的规划：一是文化类规划，重点是国家“十一五”以来的三个五年文化改革发展规划（这三个规划在本部分研究中，以下分别简称“十一五”规划、“十二五”规划、“十三五”规划）、“十二五”文化产业规划、“十三五”文化产业规划、“十三五”公共数字文化规划、“十三五”推进基本公共服务均等化规划等与文化相关方面的规划。二是涉及农村公共文化建设的其他规划，重点是国家乡村振兴战略规划、国家“十一五”以来的三个农业发展五年规划以及国民经济与社会发展最近的三个五年计划等有关规划。以上这些规划，都是从各自规划的需要出发，分别对农村公共文化建设提出了阶段性的目标要求和相关的推进措施，而且这些规划之间，都蕴涵着内在的相关性、连续性以及目标的一致性特点。下面，我们就几个重点规划做一简要的分析研究。

第一，“十一五”以来的三个五年文化改革发展规划中，对农村公共文化建设的相关规划。在三个规划中，第一个是文化发展规划，后两个则是文化发展改革规划，加上了文化改革的内容。这三个规划是2006～2020年这十五年的三个阶段性的文化发展规划。这三个规划从发展规划到改革发展规划再到发展改革规划。这种名称上的变化，体现了文化发展的阶段性特征，中间五年经过改革发展以后，“十三五”规划的发展改革，突出的是发展，改革是促进发展的手段。从这三个规划来看，都专门对农村公共文化建设作出了全面的具体的规划，提出了一些具体的目标要求。

关于公共文化的特点，“十二五”规划明确提出了其公益性、基本性、均等性、便利性的特点或者定位，而在“十三五”规划中，则进一步强调了其普惠性、保基本、均等化、可持续的特点。对比这两个规划提出的特点，“十二五”规划只讲了其特点，而“十三五”规划则是更强调了公共文化建设实施的目标性，从公益性到普惠性，体现的不仅是公益性，而且还要惠及广大的人们群众；从基本性到保基本，就是要保证满足人民最基本的公共文化需求；从均等性到均等化，就是把基本的均等的要求，建成一种常态化的普遍化的公共文化均等供给的体制机制；从便利性到可持续，就是公共文化服务不仅要便利，而且还要变成一种政府可持续供给的公共文化供给体系和广大人民群众可持续享受的便利性的公共文化服务。

关于农村公共文化建设提法上的递进。“十一五”规划到“十三五”规划，农村公共文化建设逐步迈上新台阶，呈现出“农村文化建设→城乡文化一体化发展→现代公共文化服务体系建设”的递进过程，而且把农村公共文化建设的相关规划，融合在整个的公共文化建设规划之中。这种规划方式的变化，与公共文化特点的变化是一脉相承的，都是逐步把农村公共文化建设放在与城市公共文化建设同等重要的位置，逐步缩小城乡差别，最终实现城乡公共文化均等供给。

关于农村公共文化服务机构建设要求上的递进。“十一五”规划和“十二五”规划没有大的变化，都是强调县乡村三级的部分文化设施建设，其中县一级重点是图书馆、文化馆建设，乡镇一级重点是综合文化站建设，村一级重点是行政村要有文化活动室。“十三五”规划则提出了更高的要求，拓展了公共文化服务机构的范围和层次。一是拓展了县一级的文化机构范围，在抓好公共文化馆、图书馆建设基础上，增加了博物馆、美术馆等文化机构建设。二是提升了农村的公共文化机构档次，要求村村都要建设综合性文化服务中心。对乡镇一级的要求依然是综合文化站的规划建设。可以看出，到了“十三五”规划，提出要加强农村(社区)综合性文化服务中心建设，这就是要为实现城乡公共文化服务均等化、满足农村基本的公益性、普惠性的公共文化服务搭建平台。

关于农村公共文化规划的具体内容，三个规划提的都很具体，与历年的中央1号文件部署的具体任务基本上是一致的，也包括农村历史文化资源的保护与传承，都充分体现了我国农村不断变化的新特点。

第二，“十一五”以来的三个农业农村经济发展规划中，对农村公共文化建设的相关规划。虽然这是三个农业农村经济发展的规划，但是每一个规划都关注了农村公共文化服务体系的建设，把其作为农村整体发展的一个主要项目进行了相关规划，只是把农村公共文化建设的规划渗透在整个的农业农村经济发展规划之中。这三个规划关于农村公共文化建设的主要内容概括起来，重点是五方面的内容。一是强调公共财政投入，要求财政新增的文化支出部分主要用于农村；二是引导公共文化资源向农村倾斜，推动基本公共服务均等配置；三是搞好“三下乡”活动，建设农村科技书屋；四是丰富农村文化生活；五是加强农业文化遗产的发掘、传承、保护和利用。除此之外，还有其他一些方面的规划和要求。这些内容是历年中央1号文件部署和三个文化规划关于农村文化建设的相关意见在农业农村经济发展中的体现，是农村文化与农业农村经济融合发展的具体要求。

第三，其他规划中，对农村公共文化建设的相关规划。涉及农村公共文化建设的规划比较多，这里重点提及几个直接相关的规划。一是国家《乡村振兴战略规划(2018～2022年)》,这是2018年9月国家正式出台的关于乡村全面振兴的规划。在这个规划中,着重从乡村文化振兴的角度,突出了社会主义核心价值观的引领作用,对农村公共文化建设重点强调了两方面。一方面是农村公共文化供给。要求推动城乡公共文化服务体系融合发展,重点包括健全农村公共文化服务体系、增加公共文化产品和服务供给、广泛开展群众文化活动等。另一方面是弘扬中华优秀传统文化。重点是要保护利用乡村优秀传统文化、重塑乡村文化生态、发展特色乡村文化产业等。这个规划,强调农村公共文化服务体系建设的最终目标是要满足农村公共文化需求、实现乡村文化振兴,与乡村振兴的其他四个振兴融为一体,共同振兴。二是国家《"十三五"推进基本公共服务均等化规划》,这是2017年1月国家正式出台关于基本公共服务均等化的规划。这个规划重点强调的就是均等化问题,其中对基本公共文化服务提出了重点任务和保障措施,其落脚点是实现城乡基本公共服务均等化。三是《文化部"十三五"时期公共数字文化建设规划》,这个规划是数字公共文化建设的专项规划,也是2017年出台的规划。这个规划也强调了公共文化公益性、基本性、均等性和便利性的特点,要求到2020年基本建立起与现代公共文化服务体系相适应的公共数字文化服务体系,更好地满足广大人民群众对公共数字文化的服务需求。随着现代科技的发展,公共数字文化服务已经成为现代公共服务发展的一个重要方向。文化部的这个规划适应了时代发展的要求,将会逐步满足城乡广大人民群众基本的公共数字文化需求。

从国家关于农村公共文化服务体系建设的相关政策文件来看,国家对农村公共文化建设的方向明确、路径清晰、政策到位。

除了中央1号文件和各种规划,中共中央、国务院以及国家相关部委还进行专题会议部署,出台专门文件部署,使农村公共文化的有效供给水平得到了很大提高。

第一,党的十七届六中全会做出的《关于深化文化体制改革推动社会主义文化大发展大繁荣若干重大问题的决定》,是我国文化改革发展的纲领性文件,其中对农村公共文化的发展作出了具体的部署。决定中提出了城乡文化一体化发展的意见,要求增加农村文化服务总量,缩小城乡文化发展差距,要求加强农村公共文化基础设施建设,建立以城带乡联动机制,合理配置城乡文化资源,而且在资金保证方面也提出了具体要求。决定指出,中央、省、市三级设立农村文化建设专项资金,保证一定数量的中央转移支付资金用于乡镇和村文化建设。十七届六中全会决定提出的城乡一体化发展,是弥补农村公共文化短板的重大举措,也是实现均等化发展的重大举措。

第二,中共中央、国务院关于农村文化发展的若干政策文件,是加快农村公共文化建设的具体指导意见。2005 年,《中共中央办公厅、国务院办公厅关于进一步加强农村文化建设的意见》明确提出了加快农村文化建设是全面建成小康社会的内在要求。党的十八大以后,国家更加重视农村公共文化建设,不断推出了一系列的政策文件,有的是对农村公共文化建设的综合性意见,有的是针对农村公共文化建设的一些具体领域进行的专题部署。2015 年以来,中共中央、国务院又出台了一系列的文化建设意见,对构建现代公共文化服务体系、推进基层综合性文化服务中心建设、实施中华优秀传统文化传承发展工程和数字乡村发展战略等具体领域的公共文化建设进行了全面部署。这些政策文件,对农村公共文化服务体系建设、优秀历史文化传承、繁荣发展乡村网络文化等方面都提出了明确的发展方向和具体的指导意见,对于补齐农村公共文化设施供给不足、条块分割、多头管理等方面的短板和实现农村基本公共服务标准化、均等化,起着积极的推动作用。2016 年,国家还专门出台了《中华人民共和国公共文化服务保障法》,通过法律的形式,对公共文化建设与服务作了具体规定。从此,公共文化服务有了法律保障。

第三,国家相关部委高度重视农村公共文化补短板问题。多年来,国家相关部委一直高度重视农村公共文化建设工作,对设施建设、服务提供、资金保障等方面都给予了重点倾斜。但是到 2020 年全面建成小康社会,农村文化的短板问题依然存在。2019 年的中央 1 号文件提出,要对标全面建成小康社会“三农”工作必须完成的硬任务,抓重点、补短板、强基础。可见,补短板是刻不容缓的,进一步地引起了国家相关部委的高度重视。2019 年 1 月,国家 18 部委制定的补公共服务短板行动方案中,对农村文化建设重点强调了基本公共文化服务均等化问题,并提出了一些具体的工作要求。2019 年 2 月,宣传部等 10 部门围绕农村公共文化服务体系和新时代文明实践中心建设,提出了 4 个方面 17 条具体举措,全面部署农家书屋提质增效有关工作。这种多部委、高密度、集中式的补短板行动,力度是空前的,农村公共文化建设迎来了新的曙光。

从我国农村公共文化服务体系建设和服务情况来看,党和国家的政策落地生效、农民的基本公共文化需求逐步得到满足。

前面提到,国家关于农村公共文化建设与服务的规划和政策供给已经或正在到位,使农村公共文化的机构建设、设施建设、服务功能都取得了实际性的进步,正在逐步实现农村全覆盖,农民对于公共文化的获得感、幸福感不断增强。

第一,全国农村公共文化机构建设稳步提升。通过对近几年全国群众性公共文化机构(群众文化机构主要包括乡镇综合文化站、基层综合性文化服务中心、图书馆、文化馆、博物馆、艺术馆、美术馆等)建设情况分析,发现我国自 2014

年以来，公共文化机构在数量上变化不大，基本处于一种相对稳定、略有增长的态势。表5-26是群众文化机构几个主要指标的变化情况。全国群众文化机构的总数基本保持在44400个以上，只有2015年下降到44291个，而2017年又上升到了44521个，五年间的增减变化没有超过230个，从2018年的总数来看，比2014年只增加了41个，仅仅是增加了万分之九点二。全国群众文化机构实际使用房屋建筑面积和全国平均每万人群众文化设施建筑面积两个指标，五年间都保持了增长的态势，而且增长的幅度都不大，相对比较平稳。其中全国群众文化机构实际使用房屋建筑面积每年的增幅都没有超过9%，最高的2014年比2013年增长了8.8%，最低的2017年比2016年只增长了2.9%。从绝对数上看，2018年比2014年实际增长了596.7万平方米，这个数字还是比较可观的。全国平均每万人群众文化设施建筑面积增加最多的年份也是2014年，比2013年增加了20.42平方米，最低的也是2017年，只增加了6.8平方米，2018年的绝对数比2014年增加了37.44平方米，这个增幅比较小。以上这三个指标总体上都是稳步增长的。但是乡镇综合文化站的增长情况不太乐观，2015年、2017年、2018年三年都出现了小幅下降的现象，2014年和2016年也只是小幅增长，结果是2018年实际比2014年减少了607个乡镇综合服务站，而同期的全国乡镇级区划数也由40381个减少到39945个(国家统计局公布数据)，实际减少436个。通过对比分析可以看出，乡镇综合服务站减少的速度略快于乡村区划数减少的速度。2014年国家开始试点建设基层综合性文化服务中心，2015年国务院紧接着出台了《关于推进基层综合性文化服务中心建设的指导意见》。国家不断地出台意见，推动基层综合性文化服务中心建设步入了快车道。全国各地顺势而为，都确定了自己的发展目标和相关的推进措施，取得了实实在在的成效。截至2017年年底，全国行政村建成综合性文化服务中心达293566个，社区建成综合性文化服务中心达46994个①，分别占总数的比例是53%和44.1%(国家统计局网站信息，2017年全国村民委员会有554218个，社区居委会有106491个)。江苏省确定"十三五"期间每年建成4000个左右的村(社区)综合文化服务中心，力争"十三五"末达到98%以上。广东省佛山市到2017年年底，全市732个村(社区)全部建成基层综合文化服务中心。截至2018年年底，江西省80%以上的村(社区)建成综合文化服务中心。截至2017年10月底，全国共建成农家书屋58.7万家。②

---

① 参见《文化和旅游部对十三届全国人大一次会议第4386号建议的答复》，文化和旅游部网站，2018年9月1日。

② 参见郑海鸥：《老乡文化需求，如何更好满足》，《人民日报》，2019年2月11日第8版。

表 5-26 全国群众文化机构基本情况

项目	群众文化机构		乡镇综合文化站		群众文化机构建筑面积		万人拥有群众文化机构面积	
	数量（个）	增加（个）	数量（个）	增加（个）	数量（万平方米）	增长（%）	平均数（平方米）	增加（平方米）
2014 年	44423	163	34465	122	3686.39	8.8	269.51	20.42
2015 年	44291	－132	34239	－226	3848.27	4.4	279.95	10.44
2016 年	44497	206	34240	1	3991.01	3.7	288.64	8.69
2017 年	44521	24	33997	－243	4106.85	2.9	295.44	6.80
2018 年	44464	－57	33858	－139	4283.09	4.3	306.95	11.51

数据来源：中华人民共和国文化部 2014～2016 年文化发展统计公报；中华人民共和国文化和旅游部 2017 年、2018 年文化和旅游发展统计公报。

第二，公共图书馆稳步发展。我国的公共图书馆主要集中在县级（含）以上城市，县级以下很少有公共图书馆。公共图书馆作为公共文化的一个重要阵地，应当进一步向基层延伸发展。在三个公共文化发展规划中，都重点规划了县一级图书馆建设，推动县一级图书馆有了较快发展。根据文化和旅游部数据，2018 年全国共有 3176 个公共图书馆。国家统计局公布的数据显示，2018 年全国有 2581 个县级区划单位，而县级图书馆只有 1580 个，占县级区划数的 61.22%，占全国公共图书馆总数的 49.75%，这个比例比 2017 年略有下降。通过分析国家文化和旅游部发布的相关数据，近几年公共图书馆的发展也呈现出平稳增长的态势。从表 5-27 汇总的五组数据可以清楚地看到 2014 年以来我国公共图书馆发展变化的相关情况。公共图书馆的数量五年时间共增加了 59 个，达到 3176 个；建筑面积增加了 364.38 万平方米，达到 1595.98 万平方米，增长了 29.59%；万人拥有公共图书馆的面积增加了 24.4 平方米，达到 114.4 平方米，增长了 27.11%；人均藏书量增加了 0.16 册，达到 0.74 册，增长了 27.59%。另外，体现个人购书消费的一个重要指标是人均购书费，五年间也实现了平稳增长，2018 年达到了 1.77 元，增加了 0.53 元，增长了 42.74%。虽然人均购书费的绝对数比较小，但是五年增长的幅度均高于公共图书馆的各项指标。县级图书馆是重点为县城及县以下广大群众提供服务的。我们根据国家统计局公布的数据，对县级公共图书馆的利用和服务情况作简要分析。2017 年县级公共图书馆总藏书量达到了 17363 万册，比 2014 年增加了 2836 万册，平均每个图书馆拥有接近 11 万册图书。作为县级图书馆，藏书量是比较客观的。从县级图书馆服务情况来看，县图书馆累计发放有效借书证数、流通人次、书刊文献外借人次、刊外借册数等 2017 年比 2014 年增长的幅度分别达到了

90.77%、38.07%、18.34%和34.62%。根据这几个数据，可以看出县级公共图书馆正在发挥服务功能，服务的人群在快速增加，服务业务量也在稳步提升。除了书刊借阅，县级图书馆还积极拓展了培训、讲座、展览等各种公共服务，成为文化服务的重要阵地。

表 5-27　全国公共图书馆相关情况

项目	公共图书馆		公共图书馆建筑面积		万人公共图书馆面积		人均藏书量		人均购书费	
	数量（个）	增加（个）	数量(万平方米)	增长（%）	数量(平方米)	增加(平方米)	数量（册）	增加（册）	数量（元）	增加（元）
2014年	3117	5	1231.60	6.3	90.0	4.9	0.58	0.03	1.24	0.02
2015年	3139	22	1316.76	6.9	95.8	5.8	0.61	0.03	1.43	0.19
2016年	3153	14	1424.26	9.4	103.0	8.3	0.65	0.04	1.56	0.13
2017年	3166	13	1515.27	6.4	109.0	6.0	0.70	0.05	1.70	0.14
2018年	3176	10	1595.98	5.3	114.4	5.4	0.74	0.04	1.77	0.07

数据来源：中华人民共和国文化部2014～2016年文化发展统计公报；中华人民共和国文化和旅游部2017年、2018年文化和旅游发展统计公报。

第三，全国公共文化服务机构开展公共服务量在大幅增加、服务面在快速拓展。文化和旅游部的相关资料显示，近年来，我国公共文化服务机构持续开展农村公共文化服务，通过戏曲进乡村、"春雨工程""阳光工程""圆梦工程""文化暖心"等活动，推进公共文化服务向广大农村延伸、向重点地区倾斜、向特殊群体保障，日益满足着不同地区、不同群体不断增长的基本公共文化需求。我们分析了2014～2018年全国公共文化服务机构对农村开展服务的有关数据，也是一个平稳上升的趋势。表5-28是关于全国艺术团体演出情况的统计，演出的场次和观众人数都是呈稳定上升态势。全国艺术团体赴农村演出场次由2014年的114.04万场增加到2018年的178.82万场，增长了56.8%，其中2017年达到高峰，共演出184.44万场。全国艺术团体赴农村演出场次占总演出场次的比例始终在55%以上，2014～2017年都在62%以上，只有2018年在60%以下，但也达到了57.2%。从农村观众人数来看，由2014年的5.5863亿人次增加到2018年的7.79亿人次，增长了39.4%，也是在2017年达到了高峰，农村观众达到了8.3亿人次。农村观众占观众总人数的比重始终在52%以上，2014年、2015年、2017年三个年度都在60%以上，其中2017年达到了66.45%。从演出场次和观众人数来看，服务农村的力度越来越大，不仅所占比重始终在一半以上，而且对农村居民的覆盖面不断增加，逐步满足了大多数农村居民的需求。再是全国群众文化机构，开展的各类文化活动、馆办文艺团体演出、指导文艺团体、馆办老年大学等各项服务也是平稳上升的趋势。从表5-29中显示的数据来看，全国群众文化机构开展各类文化活动由2014年的147.2万场增加到2018年的219.48万场，增长了49.1%，服务人次由2014年的50668万人次增加到2018年的70553万人次，增长了39.2%。馆办文艺团体演出的场次是平稳上升的，2018年比2014年只增长了22.2%，而馆办文艺团体演出的观众基本保持了一个平稳的数字，始终在8300万人次左右。全国群众文化机构指导文艺团体和馆办老年大学这两组数据显示的都是稳步上升的发展势头，但是发展缓慢，始终都没有实现大的突破。从我国城乡人口变化与公共文化服务情况来看，虽然农村人口一直在逐年递减，但是从刚才分析的有关数据可以得出，在农村人口减少的情况下，服务的人次仍在逐年增加，说明全国公共文化服务机构对农村的服务是快速增加的趋势。

表 5-28　全国艺术团体演出情况

项目	艺术团体演出		赴农村演出			观众		农村观众		
	总场次(万)	增长(%)	场次(万)	增长(%)	占总场次(%)	总人数(亿人次)	增长(%)	人数(亿人次)	增长(%)	占总人数(%)
2014年	173.91	5.3	114.04	8.50	65.5	9.102	1.1	5.5863	5.5	61.40
2015年	210.78	21.2	139.08	21.90	66.0	9.580	5.3	5.8500	4.6	61.06
2016年	230.60	9.4	151.60	9.00	65.7	11.810	23.3	6.2100	6.2	52.58
2017年	293.77	27.4	184.44	21.70	62.8	12.490	5.7	8.3000	33.8	66.45
2018年	312.46	6.4	178.82	−3.04	57.2	13.760	10.3	7.7900	−6.1	56.61

数据来源：中华人民共和国文化部2014～2016年文化发展统计公报；中华人民共和国文化和旅游部2017年、2018年文化和旅游发展统计公报。

表 5-29　全国群众文化机构开展文化服务情况

项目	开展各类文化活动				馆办文艺团体演出				指导文艺团体(万个)	馆办老年大学(所)
	场次(万)	增长(%)	服务人次(万)	增长(%)	场次(万)	增长(%)	观众(万人次)	增长(%)		
2014年	147.20	13.8	50668	14.7	13.34	−11.8	8352	27.1	40.46	705
2015年	166.39	13.0	54827	8.2	15.23	14.2	8430	0.9	38.32	853
2016年	183.97	10.6	57896	5.6	14.76	−3.1	8555	1.5	39.84	857
2017年	197.86	7.6	63951	10.5	15.82	7.2	8229	−3.8	41.67	865
2018年	219.48	10.9	70553	10.3	16.30	3.0	8312	1.0	42.61	798

数据来源：中华人民共和国文化部2014～2016年文化发展统计公报；中华人民共和国文化和旅游部2017年、2018年文化和旅游发展统计公报。

注：全国群众文化机构共组织“开展各类文化活动”一栏中，各类活动是指展览、文艺活动、公益性讲座和训练班。

第四，全国文化事业费也在稳步提高。公共文化事业的发展，离不开文化事业经费的保障。从文化和旅游部发布的公报（见表5-30）来看，全国文化事业费由2014年的583.44亿元增加到2018年的928.33亿元，增长了59.1%；人均文化事业费从42.65元增加到66.53元，增长了56%，略低于总的增长水平。而全国县及县以下文化事业费由2014年的291.32亿元增加到2018年的503.37亿元，增长了72.8%，远远高于全国总的增长水平和人均增长水平，而且全国县及县以下文化事业费占全国总的文化事业费的比重是逐年提高的，2016年首次突破50%，达到51.9%，到了2018年达到了54.2%。这几组数字充分说明，国家高度重视农村文化事业发展，在投入上逐步向农村倾斜，使农村公共文化事业发展有了财政保障。

表5-30　全国、县及县以下文化事业费情况

项目	全国文化事业费						县及县以下文化事业费			
	数量（亿元）	增长（%）	占财政支出比重（%）	增长（%）	人均（元）	增长（%）	数量（亿元）	增长（%）	占全国比重（%）	增长（%）
2014年	583.44	10.0	0.38	0.00	42.65	9.4	291.32	13.0	49.9	1.3
2015年	682.97	17.1	0.39	0.01	49.68	16.5	330.13	13.3	48.3	−1.6
2016年	770.69	12.8	0.41	0.02	55.74	12.2	399.68	21.1	51.9	3.6
2017年	855.80	11.0	0.42	0.01	61.57	10.5	457.45	14.5	53.5	1.6
2018年	928.33	8.5	0.42	0.00	66.53	8.1	503.37	10.0	54.2	0.7

数据来源：中华人民共和国文化部2014～2016年文化发展统计公报；中华人民共和国文化和旅游部2017年、2018年文化和旅游发展统计公报。

第五，全国农村优秀传统文化保护与开发全面展开。优秀传统文化的传承、保护、开发历来是我国各级政府和社会各界高度关注的重大课题。2016年8月，文化部项兆伦副部长在第三届爱丁堡国际文化峰会上发表的主旨演讲中指出，中国有历史文化名镇名村528个、中国历史文化街区30个，已认定2555个中国传统村落。项兆伦副部长发布的这组关于我国农村优秀传统历史文化的数据，说明我国一直高度重视农村优秀传统文化的传承、保护与开发工作，而且取得了实实在在的成效。2014年以来，我国还开展了多批传统村落整体保护利用项目，而且更加注重对优秀乡土文化的挖掘和培育，先后命名了442个县（市、区）、乡镇（街道）为2014～2016年度“中国民间文化艺术之乡”和175个县（市、区）、乡镇（街道）为2018～2020年度“中国民间文化艺术之乡”。2015年以来，我国还启动了“振兴传统工艺”工作。2017年3月，国务院办公厅发布了《中国传统工艺振兴计划》。2018年，公布了第一批14类383个国家传统工艺目录。2018年7月，文化和旅游部与国务院扶贫办联合下发了《关于支持设立非遗扶贫就业工坊的通知》。2019年1月，国家18部委的补短板行动方案提出，要加强优秀传统文化保护传承利用，实施乡村文化繁荣兴盛重大工程，支持传统村落文物保护利用设施及配套基础设施建设，推动优秀农耕文化遗产合理适度利用。2019年6月，住房和城乡建设部等部门又公布了2666个中国传统村落。国家这一连串的政策措施，点亮了我国农村优秀传统文化传承、保护、开发的指路明灯，全国各地都加强了农村优秀传统文化与乡村振兴的融合发展，而且逐步成为乡村振兴的一个热点。多数地区都在围绕乡村振兴，充分挖掘优秀历史文化资源，发展文旅结合项目，推出了一批文旅小镇、田园综合体、文创公园、文旅创客、休闲体验等各具特色的文旅振兴项目，袁家村、朱家林、压油沟等都是文旅结合实现乡村振兴的典范。

从上述分析能够看到，我国的农村公共文化建设发展速度、发展质量、服务水平都有了较大提高，但是从农民真实需求的角度、农民得到服务的满足程度、农村文化振兴的要求来看，农村公共文化的短板问题还比较突出。

第一，农村公共文化服务机构建设总体数量不足，不能有效满足农民的需求。一是全国乡镇综合文化站平均一个乡镇达不到一个。2018年，全国拥有乡镇综合文化站33858个，而同期国家统计局公布的数据显示全国设有39945个乡镇级区划，离一个乡镇一个综合文化站还差6087个。二是全国村级综合性文化服务中心达不到一个村级组织一个。前面提到，2017年年底全国行政村和社区共有综合性文化服务中心340560个，而同期国家统计局公布的数据显示全国共拥有村民委员会和社区居委会660709个，综合性文化服务中心共占村级组织的51.5%，这个差距是较大的。三是全国县级图书馆达不到一个县一个。截至2017年年底，全国县级图书馆只有1580个，占县级区划数的61.22%，也就是说还有38.78%的县级区划单位没有图书馆，这也是一个较大的差距。四是全国农家书屋达不到一个村级组织一个。到2017年10月，全国共建成农家书屋58.7万个，离一个村级组织一个农家书屋还相差7.3万个。其他的农村公共文化服务机构也同样存在这个问题。我们的问卷调查也同样显示出公共文化机构和服务场所数量不足的问题。调查样本显示，56.2%的村庄有文化活动场所（见表5-31），62.5%的村庄有休闲健身场所（见表5-32），只有25.8%的乡镇建设了剧院或影院（见表5-33），32.2%的乡镇有体育场馆（见表5-34），59.6%的乡镇有公园及体育健身广场（见表5-35）。从这组调查样本的数据来看，乡镇和村庄的公共文化机构和设施数量同样差距较大。机构数量不足，就是供给主体的缺位。而且已建成的农村公共文化服务机构也存在运转不灵的问题，不能有效地进行农村公共文化供给。运转不灵主要是三个方面的问题：一是机构建成后，不能进行正常运转，甚至有的只是摆设，根本就没有运转过；二是机构建成后，离居民区较远，不方便农民使用；三是机构建成后，所拥有的服务设施和服务内容与农民的需求不匹配，导致长期闲置。机构数量不足，运转不规范，使用效率不高，是农村公共文化服务的一大短板。

表 5-31　您所在村庄是否有文化活动场所

项目	村庄数(个)	占比(%)	有效百分比(%)	累积百分比(%)
是	150	56.2	56.2	56.2
否	117	43.8	43.8	100.0
合计	267	100.0	100.0	—

表 5-32　您所在村庄是否有休闲体育健身场所

项目	村庄数(个)	占比(%)	有效百分比(%)	累积百分比(%)
是	167	62.5	62.5	62.5
否	100	37.5	37.5	100.0
合计	267	100.0	100.0	—

表 5-33　您所在乡镇是否有剧场、影院

项目	村庄数(个)	占比(%)	有效百分比(%)	累积百分比(%)
是	69	25.8	25.8	25.8
否	198	74.2	74.2	100.0
合计	267	100.0	100.0	—

表 5-34　您所在乡镇是否有体育场馆(包括学校或企事业单位对外开放的各类体育场馆)

项目	村庄数(个)	占比(%)	有效百分比(%)	累积百分比(%)
是	86	32.2	32.2	32.2
否	181	67.8	67.8	100.0
合计	267	100.0	100.0	—

表 5-35　您所在乡镇是否有公园及休闲健身广场

项目	村庄数(个)	占比(%)	有效百分比(%)	累积百分比(%)
是	159	59.6	59.6	59.6
否	108	40.4	40.4	100.0
合计	267	100.0	100.0	—

第二,农村公共文化供给总量不足,不能有效满足农民的需求。从公共图书馆的服务来看,截至 2018 年年底,全国的公共图书馆人均藏书量为 0.74 册(见表 5-27),全国县级公共图书馆藏书量为 18666 万册,县及县以下人均不到 0.5 册,远远低于全国平均水平,城乡差距是很大的;全国县级公共图书馆仅发放了 913 万个借书证,服务的群体极其有限。公共图书馆藏书量和服务群体数据说明我国公共图书馆提供的公共文化服务总量是远远不足的。从全国群众文化机构开展文化服务情况来看,2018 年服务了 70553 万人次(见表 5-29),全国人均 0.5 次左右,农村可能会更低;从全国艺术团体演出情况来看,2018 年农村观众只有 7.79 亿人次(见表 5-28),人均也只有 2 次左右。据实地调查,虽然全国艺术团体到农村演出场次达到了 178.82 万场(见表 5-28),但是并没有实现农村全覆盖,很多村庄没有艺术团体去演出。群众文化机构服务和艺术团体演出数量,都显示出了公共文化供给总量不足。据调查,农村业余文化组织开展的文化娱乐活动也是极为有限的,一般都是在春节、元宵节、丰收节等重大节日组织演出,丰富、活跃农村文化生活。由于农民思想观念陈旧、劳务繁忙等多种原因,对各种文化活动参与度不高、文化消费自觉性不高,导致农村的公共文化设施利用率很低,甚至有的长年闲置。再如 2018 年全国人均购书费只有 1.77 元(见表 5-27),农民的购书费会更低。据调查,农民很少有自觉购书行为。这些固然与广播电视和互联网普及率很高有很大关系,但是供给总量不足仍然是农村公共文化的一大短板。农民参与度不高也是一大短板。

第三,投入不足,直接影响供给不足。表 5-30 中的数据显示,全国县及县以下文化事业费虽然也是逐年增长,五年时间由 291.32 亿元增长到 503.37 亿元,增长了 212.05 亿元,增长的绝对额看起来很大,而且占了全国文化事业费的比重也不少,达到了 54.2%,但是全国有 2851 个县级区划单位,平均每个县级单位不到 1800 万元。这 1800 万元是县乡村三级的总经费,要用于全县的公共文化设施建设、产品和服务供给,经费显然是不足的,也只能用于一些重点项目的建设和一些重点领域的服务。还应当看到,社会各界对于农村公共文化建设的投入也是极为有限的,有些地方几乎没有政府以外的公共文化投入。所以说,投入不足就直接导致公共文化机构数量、产品和服务供给总量不能满足农村的需求。

第四,缺乏需求导向,影响供给决策。长期以来,我国农村公共文化供给主要是采取自上而下的供给决策,供给与需求容易脱节,有时供给的产品并非农民迫切需要的甚至是不需要的,造成浪费,如一些农家书屋供给的图书,并不是农民真实需求的,长期闲置。再是由于政绩观错位,容易建设一些形象工程,导致供非所求,出现供给低效率甚至无效率。

第五,农村优秀传统文化保护利用不够,影响农村基本文化需求。一是随着城镇化水平的提高,农村逐步出现空心化,一些传统村落被荒芜,甚至遭到破坏;二是一些地区进行美丽乡村建设,搞统一标配,破坏了传统村落的原有风貌;三是一些地区搞乡村旅游开发,拆旧建新,破坏了历史文化名村、名镇,同质化严重,失去了传统村落原有的个性和特色;四是一些农村的传统文化没有注入时代元素,做不到与时俱进。基于这样一些原因,农村优秀传统文化逐步被淡化、被边缘化,留不住乡村记忆,农民基本的文化需求得不到满足。

总之,由于农村公共文化建设投入、机构数量、供给总量的不足,而且出现了供需矛盾、优秀传统文化保护利用不够等短板问题,影响了农村公共文化的供给效率,满足不了农民日益增长的基本公共文化需求。

§5.6 农村教育

百年大计,教育为本,这是亘古不变的真理。不管是全面建成小康社会,还是实现乡村全面振兴,教育始终是一个"本"的问题,没有教育的振兴,乡村振兴就不可能实现全面振兴。改革开放以来,我国的城镇化水平得到了快速提升。2019 年常住人口城镇化率达到了 60.6%,但是乡村人口的比例依然很大,2019 年年末乡村总人口 55162 万,占 39.4%,而且农村人口中的留守老人和留守儿童占据了较大的比例。党的十九大对我国主要矛盾发生变化的准确判断,从教育层面分析,也存在不平衡、不充分的问题,主要是城乡教育资源配置不平衡,农村教育发展不充分,不能满足乡村教育的基本需求,也就是说农村教育是我国教育的短板,也是全面建成小康社会和乡村振兴的短板。为了更好地研究乡村振兴中农村教育的振兴问题,本节重点从研究国家在农村教育方面已经供给的产品和服务入手,然后分析出农村教育的短板问题,以便为后面的研究提供可靠的基础条件。

多年来,国家对于城乡教育发展不均衡问题,一直高度重视。为了补齐农村教育这个短板,国家采取了许多积极措施,各地也出台了相关政策,从教育基础设施建设、人才师资配备到教育经费投入等多方面都给予了重点倾斜。国家有关教育方面的规划以及相关的规划,对农村教育都提出了短期和长期的发展目标。历年的中央 1 号文件,特别是最近几年中央和国家陆续出台的一系列政策文件,对农村教育发展都提出了很多具体的措施和要求,成为农村教育补齐短板、均衡发展的行动指南。规划和政策的实施,拉近了城乡教育的距离,不平衡、不充分问题正在逐步得到解决。

从历年的中央 1 号文件来看,中央早已关注农村教育的短板问题,而且出台了一系列补短板的政策措施。

随着改革开放深入发展,农村人口不断地向城市集聚,这也是农民用脚投票的积极效应,农民逐步流向了产业集中、公共资源集中的城市,提高了我国的城市化水平。人口的流动,带来的是资源的再分配问题,特别是教育资源的再分配问题。子女教育,在我国一直是一个家家户户非常关心、非常重视的问题,都希望享受到最好的教育资源,得到最好的教育。对于大多数农民来说,进城后最关心的还是子女的教育问题。农民进城,一方面农村学校空心化,出现资源闲置,另一方面城市有限的教育资源显得更加拥挤。截至2019年年底,我国乡村人口仍有55162万,农村教育依然占据着我国教育的半壁江山。为了解决农村教育短板问题,解决城乡教育均衡发展问题,历年的中央1号文件都作出了具体的部署安排,成为我国农村教育发展的行动指南。

从历年的中央1号文件来看,关于农村教育问题重点关注的是八个方面的问题,每一个问题都关系到城乡教育均衡发展问题,每一个问题都体现了党和国家对农村教育的关心,都体现了对农民的关怀。

第一,加大财政倾斜力度,保障农村教育经费。2004年以来的17个中央1号文件(见附录5)中,共有11个专题部署了农村教育经费保障问题。归结起来,主要涉及四个方面的内容。一是,国家新增的教育经费主要用于农村。2004年、2005年、2007年三年的中央1号文件都强调指出,国家公共财政新增的教育事业经费主要用于农村,而且2005年要求新增的、用于县以下的不低于70%。这体现了国家对农村教育经费的重点倾斜。二是,巩固完善农村义务教育经费保障机制,提高农村中小学公用经费保障水平。在8个中央1号文件中,专门强调了农村义务教育经费保障问题,从教育经费向农村倾斜、提高生均公用经费标准、建立经费保障机制到落实城乡统一的经费保障机制。这一系列的部署和要求都说明不仅要实现城乡统一的经费保障,而且还要把农村义务教育经费作为重点,统筹落实。从中央1号文件来看,国家为实现城乡均等的义务教育,从经费上首先予以保障。三是,农村义务教育经费要向重点地区倾斜。国家教育经费在向农村倾斜的同时,更加关注贫困地区的农村教育问题,要求国家教育经费要向边疆地区、民族地区、革命老区倾斜。说明国家为了实现全国的教育均衡发展,加大了对薄弱环节的倾斜力度,全面改善老少边区的办学条件和经费保障。四是,加强农村教育经费的规范管理。中央在加大农村教育经费保障力度的同时,也提出了教育经费的规范使用和管理问题,确保教育经费拨付到位、使用到位,提高经费的使用效率。在中央1号文件中,关于经费的监督管理共强调了两个方面,即农村学校收费的规范和监管、教育经费的使用和监管。从国家政策上减轻农民负担,并保障教育经费的规范使用。东北师范大学中国农村教育发展研究院连续发布了《中国农村教育发展报告(2017)》和

《中国农村教育发展报告(2019)》两个报告,分别对2016年和2017年连续两年我国农村教育发展情况进行了分析。表5-36反映的是,全国农村普通小学和普通初中的生均公共财政预算公用经费2016年和2017年支出情况,从绝对额和增长幅度上看都略低于全国水平,但是其绝对额已比较接近。这说明国家多年来保障农村教育经费的政策,已经取得了较大成效,基本保障了农村教育基本的经费支出。

表5-36　2016～2017年全国、农村普通学校生均公共财政预算公用经费支出情况

项目	普通小学生均公共财政预算公用经费支出				普通初中生均公共财政预算公用经费支出			
	全国(元)	比上年(%)	农村(元)	比上年(%)	全国(元)	比上年(%)	农村(元)	比上年(%)
2016年	2610.80	7.25	2402.18	6.99	3562.05	5.98	3257.19	5.28
2017年	2732.07	4.64	2495.84	3.90	3792.53	6.47	3406.72	4.59

数据来源:东北师范大学中国农村教育发展研究院发布的《中国农村教育发展报告(2017)》和《中国农村教育发展报告(2019)》。

第二,实施义务教育,减轻农民负担。自1986年7月1日起,我国开始实行《中华人民共和国义务教育法》,2006年又进行了修改。修改后的《中华人民共和国义务教育法》提出:"实施义务教育,不收学费、杂费。"至此,国家把免除义务教育阶段学生的学费、杂费通过法律的形式固定了下来。历年的中央1号文件对落实义务教育法提出的免除学费、杂费等都作出了具体部署安排。对农村义务教育阶段的学生,从免除贫困学生的书本费和杂费、免除西部地区学杂费到免除全国农村义务教育阶段学生的学杂费和书本费,国家政策逐步向农村倾斜。2007年开始,《中华人民共和国义务教育法》关于不收学费、杂费的要求在全国农村得到全面落实。2008年开始全部免除了全国农村义务教育阶段学生的学费、杂费、书本费,全面减轻了农民的负担,保障了农村孩子全面接受义务教育的权利。在历年的中央1号文件中,还特别关注了农村义务教育阶段学生的生活和营养健康,多次要求给予贫困寄宿生生活费补助和改善贫困地区农村学生营养状况。2011年国务院专门出台意见,对农村义务教育学生营养改善工作进行了具体安排部署,2012年教育部等15部委根据国务院的要求,出台了具体的实施办法。这两个意见和办法,是农村地区学生实施营养改善计划的具体政策,而且国家在财政资金上给予专项补助。2018年和2019年的两个中央1号文件对实施农村义务教育学生营养改善计划又作了进一步强调。总体来看,中央对农村地区实行义务教育,特别关注了农民负担和学生健康等重大民生问题。多年来,我国一直延续着这些普惠政策,使农村义务教育始终保持着健康发展的良好势头。

第三，加强校舍改造，改善农村办学条件。校舍是办学的基本条件之一，加强校舍建设改造是农村地区实行义务教育的基本保障。2004 年以来的中央 1 号文件中，有 10 个文件对农村校舍建设改造问题作了部署安排。概括起来，主要部署了五个方面的工作：一是实施农村校舍维修改造工程；二是实施校舍安全工程；三是办好农村小规模学校和教学点；四是加强寄宿制学校建设；五是改善义务教育薄弱学校办学条件。由于国家的高度重视，农村学校的标准化建设水平得到了很大提高，办学条件得到了很大改善。表 5-37 列举的部分数据可以作为例证予以说明。表 5-37 中的两项指标都是满足农村学校基本办学条件应当具备的。这两个数据，2016 年比 2015 年都是大幅增长，但是没有具体的增长数据。2017 年比 2016 年增长的幅度也是很大的，而且绝对数是初中高于小学，而增长幅度是小学明显高于初中。从体育运动场馆等达标率来看，小学和初中都达到了比较高的水平，初中的个别项目都达到了 93%；乡村小学和初中建立校园网的比例也都超过了 55%，而且初中的校园网比例已经达到了 68.37%。农村学校办学条件的改善，推动了农村义务教育的全面实施，逐步满足了农村学生接受义务教育的基本要求。

表 5-37　全国农村办学条件部分指标情况

项目	体育运动场馆等达标率(%)				建立校园网比例(%)			
	小学	较上年增加(百分点)	初中	较上年增加(百分点)	小学	较上年增加(百分点)	初中	较上年增加(百分点)
2016 年	71～75	大幅增长	82～87	大幅增长	46.66	大幅增长	65.55	大幅增长
2017 年	83～88	12～13	89～93	5～8	56.81	10.15	68.37	2.78

数据来源：东北师范大学中国农村教育发展研究院发布的《中国农村教育发展报告(2017)》和《中国农村教育发展报告(2019)》。

注：1. 表中体育运动场馆等达标率一栏的具体项目包括体育运动场馆、体育器械、音乐器械、美术器械、教学自然实验仪器等。

2. 表中的数据均为乡村数据，不包括镇区数据。

第四，提高农村教师待遇，稳定农村教师队伍。2004 年以来，共有 11 个中央 1 号文件围绕加强农村教师队伍建设、稳定农村教师队伍，提出了具体的指导意见。具体包括四个方面的意见：一是，加强农村教师队伍建设。2007 年、2015 年、2016 年、2017 年、2020 年这五年的中央 1 号文件都是直接提出要加强农村教师队伍建设。二是，实施农村教师队伍素质提升工程。重点是落实教师培训制度，提高中小学教师素质。三是，提高农村教师待遇。重点是落实绩效工资制度，改善农村教师待遇。2013 年的中央 1 号文件还特别关注了在贫困地区工作的农村教师待遇问题，要求设立专项资金，对在连片特困地区乡、村学校和教学点工作的教师给予生活补助。2020 年的中央 1 号文件对乡村教师工资收入、职称评聘、住房保障等待遇落实都提出了具体的要求。四是，统筹配备农村教师。重点是围绕引导城市教师下乡支教、实施“三支一扶”计划、大学生志愿服务西部计划，配备、充实农村教师队伍。2015 年国务院出台的《乡村教师支持计划（2015～2020 年）》，对农村教师队伍建设提出了一系列的具体要求和具体措施，提出的目标是到 2020 年，努力造就一支素质优良、甘于奉献、扎根乡村的教师队伍。2018 年的中央 1 号文件再一次明确提出统筹配置城乡师资，并向乡村倾斜，建好建强乡村教师队伍。2020 年的中央 1 号文件首次提出义务教育阶段教师实行“县管校聘”，有计划地安排县城学校教师到乡村支教。可见，中央和国家特别关注农村教师队伍建设，制定了一系列的具体政策和实施措施，而且提出了非常明确的建设目标。经过多年的努力，我国农村教师队伍得到了很大改观，教师队伍素质得到了较大提升。2017 年，全国乡村小学和乡村初中生师比分别达到 15.66∶1 和 11.19∶1，农村小学专科及以上学历教师占比达到 93.80%，农村初中本科及以上学历教师占比达到 81.10%。由于国家在职称评定、工资待遇、生活补助等方面向农村教师倾斜，农村教师队伍得到了稳定发展。据东北师范大学对全国 18 个省（市、区）35 个县（区）中小学分层抽样调查，截至 2017 年年底，愿意继续留在乡村学校任教的乡村教师达到 83.46%。

第五，关注儿童教育，保障农村学前教育健康发展。改革开放以来，国家对农村学前教育给予了特别关注，2014 年以来的中央 1 号文件多次关注农村学前教育问题。重点关注了以下几个方面：一是提出要大力支持发展早期教育、学前教育；二是鼓励公办民办并举，加快学前教育发展；三是加强农村儿童营养改善；等。这些指导意见，对于农村学前教育发展起到了重要的推动作用。根据《中国农村教育发展报告（2017）》数据，国家财政性学前教育经费一半以上投向了农村，2016 年达到了 51.27%，而且全国农村学前教育经费 2016 年比 2015 年增长了 13.67%，农村学前教育经费基本得到了保障，推动了农村学前教育事业的健康发展。2017 年农村幼儿园数量占全国的 69.03%，在园幼儿数占全国的 62.9%。从教育部门举办的普惠性幼儿园来看，镇区和乡村分别占到全国的 31.25%和 54.57%，其中 2017 年新举办的普惠性幼儿园九成在农村。从农村幼儿教师情况来看，2017 年年底全国镇区和乡村大专及以上学历的幼儿专任教师分别达到 76.79%和 65.89%；2017 年全国农村新增幼儿教师占全国的比例为 49%。可见，农村幼儿教育始终保持着良好的发展势头。

另外，历年的中央 1 号文件还关注了农村义务教育学校的历史债务化解、农民工随迁子女入学、农村特殊教育、高中阶段教育普及等问题。历年的中央 1 号文件还关注农村教育问题的有效解决，对于全面实施农村普惠性教育、提高农村教育水平，推动农村社会全面发展，特别是对于全面建成小康社会和全面实施乡村振兴战略具有重要的现实意义和深远的历史意义。

从国家关于教育事业发展的相关规划来看，补农村教育短板的规划和措施正在全面得到落实。

农村教育是社会普遍关注的焦点，它关系到农村子女的学前教育和义务教育，关系到农村劳动力的就地就业与转移就业，关系到农村子女上学的安全问题，关系到农村子女的营养改善问题，所以，农村教育至少涉及2～3代人的学习、工作和生活，其中心就是子女教育。《中国农村教育发展报告(2019)》数据显示，2017年全国农村子女在幼儿园人数达到2893.29万，占全国的62.9%；农村义务教育在校生人数达到9506.33万(其中，镇区6087.56万，乡村3418.77万)，占全国的65.56%。农村学前教育和义务教育在校(园)人数，总计达到12399.62万，涉及1亿多家庭，按户均3人计算，涉及3亿多人。所以，农村教育不仅在数量上占了全国的六成以上，而且涉及的人群也是一个庞大的数字。但是农村教育与城市教育相比，城乡不均等化的短板问题非常突出，所以国家把发展农村教育列入了各项具体规划中。我们认真研究了2000年以来国家关于教育的重点规划以及近几年国家出台的教育方面的重点政策文件发现，国家出台的有关农村教育方面的规划和政策文件凸显了三个方面的特点。

一是高度重视城乡教育均等化问题。由于城乡二元结构的长期存在，城乡教育不均等化，是农村教育的重大短板。从国家关于教育的各项规划和各类政策文件来看，几乎所有的规划和文件都关注了教育均等化问题，也就是说，农村教育不均等化的短板一直是国家关注的重点。2010年，国家发布的《国家中长期教育改革和发展规划纲要(2010～2020年)》把城乡基本公共教育服务均等化问题提到了重要的议事日程，要求建成覆盖城乡的基本公共教育服务体系，逐步实现基本公共教育服务均等化，缩小区域差距。之后的国家教育事业发展的“十二五”“十三五”规划，以及《教师教育振兴行动计划(2018～2022年)》《教育脱贫攻坚“十三五”规划》《中国教育现代化(2035)》等规划，都针对城乡教育的公平性、均等化问题作出了具体的规划，要求城乡教育统筹发展、一体化发展、均等化发展。而且围绕各项规划的实施，国家还出台了一系列的指导性文件，如先后出台的《乡村教师支持计划(2015～2020年)》《关于统筹推进县域内城乡义务教育一体化改革发展的若干意见》《关于全面加强乡村小规模学校和乡镇寄宿制学校建设的指导意见》《加快推进教育现代化实施方案(2018～2022年)》《关于深化教育教学改革全面提高义务教育质量的意见》等，都对实现城乡教育均等化提出了具体的目标和要求，特别是对农村学前教育和义务教育都作出了具体部署安排。这些规划和政策文件的实施和落实，有效地推动了我国农村教育的全面发展，逐步缩小了城乡差别。《中国农村教育发展报告(2019)》数据显示，2017年学前教育和义务教育阶段的专任教师住房、学历提升、财政经费支出、乡村中小学标准化建设等方面，城乡差距正在逐步缩小，而且农村学前教育专任教师学历提升速度明显快于城镇。《中国农村教育发展报告(2019)》还分析了2017年进城务工人员随迁子女接受教育情况。2017年义务教育阶段随迁子女1406.63万，占在校生总数的9.68%，有79.67%的进入公办学校就读，而且2017年全国农村留守儿童数量减少了10.18%。《中国教育统计年鉴(2016)》也显示，初中阶段城乡学校的生师比没有大的差别，只是小学阶段乡村学校与城区、镇区相比明显较低(城区、镇区、乡村：18.8、18.1和14.6)。总体上看，近几年来我国的城乡教育差距正在逐步缩小，均等化的目标正在实现。

二是高点确定农村教育的发展目标。把农村教育放在与城市教育同等重要的地位一同规划布局，而且规划了不断接近城市教育的发展目标。从国家关于农村教育的相关规划来看，2020年是一个重要节点，基本都要求到2020年县域义务教育均衡发展，而且城乡基本公共教育服务均等化基本实现。这是一个具体的惠及广大农村的发展目标，而且目标定位高，时间紧迫。2019年，国家出台的《中国教育现代化2035》是一个以教育现代化为主体的中长期战略规划。这个规划的实施，将让教育发展的成果更多、更公平地惠及全民。这是一个更加长远的发展目标，它的实现将推动教育均等化目标的全面实现，广大农村将会更加受益。

三是各项政策重点向农村教育倾斜。由于城乡二元结构的长期存在，农村教育一直是教育的薄弱环节，是教育的短板所在。特别是农村的学前教育和义务教育，既是农村发展的短板，也是教育发展的短板。为了加快农村发展，国家一直把农村教育作为重中之重，从政策上进行重点倾斜，新出台的一系列教育政策重点向农村聚焦，为农村教育的全面发展创造条件、奠定基础。我们分析研究了进入21世纪以来国家关于教育的各项发展规划和政策文件，几乎所有的规划和政策都对农村教育进行了专门的规划部署，从教育经费投入、学校布局、师资力量配备，到教师素质提升、教师待遇、学生健康营养计划等等方面都有具体的倾斜政策。特别是还针对农村教育出台了一些单项政策，如2015年国务院出台的《乡村教师支持计划(2015～2020年)》、2016年国务院出台的《关于统筹推进县域内城乡义务教育一体化改革发展的若干意见》、2018年国务院办公厅印发的《关于全面加强乡村小规模学校和乡镇寄宿制学校建设的指导意见》等政策文件，都是围绕农村教育发展的具体意见。2019年国家18部委的补短板行动方案又对农村教育补短板问题进行了具体的部署，要求到2022年全国约20%的县(市、区)实现义务教育优质均衡发展。在向农村倾斜的同时，国家把发展农村贫困地区教育作为农村的重点，进行重点倾斜。农村贫困地区教育是农村教育短板中的短板，也是贫困地区实现乡村振兴的重点所在。

通过以上分析我们可以看到，国家对农村教育的发展给予了高度重视，农村教育正在与城市教育接轨，城乡差距正在缩小，为全面实现乡村振兴添砖加瓦。但是，我们通过实地调研、问卷调查和查阅有关文献资料发现，农村教育依然存在着一些不容忽视的短板问题，也是农村教育发展不充分、发展滞后、城乡教育不均等化的具体体现。我们分析归纳了一下，主要有三方面的短板问题。

第一，农村学校布局不均衡。据《中国农村教育发展报告(2019)》，截至2017年年底，全国乡村共有幼儿园90182所，义务教育学校201633所。这两个数据分别占全国行政村总数的16.27%和36.38%(国家统计局网站数据，2017年全国村民委员会554218个)。也就是说，全国仅有1/6的行政村有幼儿园，1/3多一点的行政村有义务教育学校。2017年，全国镇区共有幼儿园85807所、义务教育学校79072所，分别占乡镇级区划数的215.12%和198.24%(国家统计局网站数据，2017年全国乡镇级区划数39888个)。也就是说，在乡镇驻地一般有两所左右的幼儿园和两所左右的义务教育学校。2017年，我国农村小学和教学点数达270007所，其中镇区54821所，乡村186345所，分别占镇区和乡村义务教育学校总数的69.33%和92.42%。2017年，全国乡村义务教育在校生数3418.77万，平均每个学校不到170人。无论从小规模学校的数量、比例，还是从学校均生数量来看，我国农村学校大多数规模较小，相对好一点、规模大一点的农村学校都在镇区。所以农村学生要想上好一点的学校，都要到镇区学校上学。由于农村学校布局的不均衡，导致了农村教育发展的不充分、不平衡。我们在LY市、LX市、RS市等地区实地调研时，了解到一个乡镇驻地一般有一至二所幼儿园，一般称作“乡镇中心幼儿园”或“实验幼儿园”，一般有一所中心小学和一所中心中学(初中)，很少有高中的，如LY市13个乡镇中只有一处乡镇有高中。这与《中国农村教育发展报告(2019)》显示的数据基本是一致的。但是我们在乡村调查时也发现，大部分乡村没有学校，甚至连教学点也很少，乡村的学生基本都是到乡镇驻地学校上学，有条件的到县城上学，而且基本都是早出晚归，很少有寄宿学校的。从以上分析可以看出，乡村学校存在以下问题：一是数量少，二是规模小，三是学校布局不均衡。学生要想得到比较好的教育，只能到比较远的乡镇驻地或县城上学。由此引发四个问题：一是乡村学生上学极不方便，而且容易引发安全问题；二是增加乡村学生上学成本；三是乡村学校“吃不饱”，而县城学校出现拥挤、大班额现象；四是部分地区乡村学生“上学难”和困难家庭孩子辍学等问题还不同程度地存在。

第二，县域义务教育发展不均衡。教育均衡、公平，是教育发展的重要方向，义务教育是教育公平的基础，所以，抓好义务教育的均衡发展是关键。国家建立了均衡发展督导评估制度,2013 年启动了义务教育发展基本均衡县(市、区)的督导评估认定工作。从 2013 年以来连续六年的督导评估情况(见表 5-38)来看,全国县域义务教育呈现出均衡发展的良好态势。从表 5-38 可以看出,截至 2018 年年底,全国县域义务教育基本实现均衡发展的县(市、区)达到了 92.7%,仅有 7.3%的县(市、区)没有通过督导评估,而且已有 16 个省(自治区、直辖市)整体通过了督导评估,实现了省(自治区、直辖市)内全部均衡发展。2016 年以来,中西部地区的发展速度很快,2018 年的达标率也达到了 90.5%,已接近全国总体发展水平。但是我们应当看到,全国县域义务教育发展不均衡的问题依然存在。一是全国仍有 7.3%的县不达标,有的省份不达标率还比较高,如湖南仅有 87%的县(市、区)达标;二是已达标的县(市、区)每年都出现滑坡现象,2017 年有 10 个省份的 15 个县(市、区)出现滑坡,2018 年又有 10 个省份的 23 个县(市、区)出现滑坡;三是有的县(市、区)虽然已基本达标,但是仍存在不少薄弱环节,如 2018 年督导评估达标的 338 个县(市、区)中有 175 个是国家级贫困县,教育基础相对薄弱;四是随着城镇化的快速发展,城乡教育不均衡的问题依然存在,而且有的地区城乡差距仍在拉大,突出表现是农村的空心化导致乡村教育的空心化,而城市教育变得越来越拥挤,城乡教育很难做到平衡发展。

表 5-38　全国义务教育均衡发展达标县(市、区)情况

项目	达到标准要求县(市、区)数量				中西部地区不达标数量	
	当年达标数(个)	累计达标数(个)	累计占全国比例(%)	累计整体达标省(自治区、直辖市)(个)	中部累计不达标比例(%)	西部累计不达标比例(%)
2013 年	293	293	—	—	—	—
2014 年	464	757	—	1	—	—
2015 年	545	1302	—	5	—	
2016 年	522	1824	64.0	7	48.5	54.51
2017 年	560	2379	81.0	11	16.3	29.10
2018 年	338	2717	92.7	16	中西部达标率 90.50%	

数据来源:教育部历年发布的相关数据。

第三,农村教育资源配置不均衡。教育资源均衡配置是农村教育供给与发展的重要条件,教育资源总体上看主要包括财力、物力和人力三方面。我们重点从这三方面分析研究教育资源不平衡的问题。

首先看生均经费情况。生均经费是教育公平和均衡发展的重要指标。从表 5-39 和表 5-40 可以看出,自 2010 年以来,全国普通小学、普通初中生均一般公共预算教育事业费支出都是逐年递增的，农村学校同样也是递增的，而且农村学校的增长幅度与全国的增长幅度也基本相当，只有2014年农村学校的增长幅度与全国的增长幅度差距较大，特别是2014年农村普通初中的增长幅度还不到全国的一半。但是从增长的绝对数来看，由于农村学校的基数较低，所以增长的绝对数一直低于全国水平。根据表5-39和表5-40可知，从2010年到2013年，农村学校生均公共财政经费的差距正在逐步缩小，普通小学的差距从209.6元缩小到46.81元，普通初中的差距从317.53元缩小到62.6元。2014～2017年的四年间差距进一步拉开，普通小学从2013年的46.81元拉大到2017年的430.55元，普通初中从2013年的62.6元拉大到2017年的1194.07元。农村教育经费与全国教育经费的差距，显示的就是农村与城市教育经费的差距，而且农村与城市的差距还要远远大于农村与全国平均水平的差距。这种差距，就是经费投入的不均衡化问题。

表5-39　全国普通小学生均一般公共预算教育事业费支出情况

项目	全国		农村		农村与全国差额	
	经费(元)	增长(%)	经费(元)	增长(%)	经费(元)	增长(%)
2010年	4012.51	19.49	3802.91	19.66	209.60	16.55
2011年	4966.04	23.76	4764.65	25.29	201.39	−3.91
2012年	6128.99	23.42	6017.58	26.30	111.41	−44.68
2013年	6901.77	12.61	6854.96	13.92	46.81	−57.98
2014年	7681.02	11.29	7403.91	8.01	277.11	491.99
2015年	8838.44	15.07	8576.75	15.84	261.69	−5.56
2016年	9957.89	8.14	9246.00	7.80	311.89	19.18
2017年	10199.12	6.71	9768.57	5.65	430.55	38.05

数据来源：原教育部发布的2010年以来的全国教育经费执行情况统计公告。

表5-40　全国普通初中生均一般公共预算教育事业费支出情况

项目	全国		农村		农村与全国差额	
	经费(元)	增长(%)	经费(元)	增长(%)	经费(元)	增长(%)
2010年	5213.91	20.37	4896.38	20.43	317.53	19.38
2011年	6541.86	25.47	6207.10	26.77	334.76	5.43
2012年	8137.00	24.38	7906.61	27.38	230.39	−31.18
2013年	9258.37	13.78	9195.77	16.30	62.60	−72.83

续表

项目	全国		农村		农村与全国差额	
	经费(元)	增长(%)	经费(元)	增长(%)	经费(元)	增长(%)
2014 年	10359.33	11.89	9711.82	5.61	647.51	934.36
2015 年	12105.08	16.85	11348.79	16.86	756.29	16.80
2016 年	13415.99	10.83	12477.35	9.94	938.64	24.11
2017 年	14641.15	9.13	13447.08	7.77	1194.07	27.21

数据来源:原教育部发布的 2010 年以来的全国教育经费执行情况统计公告。

其次看教师配置情况。关于农村学校教师配置,我们重点研究了生师比和学历水平情况。从 2016～2017 年的生师比情况(见表 5-41)来看,乡村小学和初中不仅低于全国水平,而且还明显低于城区和镇区,其中乡村小学与城区和镇区的差距最大。乡村学校生师比低于城区和镇区的主要原因就是乡村学生大量流向城区和镇区,导致乡村学校生源不足。据国家统计局公布的数据,2017 年全国乡村小学在校生数是 27753626 人,仅占全国小学在校生数的 27.50%,而乡村小学专任教师达到 1917418 人,占了全国的 32.25%。乡村初中生师比虽然比城区和镇区的差距不如乡村小学明显,但是差距始终存在。这充分说明乡村学校学生流失严重,学校规模不断缩小,出现教师配置不合理现象,甚至出现资源浪费现象。从 2016～2017 年教师学历情况(见表 5-42)来看,学前教育和义务教育阶段学校的教师学历比例,农村学校都明显低于全国和城区。虽然全国学前教育和义务教育阶段学校的教师学历水平都在不断提升,而且城乡差距也出现了缩小的趋势,但是这个差距依然很大。从表 5-42 可以看出,学前教育、小学、初中的差距都比较大,其中学前教育差距最大,2016 年、2017 年专科及以上学历教师比例乡村比城区都相差 20 个左右百分点;初中学校本科及以上学历教师比例城乡差距也在 10 个百分点以上;小学差距最小,专科及以上学历教师比例相差 5 个百分点左右。总之,农村学校的师资配置重点有两个问题:一是农村学校生师比低,二是专任教师学历水平低,这充分说明城乡教师资源配置不合理、不均衡。

表 5-41　全国义务教育生师比情况(2016～2017 年)

项目	小学				初中			
	全国	城区	镇区	乡村	全国	城区	镇区	乡村
2016 年	17.12	18.83	18.06	14.64	12.41	12.83	15.78	10.98
2017 年	16.98	18.56	17.84	14.47	12.52	12.83	12.73	11.19

数据来源:中国统计年鉴。

表 5-42 全国乡村学校教师学历情况(2016～2017年)

项目	幼儿园(大专及以上,%)				小学(专科及以上,%)			初中(本科及以上,%)		
	全国	城区	镇区	乡村	全国	农村	城乡差距	全国	农村	城乡差距
2016年	76.54	82.85	74.83	62.46	93.70	91.8	6.2	82.50	78.6	11.7
2017年	79.05	85.40	76.49	65.89	95.26	93.8	4.6	84.63	81.1	10.3

数据来源:东北师范大学中国农村教育发展研究院发布的《中国农村教育发展报告(2017)》和《中国农村教育发展报告(2019)》。

最后看硬件设施配置情况。从学校标准化建设情况来看,农村学校有了很大进步,但是与全国水平,特别是城市学校水平相比,差距很大。从表5-37可以看出,近几年来农村办学条件的确发生了很大改变,但是《中国农村教育发展报告(2019)》中的数据也进一步显示,农村学校的硬件设施条件与城市相比差距很大。2017年,城区、镇区、乡村小学体育运动场馆、体育器械、音乐器械、美术器械、教学自然实验仪器达标率分别为86%～95%、86%～93%和83%～88%,初中则分别为89%～95%、91%～96%和89%～93%。这组数据告诉我们,乡村小学、初中的这些实施达标率都低于城区和镇区。建立校园网的情况也是如此。2017年,城区、镇区、乡村小学建立校园网率分别是82.64%、69.69%和56.81%,初中分别是86.33%、77.17%和68.37%。这组数据显示的差距更大,乡村小学和初中建立校园网率分别比城区低25.83个和17.96个百分点。根据《中国教育统计年鉴(2016)》显示的数据进行分析可知,我国城区、镇区、乡村小学每万人拥有的教学用电脑数分别是1065.1台、848.6台和956.4台,初中则分别是1522.7台、1252.6台和1559.9台;城区、镇区、乡村小学每万人拥有的多媒体教室分别是186.5间、200.6间和170.7间,初中则分别是255间、216.8间和262.5间;城区、镇区、乡村小学每人拥有的图书分别是22册、20.2册和22.8册,初中则分别是32.9册、33.1册和41.9册。从万人拥有教学用电脑数和多媒体教室数来看,乡村小学都明显低于城区,但是乡村初中这两项指标都高于城区和镇区,其中镇区初中的指标是最低的;从每人拥有的图书数量来看,乡村小学和初中都是高于城区、镇区,从小学看镇区是最低的,从初中看城区是最低的。总体上看,万人拥有教学用电脑、万人拥有多媒体教室、每人拥有图书这三项指标,主流还是农村(镇区+乡村)低于城区学校,虽然图书一项农村略高于城区。这与前面我们分析的生师比是一样的,由于学生的流失和减少,出现资源富余或浪费的形象。这几个硬件设施方面的问题同样告诉我们,城乡教育资源的配置是不合理、不均衡的。

由于农村学校布局、县域义务教育以及教育资源配置的不均衡,家长为了子女能得到更好的教育，自然出现用脚投票的现象，乡村学生不断涌向教育资源优越的城区，导致城区学校拥挤，大多数的乡村学校逐步变成小规模学校，有的则转化为小型教学点，还有部分农村学校出现学校空置甚至关闭。由于城区学校拥挤，又出现了一个新的不平衡现象，这就是城区实行划片入学，虽然一部分具备条件的农村务工人员随迁子女得到了安置上学，但是还有相当一部分农村学生由于户口性质、房产证等因素的制约，无法在城市上学，特别是一些向往到县城学校上学的农村学生，只能是望而却步。这种不均衡的教育，是乡村振兴的一个重要的障碍因素。所以，加快乡村学校建设，实现城乡均衡教育，已急不可待。

§5.7 农村医疗卫生

阳春三月，77岁的贺心德牵着他的两头黄牛，悠闲地漫步在乡村坡道上。远远地看见家庭签约医生唐正科和他的团队伙伴朝他走来，老人高兴地喊道："唐医生，您又来了，辛苦了哦，快到家里喝口水。"唐正科一行人来到贺心德家，细心地为他听诊、检查，并宣传农合医保政策、健康知识。

——记者周垚、通信员梁红梅："贺心德老人的春天"

（《健康报》2019年4月22日第3版）

《健康报》的这条新闻，报道的是家庭签约医生唐正科和他的团队伙伴为陕西省镇巴县巴庙镇黄坝村贺心德老人开展医疗服务的真实故事。从报道中我们了解到，黄坝村是大巴山深处的一个贫困山村，离乡镇驻地和县城都比较远，唐正科作为贺心德老人的家庭签约医生，通过惠民农合医保政策宣传和诊疗服务，成功地帮助贺心德老人实施了结肠癌根治术，并通过各种渠道帮助贺心德老人报销医疗费，最终贺心德老人只支付了2000多元医疗费，节省了23000多元的费用。这是2016年我国出台《关于推进家庭医生签约服务的指导意见》以来，农民得到的普惠型的家庭医疗服务。

通过家庭签约医生唐正科为签约户贺心德老人进行的医疗服务，可以看出我国基本的医疗卫生服务供给正在向基层延伸，向农村延伸，正在走向千家万户，这是我国推进基层卫生综合改革取得的实实在在的成效，也是推进公共卫生服务均等化取得的实实在在的成效。

农村基本公共卫生服务一直是我国乡村振兴发展的短板问题，是影响全面建成小康社会的制约因素，更是国家关心、关注的重点问题。为了防止农村居民因病致贫、因病返贫，保障健康、提高生活质量，国家制定了一系列的发展规划和政策文件，支持发展农村基本公共卫生服务事业。历年的中央1号文件、国务院政府工作报告都对农村的基本公共卫生服务作出专门部署，历年的全国

“两会”农村基本公共卫生服务都是代表、委员参政议政的焦点问题，这一切也都是农民的期盼。由于国家对农村基本公共卫生服务的持续关注和政策的持续倾斜，我国农村的基本公共卫生服务得到了很大改观，广大农民群众得到了实实在在的实惠。前面提到的贺心德老人正是广大受益农民群众的一个缩影。

从历年的中央1号文件来看，国家关于基本公共卫生服务的政策正在全面向农村倾斜，农村基本公共卫生服务的体系正在得到全面的健全和加强。

农村医疗卫生特别是村级医疗卫生服务，是我国最基层的医疗服务，担负着广大农民群众最基本的健康服务，是保障广大农民群众健康的第一道大门，可谓“使命光荣、责任重大”。多年来，随着农村结构的变化和农村社会的变迁，农村合作医疗制度也发生了很大变化，农村医疗机构缺位的现象时有发生，农村基本公共卫生服务的短板问题还没有从根本上得到全面补齐。为了从根本上补齐农村基本公共卫生服务的短板，不断提高农民的健康水平，国家不断出台有关农村基本公共卫生服务的政策文件，逐步拉平城乡基本公共卫生服务水平。我们分析了2004年以来历年的中央1号文件(见附录6)发现，国家重点从农村医疗卫生投入、农村医疗机构和农村卫生队伍建设到农村医疗卫生体系、健康农村建设等诸多方面，对农村基本公共卫生服务事业发展提供了制度保障和政策支持。

第一，加大投入，加快农村基本公共卫生服务体系和农村医疗卫生基础设施建设。2004年以来，有一半以上的中央1号文件对农村公共卫生投入和农村医疗卫生基础设施建设进行了部署。2004～2007年的连续4个中央1号文件都提出要把新增的卫生事业经费主要用于农村。2005年还明确要求用于县以下的比例不能低于70%。2007年要求把重点转向农村，国家财政新增的投入主要用于农村。2009年的中央1号文件更是专门强调了县乡村医疗卫生公共服务体系建设的投入问题。之后的中央1号文件大都围绕农村基本公共卫生服务体系建设、农村医疗卫生基础设施建设提出了加大投入、完善项目补助政策等方面的具体要求，各级政府也按照中央的要求不断加大农村基本公共卫生服务体系建设投入，同时也带动了社会资本投向医疗卫生事业。“十二五”时期，国家用于县乡村三级医疗卫生机构建设的中央投资达到470亿元，中央财政在基层医疗卫生机构的投资占医疗卫生领域总投资的42.8%。2016年《全民健康保障工程建设规划》提出，“十三五”期间中央财政投入坚持总量不减，结构调整。中央财政加大对县级医院补助力度，要求地方政府将其减少的配套资金统筹用于乡镇卫生院、村卫生室等项目建设。2016～2018年，中央财政又安排618.2亿元，支持贫困地区医疗卫生服务体系项目建设，占中央财政安排医疗卫生服务体系项目建设总投资的88%。据国家统计局发布的数据，2004年全国卫生总费用是7590.29亿元，2018年达到了57998.3亿元，14年间增加了5万多亿元。从这个数据可以看出，我国对医疗卫生方面投入的倾斜力度不断加大，全国卫生总费用始终保持了两位数的增长速度。增长最快的2008年，增长速度达到25.59%，而且占国内生产总值的比重从2004年的4.68%增加到2018年的6.44%。从表5-43可以看出，在全国卫生总费用构成中，政府开支的比重基本上是由低向高发展的，由2004年的17%逐步扩大到30%以上，最高的2011年达到了30.4%，2011年以后的年份多数保持了30%以上或接近于30%的比例；政府支出带动了社会支出，社会支出比例与政府支出比例相向而行，呈现出逐年增加的态势，由2004年的27.2%增加到2018年的43%；反观个人支出的比例，则与政府支出、社会支出的比例呈现出反方向发展的趋向，从2004年的55.9%逐年下降到2018年28.7%，逐年减轻了个人的负担。由此可以看出，我国不断强化了政府在医疗卫生事业上的支出责任，减轻了个人的支出压力，使全体人民不断增加了幸福感。表5-44显示的是全国人均卫生费用情况，总体来看，随着卫生总费用的增加，人均卫生费用也逐年增加，2018年增加到4148.1元，是2004年的7.1倍。从表5-44可以看出，不管是城市还是农村，人均卫生费用基本都是逐年增加的，只有个别年份出现小幅下降(2005年城市下降10.74%，2007年农村下降1.04%)。农村与城市相比，农村人均卫生费用的增长速度明显快于城市，2004～2014年的10年间，城市和农村分别增长了1.82倍、3.68倍，农村比城市多增长了1.86倍，而且高出同期全国平均水平0.26倍。

表5-43　2004年以来全国卫生总费用情况

项目	全国卫生总费用			全国卫生总费用构成比例(%)		
	总费用(亿元)	增长(%)	占GDP比重(%)	政府	社会	个人
2004年	7590.29	15.28	4.68	17.00	27.20	55.90
2005年	8659.91	14.09	4.62	17.90	29.90	52.20
2006年	9843.34	13.66	4.49	18.10	32.60	49.30
2007年	11573.97	17.58	4.29	22.30	33.60	44.10
2008年	14535.40	25.59	4.55	24.70	34.90	40.40
2009年	17541.92	20.68	5.03	27.50	35.10	37.50
2010年	19980.39	13.90	4.84	28.70	36.00	35.30
2011年	24345.91	21.85	4.99	30.40	34.70	34.90
2012年	28119.00	15.50	5.22	29.99	35.67	34.34

续表

项目	全国卫生总费用			全国卫生总费用构成比例(%)		
	总费用(亿元)	增长(%)	占 GDP 比重(%)	政府	社会	个人
2013 年	31668.95	12.62	5.34	30.14	35.98	33.88
2014 年	35312.40	11.50	5.51	29.96	38.05	31.99
2015 年	40974.64	16.70	5.97	30.88	39.15	29.97
2016 年	46344.88	13.11	6.26	30.01	41.21	28.78
2017 年	52598.28	13.50	6.41	30.10	41.10	28.80
2018 年	57998.30	10.27	6.44	28.30	43.00	28.70

数据来源:国家统计局网站公布的相关数据以及根据国家统计局公布的相关数据计算出来的数据。

表 5-44 2004 年以来全国人均卫生费用情况

项目	全国		城市		农村	
	人均费用(元)	增长(%)	人均费用(元)	增长(%)	人均费用(元)	增长(%)
2004 年	583.92	14.61	1261.93	13.80	301.61	9.81
2005 年	662.30	13.42	1126.36	−10.74	315.83	4.71
2006 年	748.84	13.07	1248.30	10.83	361.89	14.58
2007 年	875.96	16.98	1516.29	21.47	358.11	−1.04
2008 年	1094.52	24.96	1861.76	22.78	455.19	27.11
2009 年	1314.26	20.08	2176.63	16.91	561.99	23.46
2010 年	1490.06	13.38	2315.48	6.38	666.30	18.56
2011 年	1806.95	21.27	2697.48	16.50	879.44	31.99
2012 年	2076.67	14.93	2999.28	11.19	1064.83	21.08
2013 年	2327.37	12.07	3234.12	7.83	1274.44	19.68
2014 年	2581.66	10.93	3558.31	10.02	1412.21	10.81
2015 年	2980.80	15.46	—	—	—	—
2016 年	3351.74	12.44	—	—	—	—
2017 年	3783.83	12.89	—	—	—	—
2018 年	4148.10	9.63	—	—	—	—

数据来源:国家统计局网站公布的相关数据以及根据国家统计局公布的相关数据计算出来的数据。

在全国卫生总费用大幅增加和向农村倾斜的导向作用下,农村的基本公共卫生服务体系逐步建立并完善起来。第三次全国农业普查数据显示，截至2016年年底，全国99.9%的乡镇有医疗卫生机构，81.9%的村有卫生室，分别比2006年年底增加1.1个百分点和7.6个百分点。据国家统计局网站发布的相关数据(见表5-45)可见，由于全国乡镇级区划数的减少，全国乡镇医疗卫生机构的数据也呈现出逐年减少的趋势，但是村庄医疗卫生机构数经历了逐年上升以后，2012年开始出现逐年下降的趋势，这与行政村的数量减少有着直接的关联。从拥有医疗卫生机构的村庄占全部行政村的比例来看，2018年达到了94%，比2004年的80.7%提高了13.3个百分点。根据国家卫健委公布的数据，到2019年11月底，全国政府举办的乡镇卫生院达到35999个，占全部乡镇卫生院的98.71%，连续多年都稳定在98%以上，乡镇公办医疗卫生机构占据了绝对优势。这说明乡镇医疗卫生机构基本都是政府投资建成的，体现了我国最基层的医院、卫生院直接服务于广大农民群众的办医宗旨。同时，从国家统计局发布的数据也可以看到，全国村办卫生室的比例由2000年的42.4%提高到2017年的55.2%，提高了13.2个百分点，这也是国家卫生经费向农村倾斜取得的直接成效。国家统计局发布的数据虽然与全国农业普查数据不太一致，这可能与统计的口径不同有关，但是前面我们提到的这一些数据都说明一个问题：政府是农村医疗卫生事业投入的最重要主体，只有政府加大投入，农村医疗卫生机构和设施建设才能得到快速发展，农村的医疗卫生体系才能逐步建立起来。

表5-45　全国乡镇、村医疗卫生机构情况

项目	乡镇卫生院		村庄卫生室		
	机构数（个）	增减数（个）	机构数（个）	增减数（个）	占全部行政村比例（%）
2004年	41626	−2653	551600	36680	80.7
2005年	40907	−719	583209	31609	85.8
2006年	39975	−932	609128	25919	88.1
2007年	39876	−99	613855	4727	88.7
2008年	39080	−796	613143	−712	89.4
2009年	38475	−605	632770	19627	90.4
2010年	37836	−639	648424	15564	92.3
2011年	37295	−541	662894	14470	93.4
2012年	37097	−198	653419	−9475	93.3
2013年	37015	−82	648619	−4800	93.0
2014年	36902	−113	645470	−3149	93.3
2015年	36817	−85	640536	−4934	93.3
2016年	36795	−22	638763	−1773	92.9

续表

项目	乡镇卫生院		村庄卫生室		
	机构数（个）	增减数（个）	机构数（个）	增减数（个）	占全部行政村比例（%）
2017 年	36551	－244	632057	－6706	92.8
2018 年	36461	－90	622001	－10056	94.0
2019 年	36000	－461	621000	－1001	—

数据来源:国家统计局网站发布的相关数据以及根据国家统计局公布的相关数据计算出来的数据。其中 2018 年村庄医疗卫生机构数系 2018 年 11 月国家卫生健康委员会发布的《2018 年 11 月底全国医疗卫生机构数》。

第二,倾斜政策,加强农村医疗卫生队伍建设。农村医疗卫生队伍是我国最基层、最贴近广大农民群众的医疗卫生工作者,他们担负着全国 5 亿多农村人口最基本的健康服务和农村最基本的公共卫生服务工作。广大农民群众的健康问题,是党和国家高度关注的一个重点问题,所以,国家在加强农村医疗卫生体系建设的同时,更加注重农村医疗卫生队伍的建设。我们研究了 2004 年以来的中央 1 号文件,其中关于农村医疗卫生队伍建设问题重点关注了三个方面的内容。一是,加强农村基层卫生人才培养,壮大农村医疗卫生队伍。2004 年以来的中央 1 号文件多次提到要加快农村医疗卫生人才培养,2006 年的中央 1 号文件专门提出要增加农村卫生人才培养的经费预算,2010 年和 2019 年的中央 1 号文件都围绕全科医生提出具体要求,2010 年是要求免费培养,2019 年是实施全科医生特岗计划。2010 年还提出要为农村招聘执业医师。2020 年则对乡村医生队伍建设提出了具体的指导意见。围绕落实中央 1 号文件精神,各级政府及卫生、财政、教育等部门重点抓了两方面的工作,不断壮大农村医疗卫生队伍。第一方面是加强了在职农村医疗卫生人员的培训,不断提高在职人员的业务素质。2004 年以来,国家重点实施了对基层卫生人员进行岗位培训、对符合条件的在岗乡村医生进行学历教育、对乡村两级符合条件人员进行助理全科医生培训。2004 年,国家启动了中西部农村卫生人员岗位培训计划,到 2014 年中央财政共投入资金 8.86 亿元,为中西部 22 个省、区、市培训农村卫生人员 500 万人次。2018 年。中央财政投入 3.73 亿元资金,对基层医疗卫生机构负责人、全科医生、业务骨干和乡村医生进行培训(2018 年 9 月国家卫生健康委员会《对十三届全国人大一次会议第 4093 号建议的答复》)。在国家出资培训的同时,还要求乡村医生定期到县级医疗机构进行岗位培训。第二方面是规范健全了农村医疗卫生人员补充机制。从 2010 年开始免费定向培养农村全科医生以来,2010 年、2015 年教育部、国家卫生计生委等部委连续出台了两个免费为农村订单定向培养医学生意见,从 2010 年开始每年的招生计划都在 5000 人以上，2018 年达到了 6483 人，目前已有 15000 余名学生毕业，并有近 90%的人员就业于乡镇卫生院。据国家统计局网站公布数据，截至 2018 年年底，全国共有乡村医生和卫生员 90.71 万，比 2004 年增加了 2.4 万。二是，提高乡村医生待遇，稳定乡村医生队伍，保障农村卫生室的正常运转。2004 年以来的中央 1 号文件非常关心乡村医生的待遇问题，特别是 2010 年提出了《落实乡镇卫生院人员绩效工资和乡村医生公共卫生服务补助政策》。在落实乡村医生待遇方面，2015 年 3 月国务院出台的《关于进一步加强乡村医生队伍建设的实施意见》中提出了三个方面具体要求，即保障乡村医生的合理收入、建立健全乡村医生的养老政策、改善乡村医生的工作条件。由于乡村医生待遇保障和执业环境的改善，乡村医生开展的基本诊疗服务有了很大的提高，据国家卫生健康委员会公布的《2018 年 1～11 月全国医疗服务情况》和《2019 年 1～11 月全国医疗服务情况》分析，全国村卫生室 2019 年 1～11 月共诊疗 152660 万人次，略高于 2011 年同期数字，略低于 2018 年同期数字，占全国医疗机构总诊疗数的19.71%，基本能够满足广大农民群众的基本诊疗需求。三是，建立并落实家庭医生签约服务制度。我国自 2016 年便开始建立了家庭医生签约服务制度，2018 年的中央 1 号文件又重点强调了这一制度。2018 年和 2019 年国务院政府工作报告还专门强调要提升分级诊疗和家庭医生签约服务质量。自 2017 年开始，原国家卫生计生委员会、国家卫生健康委员会都与其他相关部门一起，每年都下发文件，指导全国的家庭医生签约服务工作，而且还重点关注了妇幼、老人、残疾人等重点人群的健康服务。国家卫生健康委员会规定四类医生可以开展家庭医生签约服务：一是基层医疗卫生机构注册全科医生，二是具备能力的乡镇卫生院医师，三是乡村医生，四是中医类别医师。同时，其他一些具体条件的医师也可以参与家庭医生签约服务。为了扩大签约医生队伍，国家还鼓励引导二级以上医院和非政府办医疗卫生机构参与签约服务，提高签约服务水平和覆盖面。国家要求家庭医生签约服务从对妇幼、老人、残疾人等重点人群健康服务，逐步扩大覆盖面，到 2020 年要扩大到全部人群。由于家庭医生签约团队向基层延伸、向农村延伸，一些二级以上医院和社会医疗机构的优秀人才开始走进农村，为农民开展医疗卫生服务，提高农村的医疗卫生水平。本部分开头提到的家庭签约医生唐正科和他的团队，就是县级医院医生签约服务农村重点人群的典型案例。四是，加大城市支持农村力度。2006 年，“组织城镇医疗机构和人员对口支持农村，鼓励各种社会力量参与发展农村卫生事业”正式写入中央 1 号文件，这是解决农村医疗卫生人才短缺的重要途径。2016 年和 2017 年，国家开始推进医疗联合体建设，连续两年出台指导意见，逐步把医疗联合体建设由部门工作提升到了国家战略，目的是构建县乡村三级联动的县域医疗服务体系，促进优质医疗资源进基层、进农村，实现县乡村三级共享，提升农村医疗卫生服务水平。2005年，国家卫生计生委启动实施了万名医师支援农村卫生工程，而且逐步形成一种制度。2016年，国家卫生计生委选派了1.5万名医师到955个县医院、3644所乡镇卫生院对口帮扶。2017年，上级医疗机构向基层派出专业技术和管理人才13.5万人次，基层医务人员赴上级医疗机构进修学习11万人次，同比分别增长12.4%和20.8%。到2020年，将为全国832个贫困县的每个乡镇卫生院都配备一名全科医生。这些项目的全面实施，将进一步缓解农村医疗卫生机构人才短缺的矛盾。

第三，政策支持，鼓励社会力量参与农村医疗卫生事业发展。鼓励社会力量参与农村医疗卫生事业发展，是增加农村有效供给、解决农村医疗卫生资源短缺的重要举措。党和国家历来高度重视农村医疗卫生事业发展，高度重视社会办医工作。2006年的中央1号文件专门提出要鼓励各种社会力量参与农村医疗卫生事业发展。国家"十一五""十二五""十三五"连续三个卫生事业发展规划都对社会力量办医、社会力量参与农村医疗卫生事业发展作出了相关规划。2006年以来，国家出台的有关医疗卫生事业发展的政策文件，都提及了社会办医的问题，而且都有相关的支持政策。2010年、2015年、2017年国家连续出台了三个鼓励社会办医的政策，对社会办医作出了相关的制度安排，在土地使用、房屋建设、人员培养、职称评定等方面都给予政策支持，优化社会办医环境。据国家卫生健康委员会公布的数据，到2017年民办医疗机构达到44.8万个，占全国医疗机构总数的46.3%。社会力量参与农村医疗卫生事业发展也取得了重大进展。2019年2月底，全国社会力量办乡镇卫生院占全部乡镇卫生院的比例达到了1.29%，比2013年2月底的1.17%增长了0.12个百分点。据国家统计局网站公布的数据，2018年年底全国各种社会力量办村卫生室达到214444个，占村卫生室总数的34.48%，比2013年年底的33.48%增长了1个百分点。从增长比例上看，虽然数据不大，但是社会办村卫生室的比重很大，占据了1/3以上的比例，成为农村医疗卫生事业发展的重要力量。

另外，历年的中央1号文件还高度关注了农村医疗救助、农村地方病和传染病等疾病防治、农村食品药品监管、农村远程医疗、城乡基本公共医疗服务均等化等方面的关键问题。这些问题的解决，将有效增加农村医疗卫生服务供给，不断满足广大农民群众的基本医疗卫生需求，逐步实现全民健康的目标。

从国家关于农村医疗卫生事业的发展规划来看，规划的目标不断提升，逐步朝着城乡基本公共卫生均等化服务方向发展。

提高农村医疗卫生水平，事关广大农民群众的健康。由于我国城乡之间、区域之间发展不平衡，农村医疗卫生的发展水平长期滞后于城市，农民"看病难、看病贵”的问题长期得不到很好的解决。为了解决这种不平衡、不充分的矛盾，国家在医疗卫生事业的发展规划方面给予了农村极大的关注。在所有涉及医疗卫生事业发展的规划中，农村医疗卫生事业都是规划的重点。在相关规划中，提出了一系列逐步提升农村医疗卫生事业发展水平的规划目标和具体指标，从体制机制上、政策措施上都给予了切实可行的保障措施，形成了比较完备的制度保障和政策保障框架。我们分析研究了“十一五”以来国家关于医疗卫生事业发展的相关规划和一系列的政策文件，发现国家对农村医疗卫生事业的发展规划可以用 12 个字来概括，即“定位高、目标准、政策优、措施实”，也成为我国农村医疗卫生事业发展的指挥棒。从规划的角度，我们想重点分析规划定位和重点规划指标两个方面的问题。

第一，规划定位高。这里所说的定位高，主要是两个方面的定位：一是制度定位，二是均等化定位。这两个定位都是覆盖城乡居民的基本公共卫生服务。

首先看制度定位。从国家“十一五”“十二五”“十三五”卫生事业发展规划来看，围绕国家城乡居民的基本医疗卫生制度建设，总体定位很高，而且是一个逐步提升的过程。“十一五”“十二五”卫生事业发展规划提出的都是初步建立覆盖城乡居民的基本卫生保健制度，虽然这两个规划都是初步建立，但是其表述也是有区别的。“十一五”提出的是初步建立“制度框架”，而“十二五”提出的则是初步建立“制度”。从“制度框架”到“制度”，是一个量的变化，是一个不断丰富完善的过程。到了“十三五”，明确提出基本建立覆盖城乡居民的基本医疗卫生制度。三个五年计划，实现了从初步建立到基本建立的重大转变。2016 年的《“健康中国 2030”规划纲要》要求到 2030 年全民健康的制度体系更加完善，到 2050 年建成与社会主义现代化国家相适应的健康国家。从“制度”的基本建立到“制度体系”更加完善，再到健康国家的建成，这不仅是一个量的扩张，而且是在发生着质的飞跃，使人人都能享受到基本的健康服务，实现健康公平。

再看均等化定位。从“十一五”“十二五”“十三五”卫生事业发展规划来看，关于城乡基本公共卫生服务的表述也是一个递升的过程。“十一五”卫生事业发展规划只是提出了统筹城乡、区域卫生协调发展，缩小城乡之间、区域之间、人群之间卫生服务差距，其重点是“统筹城乡”和“缩小差距”两个关键词。而到了“十二五”，则明确提出了促进城乡居民享有均等化的基本公共卫生服务，其关键词变成了“促进城乡”和“均等化”。“十三五”卫生与健康规划提出的是推进基本公共卫生服务均等化，其关键词进一步升级为“推进”和“均等化”。从这三个规划来看，“十一五”还没有提出均等化的概念，只是缩小城乡差距，这也是受当时的客观条件影响的，“十二五”虽然正式提出了均等化的概念，但是也只是提出了促进均等化的要求，“十三五”也只是提出了推进均等化的要求，只是比“十二五”在实施程度上更进了一步，还没有提出全面实现城乡基本公共卫生服务均等化的要求和目标。《“健康中国2030”规划纲要》的一个重要的关键词就是“均等化”，而且要求到2030年实现均等化的目标。

从以上两个定位目标来看，我国农村的基本公共医疗卫生服务将达到与城市同等的水平，真正实现人人享有基本的医疗卫生公共服务，全面提高农村居民的健康水平。

第二，确定目标准。从各个规划来看，规划的目标大都分为总体目标和具体目标，关于农村医疗卫生服务的规划目标都分散在各项目标之中，我们择其几项主要的指标进行分析说明。

首先，看全国的人均预期寿命指标规划。人均预期寿命指标是全世界都关注的指标，因为这个指标反映了两个关键性指标：一是反映人民健康水平的重要指标，二是反映经济社会发展的一个综合指标。所以在每一个比较大的医疗卫生规划中，都规划了人均预期寿命的具体目标。从表5-46可以看出，“十一五”“十二五”“十三五”规划的人均预期寿命增长速度都为0.5～1岁，2030年比2020年增长了1.7岁，不到2岁，实际上也是按照每五年增长0.5～1岁的速度安排的。由于人民生活水平和健康保障水平的提高，“十一五”“十二五”实际执行情况是：每五年的增长速度都超过了规划预期，“十一五”实际增长了2.83岁，“十二五”实际增长了1.41岁，这个增长速度是比较快的。与人民健康水平相关的其他指标，如孕产妇死亡率、婴儿死亡率、5岁以下儿童死亡率等指标，也都控制在规划目标以内。

表5-46　人均预期寿命规划情况

项目	规划		实际	
	岁数(岁)	比上五年末实际增长(岁)	岁数(岁)	比上五年末增长(岁)
2005年	—	—	72.00	0.50
2010年	72.50	0.5	74.83	2.83
2015年	75.83	1.0	76.34	1.41
2020年	>77.30	>1.0	—	—
2030年	79.00	—	—	—

其次，看农村医疗卫生机构指标规划。三个五年规划中，“十一五”和“十二五”都有具体的指标要求，重点是两方面：一是建立健全县乡村三级医疗服务体系；二是具体指标要求，要求每个乡镇要有一所有县级政府统一管理的政府举办的卫生院，每个村都要有卫生室。“十二五”与“十一五”不同的是强调了优先发展县级医院，而且行政村卫生室成为一个硬性指标。“十三五”卫生与健康规

划只是笼统地提到继续加强县级公立医院、乡镇卫生院、社区卫生服务机构标准化建设，没有提出具体的建设指标。但是在2017年国务院印发的《"十三五"推进基本公共服务均等化规划》中，对农村医疗卫生机构建设提出了具体的目标，要求根据县级区域常住人口数，原则上每个县办好1个县办综合医院和1个中药类医院，每个乡镇办好1个标准化建设的卫生院，每个行政村办好1个卫生室，要求基层医疗卫生机构标准化率要达到95%以上，打造30分钟基层医疗卫生圈。《"健康中国2030"规划纲要》要求，到2030年要打造基层15分钟医疗卫生圈。医疗卫生机构的普及和标准化建设，特别是基层医疗卫生圈的建设，都是以人民健康为中心进行规划的。这些规划的逐步实施，将极大地方便广大农民群众就医和保健，将实现全民的均等化的基本公共医疗卫生服务。

最后，看重点医疗资源配置指标规划。医疗卫生资源除了医疗机构，还包括人员、床位、设备设施、信息服务等很多方面。前面专门分析了医疗机构建设情况，这里重点分析一下人员、床位这两个基本的也是重要的医疗卫生资源。关于人员配置，重点是医生和护士的配备。应该说，广大农村对医生、护士的需求是非常迫切的，特别是对医生的需求更为迫切。但是农村医生长期配备不足，不能满足农民的实际需求，是全面建成小康社会和乡村振兴的一个突出短板。所以，国家每一个涉及农村医疗卫生事业发展的规划都把农村医生配备作为重点进行规划。在三个五年规划中重点强调了为农村配备执业助理医师或执业医师、全科医生。"十一五"卫生事业发展规划中关于农村医疗卫生人员的规划，重点强调的是执业医师问题，要求大多数乡村医生具备执业助理医师或执业医师资格。"十二五"卫生事业发展规划重点强调的是全科医生问题，要求每个乡镇卫生院都要有全科医生，同时对于乡村医生仍然是要求逐步推进向执业（助理）医师转变。"十三五"卫生与健康规划仍然是以全科医生为重点，要求在基层医疗卫生机构实施全科医生特设岗位计划，而且特别关注了贫困地区的医疗资源配置，要求在集中连片的特贫地区优先安排特岗全科医生。在这个规划中，对乡村医生只是简单地提了一下，要求加快乡村医生队伍建设。从这三个规划来看，国家对于乡镇卫生院和村卫生室的医疗卫生人员的配置，从质量上提出了具体要求，乡镇卫生院重点是配备全科医生，村卫生室重点是配备执业医师。《全国医疗卫生服务体系规划纲要（2015～2020年）》则对基层医疗卫生机构的人员配备提出了量的要求，要求到2020年实现四个目标：一是全国基层卫生人员每千人3.5人以上的比例；二是每万名城乡居民拥有2～3名合格的全科医生；三是每千服务人口不少于1名乡村医生；四是每个村卫生室至少有1名乡村医生执业。据国家卫生健康委员会网站发布的数据，村卫生室的执业（助理）医师从2011年的19.3万增加到2017年的35.2万，增长了82.38%，注册护士从 2011 年的 3.1 万增加到 2017 年的 13.5 万，增长了 335.48%。通过人员的优化配备，保证了农村医疗卫生机构的正常运行，2019 年村卫生室的诊疗人数接近占了全国的 1/5。在床位配置方面，国家也逐步把床位的配置纳入规划和统计之中。在“十一五”卫生事业发展规划中基本没有提及医院床位配置问题，到了“十二五”卫生事业发展规划也只是要求到 2015 年每千人口医疗机构床位数要达到 4 张，而且非公立医疗机构床位数要达到医疗机构总数的 20%左右。“十三五”卫生与健康规划除了要求到 2020 年每千人口医疗机构床位数要达到 6 张、非公立医疗机构床位数要占到 30%以上，还要求基层医疗卫生机构要提高康复和护理床位的占比。在这个规划中，还首次把基层医疗卫生机构的床位数纳入卫生事业发展的总体规划，要求每千常住人口基层医疗卫生机构床位数达到 1.2 张。据国家统计局网站发布的数据，近几年我国基层医疗卫生机构的床位数增加比较快，使用效率也有了较大提高。从统计数据来看，2018 年全国乡镇卫生院的床位总数达到 133.39 万张，比 2015 年的 119.61 万张增长了 11.52%，2018 年全国农村医疗卫生机构床位数达到 426.27 万张，占全国总床位数的 50.72%，比 2015 年增长了 18.5%。

从农村医疗卫生事业发展的现状来看，农村的医疗卫生服务与城市相比，还有较大差距，不均衡、不充分的问题依然存在。

通过以上分析可以看出，近几年来由于国家一系列规划和政策措施的相继出台实施，农村的医疗机构和医疗卫生服务人员都有了质的提高，极大地改善了基层医疗卫生条件，农村居民就医难的问题得到了有效缓解。虽然出现了这种向好的发展趋势，但是农村医疗卫生事业发展不平衡、不充分的矛盾还比较突出，与农民“病有所医”的基本要求相比，农村的医疗资源配置相对不足；与城乡基本公共服务均等化的要求相比，农村的医疗卫生事业发展相对滞后，农村的基本公共卫生服务供给相对不足；与《“健康中国 2030”规划纲要》的发展目标相比，农村的医疗卫生发展水平还有较大差距；与全面建成小康社会和乡村全面振兴的要求相比，农村的基本医疗卫生服务还有一些短板需要补齐。根据国家及各省发布的数据以及通过实地调查、问卷调查，并查阅有关资料，我们认为，这些短板和问题归结起来主要就是农村的基本公共卫生服务的资源配置不足，具体表现在以下几个主要方面：

第一，农村医疗卫生服务机构配置不足。这是农村基本公共卫生服务的最大短板，没有服务机构，服务就无从谈起。这里我们重点分析一下乡镇卫生院和村卫生室的有关情况。从表 5-45 显示的数据来看，自 2004 年以来，全国乡镇卫生院的数量呈现出逐年递减的趋势，到 2019 年全国共有乡镇卫生院 36000 个，比 2004 年减少 5626 个，这里当然有乡镇区划减少的原因。据国家卫生健康委员会发布的数据，截至 2018 年年底，全国还有 46 个乡镇没有卫生院。总体上看，乡镇卫生院短缺的数量还不是很多。村卫生室的数量自 2004 年以来呈现出小波浪的发展趋势，2004～2011 年逐年上升，到 2011 年达到了顶峰，其中只有 2008 年出现了小幅下降，从 2012 年开始急转直下，呈现出逐年下降的趋势，到 2018 年下降到 629522 个，比 2012 年减少了 33372 个。表 5-45 数据显示，截至 2018 年年底，村卫生室的总数占全国行政村的比例为 94.0%，尚有 6%的行政村没有卫生室。虽然只有 6.0%的行政村没有卫生室，但是区域性差距比较大，全国有 5 个省(自治区、直辖市)达不到全国平均水平，其中 4 个省(自治区、直辖市)差距比较大，差距最大的只有 42%的行政村有卫生室。虽然拥有乡镇卫生院和村卫生室的乡镇和行政村占比很大，但是真正按照标准进行建设并达标的比例相对不高，到 2017 年全国乡镇卫生院达标率仅为80.2%，村卫生室的达标率相对更低。国家出台的《村卫生室管理办法(试行)》规定了农村卫生室建设的基本标准，在建筑面积上要求达到 60 平方米以上，在设施配置上要求至少设有诊室、治疗室、公共卫生室和药房。这样一个标准虽然不高，但是真正达到的不占多数。2019 年 8 月 13 日，《问政 YT》栏目播出 PL 市在 5 千米范围内的 4 个村没有一个标准化的卫生室，而且一些没有执业资格的退休赤脚医生在担负着乡村医生的角色。报道还透露 YT 市共有 6443 个村，设有 2839 个卫生室，没有达到村村设有卫生室的要求，如果在 5 千米范围内按照 2000～4000 人建设一个卫生室，YT 市还缺 230 个卫生室。我们的问卷调查数据(见表 5-47)显示，267 个样本村中有 56 个村没有卫生室，占比 21%。我们实地调查的部分村庄也有类似 PL 市的情况，虽然有卫生室，但是都很简陋，达不到《村卫生室管理办法(试行)》规定的标准，30 分钟的就医圈还没有全面形成。相比较而言，近几年由于国家政策的倾斜，中西部地区的基层医疗卫生机构达标率相对高一点，2017 年年底新疆的乡镇卫生院达标率为 88.17%，村卫生室达标率为 84.2%①，略高于全国平均水平。从全国范围来看，即使到 2020 年达到国家提出的 95%以上的达标率，还有近 5%的不能达标，这仍然是农村医疗卫生事业的短板。

表 5-47　您所在村庄是否有卫生室

项目		村庄数(个)	占比(%)	有效百分比(%)	累积百分比(%)
有效	是	211	79	79	79
	否	56	21	21	100
合计		267	100	100	—

① 参见李琳、夏莉涓:《新疆县域内就诊率提高至 85.1%》,《健康报》,2018 年 10 月 12 日第 1 版。

第二,农村医疗卫生人员配置不足。国家"十三五"卫生与健康规划要求,到2020年每千人口执业(助理)医师数、注册护士数要分别超过2.5人和3.14人,每万人口全科医生数超过2人。这个目标是全国性的目标,是国家规划的总体要求。单从农村来看,与城市有着较大的差距,不仅达不到城市标准,甚至也达不到国家的平均水平。总体上看,全国乡镇卫生院的卫生人员数基本上是呈逐步上升的趋势,而村卫生室的人员数则呈逐步下降的趋势。据国家统计局和卫生健康委员会公布的数据,2018年全国乡镇卫生院卫生技术人员达到118.1万,比2017年增加3万,乡镇卫生院的人员基本上略有增加。乡村医生和卫生员数则呈波浪变化,2011年以前是逐年增加的,但是到了2012年以后,同村卫生室一样,出现逐年下降的态势。根据国家统计局和国家卫健委发布的数据(见表5-48)测算,到2018年下降到90.7万,比2011年的112.6万减少了21.9万。2018年下降幅度比较大,一年减少了将近6万,其中乡村医生2018年比2017年减少了5.6万,下降的势头仍然没有改变的迹象。从2019年8月13日《问政YT》中了解到,仅有30万农村人口的PL市2015～2019年就减少乡村医生120人。从以上数字分析可以看出,我国乡村医生的总数减少速度是比较快的。而全国的卫生人员数量一直呈现逐年增加的趋势。国家统计局发布的数据显示,2018年全国卫生人员总数达到1230.6万,比2011年增加了369万,增长幅度是42.86%,而乡村医生和卫生员的降幅则达到了19.45%。农村每万人拥有的卫生技术人员数、执业(助理)医师数、注册护士数这三个指标与全国平均水平特别是与城市水平有着很大的差距(见表5-49),而且与国家《医疗机构设置规划指导原则(2016～2020年)》的要求差距很大。这组数据对比说明,城乡医疗卫生人员的发展是极不均衡的。全国政协委员鲁友明在2019年全国"两会"期间对记者表示,湖北省人口数超过1000人的乡村有2000多个,但是有超过一半的农村没有村医。[①] 乡村医生的减少与行政村的减少固然有着直接关系,但是乡村医生收入低,而且工资、补贴发放不及时、不到位,也影响了乡村医生的积极性和乡村医生的及时补充。2019年7月,河南省通许县朱砂镇出现的36名村医集体辞职现象,就是其中的典型案例。鲁友明委员也认为,缺少合格村医和留不住是乡村医生缺少的主要原因。

表5-48 部分年度乡村人口数、乡村医生和卫生员数

项目	2011年	2012年	2017年	2018年
乡村人口数(万)	65656.00	64222.00	57661.00	56401.00
乡村医生和卫生员数(万)	112.64	109.44	96.86	90.70

数据来源:国家统计局和国家卫生健康委员会发布的相关数据。

① 参见吴琼静:《鲁友明委员呼吁应尽快提高乡村医生的待遇》,中国网,2019年3月4日。

表 5-49　每万人拥有卫生技术人员、执业(助理)医师、注册护士情况

项目	卫生技术人员(人)			执业(助理)医师(人)			注册护士(人)		
	全国	城市	农村	全国	城市	农村	全国	城市	农村
2011 年	46	79	32	18	30	13	17	33	10
2012 年	49	85	34	19	32	14	18	36	11
2016 年	61	108	40	23	39	16	25	49	15
2017 年	65	109	43	24	40	17	27	50	16
2018 年	68	109	46	26	40	18	29	51	18

数据来源:国家统计局发布的相关数据。

在乡村医生减少的同时,乡村医生半农半医、半商半医的问题也比较突出。在 2019 年 8 月 13 日《问政 YT》中,曝光的 HY 市一个村庄的卫生室虽然是达标卫生室,但是由于是村支部书记兼任村医,基本不在卫生室坐诊。HY 市另一个村庄的卫生室则是每天上午 11 点关门,村民反映周边的村庄都是这样,基本都是半日制。这个案例充分说明,我国仍然有一些地区,村庄虽然建起了卫生室,而且也配备了乡村医生,但是由于一些兼职乡村医生的存在,不能很好地开展医疗卫生服务,导致农民有了小病也要到 5 千米以外的乡镇卫生院就医,这与 2.5 千米农村医疗圈的要求差距太大。没有卫生室的村庄,只能靠乡镇卫生院的医生每周 2～3 次的巡诊。从《问政 YT》反映出来的情况来看,“农民看病难”的问题始终存在,这是制约农民健康的重要短板。

第三,农村医疗卫生资源配置不足、利用不充分。除了机构和人员配置,很多的医疗资源城乡配置是不均衡的。

首先,分析一下基层医疗机构的床位配置和利用情况。从国家统计局发布的数据(见图 5-9)来看,配置水平都是呈逐年增加的趋势(城市 2018 年比 2017 年略有下降),但是农村的配置水平始终低于国家平均水平,而且 2017 年以前始终达不到城市水平的一半,到了 2018 年也仅仅达到 45.60 张,是城市水平的 52.41%。每万农业人口乡镇卫生院床位数就更低了,2018 年才达到 14.30 张。再加上农村基层医疗机构在设施设备配置、人员配备等方面落后于城市医疗机构,许多疾病无法在农村基层医疗卫生机构治疗,所以即使在床位配置远远低于城市水平的情况下,其利用率也不高。从表 5-50 可以看出,乡镇卫生院的病床工作日和利用率都低于全国平均水平,其中病床工作日比全国平均低 70 天左右,2012～2018 年的七年时间基本都是低于全国各类医疗卫生机构的平均利用率 20 个左右的百分点,差距最大的 2015 年和 2016 年,两年均低 25 个百分点,差距是显而易见的。

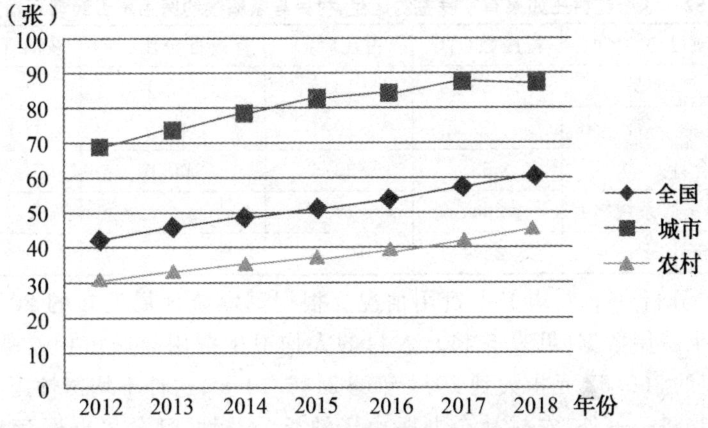

图 5-9 每万人医疗机构床位情况

图中数据来源：国家统计局发布的相关数据。

表 5-50 全国及乡镇卫生院床位利用情况

项目		2012 年	2013 年	2014 年	2015 年	2016 年	2017 年	2018 年
病床工作日（日）	全国平均	303.03	300.83	297.71	290.1	291.26	291.00	287.6
	乡镇卫生院	227.19	229.34	220.81	218.6	221.35	223.77	217.5
病床利用率（%）	全国平均	82.80	82.40	81.60	85.4	85.30	85.00	78.8
	乡镇卫生院	62.10	62.80	60.50	59.9	60.60	61.30	59.6

数据来源：国家统计局发布的相关数据。

其次，分析一下农村家庭医生签约服务情况。尽管国家卫生健康委员会每年都对家庭医生签约服务提出了具体的规范服务指导意见，但是家庭医生签约服务覆盖面不够广、服务质量不够高的问题还不同程度地存在着。据我们对 267 个村的问卷调查，截至 2018 年年底，267 个样本村仅有 23.6%的村开展了家庭医生签约服务（见表 5-51），这 23.6%的村只有 57.1%的样本显示家庭签约医生能够经常与签约户进行交流服务（见表 5-52）。

表 5-51 您所在村庄是否有家庭签约医生

项目		村庄数（个）	占比（%）	有效百分比（%）	累积百分比（%）
有效	是	63	23.6	23.6	23.6
	否	204	76.4	76.4	100.0
合计		267	100.0	100.0	—

表 5-52　您所在村庄如果有家庭签约医生,村民与家庭签约医生是否经常互相交流

项目		村庄数(个)	占比(%)	有效百分比(%)	累积百分比(%)
有效	是	36	13.5	57.1	57.1
	否	27	10.1	42.9	100.0
合计		63	23.6	100.0	—
缺失	系统	204	76.4	—	—
合计		267	100.0	—	—

最后,分析一下人均卫生费用情况。根据国家统计局发布的2004～2014的人均卫生费用数据(见表5-44),农村的人均卫生费用与城市相差越来越大,由2004年的960.62元扩大到2014年的2146.10元,这种不均衡性正在呈现逐步扩大的趋势。另外,农村社会办医由于缺乏公益性,部分民办医疗机构趋利性强,出现种种乱象。2019年8月13日《问政YT》栏目反映出来的非法行医、超范围经营等问题,都是严重危害人民健康的问题。这些问题不仅仅在YT市存在,其他一些地区也不同程度地存在,这也是由于农村公益性医疗卫生资源缺乏而引发的一些负面现象。

总之,由于农村医疗资源配置不足,农民看病极不方便,在一些医疗条件落后的地区出现"小病抗、大病拖"的有病不医现象,致使农村人口的一些慢性病、恶性肿瘤、心脑血管疾病等不断出现,导致一些农民因病致贫、因病返贫。据民政部发布的数据,我国农村贫困人口40%左右是因病致贫的。可见,加快农村医疗资源的合理配置是刻不容缓的。

通过以上分析可以看出,农村医疗卫生事业的短板主要还是基本公共医疗卫生服务的均等化没有实现,城乡差距仍然很大,农村的医疗机构、医疗人员、医疗设施设备等方面的资源配置不足、作用发挥不充分,而且卫生健康部门对农村医疗卫生事业的指导、监督也有不到位的地方,致使一些非法行医分子有空可钻。由此可见,打造农村30分钟、15分钟医疗圈的任务还是十分的艰巨。

§5.8　农村社会保障

朱德江是江苏省泗洪县魏营镇庞塘居委会的村民,儿子意外去世,儿媳离家出走,老伴儿患有糖尿病,他自己也得了食道癌……好在还有社保兜底机制在帮忙:村里替他的孙子申办了孤儿补助,老两口的药费和朱德江的大病治疗费用也能通过大病保险政策报销不少。"扶贫100"专项保险、镇政府、民政项目和对口帮扶的扶助、家门口的公益岗位……多项帮扶下,老朱脱贫了。

——记者姚雪青:"低保户老朱眉头舒展了"

(《人民日报》2019年6月18日第11版)

《人民日报》这则新闻的重点是社会保障的兜底政策。在老朱这里，真正体会到了病有所医、老有所养、弱有所扶的兜底政策，也正是有了社会保障兜底政策，老朱的眉头才舒展开了。从老朱得到的社会保障可以看到，我国的社会保障政策正在得到全面落实，从城市到农村，正在覆盖各类群体。以社会保险为重点的社会保障，已涵盖了养老保险、医疗保险、社会救助、社会福利、社会优抚，也包括商业补充保险等诸多保障领域，而且还形成了“8+1”的社会救助体系，这是我国多年来高度重视社会保障工作取得的积极成效。但是农村与城市相比，在社会保障方面还是有较大差距的，这也是因为城乡二元结构的长期存在，在社会保障方面形成了城乡不均衡。由于社会保障工作涉及千家万户，涉及每一个具体的人，所以一直是全社会关注的焦点，不仅每年“两会”上代表、委员关注社会保障，而且社会保障也是普通群众通过各种渠道提出建议和诉求的重点领域，更是以人民为中心的工作宗旨和重要职责。

国家以城乡基本公共服务均等化为目标，对农村的社会保障工作给予了重点关注，在政策上逐步向农村倾斜。历年的中央 1 号文件、各级政府出台的一系列关于社会保障工作的政策文件，都把农村社会保障作为重点进行部署，使广大农民群众得到实实在在的实惠。特别是 2014 年国家实行全国统一的城乡居民基本养老保险制度以来，城乡居民均等化的社会保障制度正在全面形成。

从历年的中央 1 号文件来看，对农村社会保障工作都是浓墨重彩，全方位地进行安排部署，农村社会保障的兜底功能日益凸显。

农村社会保障是保障基本民生、实现城乡基本保障均等化的制度保障，也是农民参与社会改革发展成果共享的制度安排。农村社会保障的基本功能主要有两个：一是保障群众基本生活，二是调节社会分配、促进社会公平。在党的十八大报告中，把社会保障明确为“一项基本制度”。习近平总书记曾指出，做好经济社会发展工作，民生是“指南针”。可见，我国的社会保障工作已上升为国家的重要战略，充分体现着以人民为中心的发展理念。随着经济和社会的发展，我国的社会保障制度已发展成为保障民生的基本兜底政策，特别是在广大农村，社会保障制度的全面实施，兜起了农民的基本民生需求，广大农民充满了幸福感和获得感。这是历年中央 1 号文件科学部署、国家相关部委科学规划、国家相关政策重点倾斜所取得的可喜成就。我们分析研究了 2004 年以来中央 1 号文件关于农村社会保障方面的各项部署（见附录 7），真可谓是浓墨重彩，涵盖了农村社会保障制度的方方面面，而且始终是一种递升的制度安排，保障了农村社会保障制度地不断丰富和完善，逐步朝着城乡均等化的方向发展，这也是全面建成小康社会和实现乡村全面振兴的制度安排。综观这十几个中央1 号文件，关于农村社会保障方面的部署凸显了四个方面的特点。

第一，农村社会保障的领域不断扩大。民生是最大的政治，这是以人民为中心发展理念的真实体现。社会保障是最大的民生，它覆盖了全体人民，人人都有享有社会保障的权利。改革开放以来，我国始终把社会保障工作牢牢抓在手上，不断探索社会保障工作的创新实践，目前已建立起了比较完善的社会保障体系，惠及全国广大的人民群众。我国是一个农业大国，在城市化水平较低的年代，农村人口曾占到80%以上。1978年，我国农村人口占总人口的82.08%，之后呈现逐年下降的趋势，到了2000年下降到63.78%，2019年下降到39.4%(以上数据均根据国家统计局网站发布的相关数据计算)。通过这几个数据的比较可以看出，随着城镇化水平的提高，我国农村人口虽然在不断减少，但是总量依然很大，到2019年年底我国仍有55162万农村人口，仅比1978年减少了23852万。再加上城乡二元结构的长期存在，城乡差别比较大，农村的各种公共服务都明显劣于城市，农村要全面改善民生，农村的社会保障工作就显得更加的重要、更加的迫切。20世纪80年代，我国就把农村社会保障工作提到重要议事日程，开始探索建立农村社会保障制度。到20世纪末，我国已在农村进行了多项社会保障改革，为全面建立农村社会保障制度进行了先行试验和有益探索。其重点领域主要包括医疗保险、养老保险、社会救助、社会福利等方面，但是这些领域的社会保障制度都是初期的、低水平的，并且不是全面覆盖广大农民群众的。进入21世纪后，社会保障的领域逐步拓宽，保障的标准、水平逐步得到大幅度的提高。

一是医疗保险领域。进入20世纪80年代，我国农村的医疗卫生体系发展不健全，农民逐步成为无医疗保障的群体。进入90年代以后，为了解决农民的医疗保障问题，不少地方政府开始探索建立农村医疗合作制度，进行了各种有益的尝试，但是当时缺乏全国范围的统一政策，各地统筹标准不统一、统筹范围不统一、政府补助标准不统一，出现统筹层次低、保障水平低。这个时代的医疗保险工作只是进行了积极的尝试和探索，还缺乏全国性的、具有普遍意义的医疗保险制度，所以这个时代的农村合作医疗被称为“老农合”。进入21世纪以来，我国的农村医疗保险工作开创了新局面，可以说是开创了“新农合”时代。应当说，我国的“新农合”是从2002年开始的。2002年，中共中央、国务院正式决定建立新型农村合作医疗制度，要求到2010年基本覆盖农村居民。在2004年以来的中央1号文件中，对“新农合”工作多次进行强调部署，而且在用词上明显是一种递进的关系，从积极稳妥推进、积极推进、继续扩大、全国普遍，到巩固发展、逐步提高、继续提高，再到整合城乡、完善统一、健全统一，中央这一系列的具体部署，推动覆盖全体农民的新型农村合作医疗制度逐步建立起来了。到2016年，全国基本建立起了城乡统一的居民基本医疗保险制度。

二是养老保险领域。农村养老保险制度同医疗保险制度一样，也经历了从“老农保”到“新农保”的转变。准确地说，我国的“老农保”起始于20世纪80年代，但是在当时国家没有统一的农村养老保险政策，只是民政部在部分省（自治区、直辖市）选择了一些地区进行试点，逐步探索经验。这一阶段只是一个探索起步阶段，没有在全国面上推开。1991年，国务院在出台的《关于企业职工养老保险制度改革的决定》中，关注到了农村养老保险工作，要求民政部负责推进。1992年，由民政部出台了我国第一个面向广大农村的《县级农村社会养老保险基本方案（试行）》。从这一年开始，我国农村养老保险有了统一的规范和标准。1995年，国家又进一步完善了农村社会养老保险制度，之后农村养老保险工作得到了较快发展。但是由于种种原因，农村养老保险工作到了1998年出现了波折。到了2002年，党的十六大报告提出有条件的地方探索建立农村养老、医疗保险和最低生活保障制度，把建立农村养老保险制度又提到了重要的议事日程。2003年，劳动和社会保障部印发了《关于进一步做好当前农村养老保险工作的通知》。这个通知的下发，标志着我国开始探索实施新型的农村养老保险制度。2004～2008年的中央1号文件关于农村养老保险工作的部署，基本都是按照党的十六大提出的要求进行部署安排的，强调的都是有条件的地方探索建立，只是到了2008年，不再提“有条件的地方”，而是鼓励各地试点探索建立农村养老保险制度。这几年的中央1号文件也是围绕探索建立新型农村养老保险制度作出部署安排的。到了2009年，出现了一个大的转折，中央1号文件要求抓紧制定新型农村养老保险制度的指导性意见。当年9月，国务院就出台了《关于开展新型农村社会养老保险试点的指导意见》，开始在全国实施“新农保”制度。国务院这个指导意见的出台，标志着“老农保”时代的结束和“新农保”时代的开始。中央1号文件对于“新农保”制度的建立和推行的安排，也是经过了试点、推开、逐步提高标准、全面覆盖等一整套的提升过程。为了缩小城乡差别，2014年的中央1号文件要求建立城乡统一的居民养老保险制度。自此，农村养老保险制度开启了一个全新的时代。

三是社会救助领域。社会救助是一个非常宽泛的领域，其最终目标就是保障人民群众的最低生活需求。这里重点分析三个制度。

其一，农村五保户供养制度。农村五保户作为一个特殊群体，我国采取的一直是供养政策，改革开放以来也发生了一些变化，但总体上变化不是很大。20世纪八九十年代，由于我国农村经济发展水平不是很高，五保户的供养水平与经济发展水平相当，也不是很高。1994年，国务院发布了《农村五保供养工作条例》，通过法规的形式规范了农村五保户的供养工作。1997年，民政部制定了《农村敬老院管理暂行办法》，对集中供养的敬老院也进行了规范管理。这些法规和规章的出台实施，表明我国农村五保户供养已初步实现了制度化、规范化。进入21世纪后，国家更加关注农村五保户的供养工作。2004年，民政部、财政部等部委对农村五保户的供养工作专门出台意见，从政策和资金上给予保证。特别是2006年，中央把农村五保户的供养问题写进了中央1号文件。就在这一年，国务院发布了新的《农村五保供养工作条例》，民政部制定了农村五保户供养标准，并在全国发布实施。2008年、2010年等年度的中央1号文件又多次部署了农村五保供养工作。2010年，民政部专门出台了《农村五保供养服务机构管理办法》。至此，我国已经建立了比较完备的农村五保户供养体制机制，从政策到法规、从标准到资金、从供养到机构，都有法可依、有章可循，保障农村五保供养工作走上了规范化的轨道。

其二，农村居民最低生活保障制度。这项制度也是从20世纪90年代开始的，同"老农合"一样，当时国家也没有统一的政策标准，只是一些地区通过自发的或国家民政部门的安排进行探索试点。1995年，广西武鸣县出台办法，对达不到最低生活保障线标准的村民每人每月补助40元，这就是部分地方政府进行的小规模探索和试验。1996年，民政部在全国选择了发达、中等发达、欠发达三种不同类型的市、县进行试点，之后又逐步扩大了试点范围，为全面建立农村最低生活保障制度探索经验。进入21世纪，农村最低生活保障制度逐步进入了国家政策。党的十六大提出，有条件的地区探索建立最低生活保障制度。之后的2004年、2005年、2006年连续三年的中央1号文件都延续了十六大的提法。到了2007年，中央1号文件提出要求，国务院作出决定，在全国建立农村最低生活保障制度。国务院还对保障对象、标准、资金、管理等问题作出了具体规定。可以说，从2007年开始，我国农村的最低生活保障制度逐步建立起来了。2008年以来的中央1号文件几乎都提到了农村居民最低生活保障制度，重点都是围绕完善制度、合理确定标准、提高政府补助、加强管理等方面进行具体的部署安排。

其三，农村医疗救助制度。农村医疗救助，是国家对没有经济能力治病的贫困农村居民给予的特殊救助。进入21世纪以前，我国在农村医疗救助方面进行了一些积极有益的探索，但是没有建立起规范的农村医疗救助制度。在农村医疗救助探索方面，比较典型的是由中国政府、世界银行和英国国际发展部合作在中国中西部地区开展的"特困人口医疗救助"。这项计划是从1998年开始实施的，最早是在7个省71个县开始探索，以后我国又与多个国际组织围绕扶贫、救助等领域开展合作。应该说，"特困人口医疗救助"合作计划的实施，为我国开展农村医疗救助工作探索了经验。进入21世纪，我国农村医疗救助工作驶入了快车道，逐步建立起了覆盖广大农村的医疗救助制度。2002年，中央和国务院明确提出要建立医疗救助制度。2003 年，民政部等部委落实中央和国务院要求，制定专门意见，要求到 2005 年在全国基本建立起规范、完善的农村医疗救助制度。2005 年以后的多个中央 1 号文件从稳妥推进、健全、完善等方面对农村医疗救助制度作了具体部署，指导我国农村医疗救助工作健康发展。2013 年，财政部、民政部针对建立医疗救助基金问题专门下发了《城乡医疗救助基金管理办法》，要求县级以上人民政府建立城乡医疗救助基金。2014 年，国务院发布了《社会救助暂行办法》，对社会救助进行了全面规范。2015 年，国务院制定了《关于进一步完善医疗救助制度全面开展重特大疾病医疗救助工作的意见》，重点按照托住底线、统筹衔接、公开公正的原则，对完善医疗救助制度和重特大病医疗救助作出了制度上的安排。总体来看，我国已形成了比较完善农村的医疗救助制度。

除了以上三种社会救助以外，历年的中央 1 号文件还部署安排了农村灾害救助、扶贫救助、返乡困难农民工救助、临时救助等社会救助体系的建设，建立起了覆盖农村的各项救助制度，保障了农村困难群众的基本生活需求。

另外，历年的中央 1 号文件还关注了失地农民保障、农民养老保障、残疾人保障、烈军属优抚保障等各种社会保障制度的建立和完善。所以说，从中央1 号文件来看，我国农村社会保障的领域在不断扩大，基本上覆盖了社会保障的全领域。

第二，农村社会保障的范围不断扩大。在这里，我们所说的农村社会保障范围是针对农村社会保障覆盖的人群而言的。历年的中央 1 号文件都针对农村社会保障的不同领域，提出了一系列的具体指导意见，使我国农村的社会保障一点一滴地逐步建立了起来，并逐步覆盖了广大农村居民。关于农村社会保障的范围，我们还是重点分析农村养老保险、医疗保险、医疗救助、最低生活保障、五保户供养等几个主要保障种类。

一是农村养老保险。2009 年国家提出建立新型农村社会保险制度，2010 年开始在全国逐步铺开。根据国家统计局发布的数据，2010 年全国参保人数就达到了 10276.8 万，2011 年迅速膨胀，达到了 32643.5 万，是 2010 年的3 倍多。与此同时，达到领取待遇年龄参保人数由 2010 年的 2862.6 万增加到 2011 年的 8921.8 万，也是增加了 3 倍多。自 2012 年开始，国家实行城乡居民统一的养老保险政策，不再区分城市居民和农村居民，对其参保情况进行统一统计。2012 年当年，参加城乡居民社会养老保险总数达到 48369.5 万，以后呈现逐年小幅增加的态势，到 2019 年达到了 53266 万，比 2012 年增加了 4896.5 万。城乡居民社会养老保险实际领取待遇人数，2012 年是 13382.2 万，以后也是逐年小幅增加，到 2018 年达到了 15898 万，比 2012 年增加了 2515.8 万。2018 年，全国有 2195 万 60 岁以上的贫困老人享受到了城乡居民基本养老保险待遇，有 2741 万贫困人员享受了代缴保费待遇。从这些数据可以看出，从“新农保”到城乡统一基本养老保险，参保人员和领取待遇人员的覆盖面是逐年扩大的，而且城乡贫困老人和贫困人员也享受到了国家给予的养老方面的相关待遇。

二是农村医疗保险。自 2004 年以来，“新农合”制度经过了试点到面上推开，得到了快速发展。据国家统计局数据，2004 年全国共有 333 个县进行了“新农合”试点，参保人数达到 8000 万，参保率达到 75.2%，以后逐年增加，到 2010 年参保人数达到了 8.36 亿人的高峰，参保率是 96.0%，随着农村人口的减少，2010 年以后参保人数出现下降趋势，但是参保率基本上是逐年提高的，到 2014 年参保人数是 7.36 亿，参保率达到 98.9%。自 2004 年以来，新型农村合作医疗补偿受益人次也呈现逐年增加的态势，2004 年受益人次是 0.76 亿人次，2013 年达到了 19.42 亿人次的高峰，2014 年又降为 16.52 亿人次。受益人次由不到参保人数的 1 倍逐年扩大到参保人数的将近 2.5 倍，使参保人员广泛受益，保障了广大农民的身心健康。2016 年，整合城乡居民基本医疗保险以后，参保人数也是保持了逐年增加的趋势。2016 年参加城乡居民基本医疗保险人数 45315 万，2017 年、2018 年、2019 年分别达到 87343 万、89741 万、102510 万，2019 年比 2016 年实际增加了 57195 万，翻了一番多。2016 年、2017 年、2018 年、2019 年还分别资助了 5620.6 万、5203 万、4972 万、7782 万参加了基本医疗保险。自 2004 年实行“新农合”以来，我国农村基本医疗保险的参保率和受益面都在逐年扩大，目前已基本覆盖了城乡广大居民。

三是农村医疗救助。2004 年以来的中央 1 号文件有 9 个安排部署农村医疗救助工作，推动农村医疗救助快速发展。自 2004 年我国建立农村医疗救助制度以来，经过十几年的发展，到目前农村医疗救助基本覆盖了广大的农村贫困人口。据民政部和国家统计局历年发布的数据，2004 年全国只有 1501 个县(市)开展了农村医疗救助工作，共救助贫困农民 640.7 万人次，2005 年救助贫困农民 854.5 万人次，以后救助人次逐年增加。到了 2013 年，农村医疗救助达到了 1459.1 万人次。2014 年开始，不再分城市和农村居民医疗救助，统称“医疗救助”，2014 年、2015 年、2016 年、2017 年、2018 年、2019 年分别达到 2036.7 万人次、2296.3 万人次、3099.8 万人次、3536 万人次、3825 万人次、6180 万人次。

四是农村最低生活保障制度。实施最低生活保障，是解决农村贫困人口的基本生活需求问题。2004 年以来的中央 1 号文件(除了 2011 年和 2012 年两个专题文件)对农村最低生活保障问题都给予了重点关注。应该说在 20 世纪八九十年代，我国农村最低生活保障制度没有全面推开，只是处在探索阶段，而且覆盖的人群比较少。据国家统计局数据，1999 年和 2000 年全国只有 265.8 万和 300.2 万农村居民享受到最低生活保障。2004～2006 年的中央 1 号文件提出，有条件的地方探索建立最低生活保障制度。这一政策的推行，调动了地方政府的积极性，农村享受最低生活保障的居民出现较快增长。2006 年年底达到了 1593.1 万，比 2005 年增长 93.1%，是 2000 年的 5.3 倍。2007 年，中央要求在全国建立最低生活保障制度，农村困难群众逐步被纳入低保范围，享受低保待遇。从 2007 年开始，享受低保的农村居民开始大幅增长，2007 年当年就达到 3566.3 万，是 2006 年的 2.24 倍，2013 年达到了最高峰，覆盖了 5388 万农村居民。2014 年以来，由于城市化水平的提高而引发的农村人口减少，再加上脱贫人口增加，农村居民享受最低生活保障的人数开始逐年减少，到 2018 年减少到 3520 万，占全部农村人口的比重达到 6.24%，比 1999 年和 2007 年分别提高 5.92 个和 1.25 个百分点，但是比 2013 年略有下降。2019 年享受低保的农村居民也只有 3456 万，占比 6.27%，与 2018 年基本持平。这说明两个问题：一是国家的最低生活保障政策正在惠及越来越多的农村居民；二是随着农村贫困人口的不断脱贫和农民富裕程度的提高，部分享受农村低保的群众开始脱贫致富。

五是农村五保户供养保障。我国自 1949 年就开始对农村五保户进行供养。多年来，我国共采取了两种供养方式，即集中供养和分散供养。其中，分散供养是最主要的也是最基本的供养方式。集中供养作为一种辅助形式，一般都是以乡镇为单位，建立敬老院，安排部分五保户入住。除此以外，还有其他一些供养方式作为补充。在 2006 年以前，供养的覆盖人群比较少，基本稳定在 200 万～300 万。据民政部数据，1990 年、1991 年、1992 年、1993 年、1994 年供养的农村五保户分别是 283.7 万、272 万、213.8 万、254.6 万、282 万，到 2000 年也只有 231.7 万人，到 2005 年达到了 349.7 万户。但是，符合条件的农村五保户不能全部得到供养。比如 1994 年全国符合供养条件的五保户超过 308 万，但是实际得到供养的只有 282 万，还有 26 万没有得到供养。2006 年的中央 1 号文件要求建立完善的农村五保户供养救助体系，农村五保户供养的范围得到逐步扩大，基本覆盖了农村五保户群体。据民政部数据，2006 年供养的五保户达到了 503.3 万，是 1990 年的 1.77 倍，是 2000 年的 2.17 倍。根据国家统计局公布的数据（见表 5-53），全国农村供养五保户的总人数从 2007 年开始逐年递增，到 2010 年达到高峰（556.3 万），2011 年开始逐年小幅下降，2017 年下降到 466.8 万。2017 年也是降幅最大的一年，达到 6.06%。但是从农村五保户供养人口占全国乡村人口总数的比例来看，没有很大的变化，2010 年以来始终保持在 0.8%～0.86%，大多数年份保持在0.85%左右，这说明我国基本做到了农村五保户应养尽养。对农村五保户采取什么方式供养，主要取决于两个条件：一是供养的设施条件和能容纳的供养人数。一般来说，乡镇敬老院能够满足愿意入住五保户的要求。二是五保户居民的意愿，这是最主要的因素。大多数五保户不愿意入住敬老院，而选择分散养老方式。从民政部历年的社会服务统计季报可以看出，我国集中供养五保户人数最多的2010年，全国收养机构床位数达到了382.8万张，是集中供养五保户人数的2.07倍，所以说，农村五保户只要有参加集中供养的意愿，就能够满足其需求。

表5-53　2007～2018全国农村五保户供养情况

项目	供养总人数		集中供养		分散供养	
	总人数（万）	增长（%）	人数（万）	占比（%）	人数（万）	占比（%）
2007年	531.3	5.56	138.0	25.97	393.3	74.03
2008年	548.6	3.26	155.6	28.36	393.0	71.64
2009年	553.4	0.87	171.8	31.04	381.6	68.96
2010年	556.3	0.52	177.4	31.89	378.9	68.11
2011年	551.0	－0.95	184.5	33.48	366.5	66.52
2012年	545.6	－0.98	185.3	33.96	360.3	66.04
2013年	537.3	－1.52	183.5	34.15	353.8	65.85
2014年	529.1	－1.53	174.3	32.94	354.8	67.06
2015年	516.7	－2.34	162.3	31.41	354.4	68.59
2016年	496.9	－3.83	139.7	28.11	357.2	71.89
2017年	466.8	－6.06	99.6	21.34	367.2	78.66
2018年	455.0	－2.53	86.2	18.95	368.8	80.05

数据来源：国家统计局发布的相关数据。

第三，农村社会保障的水平不断提高。伴随着农村社会保障领域和范围的广覆盖，各种社会保障的水平也呈现出不断提高的良好势头，这是对农民日益增长的美好生活需要的满足。我们还是要通过分析几组实实在在的数据，来说明这个问题。

一是农村社会养老保险的数据。体现农村养老保险水平提高的指标主要包括三个方面，即统筹层次、筹资标准、受益水平。

从统筹层次来看，1992～2014年，我国一直实行的是县级统筹。其间的2009年国务院提出有条件的地方可以实行省级统筹，但是从执行情况来看，实行的仍然是县级统筹，基本没有省级统筹的。县级统筹的不足是统筹范围小、基金运营效率低、安全性差，最后导致保障水平低、区域差距大，出现一种新的不均衡。2014 年，国家在整合新农保基金和城居保基金、建立城乡居民养老保险基金时，正式提出各地要逐步实行城乡居民养老保险基金省级管理，也就是要求逐步实现省级统筹。为了全面提高保障水平，上海、天津、重庆等市在实行城乡居民基本养老保险制度时，直接实行了市级统筹，而且天津市在推行新农保时就已经实现了市级统筹。目前，还有部分省(自治区、直辖市)正在实行地级统筹。如果能够实现全国统筹，就将普遍提高全国各地的养老基金保障水平。从筹资标准(包括农村居民个人缴费标准和政府财政补助标准)来看，国家根据经济发展水平在不断地调整这两个标准，通过调整逐步提高筹资水平，以满足、平衡养老保障的基本需求，提高居民的保障水平。

从历次国家公布的农村社会保险筹资标准来看，我国农村社会养老保险的筹资水平一直是在不断提高的。1992 年，民政部把个人月缴费标准设置了 10 个档次，从 2 元到 20 元，每个档次提高 2 元。由于当时的经济发展水平比较低，所以缴费标准定得也比较低。2009 年实行新农保时，国家要求把个人年缴费标准划分为 5 个档次，从 100 元到 500 元，每一个档次提高 100 元，这个标准比 1992 年有了大幅提高。随着经济发展水平和人民生活水平的提高，2014 年建立城乡统一保险制度时，国家再次提高了个人年缴费标准，从 100 元到 2000 元，共划分为 12 个档次，前 10 个档次按照每档提高 100 元的标准确定，第 10 档就达到了 1000 元，第 11 档和 12 档则有了大幅度的提升，分别达到 1500 元、2000 元，而且要求各地可以根据具体情况适当增加缴费档次。所以不同地区的缴费标准和档次有所差别，有部分省(自治区、直辖市)的高于国家标准，如上海市把个人年缴费标准设置为 10 个档次，最低档 500 元，最高档 5300 元，而且档与档之间的差距从 200 元扩大到 1000 元。山东省则是按照国家要求也设置了 12 个档次，最低档与国家要求一致，也是 100 元，最高档达到 5000 元，档与档之间的差距与上海一致，也是从 200 元扩大到 1000 元，缴费的标准明显高于国家水平。而云南、甘肃、辽宁等执行的都是国家规定的缴费档次和标准。与个人缴费标准相对应的是政府的补贴标准。2009 年实行新农保时，国家规定政府补助不低于每人每年 30 元的标准。2014 年建立城乡居民基本养老保险时，国务院文件对政府补助提出了两个基本的标准要求，即个人缴费低于 500 元的政府补助标准为每人每年不低于 30 元，对 500 元(含)以上的，每人每年不低于 60 元。在具体执行中，各省(自治区、直辖市)根据国家的标准要求，大多数适当提高了政府补助标准。如经济发达的上海市对应年缴费档次，政府补助标准从 200 元到 675 元，选择缴费标准越高，政府补助就越高，以调动缴纳养老保险的积极性；辽宁省则规定年缴费 500 元(含)以下档次，分别补助 30 元、40 元、50 元、60 元、70 元，500 元以上由各地市自行确定。大多数省(自治区、直辖市)都确定了相对高于国家规定的政府补助标准，也有部分省（自治区、直辖市）遵循了国家标准。总体上看，从1992年以来，不论个人缴费标准还是政府补助标准，每一次调整都是进行了大幅度的提高，特别是一些经济发展水平比较高的省份，为与人民生活水平相适应，标准提得更高，保证了城乡居民基本养老保险制度科学合理地建立起来。

从城乡居民基础养老金标准来看，我国自2009年实行新农保时，确定对年满60周岁的农村居民发放基础养老金。这次发放基础养老金，是对所有60周岁以上的老人统一按照最低每人每月55元的标准发放，不管是否缴纳了养老保险金，虽然标准不高，但是这是对农村老人的普惠性养老政策。2014年实行城乡居民统一的基础养老金，最低标准统一调整为每人每月70元，2018年又调整为88元。上述标准是国家确定的最低标准，国家要求地方政府可以根据实际情况适当提高基础养老金，因此，各省（自治区、直辖市）、各地市甚至各县（市、区）城乡居民基础养老金执行的标准大不相同。应该说，全国大多数地区都建立了城乡居民基础养老金的正常调整机制，有的地方基本上是一年一调，总体来看，目前全国各地都高于国家规定的最低标准（88元）。在省级层面，相对来说东部地区比较高，西部地区次之，中部地区比较低，西部地区也有部分省份高于东部地区个别省份的。就全国各省（自治区、直辖市）而言，差别还是比较大的。以2018年为例，全国最高的是上海市，达到了930元，而黑龙江省2018年上调10元后，仅为90元，还不到上海市的1/10。西部地区的青海省2018年上调后达到了175元，也是黑龙江省的接近两倍，而且高于东部地区的大多数省份。各地市执行的标准也是不一样的，如山东省青岛市2018年执行标准是168元，而潍坊市则执行的是山东省统一标准118元。虽然各地的执行标准不同，但是都根据国家的统一要求逐步提高基础养老金标准，而且到2018年实现了全部高于国家规定的最低标准。

从城乡居民领取养老金的水平来看，基本上是随着养老保险金筹集标准和基础养老金发放标准的提高而不断提高的。2009年国家实行新农保以后，2010年符合条件的农村居民开始领取养老金。据国家统计局公布数据，2010年全国2862.6万领取了200.4亿元的社会养老保险基金，人均年领取700元养老金，2011年8921.8万领取了587.7亿元，人均年领取658.7元。从2012年起，国家统计局就把农村居民和城镇居民的养老保险数据合并公布。2012年、2013年、2014年、2015年全国符合条件的城乡居民年人均领取养老金分别是859.1元、954.7元、1097.8元、1430.3元。根据人力和社会保障部统计公报显示的数据计算，2017年、2018年全国城乡居民人均年养老金领取数额分别达到1521元、1828元。由此可见，我国城乡居民养老金领取标准呈现出逐年提高的良好势头，而且2015年城乡居民的养老金领取标准是2010年农村居民领取标准的2倍多，也就是说仅仅经过五年的时间就实现了翻番，2018年比2015年又增加了将近400元，有效地提高了城乡居民的养老保障水平。

二是农村医疗保险数据。体现农村医疗保险水平提高的指标主要有四个，即农村基本医疗保险金筹集、大病保险金筹集、农村居民基本医疗保障、大病医疗保障。

从农村居民基本医疗保险金的筹集来看，我国2003年开展了新农合试点，一直采取的是农村居民个人缴纳与政府财政补助相结合的办法，而且实行的是个人缴纳标准和政府财政补助标准逐步提高的政策。2003年进行试点时，国家确定了新农合试点的最低缴费标准和政府补助标准，要求参加试点的农村居民每人每年缴费和地方财政补助标准都不低于10元。为了更多地筹措保险基金，国家还要求有条件的乡村集体经济积极扶持参加新农合试点的当地农村居民。2006年的中央1号文件要求较大幅度地提高财政补助标准。为了落实中央决定，中央财政加大了部分地区的补助力度，重点是中西部地区。2006年，把中西部地区的补助标准提高到20元，同时要求地方财政同步增加10元；对东部地区的辽宁省、江苏省、浙江省等6省份，中央财政也给予了一定比例的补助。也就是从2006年开始，我国农村居民的基本医疗保险筹资水平开始大幅度提高。2009年，国家提高了新农合的筹资标准，要求按照中央和地方财政补助80元、个人缴费不低于20元的标准进行筹资。到了2019年，总的筹资标准提高到每人每年770元，各级财政补助达到520元，个人缴费标准达到250元，分别是2009年的7.7倍、6.5倍和12.5倍，更是2003年试点标准的38.5倍、52倍和25倍。从表5-54可以看出，2009年各级财政补助占到80%，比2003年试点时的50%提高了30个百分点，一直到2013年财政补助始终占到80%。2014年以后开始逐年有所下降，直到2019年仍然占到67.5%。在国家各级财政补助标准以外，国家还对农村特困人员给予特殊补助。这是国家的统一标准，但是在具体执行中各地区根据自己的实际情况是略有差异的，有的地区高于国家标准，有的则略低于国家标准。国家医保局数据显示，2018年全国城乡居民基本医疗保险共筹资6971亿元，比2017年增长了23.3%，人均筹资达到693元，比2017年增长14.5%，这个数据略低于国家要求的710元的标准。但是这已经是非常了不起的成就了，承袭了多年快速增加的发展速度（见表5-55），为居民基本医疗需求提供了极大的保障。

表 5-54　2009～2018 年新农合及城乡居民基本医疗保险每人每年筹资标准

项目	筹资标准(元)	各级财政补助标准(元)	个人缴费标准(元)
2009 年	100	80	20
2010 年	150	120	30
2011 年	250	200	50
2012 年	300	240	60
2013 年	350	280	70
2014 年	410	320	90
2015 年	500	380	120
2016 年	570	420	150
2017 年	630	450	180
2018 年	710	490	220
2019 年	770	520	250

数据来源：历年国家有关部委发布的相关政策文件。

表 5-55　2012～2018 年居民医保基金收入情况

年度	2012	2013	2014	2015	2016	2017	2018
数额(亿元)	877	1187	1649	2109	2811	5653	6971
比上年增长(%)	—	35.35	38.92	27.90	33.29	101.10	23.32

数据来源：国家医保局发布的《2018 年全国基本医疗保障事业发展统计公报》。

从农村居民大病保险金筹集情况来看，国家规定大病保险基金主要是从两个渠道进行筹集。一是从居民医保人均财政补助新增部分中解决。2015～2019 年，国家共 4 次做出统一标准，即 2015 年 20 元、2016 年 10 元、2018 年 10 元，2019 年 15 元。这其中没有 2017 年的数据，是因为 2017 年国家没有确定具体的数额和比例，只是笼统地要求从新农合新增筹资中，拿出一定比例的资金用于大病保险。二是要求利用城乡居民基本医疗保险的结余基金，筹集大病保险基金。

从农村居民基本医疗保险保障水平来看，自实行新农合以来，保障水平随着医保基金的增加得到了快速提升。据国家统计局网站公布数据，2004 年新农合医疗基金当年支出 26.37 亿元，受益人次是 0.76 亿，每人次均受益 34.70 元，以后实现了逐年增加，到 2014 年每人次均受益增长到 174.96 元，是 2004 年的 5.04 倍。根据国家医保局数据，2018 年城乡居民享受医保待遇的人次达到 16.2 亿，居民医保医疗费用总支出 10613 亿元，人均医疗费用 1183 元，分别比 2017 年增长 20.5%和17.2%。2014～2018 年，仅四年的时间，人次均受益就增长了

576.15%,比医保基金筹资标准的增长幅度(2018年比2014年增长了73.17%)快了500多个百分点。在城乡居民基本医疗得到保障的同时,我国城乡居民的医疗基金年年都有结余。2018年,居民医保基金当期结存694.6亿元,累计结存4372.3亿元,为城乡居民基本医疗保险事业的健康发展奠定了雄厚的物质基础。

从农村居民大病保障水平来看,国家逐步建立了更加有利于减轻城乡居民医疗负担的惠民政策。2015年建立大病保险制度时,国家规定对个人负担的合规医疗费用,通过大病保险给予保障,而且对大病保险支付比例也作了规定,原则上应该达到50%以上。2017年,为了进一步减轻贫困人口的医疗负担,国家把大病保险起付线降低了50%。2018年,又将贫困人口的报销比例提高了5个百分点。2019年,中央1号文件要求落实农村大病保险保障措施,国务院的《政府工作报告》要求大病保险保障水平进行普惠性的提高。因此,2019年国家统一把大病保险起付线降低为上年人均可支配收入的50%,医保费用支付比例提高到60%,同时全面取消贫困人口的封顶线。这些政策的逐步实施,使广大城乡居民得到了普惠式的大病保障,大大减轻了参保居民特别是贫困人口的医疗费用负担,筑起了阻挡因病致贫、因病返贫的坚固城墙。本节开头提到的朱德江就是得益于大病保障,在极端困难的情况下才免于致贫,而且在多方支援下还实现了脱贫。

三是农村社会救助水平数据。关于社会救助,我们重点从最低生活保障和医疗救助两组数据来分析说明。

从农村最低生活保障水平来看,在2004年的中央1号文件中,中央明确要求建立农村低保制度。从中央要求到基本建立起农村低保制度,用了3～4年的时间。2007年建立起农村低保制度以后,农村的低保资金和农民的低保平均水平都有了很大提高。首先是各级财政农村低保资金的发放水平不断提高。我们根据民政部的有关数据,分析了2009～2018年农村低保资金的发放情况。从表5-56可以看出,2009～2018年农村低保资金的发放呈现逐年增长的态势,由2009年的363亿元增长到2018年的1056.9亿元,十年间增长了191.2%。从这十年中各年度的增长幅度来看,2011年以前是大幅增长,2014年以后增速有所放缓。根据民政部发布的有关数据,2014年以来农村低保人数呈现逐步下降的趋势,从2013年的5388万下降到2018年的3519.1万,下降了34.7%,下降的幅度是比较大的。虽然农村低保平均水平不断提高,但是由于低保人数的下降,自然就影响到了农村低保资金发放数额的增长速度。从表5-56还可以看出,中央财政补助资金的增长速度和占比虽然都呈现波浪式发展,个别年份还出现下降,但是中央财政补助资金始终是农村低保资金发放的主导力量。2009～2014年占比始终在60%以上,其中2011年达到了75.3%。虽然2015年以后，中央财政没有区分城市低保和农村低保，并把低保、临时救助等五项支出合而为一，统称为“中央财政困难群众救助补助资金”，统一拨付地方政府。从2015～2019 年中央财政困难群众救助补助资金的拨付情况来看，依然是逐年增加的趋势，这五年分别拨付了 1171.48 亿元、1374.55 亿元、1326.62 亿元、1400.9 亿元、1466.97 亿元。其次是农村低保人员的低保平均水平。我们也根据民政部相关数据，简单分析一下 2009～2018 年的农村低保平均水平情况。从表 5-57 可以看出，这十年农村低保平均水平始终保持了 14%以上的高速度增长，其中 2009 年、2011 年、2012 年都超过了 20%，分别达到 22.5%、22.4%、20.3%，只有 2018 年低于 14%，但也达到了 12.4%。从绝对额来看，由 2009 年的 1210.1 元/(人・年)增长到 2018 年的 4833.4 元/(人・年)，增长了将近300%，农村的困难群众得到了很好的救助。同时，我国在农村还开展了传统救济、特困人员救助供养、临时救助、流浪乞讨人员救助、孤儿基本生活保障等多种救助。这些救助制度能够得到有效的推行，得益于中央及各级政府不断加大投入。这些救助逐步满足了不同群体的基本生活需求，这是我国逐步开展困难群众基本生活救助所取得的积极成效，打牢了我国农村社会救助体系的基础。

表 5-56　2009～2018 年中央财政补助农村低保资金情况

项目	发放农村低保资金		中央财政补助资金		中央财政补助资金占比	
	总数（亿元）	比上年增长(%)	总数（亿元）	比上年增长(%)	占比	比上年增长(%)
2009 年	363.0	58.7	255.1	—	70.4	—
2010 年	445.0	22.6	269.0	5.4	60.4	-10.0
2011 年	667.7	50.0	502.6	86.8	75.3	14.9
2012 年	718.0	7.5	431.4	-14.2	60.1	-15.2
2013 年	866.9	20.7	612.3	41.9	70.6	10.5
2014 年	870.3	0.4	582.6	-4.9	66.9	-3.7
2015 年	931.5	7.0	—	—	—	—
2016 年	1014.5	8.9	—	—	—	—
2017 年	1051.8	3.7	—	—	—	—
2018 年	1056.9	0.5	—	—	—	—

数据来源：《2009 年民政事业发展统计公报》和《2010～2018 年社会服务发展统计公报》。

注：2015～2018 年中央财政资金没有区分城市和农村，而且把五个方面的支出合而为一，统一拨付地方财政，与前几年没有可比性，故表中未列这五年的中央财政资金数据。

表 5-57　2009～2018 年农村低保平均水平情况

年度	低保平均水平［元/(人·年)］	增长(%)	年度	低保平均水平［元/(人·年)］	增长(%)
2009	1210.1	22.5	2014	2777.0	14.1
2010	1404.0	16.0	2015	3177.6	14.4
2011	1718.4	22.4	2016	3744.0	17.8
2012	2067.8	20.3	2017	4300.7	14.9
2013	2434.0	17.7	2018	4833.4	12.4

数据来源:《2009 年民政事业发展统计公报》和《2010～2018 年社会服务发展统计公报》。

从医疗救助水平来看,我国从 2003 年开展农村医疗救助试点以来,各级财政都在不断加大医疗救助资金支出,在救助覆盖人口不断扩大的同时,救助的人次平均水平也在不断提高,有效保障了困难群众基本医疗权益,在助力困难群众脱贫、防止因病致贫和返贫方面发挥了积极作用。从 2004～2013 年我国农村医疗救助情况(见表 5-58)可以看出,各级财政支出农村医疗救助资金总额始终保持着逐年增加的迅猛发展势头。2011 年以前一直是大幅增长,基本保持在 30%以上,增长比例最高的 2007 年达到了 114.%的高幅增长。2012 年、2013 年两年在基数比较大的情况下也保持了 10%以上的增长速度。2013 年各级财政用于农村医疗救助的资金达到了 150.7 亿元,是 2004 年 4.43 亿元的 34 倍。高额财政资金的支出,是农村医疗救助资金的坚强后盾。随着各级财政的支出资金,同步大幅提高了新农合和大病救助资金,分别由 2004 年的 0.65 亿元、3.78 亿元增加到 2013 年的 30 亿元和 120.7 亿元,分别是 2004 年的 46.2 倍和 32 倍。各级财政投入总数的增加,也促使人均救助水平得到了很大提升。由于资助人数的不断增加和各年度的不平衡性,有三年的人均救助水平出现下降。2008 年下降的幅度相对大了一点,达到 34%,而 2010 年和 2011 年下降的幅度都比较小。但是从农村医疗救助整体来看,仍然呈现出大幅上升的趋势,而且上升的幅度还是比较大的。从表 5-58 可以看出,全国资助参加新农合人均水平由 2004 年的 10.15 元增加到 2013 年的 61.7 元,增长了 508%;大病救助人均救助水平由 2004 年的 162.44 元增加到 2013 年的 827 元,增长了 409%。

表 5-58　2004～2013 年农村医疗救助情况

项目	1		2		3		4		5	
	数额(亿元)	增长(%)	数额(亿元)	增长(%)	数额(元)	增长(%)	数额(亿元)	增长(%)	数额(元)	增长(%)
2004 年	4.43	—	0.65	—	10.15	—	3.78	—	162.44	—
2005 年	7.80	76.1	0.95	46.2	14.50	42.9	4.80	27.0	240.48	48.0

续表

项目	1		2		3		4		5	
	数额（亿元）	增长（%）	数额（亿元）	增长（%）	数额（元）	增长（%）	数额（亿元）	增长（%）	数额（元）	增长（%）
2006年	13.10	67.9	2.60	173.7	19.70	35.9	8.80	83.3	363.79	51.3
2007年	28.10	114.5	4.80	84.6	19.10	－3.0	20.50	133.0	543.00	49.3
2008年	38.30	36.3	7.10	47.9	20.70	8.4	27.40	33.7	360.30	－34.0
2009年	64.60	68.7	10.50	47.9	25.90	25.1	49.40	80.3	676.60	87.8
2010年	83.50	29.3	14.00	33.3	30.30	17.0	67.00	35.6	657.10	－2.8
2011年	120.00	43.7	22.00	57.1	45.60	50.5	93.60	39.7	635.80	－3.2
2012年	132.90	10.8	25.80	17.3	57.50	26.1	107.10	14.4	721.70	13.5
2013年	150.70	13.4	30.00	16.3	61.70	7.3	120.70	12.7	827.00	14.6

数据来源:《2004～2009年民政事业发展统计公报》和《2010～2013年社会服务发展统计公报》。

注:1.全年各级财政共支出农村医疗救助资金;

2.资助参加新型农村合作医疗资金;

3.人均资助参合水平;

4.大病救助资金;

5.大病救助人均救助水平。

2014年,国家整合城乡医疗救助后,医疗救助的保障资金和医疗救助水平依然保持了高昂的发展势头。从表5-59中“资助参加基本医疗保险支出资金”和“住院和门诊医疗救助支出资金”两个栏目的资金数额来看,都保持了比较高的增长速度,只有2016年“住院和门诊医疗救助支出资金”出现了小幅下降,2014～2018年这两项资金总数分别达到252.6亿元、298.5亿元、296.1亿元、340.1亿元和399.7亿元。从人均资助水平来看,住院每人次平均救助水平和门诊每人次平均救助水平两项指标同样是因资助人数的增减变化,增长速度出现小幅波动,但是总体上保持了比较稳定的资助水平;而参加基本医疗保险人均补助水平一直保持了较高的增长速度,特别是2015年增长了29.2%,2017年比2014年增长了82.8%。如果把人均资助农村参合水平和参加基本医疗保险人均补助水平合在一起进行比较的话,那么2017年的人均资助水平是2004年的13倍。也就是说,13年的时间增长到13倍,这个发展速度是很快的,对于保障农村居民的基本医疗权益奠定了坚实基础。

表 5-59　我国 2014～2017 年医疗救助情况

项目	1		2		3		4		5	
	数额（亿元）	增长（%）	数额（元）	增长（%）	数额（亿元）	增长（%）	数额（元）	增长（%）	数额（元）	增长（%）
2014 年	48.4	—	72.0	—	204.2	—	1628.0	—	186.0	—
2015 年	61.7	27.5	93.0	29.2	236.8	16.0	1595.7	−2.0	177.1	−4.8
2016 年	63.4	2.8	113.9	22.5	232.7	−1.7	1709.1	7.1	190.0	72.8
2017 年	74.0	16.7	131.6	15.5	266.1	14.4	1498.4	−12.3	153.2	−19.4

数据来源：《2014～2017 年社会服务发展统计公报》。

注：1. 资助参加基本医疗保险支出资金；

2. 参加基本医疗保险人均补助水平；

3. 住院和门诊医疗救助支出资金；

4. 住院每人次平均救助水平；

5. 门诊每人次平均救助水平。

四是农村五保户供养水平数据。供养五保户，关键是有资金投入。资金从哪里来？我国多年的实践说明，政府和集体资金应当成为五保户供养的主渠道，社会资金只能作为补充资金。实际上，主要由各级财政拨付资金和集体供给金两部分构成。20 世纪 90 年代，我国采取的是用集体供给金来保障由集体供给的五保户。同时，为了保障五保户的基本生活，国家还专门拨出救济款，如 1999 年集体供给金达到 17.9 亿元，用来供给由集体供给的五保户 195.4 万。国家又拨出 1.55 亿元救济款，当时农村五保户的全年生活费是 994 元。进入 21 世纪以来，我国进一步加大各级财政的投入力度，公共财政资金取代集体供养金，成为五保户供养的主要资金来源，集体供养金成为补充。我们根据民政部发布的相关数据，重点分析了 2009 年以来农村五保户的供养情况。从表5-60 可以看出，自 2009 年以来我国各级财政用于农村五保户的供养支出一直保持了 10%以上的增长速度，由 2009 年的 88 亿元增加到 2014 年的 189.8 亿元，五年增长了 115.7%，翻了一番还多。从供养标准来看，集中供养和分散供养的年平均标准基本都保持了 14%以上的增长速度，其中 2012 年增长速度最快，集中供养增长了 19.4%，分散供养增长了 21.8%。从绝对数来看，2014 年集中供养是 2009 年的 2 倍多，是 1999 年农村五保户全年生活费的 5.4 倍；2014 年分散供养年平均标准是 2009 年的 2.17 倍，是 1999 年农村五保户全年生活费的 4 倍多。可以看出，集中供养始终高于分散供养，而且差距的绝对数不断扩大，从 2009 年的 744.78 元扩大到 2014 年的 1365 元，但是集中供养高出的比例基本上是逐年下降的，从 2009 年的 40.42%下降到 2014 年的34.07%，集中和分散两种供养方式的供给水平逐渐趋于均衡状态。通过这几个数据可以看出，国家对农村五保户的供养给予了大量的资金支持，而且不断提高供养标准，使农村五保户的基本生活得到了很好的保障。

表 5-60　2009～2014 年我国农村五保户供养标准情况

项目	各级财政供养资金		集中供养年平均标准		分散供养年平均标准	
	总额（亿元）	增长（%）	标准（元）	增长（%）	标准（元）	增长（%）
2009 年	88.0	19.4	2587.49	18.9	1842.71	13.4
2010 年	98.1	11.4	2951.50	14.1	2102.10	14.1
2011 年	121.7	24.1	3399.70	15.2	2470.50	17.5
2012 年	145.0	19.1	4060.90	19.4	3008.00	21.8
2013 年	172.3	18.9	4685.00	15.4	3499.00	16.3
2014 年	189.8	10.2	5371.00	14.6	4006.00	14.5

数据来源:《2009 年民政事业发展统计公报》和《2010～2014 年社会服务发展统计公报》。

2014 年,国家坚持托底线、救急难、可持续的原则,合并了相关的社会救助制度,制定了统一的特困人员供养办法,农村五保户供养也与农村特困人员供养进行了衔接。所以 2015 年以后,国家统一拨付特困人员供养资金,每年公布的也是特困人员供养情况。在表 5-61 中,我们汇总了 2015～2018 年农村特困人员供养救助情况。2015 年以来,我国农村特困人员逐年小幅下降,三年时间全国共减少了 61.7 万农村特困人员,而供养资金支出一直是高速增长,三年增长了 46.1%,绝对额增加了将近 100 亿元。这一减一增,说明我国农村特困人员在国家政策的支持下正在逐步摆脱贫困。2018 年,农村特困人员的供养标准达到每人每年 6745 元,远远超过了贫困线标准,是 2009 年农村五保户分散供养标准的 3.66 倍、集中供养标准的 1.61 倍。供养标准的高幅增长,使农村特困人口的基本生活水平相应得到了大幅提高。

表 5-61　2015～2018 年我国农村特困人员救助供养情况

项目	农村特困人员		供养资金支出	
	数量（万）	增长（%）	数额（亿元）	增长（%）
2015 年	516.7	−2.3	210.0	10.6
2016 年	496.9	−3.9	228.9	9.0
2017 年	466.9	−6.0	269.4	17.7
2018 年	455.0	−2.6	306.9	13.9

数据来源:《2014～2018 年社会服务发展统计公报》。

第四,农村社会保障的制度趋向均等。公共物品的均等化供给,是我国公共物品供给的目标和发展方向。在社会保障方面,我国已进行了一些成功的实践和探索,城乡均等化的目标正在逐步实现。2004 年以来的中央 1 号文件对社会保障的均等化问题一直高度重视,多次提出实现均等化的政策和措施,指引着社会保障朝着均等化的方向发展。从历年的中央 1 号文件来看,2014 年是一个重要的节点,这个节点就是建立了统一的城乡居民基本养老保险制度。2014 年前后,国家围绕社会保障的均等化问题出台了一系列的政策文件,来推动城乡居民社会保障均等化的实现。具体来讲,城乡居民社会保障均等化主要体现在以下四个方面:

一是社会救助制度均等化趋向。国家利用三年的时间,基本完成了从社会救助资金的整合到社会救助制度的统一,奠定了社会救助制度均等化的基础。三年的时间,是 2013～2015 年。2013 年,完成的是城市医疗救助基金和农村医疗救助基金的整合。当时,财政部、民政部印发了《城乡医疗救助基金管理办法》,要求把城市和农村两个医疗救助基金整合起来,整合以后县级以上人民政府要建立城乡医疗救助基金,把救助对象拓展到所有符合条件的城乡居民。2014 年和 2015 年,国家分别出台了《社会救助暂行办法》和《关于进一步完善医疗救助制度　全面开展重特大疾病医疗救助工作的意见》,这两个文件从制度上把城市和农村两个救助制度统一了起来。统一后的社会救助制度,对城乡居民一视同仁,实行一个标准进行救助,使均等化的救助体制逐步建立了起来。

二是基本养老保险制度均等化趋向。刚才提到,2014 年是一个重要节点,正是从这个节点开始,城乡居民均等化的基本养老保险制度逐步建立起来。2014 年以前,我国实行城市和农村两套养老保险制度,2014 年开始整合为一套制度。城乡居民基本养老保险制度整合以后,统一了个人缴费标准和政府补助标准,统一了待遇领取条件和领取标准。由于我国各省(自治区、直辖市)以及地方政府的经济发展水平存在差异,所以全国各地的城乡居民基本养老保险政策存在地区性差异,但是在地区内这个制度是统一的,城乡居民享受的是均等化基本养老保险待遇。

三是基本医疗保险制度趋向均等。2016 年,是我国基本医疗保险制度的重要节点。2016 年以前,我国实行的也是城镇和农村两套医疗保险制度。2016 年,中央 1 号文件提出整合城乡居民基本医疗保险制度,国务院出台了具体意见。从这一年开始,城市居民和农村居民执行的是同一个基本医疗保险制度。整合后的城乡居民基本医疗保险制度实现了“六统一”,即统一了“覆盖范围、筹资政策、保障待遇、医保目录、定点管理、基金管理”。

四是大病保险制度趋向均等。为了有效解决城乡居民因病致贫、因病返贫问题,2015 年以前我国进行了大病保险试点,取得了可喜成效。为了进一步提高大病保障水平,2015 年的中央 1 号文件要求全面开展城乡居民大病保险。同年，国务院要求大病保险要覆盖所有城乡居民基本医保参保人群，而且要求2015年年底以前全面实施。2016年以来的5个中央1号文件都对城乡居民大病保险制度提出了具体要求，从全面实施到完善统一，再到一些具体的细节要求，把城乡居民大病保险制度一步一步地进行了均等化的新定位。

通过对历年中央1号文件和国家相关政策的分析研究，我们认为，我国的农村社会保障制度日臻完善，城乡均等化的目标正在实现，社会保障的功能得到了很好的发挥，特别是农村社会保障的兜底功能正在全面凸显。

从国家关于农村社会保障的各项规划来看，农村社会保障制度日趋完善，农村社会保障目标全面梯度升级，农村居民待遇公平普惠提升。

农村社会保障制度涉及广大农民的养老、医疗等基本的生活保障，是国家历来高度重视和关注的重大民生问题。在以人民为中心发展理念的指引下，从中央到地方各级政府都始终把人民的疾苦挂记在心，特别是把广大农民群众的各种社会保障提升到改善民生水平的重要高度进行全面规划部署。回顾国家"十一五"以来的各项规划，关注农村社会保障事业发展的有多达十多个。这些规划都对农村社会保障事业发展提出了具体的阶段性发展目标。从规划的时间段来看，目前规划最前沿的是《"健康中国2030"规划纲要》，直接把规划的目标延伸到2030年。通过分析这些规划，明显感到我国关于农村社会保障事业的发展规划具有长期性和可持续性的特点以及普惠性和兜底性的特点，这是我国广大农民群众的幸福感和获得感得以提升的重要保障。下面，从三个方面分析一下我国农村社会保障事业发展规划的突出特点。

第一，从规划的方针和原则变化来看，突出的特点是农村居民民生保障梯度升级。中华人民共和国成立70多年来，我国一直关注农村社会保障制度建设，特别是改革开放以后，农村社会保障制度建设得到了突飞猛进的发展，其中规划是一个重要的导引。我们从养老保险、医疗保险等几个大的保障领域来分析农村社会保障事业发展规划原则和要求的变化。1992年，民政部把农村社会养老保险事业发展的一个基本原则确定为"由点到面、逐步发展"，这是我国发展农村社会保障事业最初的基本原则，或者称为"基本要求"。2006年，劳动和社会保障事业发展"十一五"规划提出的要求是城乡统筹发展，并提出农民工要按照"低费率、广覆盖、可转移"的要求参加养老保险，这是农民的养老保险制度迈出的可贵一步，农民工这一群体要"广覆盖"。2009年，国家推行新农保时，提出"保基本、广覆盖、有弹性、可持续"的基本原则。这个原则是对整个农村推行新农保提出的基本要求，"广覆盖"的目标从"十一五"规划的农民工扩大到整个农村，而且要"保基本""可持续"，这是对农民基本生活的保障要求。这其中的"有弹性"，主要是为了保证新农保的全面推行，在筹资标准、待遇标准、农民参保等方面要符合当地的经济发展水平等具体情况，这就是新农保起步阶段的基本要求。2010 年，社会保障“十二五”规划把基本方针调整为“广覆盖、保基本、多层次、可持续”。这次调整只是在新农保基本原则的基础上进行了微调，重点是把“有弹性”调整为“多层次”，这虽然是一个涉及城乡居民的社会保障事业发展规划，但是农村的社会保障需要在政府主办的社会保障的同时，也需要加快发展其他类型的社会保障，形成多层次的社会保障体系。2012 年，党的十八大把“广覆盖”改为“全覆盖”，把社会保障事业发展的基本方针明确为“全覆盖、保基本、多层次、可持续”，目标是建成全面覆盖城乡居民的社会保障体系。“广覆盖”和“全覆盖”一字之差，就把逐步扩大覆盖范围一下提升到全面覆盖，这种“保基本”的社会保障体系将惠及全部的城乡居民。2014 年，国家在统一城乡基本养老保险制度时，确定的基本方针是“全覆盖、保基本、有弹性、可持续”，又把“多层次”调回到“有弹性”。实际上到目前为止，我国各地推行的城乡居民社会保障制度一直是“有弹性”的，尤其是养老保险筹资标准和待遇标准，全国各地由于经济发展水平、城乡居民经济能力不同，都设置了很多缴费档次，而且全国各地的档次和标准都大不相同，因而其享受的待遇标准也不同。实际上，2014 年时我国多层次的社会保障体系已基本建立起来了，正在为城乡居民的“保基本”和“可持续”发挥着重要作用。2016 年，国家在整合城乡居民基本医疗保险制度时沿用了党的十八大提出的“全覆盖、保基本、多层次、可持续”的基本方针。但是就在同一年，《人力资源和社会保障事业发展“十三五”规划纲要》和《“十三五”国家老龄事业发展和养老体系建设规划》两个规划分别提出了“坚守底线、突出重点、完善制度、引导预期”和“保基本、兜底线、补短板、调结构”的新思路。“十三五”的这两个规划虽是提出了两个新的思路，但是提出的“坚守底线”和“兜底线”有着异曲同工之妙，都坚持了民生底线。2017 年，“坚守底线、突出重点、完善制度、引导预期”又写进了党的十九大报告，说明这一思路是适应当时社会保障体系建设的，是适合城乡居民需求的。党的十九大以后，国家出台的《健康扶贫三年攻坚行动实施方案》和《医疗保障扶贫三年行动实施方案(2018～2020 年)》都强调了到 2020 年实现“全覆盖”和“托底保障”。这两个关键词都是针对农村贫困人口的，“全覆盖”是指基本医保、大病保险、医疗救助的全覆盖，“托底保障”是指城乡医疗救助制度的托底保障。党的十九大以后出台的这两个方案，是“全覆盖、保基本、兜底线、补短板、可持续”的社会保障制度在新时代的具体体现。总之，我国农村社会保障体系建设的基本方针经历了“由点到面、逐步发展→低费率、广覆盖、可转移→保基本、广覆盖、有弹性、可持续→广覆盖、保基本、多层次、可持续→全覆盖、保基本、多层次、可持续→保基本、兜底线、补短板、调结构→坚守底线、突出重点、完善制度、引导预期”这样一个梯度升级的发展历程，目前已基本建成了覆盖城乡居民的、比较成熟的社会保障体系。

第二，从规划的重点和方向变化来看，突出的特点是城乡居民公平均衡梯度升级。实现城乡居民公平均衡是我国社会保障制度建设的战略目标，也是广大农村居民的热切期盼。由于城乡二元结构的长期存在，我国的社会保障制度也是城乡有别，而且差距比较大。改革开放以来，我国把农村社会保障制度建设提到了重要议事日程，从探索建立农村社会保障制度，到实现与城市社会保障制度接轨，最终的目的就是要建立城乡统一的、公平的、普惠式的社会保障制度。回顾我国关于农村社会保障制度建设的规划，农村居民社会保障的公平均衡也是一个梯度升级的过程。自从 1992 年民政部制定《县级农村社会养老保险基本方案（试行）》开始，就拉开了我国农村社会保障制度建设的序幕，缴纳养老保险金的农村居民也可以像城市职工一样，到了法定年龄定期领取养老金，这是建立公平养老制度的开端。《劳动和社会保障事业发展“十一五”规划纲要（2006～2010 年）》把城乡统筹发展作为基本要求列入规划，但是规划中只是要求城乡统筹发展，至于如何统筹发展没有具体的标准和要求。可喜的是，这个规划让农村居民看到了逐步与城市接轨的希望。《社会保障“十二五”规划纲要》直接把社会保障制度建设的重点放在城乡统筹发展上，在工作要求上则是更加注重保障公平、更加注重统筹城乡发展，促进城乡一体化社会保障体系建设。通过“城乡一体化”和“全覆盖”，实现农村居民与城市居民享有平等的社会保障，使每一个农村居民都享有公平的社会保障权利。《人力资源和社会保障事业发展“十三五”规划纲要》把更加公平、更可持续作为建立社会保障制度的重点，通过人人参与、人人尽力实现人人共享，使人民群众有更多获得感。这三个五年规划对于农村居民是非常利好的，因为每一个规划都比前一个规划提出了更加公平、更加均衡的社会保障目标，最终是要通过政策的杠杆，把农村与城市两套不同的社会保障体系整合成城乡统一的社会保障制度，统一缴费标准，统一待遇标准，让广大农村居民在养老、医疗、社会救助等方面逐步享受与城市居民同等待遇，这也是我国解决城乡社会保障不平衡发展的重大举措。

第三，从规划的目标和任务变化来看，突出的特点是农村居民普惠待遇梯度升级。农村居民在社会保障方面的普惠待遇，重点是与城镇居民享有同等的普惠待遇。农村社会保障方面的有关规划逐步把农村居民享受的普惠待遇升级到与城镇居民同等水平。从以下四个方面的变化情况，可以看出我国农村居民社会保障的普惠待遇是梯度升级的。

一是农村居民缴纳养老保险和医疗保险时，国家给予了与城镇居民统一的补助标准。在缴纳养老保险金方面，1992 年初步建立农村养老保险制度时，各级财政均没有给予缴纳养老保险金的农村居民补助资金。2009 年推行新农保时，要求地方政府对参保农民每人每年给予不低于 30 元的补助，对选择较高缴费标准的，适当提高补贴标准予以鼓励。2011 年建立城镇居民养老保险制度时，提出了与 2009 年新农保相同的补贴标准。2014 年城乡居民统一制度时，在确保最低补贴 30 元的基础上，提高了 500 元及以上缴费档次的补贴标准，要求最低不低于每人每年 60 元的标准。在缴纳医疗保险金方面，2003 年建立新农合制度时，国家要求地方财政给予参保农民每人每年不低于 10 元的资金补助，以后逐步建立了中央财政与地方财政共同补助的普惠机制。2007 年国家建立城镇居民医疗保险制度时，政府补助标准是每人每年不低于 40 元。以后，国家对城镇居民和农村居民参加养老保险建立了统一的补助标准。表 5-54 显示的是逐年增加的、统一的政府补助标准，由 2009 年的 80 元提高到 2019 年的 520 元，而且政府补助占养老保险金总额的比例始终保持在 67%以上。可以说，国家的普惠政策惠及了广大的城乡参保居民。

二是农村居民基础养老金实现了与城镇居民的统一。2009 年实行新农保时，农村居民的基础养老金为每人每月 55 元。2011 年国家建立城镇居民养老保险制度时，城镇居民的基础养老金也是每人每月 55 元。2014 年建立统一的城乡基本养老保险制度以后，把城乡居民的最低基础养老金标准调整为 70 元，2018 年又统一调整为 88 元。

三是农村居民医疗支付实现了与城镇居民、城镇职工相统一的标准。“十二五”规划时，城镇职工的基本医疗保险政策范围内住院费用支付比例为 75%，而城乡居民均是 70%，低了 5 个百分点，“十三五”规划实现了三保合一，统一确定为 75%。

四是农村居民社会救助实现了与城镇居民相统一。改革开放以来，我国的农村社会救助一直是由各级政府筹集救助资金，并负责保障落实。2004 年以来，国家最低生活保障和医疗救助的补助资金都是按照具体的救助项目进行拨付。2014 年国家出台新的《社会救助暂行办法》以后，中央财政实行的是对农村困难人员的救助，不再区分最低生活保障、医疗救助、五保户供养等具体的救助项目，而是由地方政府根据具体情况分别给予救助。同时，国家也统一了城乡困难居民的救助办法。

由此可见，农村居民的社会保障待遇正在逐步实现与城镇居民享有相对公平的普惠待遇，这也是我国补短板，给农村居民带来的实实在在的实惠。

从农村居民享有的各项社会保障来看，与城市居民相比差距依然明显，农村的短板难题亟待破解，城乡居民均等化的社会保障体系亟待完善。

前面我们分析了我国农村社会保障体系正在逐步建立起来，也正在朝着城乡一体化的方向发展。虽然我国城乡居民基本养老保障制度和基本医疗保险制度整合以后，的确是实现了城乡居民的均等化，但是农村的社会保障在很多方面与城市相比还是有较大差距的。下面，从七个方面分析一下农村社会保障方面的短板问题。

第一，国家财政供给农村居民社会保障总量不高。随着财政总收入的大幅提高，国家不断加大对社会保障的支出。从表 5-62 可以看出，我国国家财政在社会保障和就业方面的支出一直占国家财政总支出的 10%以上，2019 年占比最高，达到了 12.38%。但是与发达国家相比，这个比例是比较低的。英国的政府社会保障支出占财政总支出的 50%，德国占 30.5%，欧盟 15 国平均达到 27.5%。相比英国、德国和欧盟，我国的比例的确是比较低的。这 12.38%的国家财政社会保障和就业支出，其中大部分分配给了城市。据财政部数据，2018 年上半年全国财政社会保障和就业累计支出 16482.18 亿元，而用于城乡居民基本养老保险补助资金的有 1137.69 亿元、中央财政拨付困难群众救助补助资金 1400.9 亿元，涉及农村的只有这两个大项，即使这两部分资金全部用于农村，也只占全国财政社会保障和就业总支出的 15.4%，而且这其中还有一部分要用于城市居民。可见，在低于发达国家水平的情况下，农村社会保障占国家财政社会保障总支出的比例又比较低，农村居民得到的社会保障就远远低于城市，这种供给总量的不均衡必然导致农村居民受益的不均衡，所以国家要补这个短板。

表 5-62　2013～2019 年国家财政社会保障和就业支出情况

项目	财政总支出		社会保障和就业支出		
	总额（亿元）	增长（%）	总额（亿元）	增长（%）	占总支出（%）
2013 年	140212.10	11.32	14490.54	15.14	10.33
2014 年	151785.56	8.25	15968.90	10.20	10.52
2015 年	175877.77	15.87	19098.69	19.60	10.86
2016 年	187755.21	6.75	21591.50	13.05	11.50
2017 年	203085.49	8.17	24611.68	13.99	12.12
2018 年	220906.07	8.77	27084.07	10.05	12.26
2019 年	238874.00	8.13	29580.00	9.30	12.38

数据来源：国家统计局发布的相关数据。

第二，全国农村居民社会保障水平参差不齐。由于我国东部、中部、西部以及东北地区经济发展水平各不相同，区域性差异较大，即使区域内部也存在一定的差异，农民的收入水平自然也存在较大差异，这在客观上为统一全国的农村社会保障水平带来了困难。所以国家在部署农村各项社会保障工作时，经常要求各地区根据自己的实际情况适当调整相应的社会保障标准，如筹资标准、补贴标准等，因而各地区的农村社会保障在具体实施过程中就出现了差异。前面我们已经分析过的农村社会养老保险金筹资档次及标准、地方政府养老金补助标准、农村基础养老金发放标准、农村低保标准、特困人员供养标准等，就都存在差异。据《福建日报》2019 年 8 月 7 日报道，福建省全省已实现了社会救助城乡一体化，全省城乡低保年平均标准达到 7350 元，特困人员供养平均标准达到 15941 元，成为全国低保标准全面一体化的 5 个省份之一。也就是说，全国还有 26 个是省(自治区、直辖市)(不包括港澳台地区)没有实现低保标准城乡一体化。就福建省的这两项指标而言，凸显了两个亮点：一是在全国率先实现城乡一体化，二是高于全国平均水平。全国大多数地区是没有达到这个标准的。在一个省内部的各地市也存在着这种不平衡性，如山东省的青岛市、威海市、烟台市三个经济较发达的地市，农村居民的基础养老金发放标准各不相同，青岛市明显高于威海市和烟台市。为了解决这种不平衡性，国家政策也向中西部地区和其他相关地区进行了倾斜，但是国家政策的保底功能还不足以解决区域性的不平衡问题。所以，这种全国区域性的不平衡可能还要在一定时期内存在着。

第三，城乡居民社会保障水平存在差异。虽然我国已经整合了城乡居民的基本养老和医疗保险，但是仍然存在一些差异，具体表现在两个方面。一是城乡居民与城镇职工的差异。我国的城乡二元结构人为地把社会保障分成三大部分，即机关事业、城镇职工、城乡居民。城乡居民在整合前，也是分为城镇居民和农村居民两部分。我们姑且把机关事业和城镇职工统称为“城镇职工”，虽然他们之间也有较大差异，但是他们的社会保障项目基本是一致的。就缴纳保险金的项目来看，城乡居民只有基本养老保险和基本医疗保险两大项，而城镇职工享有“五险一金”，而且城镇职工的各项保障标准都远远高于城乡居民。二是城镇居民和农村居民也存在差异。我国于 2014 年和 2016 年分别整合了城乡居民的基本养老保险和基本医疗保险，城乡居民的这两个保障项目基本趋于平衡。但是在低保和特困人员供养方面，其差异还是比较大的。从表 5-63 可以看出，最近几年农村年人均低保水平一直低于城市水平，虽然差距在逐渐缩小，但是到 2018 年，差距仍然达到 1763 元，低于城市年人均标准 26.73%。从表 5-64可以看出，2017 年、2018 年全国农村特困人员救助供养的标准分别低于城市 30.87%和 36.66%，而且出现扩大趋势。

表 5-63　2014～2018 年全国城市低保与农村低保情况

年度	2014	2015	2016	2017	2018
城市低保年平均标准(元)	4932.00	5413.20	5935.20	6487.20	6596.40
农村低保年平均标准(元)	2777.00	3177.60	3744.00	4300.70	4833.40
农村低于城市绝对额(元)	2155.00	2235.60	2191.20	2186.50	1763.00
农村低于城市比例(%)	43.69	41.30	36.92	33.70	26.73

数据来源:《2014～2018 年年社会服务发展统计公报》。

表 5-64　2017～2018 年全国城市与农村特困人员救助供养情况

项目	城市特困人员救助供养			农村特困人员救助供养			农村低于城市	
	人数(万)	救助资金(亿元)	人均(元)	人数(万)	救助资金(亿元)	人均(元)	绝对额(元)	比例(%)
2017 年	25.4	21.2	8346.5	466.9	269.4	5770.0	2576.5	30.87
2018 年	27.7	29.5	10649.8	455.0	306.9	6745.1	3904.7	36.66

数据来源:《2017～2018 年社会服务发展统计公报》。

第四,农村居民离社会保障全覆盖还略有差距。国家《人力资源和社会保障事业发展"十三五"规划纲要》针对人人要有养老保障的目标,对基本养老、医疗参保覆盖面都作了规划,要求到 2020 年,基本养老参保率要达到 90%,比 2015 年提高 8 个百分点;全国基本医疗参保率要稳定在 95%以上。实际上,2015 年已经达到 95%。90%也好,95%也罢,与全覆盖的目标尚有 5%～10%的差距。这个目标是一个全国性的目标要求,包括了城镇职工和城乡居民。相对来说,城镇职工的参保率会更高一些,城乡居民相对低一些。因为城镇职工有《劳动合同法》的约束,参保的强制性高一些;而城乡居民没有强制性法律约束,主要靠自愿,所以参保的自愿性低一些,参保率相对也会低一些。

据实地调研、发放调查问卷和研究相关资料,我们发现农村居民有四种情况影响了参保率:一是一些中青年认为自己年轻,不愿早早缴纳社会保险和医疗保险;二是国家规定缴纳 15 年养老保险金,年满 60 岁即可领取养老金,导致一部分农村居民不愿早早缴纳养老保险金;三是一些接近 60 岁的农村居民也不愿意缴纳养老保险金;四是国家设定若干个缴费档次,农村居民往往为了少缴费,不考虑以后的保障水平,多数选择较低档次缴费。

据《2018 年全国新型职业农民发展报告》的数据显示,作为素质、水平相对较高的群体,新型职业农民中也有 11.4%的没有参加任何的养老保险,也就是说他们没有养老保障。这与国家达到 90%参保率的要求,还有一点差距。新型职业农民尚且如此,那么,其他农村居民的参保率肯定会更低一些。据 2018 年 9 月 14 日中国新闻网报道,我国残疾人城乡居民养老保险参保率超过 80%。

从报道看,我国残疾人的养老保险参保率也没有达到国家规划的目标,甚至低于"十二五"末 82%的参保率。据我们的问卷调查(见图 5-10),在 267 个样本数据中,有 18.4%的人没有参加养老保险,这比新型职业农民的参保率低了 7 个百分点,这个数据也基本符合农村居民的实际情况。相对基本养老保险来说,基本医疗保险的参保率更高一些。据《2018 年全国新型职业农民发展报告》,新型职业农民的医疗保险参保率很高,达到了 98.8%。从参加医疗保险种类来看,新型职业农民 90%参加的是城乡居民基本医疗保险,只有 8.8%的人参加了城镇职工基本医疗保险。

我们的调查问卷(见图 5-10)同样显示,267 个样本的 2018 年农村居民基本医疗保险的参保率达到了 92.1%,仅有 7.9%的人没有参保,这个数据比较接近到 2020 年年末达到 95%以上的规划目标。但是也有参保率更高的地区,据《河南日报(农村版)》2019 年 1 月 30 日报道,河南省 2018 年全省城乡居民基本养老保险参保率达到了 98.8%,居全国第一位。即使达到了 98.8%,也没有实现全覆盖,还有 1.2%的城乡居民没有养老保障。总体来看,全国大约要有 10%以上的城乡居民没有参加基本养老保险,有 5%~10%的城乡居民没有参加基本医疗保险,农村居民的比例更高一些,这部分人的养老和医疗是一个比较大的社会问题,需要引起各方面的高度重视。

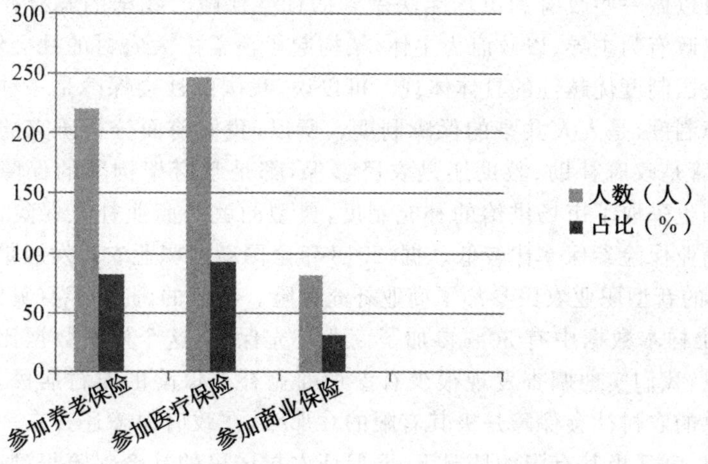

图 5-10　267 人参加养老保险、医疗保险和商业保险情况
图中数据来源:267 人调查问卷。

第五,处于社会救助临界线的农村居民保障困难。社会救助是对困难群众的底线保障,能满足困难群众最基本的生活需求,这是国家实施的一项利民的好政策,深受困难群众欢迎。但是,我国的社会救助存在制度刚性,如农村居民

的最低生活保障制度就是硬性地划一条低保线,人均收入在低保线以下的可以享受低保政策,而在低保线以上的就享受不到政府的低保政策。这一条低保线,把农村居民划分为线上、线下两部分,使临近低保线上、下的人均收入比较接近的农村居民享受着不同的待遇,往往刚过低保线的群众并不富裕,甚至可能比接近低保线的线下群众更困难一些,但是他们不能享受低保政策,生活依然比较困难。我们实地调查时,有一位农村老大爷说,他现在连个五保户也不如,吃低保的都比他强。什么原因呢?据了解,这位老大爷和老大娘两个人一年的所有收入只有 5000 多元,其中两人的基础养老金一年不到 2000 元,子女给 3000 多元养老钱,这是两人一年的全部收入,但是享受不到低保政策。而同村的五保户一年分散供养资金 6000 多元,低保户人均 4000 多元救助资金。所以刚过低保线的群众生活还是比较困难的,他们也需要国家救助。我们认为,如果社会救助政策灵活一点,特别是低保救助和农村困难群众供养的政策,能够富有弹性或者实行分档救助,相对会更好一些。就目前而言,处于社会救助临界线农村居民的社会保障问题,是一个亟须解决的短板问题。

第六,非营利组织参与农村社会保障少。西方经济学家在研究公共物品供给时,非常关注非营利组织供给问题,他们认为非营利组织能够弥补政府和市场供给的缺陷。这个理论对我国农村社会保障供给同样具有借鉴意义,因为社会组织可以做一些政府和市场无法做到的社会保障。我国的农村社会保障目前主要以政府为主导、以政府为主体,架构起了覆盖广大农村的社会保障体系,这也是我国制度优越性的具体体现。可以说,我国的社会保障是一种以政府为主的保障制度,是人人共享的保障制度。所以,我们前面分析研究的社会保障制度,不管是政府补助、救助还是农民参保,都是政府架构下的保障体系。同时。我国也采取了市场供给的补充制度,典型的就是商业补充保险,但是农村居民的商业保险参保率比较低。据《2018 年全国新型职业农民发展报告》显示,只有 5%的新型职业农民参加了商业补充保险。我们的调查问卷(见图 5-10)显示,267 个样本数据中有 30%参加了商业补充保险,这个样本数据比例可能比较高一点,我们实地调查发现很少有参加商业补充保险的农村居民。所以说,市场提供的农村社会保障是极其有限的。那么,在政府保障还存在一些短板问题、市场保障又极其有限的情况下,要保证农村居民的社会保障得到有效供给,就需要第三方参与供给。但是我国的社会组织发展还不够充分,根据民政部公布数据,截至 2018 年年底,全国共有社会组织 81.7 万个,其中属于社会服务的只有 124774 个。就全国而言,社会服务组织的数量太少,而且这些组织大多数位于城市,服务对象也主要锁定在城市。即使这些社会组织都参与社会保障事业,其参与社会保障供给的能力也是比较弱的。所以说,我国应当加快非营利组织发展,逐步引导其参与农村社会保障,发挥其重要的补充作用。

第七,农村社会保障监管服务少。农村社会保障是涉及5亿多农民的大工程,不仅需要经济保障,而且还需要社会服务保障。我国目前开展的农村社会保障主要是以经济保障为重点,社会服务保障相对少一些。农村居民除了基本生活保障、基本医疗保障,留守儿童的各种保障、老年人的养老服务、残疾人救助、特困人员的救助供养等,不仅需要经济上的保障,而且还需要社会服务保障,但是在为这些特殊群体提供社会服务保障方面还存在机构、设施、人员等很多短板问题。另外,社会保障的监管也存在缺失或不到位的问题,使有限的保障资金不能有效地发挥作用,不能真正解决亟须人群的特殊困难。据了解,个别地方的农村干部把国家低保政策变成公共福利,有的村庄存在骗保、漏保、人情保等问题,有的把国家的低保资金用于偿还村集体的欠款,有的采取普降喜雨的方式把低保资金在部分群众中均分,更有甚者,村干部截留、贪污低保资金。据2019年7月23日《问政YT》中的一个典型案例,一个村庄每年给低保户发放800元的低保资金,实际标准应为每人每年4000元以上,那么另外的3000多元低保资金哪里去了呢?据了解,该村把另外的每人每年3000多元的资金又平均发放给了其他的农村居民,这就是典型的普降喜雨式发放方式。这种普降喜雨式的发放方式根本解决不了农村困难群众的基本生活需求难题。所以,加强农村社会保障制度落实的监管还是十分必要的,让有限的保障资金真正发挥有效的保障作用至关重要。

农村社会保障体系建设是一个大的系统工程,除了上面分析的一些领域,还有诸如农村养老服务等都是农村社会保障的重要领域。在这些领域,国家也给予了各方面的一些供给。当然,也存在一些短板问题,在这里不作更多的分析了。总之,国家在农村社会保障供给方面取得了长足的发展与进步,农村居民的幸福感、获得感得到了有效加强,但是也存在前面分析的七个方面的问题与短板,需要在今后的农村社会保障体系建设中逐步补齐这些短板,以不断满足农村居民日益增长的美好生活需要。

农村公共物品涉猎范围非常广泛,不仅生活性公共物品种类众多,而且生产性公共物品涉及的范围更广。前面我们对生活性公共物品分析研究得比较多,对生产性公共物品分析研究得相对少一些,但是也都是比较有代表的生产性公共物品。近几年来,我国围绕实现乡村振兴,对农村生产性公共物品的供给问题多次进行规划、下发文件进行部署,特别是每年的中央1号文件,都对农村生产性公共服务进行重点安排部署。我国的农村生产性公共服务体系正在逐步形成,但是随着农村形势的发展变化,小农户与现代农业的融合发展越来越成为农业发展的一个大趋势,生产性服务业显得越来越重要,这方面的短板问题也比较突出,需要尽快补齐。

第六部分

本部分是本书的重点部分，是在前面几部分研究的基础上，根据创新的公共物品理论和农村公共物品供给实际，依据农村公共物品的需求偏好，开展的创新型的供给策略研究。

本部分在第四部分需求偏好研究的基础上，首先探讨了乡村振兴与农村公共物品的关系，特别是乡村振兴与四类村庄公共物品供给的关系问题，作为供给策略创新研究的引子。然后根据需求偏好，从两个大的方面进行了创新研究。第一方面是根据乡村振兴战略要求和需求的真实偏好，提出了农村公共物品供给的五大供给趋向，即城乡均衡、需求导向、优先集中、政府主导、生产生活并重。第二方面是从各大供给主体的供给责任和供给能力出发，对各大主体的供给策略和供给内容进行了创新研究。这些研究是从实践中来、到实践中去的具体理论研究，是契合乡村振兴实践、服务乡村振兴的可行性、可操作性研究，对新时代农村公共物品供给具有一定的理论意义和实践意义。

在第五部分，我们从需求偏好的角度，依据国家政策和规划，结合农村实际，运用各类大数据，全面分析了我国改革开放以来农村公共物品的供给现状，按照农村公共物品的类别，重点作了两个方面的分析：一是从宏观和微观两个维度，对农村公共物品的供给主体、供给数量、供给水平、供给效率等都作了比较详细的分析评价，准确把握了农村已供公共物品情况；二是对农村公共物品的制度性短缺、供给不充分、供需不平衡、城乡不均衡等问题也作了较为全面的分析研究，为开展这一部分的研究作了基础和铺垫。

这一部分，我们将针对实施乡村振兴战略重点围绕两方面问题展开研究：一是围绕乡村振兴的新形势，探索农村公共物品供给的新趋向、新特点、新理念；二是探讨乡村振兴新形势下各类农村公共物品供给主体的新结构、新特点、新策略。

§6.1 乡村振兴与农村公共物品供给的关系

在第二部分中，我们分析研究了部分专家学者关于这一问题的研究和阐述，为做好这方面的研究提供了重要的基础和启示。用辩证唯物主义关于发展和联系的观点来看待这个问题，实施乡村振兴战略和加强农村公共物品供给不仅是相互联系、不可分割的关系，而且是相互促进、共同发展的关系。

§6.1.1 农村公共物品有效供给是乡村振兴的关键和基础

乡村振兴的20个字总要求和覆盖的五大振兴，时时刻刻都与公共物品紧密相连。五大振兴，是农村的全面振兴，是农民生产全产业链的振兴，是农民生活的全面富裕。公共物品全方位地渗透到农民生产、生活的方方面面，可以说每一个环节、每一个目标都与公共物品密不可分，没有公共物品作保障，乡村振兴就很难实现，就会成为“乌托邦”。

从产业振兴来看，农村产业振兴是乡村振兴的关键。农村居民与城乡居民相比，产业发展是其生产、生活的重要经济基础，农民需要自己组织生产，没有产业的发展，农民的基本生活条件就难以得到保障，这是农村的突出特点。所以，为农民提供生产性公共物品是农村产业发展、振兴的基本需求。

从生态振兴来看，生态宜居是乡村振兴的重点。习近平总书记曾经指出，“良好生态环境是最公平的公共产品，是最普惠的民生福祉。”这一经典论述，非常生动地把生态环境直接定位为公共物品，而且把这个公共物品有效供给的目标直接定位为最普惠的民生福祉。总书记的经典论述、乡村振兴的现实要求、农民的热切期盼，都说明实现生态振兴就是要为农村提供最普惠的公共物品。

从文化振兴来看，乡风文明是乡村振兴的重要保障。乡风文明，必须以文化为核心,文化铸造灵魂。农村文化在继承和发扬优秀传统文化的基础上,必须进行现代优秀文化成果的植入,打造现代的农村公共文化服务体系,引领农村思想文化建设,培育社会主义核心价值观。所以,要实现文化振兴同样要加强农村公共文化产品供给。

从组织振兴来看,科学治理是乡村振兴的根本保证。在农村,通过组织振兴建立起有效的乡村治理体系,可以主导、推动农村公共物品供给,形成动力引擎。建立科学有效的乡村治理体系,本身也是一种公共服务的供给。如果农村公共物品得不到有效供给,农民的生产、生活就得不到有效保障,农村经济基础薄弱,组织振兴、治理有效的目标就很难实现。可见,加强农村公共物品供给是实现组织振兴的重要基础。

从人才振兴来看,人才是乡村振兴的重要支撑。人,是生产力中最活跃的因素,是乡村振兴的主体,是乡村振兴的第一动力。这个主体要充分发挥作用,需要一定的主客观条件作为基础,这其中就包含着公共物品的供给问题。没有良好的环境和条件,人才的引进是非常困难的,而且即使引进了也很难留得住。所以,要实现人才振兴也要加强公共物品的有效供给。

从美好生活来看,让广大农村居民过上美好生活是乡村振兴的根本目的,也是乡村振兴的最终目标。农民的美好生活除了经济上的满足以外,还需要社会保障、社会服务、基本文化生活、基本医疗服务,也包括一些精神生活方面的需求,这一切都是公共物品供给的范畴。所以,农民要富裕、要过上美好生活,必须有必要且必需的公共物品有效供给。

§6.1.2 乡村振兴是农村公共物品有效供给的重要保证

关于这个问题,可以从两个方面来看待。

一是,农村公共物品供给的物质条件。农村公共物品的有效供给,需要物质基础作保证。乡村振兴以后,农村集体经济得到了发展,集体有了供给公共物品的投入资金,使提供农民亟须的公共物品成为可能,也能够更好地满足农民个体差异化的公共物品需求。同样,农民富裕以后,有了供给公共物品的物质条件,也能力所能及地提供一些公共物品。可见,乡村振兴以后,农村发展、农民富裕能够驱使农村集体和农民个体共同提高公共物品供给的积极性和主动性,能够撬动农村集体和农民个体两方面的资金共同投向公共物品。

二是,农村公共物品的提档升级。乡村振兴以后,随着农民对美好生活需要内容的不断丰富和需求标准的不断提高,对公共物品的需求有了新的变化和要求。农民的需求,就是供给的方向,就是供给的目标。所以必须站在农民的角度,从分析农民的需求变化入手,重新定位农村公共物品,重新确定供给方略，全面掌控城乡均衡策略，逐步满足农村公共物品的基本需求和城乡公共物品的均衡供给。同时还要根据农村的特点兼顾到农村公共物品的个性化供给，在某些方面可能要优于城市公共物品供给。可见，农民过上美好生活以后，能够推动农村公共物品向着更高层次、更高水平发展。

§6.2 乡村振兴与四类村庄公共物品供给

国家在乡村振兴规划中提到四类村庄的振兴问题，对四类村庄都提出了明确的振兴要求，但是没有根据四类村庄的不同需求，分别作出具体的公共物品供给规划。2018 年以来，围绕全面建成小康社会，补农村公共服务短板成为热门话题，国家领导、中央文件、全国“两会”、各类媒体等都非常关注农村补短板问题。这个短板如何补，专家学者们也进行了热烈的讨论和研究，提出了很多有价值的、积极的贤言良策，国家相关部委也制定了一系列补农村公共服务短板的各类政策文件。但是我们研究发现，国家相关部委以及各地关于农村补短板的政策文件似乎并没有充分考虑乡村振兴规划的四类村庄问题，而是对不同类型的村庄进行平衡用力。这其中最典型的问题就是规划的搬迁撤并类村庄。这部分村庄大多数规模小、空心化、偏远化，即使进行了厕所革命、通了柏油路，可能也很难实现原地振兴。所以这种平衡用力对部分村庄来说，可能仅仅解决了农民的一些短期需求问题，而且容易出现一些形象工程、政绩工程、面子工程，造成一些不必要的资源浪费，很难从根本上解决这些村庄的振兴问题。集聚提升类村庄作为乡村振兴的重点，也没有真正作为重点突出出来，与其他类型的村庄基本是统一的标准和要求，这就难以满足这类村庄加快提升集聚、加快振兴的公共物品需求。

在前面的第二、第三部分中，已初步谈到了乡村振兴四类村庄的公共物品需求问题。在第四部分中，比较详细地分析研究了乡村振兴大背景下四类村庄对公共物品的需求偏好问题。总体上看，四类村庄既有共同的需求偏好，也有个性的需求偏好。它们的需求偏好，随着村庄的集聚提升和搬迁撤并会发生局部性或全局性的改变；随着乡村振兴的全面实现，它们的需求偏好会得到全面提升，而且很可能增加更多的需求偏好。所以，满足四类村庄振兴的公共物品供给，必须基于乡村振兴这个前提，与乡村振兴整体规划相结合，进行分类供给、科学供给，做到有限资源的合理利用，保证供给效率的稳定提高。

既然乡村振兴与农村公共物品供给相辅相成，而且四类村庄既有共性需求又有个性偏好，那么在乡村振兴的背景下，如何进行农村公共物品供给呢？这是本部分研究的主要任务。

§6.3　农村公共物品供给趋向

在我国全面实现乡村振兴的新时代,农村公共物品的供给具有典型的新时代特征,必须根据变化了的新形势,做到与时俱进、科学供给。借鉴国内外研究的有益成果和实践的先进经验,结合我国乡村振兴的新形势、新特点以及实地调查获取的第一手材料,农村公共物品供给将会出现以下五个方面的发展趋向。

§6.3.1　城乡均衡趋向

什么是均衡呢?在经济学家那里,均衡被看作是一种力量的平衡,是指供给和需求力量达到平衡的一种状态。从这个意义上看,城乡基本公共物品的供给均衡化,就可以被看作是由国家和社会根据城乡居民需求提供的基本公共物品,城乡居民都能够普遍地、公平地享受到,而且能够满足其基本需求。从这个意义上讲,这种状态就可以被看作是一种城乡基本公共物品供给与需求的平衡状态。当然我们应当看到,平衡永远都是相对的、暂时的,所以公共物品的供需均衡也只能是一种相对的均衡,而不是绝对的均衡。之所以说它是相对的,至少有三个理由。

其一,城乡基本公共物品供需平衡不是恒定的。随着供给侧和需求侧的不断变化,又会形成一种新的不平衡,通过资源的合理配置再达成新的平衡。这是一种"不平衡——平衡——新的不平衡——新的平衡"往复循环的辩证发展过程,从而不断满足城乡居民逐渐提升的基本公共物品需求。

其二,城乡基本公共物品供需是有差异的。城市和农村是两个不同的生产、生活空间,其功能定位是有差异的,根据不同的定位、不同的需求,科学合理地分类提供其需求的公共物品,尽可能地满足各自的基本公共物品需求,这就是一种供需平衡。所以,城乡基本公共物品供给的均衡不是要求供给同样的公共物品,也不是要求实行统一的供给模式,更不是把城市公共物品生搬硬套到农村去,而是一种允许有一定合理差异的平衡。

其三,城乡基本公共物品供需还有区域性差异。城市之间、农村之间,由于历史文化基础、经济发展水平和生产生活方式的不同,在基本公共物品需求方面带有明显的区域性特点,即使同一区域的不同城市、不同村庄也有一定的差异性需求。所以我们所说的城乡均衡不是全国大一统的均衡,更不是平均主义的均衡,而是一种允许有区域特色的平衡。

以上三个理由,就足以说明城乡基本公共物品的均衡供给只能是一种因地制宜的相对均衡。

公共物品的资源配置和供给，不仅要实现社会收益最大化，而且还要体现在公平与效率上，因为公平与效率是城乡基本公共物品供给制度的基本价值取向。

在公平方面，城乡居民共享公共物品要体现三个公平。

一是权利公平。城乡基本公共物品供给是面向全体城乡居民的，是为其生产、生活提供必要的基本公共服务，而不是针对某一个群体或个人的，所以人人都有享受基本公共物品的权利，这是一种基本的共享权利。之所以要强调权利公平，不仅仅是因为这是公民的权利，而是在现实生活中存在着一些权利不公的问题，特别是城乡居民之间在享受基本公共物品时，由于城乡的差别，农村居民享受不到城市居民的一些基本公共物品权利，如大多数地区的农村居民无法享受到乘坐公交车的惠民政策，农村的老年人也很少能够享受到国家给予的优待政策。随着乡村振兴战略的全面实施，将逐步拉近农村与城市的距离，农村居民公平享受基本公共物品的权利将会得到全面保障。

二是制度公平。制度公平是与权利公平相呼应的，只有制度、条件公平了，才能享受到公平的权利。在基本公共物品供给上，目前还存在一些人为设定共享条件的公共物品，通过共享条件、共享制度的设定，人为地造成城乡居民享受基本公共物品权利的不公平，因为他设定的这个条件是不公平的。举一个人们非常关心的例子，就是人们享受教育资源的不均衡化。在义务教育阶段，实行划片上学，其前提应该是片与片之间拥有基本均衡的教育资源，但是我国城市与农村之间的教育资源有着明显的差异性，在前面部分我们已作了详细分析，农村的教育资源明显落后于城市，实行划片上学以后，就很明显地把优质资源划分给了城市子女，人为地把农村子女排除在优质资源之外。这种不公平的教育资源分配，使得农村子女对良好的教育资源只能望洋兴叹，而无法公平地享受到。再是高考升学，教育部门硬性地分配区域性招生计划，虽然照顾到了一些边远贫困地区学生的升学需求，但是对于教育发达地区的学生来说，很多人就失去了参与公平竞争的机会。在医疗保障方面，同样存在不公平的制度设计，虽然目前实行远程医疗、分级诊疗能够较好地解决部分医疗需求，但是在制度设计上存在两个不公平的问题，即划定医保定点医院和居民选择医院权利。划定医保定点医院以后，不在定点医院就医就享受不到医保政策，这是政策上的不公平；在选择就医医院时，要跨区域选择就医医院是比较困难的，有的地方不给病人办理转诊手续，把病人锁定在自己区域内，这个制度不仅使病人没有公平选择就医医院的权利，而且区域内医院缺乏公平的竞争机制，不利于提高医疗水平。所以，供给制度的公平是城乡居民公平享受基本公共物品的基本前提。

三是权益公平。这里所说的权益公平，主要是针对城乡居民而言的，他们能够公平地享受到基本公共物品权益，同时也能够最大限度地得到满足、得到保障。虽然有些公共物品城乡居民同样有权利享受，在制度安排上也有条件享受，但是在现实生活中也确实存在共享权益得不到保障的问题。如拥挤性公共物品，虽然消费者都可以去消费，但是在消费者达到一定程度即达到拥挤点后，只要消费者增加就会降低消费者的效用，那么，消费者的权益就不能得到很好的满足，如教育、电力、电信等准公共物品就是一些拥挤性公共物品，只有加大这些公共物品的供给总量，才能缓解拥挤度，才能有效保障城乡居民消费公共物品的基本公平权益。

在效率方面，城乡基本公共物品的供给效率是指公共物品资源的有效配置和有效利用，也就是说供给的公共物品能够得到最大限度的利用，并能够满足城乡居民的基本需求。但是，不管哪种公共物品的供给，其效率都是受多种因素制约的，并不是所有的公共物品供给都能够达到帕累托效率。影响供给效率的因素至少应当包括以下六个方面：

一是经济发展水平的高低直接影响公共物品的供给效率。从经济学的角度来看，随着人均GDP水平和公共财政供给水平的提高，政府就相应地有增加公共物品供给的能力，同时市场也具备增加公共物品供给的条件，公共物品的供给总量就会相应增加，就能够提高城乡居民的满意度；反之，不增加或减少公共物品供给，供给效率就会相应地降低，城乡居民的满意度就会下降。

二是信息对称是提高公共物品供给效率的重要前提。不管是哪一类供给主体，政府也好，市场也罢，信息对称是精准供给公共物品的必要条件。供给主体能够供给什么样的公共物品，能够供给多少，城乡居民要有这方面的供给信息，满足其选择公共物品的需求；同样，城乡居民需求什么样的公共物品，需要多少，供给主体更要掌握这方面的信息，只有这样供给主体才能有针对性地提供城乡居民需求的公共物品。只有信息对称了，供给的公共物品才是最有效的。否则由于信息不对称，就不能精准供给，要么出现供给不足，要么造成供给过剩，导致供给效率低下。即使经济发展水平很高，也无法达到帕累托效率。由于信息不对称，容易造成一部分人得到了满足，实现了供给效率最优，而另一部分人可能对供给的公共物品没有偏好需求，那么对这部分人来说，这种公共物品的供给就是资源浪费，没有效率。从总体上看，这种公共物品的供给效率就不是最优，而是效率相对降低了。这既是一个效率问题，也是一个公平问题，对没有需求偏好的这部分人来说是不公平的。

三是激励机制是提高公共物品供给效率的重要条件。对于供给主体来说，供给公共物品除了责任，还需要一种动力。这种动力，可以是内生动力，也可以是外在动力。例如市场主体供给公共物品，它自身就有一种内生动力，私人企业研发、生产、供给公共物品过程中产生的成本，可以通过公共物品的有偿提供得到回报，如私人建养老机构、教育机构、医疗机构，也包括为农业生产提供生产性公共服务等，都能够得到很好的回报，所以市场供给的内生动力能够驱使市场供给主体提高供给效率。但是仅仅有内生动力是远远不够的，给予市场主体以外在动力即激励机制，能够大大激发其供给公共物品的积极性和主动性，使其供给种类、数量、水平、效率得到相对提高。当然，我国也给予了这些市场主体许多激励政策，以鼓励他们增加供给总量，提高供给效率。与市场主体相比，政府作为供给主体的激励机制就相对弱化，甚至没有激励机制。客观上讲，政府作为公共服务机构，为社会提供基本的公共物品是其最基本的职责。但在没有激励机制的情况下，就容易产生供给惰性，产生供给单一性、供给简单化，不能很好地满足城乡居民的需求，从而降低供给效率。同样由于没有激励机制，在政府供给环节较多的情况下，减缓供给速度，增加供给成本，往往还容易产生只管供给与否，而忽略供给效率。随着“放管服”的改革，政府以人民为中心、以社会效益最大化为目标，工作效率得到了很大提高，公共物品供给问题正在逐步减少，群众的满意度正在逐步提高。

四是外部性是影响公共物品供给效率的重要因素。任何一个供给主体提供的公共物品，都会产生外部性；同样，任何一种公共物品的提供也都会产生外部性。不管是正外部性还是负外部性，对公共物品的供给效率都会产生直接影响。当产生正外部性时，就能促进供给效率的提高。比如说，某私人企业按照医养结合的标准建了一个高档养老院，吸纳了周边 200 位老人入住，它不仅是解决了 200 位老人的健康养老问题，而且它带来的外部效应，也就是社会效益并不比这 200 位老人的受益少。一方面减轻了这 200 位老人的家庭养老负担，使他们的家人能够有足够的精力和时间去从事自己的职业；另一方面也减轻了这些老人所在单位和村庄的负担，能够间接提高单位和村庄的工作效率。同时，这家养老院也提高了社会形象，能够促进自身的快速发展。再如植树造林，这是一种生态公共物品，对他人、对社会都是一种公益行为，产生的也是正外部性。当产生正外部性时，不仅能够提高公共物品的直接供给效率，而且能够间接地提高社会效益。当产生负外部性时，公共物品的供给效率就会产生不同程度的降低。产生的负外部性就会相应地递减供给效率，即使一部分人得到了满足，甚至是一时得到了满足，也无法弥补负外部性带来的负效应。公共资源的过度使用和消费者的“搭便车”行为，就必然造成资源枯竭，出现“公地悲剧”。如地下水的过度开发利用、森林的过度砍伐等，带来的负外部效应甚至是不可逆的。这是公共物品的显性外部效应。同样地，公共物品供给以后，一些隐性的、潜在的因素也可能发生外部效应，我们将其称为“潜在的外部效应”。同显性外部效应一样，潜在外部效应同样也分为正、负外部性。一般来说，潜在的正外部性一旦上升为显性的正外部性，就会直接提高公共物品的供给效率。相反，如果潜在的负外部性发生作用，就会影响和递减公共物品的供给效率。最为典型的就是一些形象工程、面子工程、应付工程、豆腐渣工程，一方面浪费了必要的资金，降低了资金使用效益，没有供给群众真正需要的公共物品；另一方面损害了政府形象，而且这种影响是深远的。

五是自然垄断是导致供给效率下降的特殊因素。自然垄断一般是由单一经济、规模经济和范围经济造成的。自然垄断的公共物品，通常都是一些拥挤性公共物品，如供水、供气、网络通信等。这些拥挤性的公共物品，在一个区域内往往都是单一的供给主体，自然形成垄断。在提供这些基本的民生公共物品时，基本没有形成谈判制度，只是一种单向的直供，受供群众没有就这些公共物品的需求发表意见的权利，只能被动地接受供给的数量、时间、价格等。在这种供需双方权利不对等的情况下，强势的垄断供给方往往出台一些霸王条款，甚至是侵害群众权利的强制措施，而作为弱势的受供群众则无能为力，在停水、断电、关气、停暖等措施的强制下只能低头接受。所以，这种垄断的公共物品供给极容易降低供给效率，降低群众的满意度，也影响政府形象。当然，自然垄断也不一定必然导致供给效率低下。前面提到的自然垄断的供水、供电等拥挤性公共物品，如果供给主体与供给客体能够形成一种平等的谈判权利，主体方能够充分尊重和接受客体方的需求和意见，客体方也能够充分理解和支持主体方的供给理念和供给模式，就能够把自然垄断供给化解为和谐有效的公平供给，从而提高供给效率。

六是寻租行为是提高供给效率的绊脚石。布坎南、柯兰得尔等西方经济学家大多把寻租定义为：为了争夺人为的财富转移而浪费资源的活动。从经济学家给出的定义来看，寻租主要是供给主体的行为。提到寻租，人们可能认为这是政府或者与政府相关的行为，其实不然，作为供给主体都有可能产生寻租行为。政府只是作为最大的公共物品供给主体，是人们关注的焦点而已。从政府供给主体来看，政府掌握着许多公共资源，拥有这些资源的管控权和配置权。政府扮演“经济人”角色时，为了保证政府利益的最大化而出现寻租现象。同时，政府在配置公共资源时，也容易使一部分获得公共资源的私人出现寻租行为。城市的出租车、公交车配置，也包括短途、长途客运车的配置，政府部门都是在根据需求进行有计划的配置，但是这种配置往往缺乏市场机制，使一部分企业和私人拥有了寻租的机会和条件。寻租现象的发生，可能对拥有公共资源的企业和私人更有效率，但是对于广大的受供群众则是不公平的，受供群众的资金可能通过合法而不合理的渠道流向寻租者的手中。对一些属于一般竞争领域的普通公共物品，应当按照市场规则进行配置，这可以有效避免寻租行为。由此可见，寻租行为也是不公平的供给行为、低效的供给行为。

可见，在供给效率的实现上，公平是非常重要的法则。没有公平，就不可能实现供给效率的提高。所以，城乡公共物品的均衡供给，必须兼顾公平与效率两个关键词，否则真正有效率的均衡供给就无法实现。只有兼顾好公平与效率，才能实现基本公共物品人人共享，全民受益。当然，均衡也好，公平也罢，都不是平均主义，也不是简单的城乡平等供给，而是供给与需求在公平的基础上达到的一种平衡有效的状态。

城乡不均衡，是我国长期存在的城乡二元结构形成的基本公共物品供给制度。在第五部分中，我们采用大量的数据分析研究了我国城乡公共物品供给的不均衡特点。农村基础教育、基本公共文化、基本社会保障、基本医疗、基本养老、人居环境等方面与城市相比还有较大差距。城乡公共物品供给的不均衡，导致了基本公共服务的不均等。不仅城乡之间没有达到均衡状态，而且农村之间也没有达到均衡状态。一般来说，基本公共服务的均等化主要指城乡居民能够享受到公平可及的大致均等的基本公共服务。从这一点看，虽然我国正在朝着城乡均等化供给的方向发展，但是目前城乡居民还没有全面享受到均等的基本公共服务，城乡之间、地区之间还有较大差异，公平与效率还没有得到全面兼顾。为了实现城乡基本公共物品的均衡供给，2017 年国务院出台了《"十三五"推进基本公共服务均等化规划》，要求到 2020 年，城乡区域基本公共服务大体均衡。就目前而言，实现这个目标时间紧迫、任务重大。

不管是公共物品供给的均衡理论，还是乡村振兴的客观要求，都要求城乡公共物品均衡供给；国家关于公共物品供给的规划部署和政策导向以及农村居民的需求偏好，也都呈现出城乡公共物品均衡供给的发展方向。坚持均衡供给城乡基本公共物品，同时要兼顾好公平与效率的关系问题，是农村公共物品供给的一个重要趋向。

§6.3.2 需求导向趋向

什么是公共物品需求导向？公共物品需求导向就是按照需求者既定的需求偏好，提供其需要的公共产品和服务，满足其基本需求。在农村公共物品的供给方面，需求导向是指按照农村居民的生产、生活需求偏好，提供其必需的基本公共物品，满足农村的科技、水利、机械、市场信息等基本的生产性服务，保障农村居民基本的生活需求和社会保障需求。实际上，以需求为导向供给农村公共物品，就是要解决农村公共物品供给侧和需求侧达到均衡的一个基本原则。

需求导向是公共物品供给的一个重要话题。西方经济学家有两种最具代表性的观点：一是"用手投票"观点，二是"用脚投票"观点。这两种观点都是需求偏好中个体意愿的表达机制，显示出来的都是需求者对公共物品的偏好。在综述部分我们已经做了比较详细的分析研究。从分析研究的情况来看，"用手投票"最为典型的就是林达尔均衡模型，"用脚投票"最为典型的就是蒂伯特模型。关于这两个模型在此不再赘述。另外，西方经济学家还引入了"利益集团"的概念，通过"利益集团"来建立公共物品需求偏好的集体表达机制，说服立法机关或行政机关以获取有利于集团的利益。西方经济学家这些基本的需求表达理论，在研究我国农村公共物品的供给时，可以有选择地进行借鉴。

多年来，我国一直是政府作为主要的供给主体，向农村供给公共物品。政府主体的供给决策一般都是采取"自上而下"的决策机制，也就是说由政府来决定向农村供给什么样的公共物品，供给多少公共物品，而且这种供给也是"自上而下"地通过各级地方政府供给到农村。虽然政府供给也是在一定的调查研究基础上形成的决策，但是有些公共物品供给并不能真正体现农民的需求偏好，经常出现供给过剩与供给不足的问题，出现供给低效现象。我国实行农村税费改革以后，国家出台的"一事一议"政策是探讨农村集体或农民自己组织起来供给公共物品的新机制，但是由于农民的需求偏好很难达成一致，这种公共物品供给机制仍然是低效的。在国家提出城乡公共物品均等化供给和补农村基本公共服务的短板以来，一些过去只有城市拥有的公共物品开始逐渐地向农村提供，农村的公共物品供给种类不断扩大，供给水平也不断提高，但是实行的仍然是"自上而下"的供给决策机制。在这方面，我国的经济学家和公共管理专家进行了积极有益的探索研究。笔者开展的以需求为导向的农村科技供给体制机制研究是我国农村科技供给的理论研究，中国农业大学推出的"科技小院"是我国以需求为导向的农业科技供给实践的有益探索。专家们关于这方面的观点，我们在第二部分已经做了详细的分析研究。不管是关于供给困境研究，还是关于需求表达机制构建研究，归结为一点，就是要坚持需求导向原则。

以需求为导向，是公共物品供给的基本原则。目前，这一原则各供给主体都已形成共识，特别是政府坚持以人民为中心的发展理念，极其希望能够供给农民真正需求的公共物品，不断提高农民的生产水平和生活水平。而在农村和农民层面，他们也有这种需求导向的愿望，但是由于受一些主客观因素的影响，其自身的需求表达在一定程度上还存在一些困难，而且供给主体与农民的沟通渠道还不够畅通，所以，构建一个全新的需求表达机制是落实以需求为导向原则的必然选择。

首先，供给主体要搭建起以需求为导向的供给制度框架。关于公共物品的供给决策，供给主体有着最终的选择权和决策权，这是毋庸置疑的。但是，如何进行选择和决策，如何达到最优的供给效率，这是供给主体供给公共物品的一个基本原则问题。每一个供给者都希望供给的公共物品与农民的真实需求形成一种均衡，达到帕累托最优效率。要达到这种均衡，信息对称是其重要前提。供给方必须全面了解需求方的需求信息，需求方也需要了解供给方的基本供给信息，供需双方达到完美的契合，供给效率是最优的。但是这里要有一个重要的前提，就是供给主体作为供给的主导者，应当建立起一整套以需求为导向的供给决策制度，搭建起以需求为导向的供给框架，在充分了解农民真实需求意愿的基础上，有针对性地定向供给，满足农民的需求偏好，这是至关重要的。

其次，构建起信息畅通对称的需求表达机制。前面提到的"用手投票""用脚投票"以及"利益集团"表达机制，目前在我国不具备全面实行的条件。但是以需求为导向供给公共物品的原则，是可以借鉴的。我国地大物博，农村的情况千差万别，农民的公共物品需求偏好也千差万别，但是按照以需求为导向的原则建立农民需求表达的机制是共性的。那么，如何构建起信息畅通、对称的需求表达机制呢？这是供给方和需求方共同关心的问题。由于供给主体是多元的，农民需求表达的对象所对应的主体也是多元的，需求表达机制也应按照多元化的要求进行构建。图 6-1 中构建的农民需求偏好诉求表达机制模型，就是根据我国农村的实际情况进行构建的。图 6-1 中有 7 个农村公共物品供给主体，可以看出，农民只能为自己或他人供给少量必需的公共物品，在构建诉求表达机制模型时暂不考虑农民这个供给主体，把农民只作为一个需求主体来讨论。另外 6 个主体都是为农民提供公共物品的主体。在图 6-1 这个模型中，农民是诉求表达的中心，可以分别向其他 6 个主体直接表达公共物品需求偏好。村委会、村庄经济组织(包括村级集体经济组织、农业机械服务个体组织、农民专业合作社、农村电商、建立在村庄的私人经济组织等，也包括村庄居民在外地举办的各类经济组织)、村庄社会组织(包括红白理事会、老年协会等村庄集体举办的社会组织，也包括各类文化娱乐组织、宗族组织等农民自发的一些群众性组织)具有两重性，一方面作为村庄的各类组织自身具有一定的公共物品需求偏好，可以直接向上一级的政府组织或市场、第三部门发起诉求表达，另一方面又同时作为直接服务农民的基本组织单位，对于一些不能直接满足农民需求偏好的公共物品诉求，转达给上一级的政府组织或市场、第三部门。市场和第三部门作为供给主体，对自己无法单独提供或需要政府及其他供给主体协助提供的农民需求偏好转达给政府。政府是农民需求偏好诉求的汇集中心，通过不同的渠道汇集起来的农民需求偏好诉求，成为供给决策的重要依据。图 6-1 只是一个诉求表达的模型，是决策信息的来源，是需求信息。按照信息对称原则，农村公共物品的需求主体也需要知晓供给主体的供给信息。所以，供给主体在接到需求方的诉求表达以后，应当按照诉求表达渠道进行信息反馈，通过沟通谈判，达成供给共识，形成最优的供给决策。

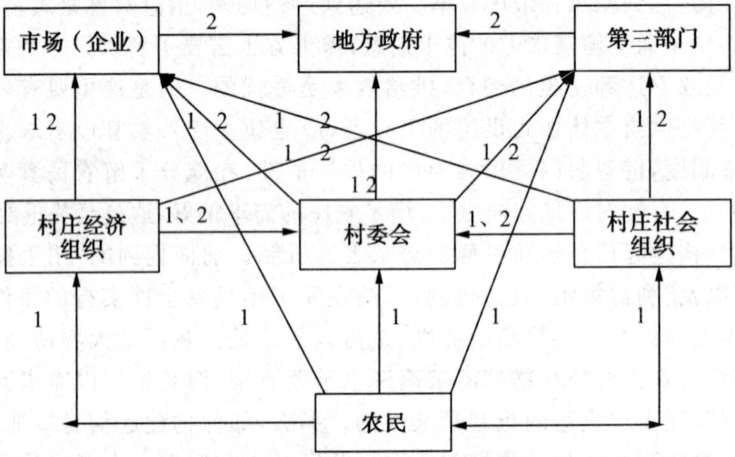

图 6-1　农民需求偏好诉求表达机制模型

注：1 代表诉求，2 代表转达诉求。

从图 6-1 我们还可以看到，村委会是这个模型的中心，既是诉求表达信息的采集中心，又是诉求信息转达中心，更是反馈沟通谈判中心，所以，村委会在需求偏好诉求表达机制中处于举足轻重的地位。村委会既是农村的自治组织，最了解农民的需求偏好，又是对上联系政府的农村基层组织，也相对了解各类供给主体的供给信息，因此，村委会应当充分发挥桥梁和纽带的作用，定期不定期地通过各种渠道了解、收集农民的需求偏好，向各个供给主体提供农民的真实需求偏好信息，为各供给主体有效供给公共物品奠定基础、创造条件。

第三，提升农民需求偏好诉求表达水平。农民需求偏好诉求表达是供给决策的重要依据。在"自上而下"的供给决策机制中，供需信息不对称。在需求侧方面，一方面农民需求偏好表达机制不够完善，再一方面农民的需求表达水平普遍偏低。这与我国农村的传统观念、政治参与程度、知识结构、年龄结构等因素呈正相关性。在长期自给自足的农业生产过程中，农村作为一个相对独立的社区，农民始终按照自己的传统习惯，自己组织生产经营，没有形成诉求表达争取利益的氛围和习惯，所以他们对公共物品的供给诉求处于无意识状态。由此而带来的第二个问题就是政治参与度底，不愿参与一些与政治相关的活动，参与决策的频率低，甚至有的干脆不参与，直接影响了需求偏好的诉求表达。表 6-1 中关于"您是否会对村里的经济社会发展提出意见和建议"数据显示，全部

267个样本中只有116人表示会对村里的经济社会发展提出意见和建议，占比43.4%，另外56.6%的人表示不会提出相关的意见和建议。再是关于“如果您是村两委成员或党员或村民代表，您是否经常参加村集体重大决策或重大事项的讨论、表决”的调查(见表6-2)中，也只有53.2%的人表示会参加村里的重大决策或重大事项的讨论、表决。从这两个调查问卷显示情况来看，不管是普通村民还是村干部，对农村决策的参与度普遍偏低。据此分析，他们可能就会更不关心公共物品的需求偏好诉求表达。

表6-1 您是否会对村里的经济社会发展提出建议和意见

项目		人数(人)	占比(%)	有效百分比(%)	累积百分比(%)
有效	是	116	43.4	43.4	43.4
	否	151	56.6	56.6	100.0
合计		267	100.0	100.0	—

表6-2 如果您是村两委成员或党员或村民代表，您是否经常参加村集体重大决策或重大事项的讨论、表决

项目		人数(人)	占比(%)	有效百分比(%)	累积百分比(%)
有效	是	142	53.2	53.2	53.2
	否	125	46.8	46.8	100.0
合计		267	100.0	100.0	—

再是年龄结构也是制约需求表达的重要因素。截至2016年年底，年龄在35岁以下的年轻人只占到了全部农业生产经营人员的19.2%，而年龄在55岁及以上的中老年人占到了33.6%，其余的是36～54岁的中年人，占比47.3%(数据来源于第三次全国农业普查)。年龄越大，诉求表达的惰性就越大，而且年轻人也容易受中老年人的感染，失去诉求表达的积极性。当然，在农村也有不少农民有诉求表达的意愿，但是受文化教育水平的制约，不能通过有效的渠道真实表达自己的需求意愿。再看看农业生产经营人员接受教育情况，截至2016年年底，我国共有31422万农业生产经营人员(数据来源于第三次全国农业普查)。从图5-8可以看出，他们接受教育的程度普遍较低，初中及以下文化程度的为主流，占到91.7%，其中有6.4%的没有上过学，37%的只上过小学。面对这种低水平的教育程度，让农民提出能够满足自己生产、生活需求的公共物品意愿，特别是适应当前飞速发展的新时代的需求意愿，应该说是比较困难的。所以，要实现以需求为导向的农村公共物品供给，必须提高农民的需求偏好诉求表达水平。农民专业合作社、家庭农场等新型农业经营主体的出现，能

够较好地提高农民组织化程度，而且合作社等新型经营主体可以为农民的需求偏好诉求表达提供平台。但是，我国目前农民专业合作社只有220万家，面临着数量小、规模少、带动力量不强的问题。因此，要提高农民的需求偏好诉求表达水平，必须加快乡村振兴步伐，对农村进行脱胎换骨的改造，重点是要提高农民的素质和组织化程度。

首先，解决农村人才的问题。农村没有人才，就不能解决振兴问题。有了人才，还要解决素质提升问题，否则农民的需求偏好就不能很好地进行诉求表达，势必也会影响公共物品的有效供给。

一是加快新型职业农民的培养。近几年来，我国加大政策培育培养新型职业农民，其数量在不断提升。据农业农村部发布数据，到2017年年底，全国新型职业农民已超过1500万，比2016年增加100万，占农业经营人员的4.78%，而且国家每年要培训100万以上。虽然新型职业农民占农业经营人员的比例很低，但可喜的是45岁及以下的占到54.35%，高中及以上文化程度的占到30.34%。数量小，质量高，是新型职业农民的一大特色，所以要加快新型职业农民的培养，使其成为农业农村发展的主力军。

二是鼓励农民工返乡创业。多年来，农民为了增加收入外出打工、创业，接受了新的理念，拓展了发展空间，是农业农村发展的新的生力军。据农业农村部发布数据，截至2018年年底，全国农民工返乡创业人员达到540万，占返乡下乡创业创新人员的70%。虽然农民工返乡创业的总人数比较少，但是可以看到这是一个良好的发展势头。所以国家应当加大政策支持力度，引导农民工积极地返乡创业，以提高农民的整体创业水平，提高需求偏好诉求表达水平。

三是充分发挥新乡贤的作用。2015年，新乡贤被写进了中央1号文件，要求创新新乡贤文化，支持家乡建设。新乡贤一般受过良好的文化教育，德高望重，有很强的号召力，能够代表农民发声，能够把农民的真实需求偏好表达出来，成为农民的代言人。发挥新乡贤的作用，是解决需求导向的信息不对称问题的重要影响因素。

四是组建一支优秀的农村干部队伍。抓好农村党建是关键，要突出农村党建的引领作用。2019年，青岛市面向市内各方面的优秀党员公开遴选200名农村党组织书记，而且出台了20条加强农村党组织书记队伍建设的意见，这是加强农村党建青岛模式的有益探索。青岛市的探索，为农村注入了源头活水，提升了农村干部队伍的整体素质，图6-1中的农村村委会诉求表达的核心作用将得到充分发挥。所以，要实现以需求为导向的农村公共物品供给，就必须优化农村干部队伍，建设一支真正能为农民服务、为农民进行需求表达的农村干部队伍。

五是引导大中专毕业生、退伍军人、科技人员、工商企业等下乡创业。这个群体，也是乡村振兴的中坚力量。这些人员下乡创业，把优秀的理念带到农村，在带动农民致富的同时，可以架起农民与城市的桥梁，同步更新农民的思想观念，提升农民需求表达水平。

其次，全面提升农民的组织化程度。组织化程度不高，是长期困扰农村发展的障碍因素。要实现乡村振兴，必须提高农民组织化程度；要建立完善的公共物品需求表达机制，必须提高农民的组织化程度。农民的组织化程度越高，其经济意义相应的就越大，同时也显示出其重要的政治意义。所以在农民的组织化程度中，经济意义与政治意义是融为一体的。只要提高组织化程度，农民的思想水平、认识水平都会得到较大提高，对自身需求的公共物品就会有新的认识，就会提出新的要求，从而也就有了自我表达的愿望。组织化程度的提高，还能提高带动能力，如我国的新型职业农民通过加入协会、合作社、联盟等组织，其带动能力大大提高。据《全国新型职业农民发展报告》(2017 年)数据显示，68.79％的新型职业农民能够起到辐射带动作用，平均每人能够带动 30 个农户。随着乡村振兴战略的全面实施，小农户加入相关农业合作组织的愿望正在逐步增强，诉求表达的能力也在逐步增强，这是一个可喜的变化。所以，要搭建合作社等各方面的平台，适时引导农民提高组织化程度，为建立完善的公共物品诉求表达机制创造条件。

§6.3.3　优先集中趋向

优先集中供给农村公共物品，是农业农村发展的优先选项，是乡村振兴的一大策略。在 2019 年中央 1 号文件提出的“四个优先”中，“要素配置”和“公共服务安排”两个优先，且都涉及农村公共物品的供给安排。乡村要振兴，农业农村就要优先发展，农村公共物品就必须优先供给，这是国家的政策导向。与优先供给相联系的就是集中供给问题，二者在概念上是有交集的。国家部署补全面建成小康社会的短板时，也一再强调要补农村公共物品的短板。所以，集中供给也是国家推动农业农村优先发展的一个重要策略。这个优先和集中，是国家近期的重要战略，是覆盖整个农村的公共物品供给策略。

为了全面落实乡村振兴规划，确保 2022 年、2035 年、2050 年三个重要节点目标的全面实现，我们要对优先和集中两个概念给予新的注解，这也是我们提出优先集中供给趋向的初衷。

乡村振兴是乡村的全面振兴，但它并不是对现有村庄平衡用力，更不是实现现有村庄的村村平衡振兴。所以，按照村庄的具体情况分类推进乡村振兴将成为基本要求。国家要求按照集聚提升、城郊融合、特色保护、搬迁撤并对现有村庄进行分类，并根据每一类村庄的特点分别提出了具体的振兴要求。从四类村庄来看，城郊融合类村庄即将融入城镇发展，其公共物品要实现与城镇共建共享；搬迁撤并类村庄将依托适宜区域进行安置，所以规划要求统筹考虑拟迁入或新建村庄的基础设施和公共服务设施建设；集聚提升类村庄和特色保护类村庄具有明显的发展优势，是乡村振兴的重点，也是农村公共物品供给的重要区域。根据这四类村庄的振兴发展趋势，我们认为应当在国家推动农业农村优先发展的基础上，把集聚提升类村庄和特色保护类村庄作为优先发展的重点突出出来，尤其要把集聚提升类村庄作为乡村振兴的重中之重，在农村公共物品供给上实行优先集中供给，通过优先集中供给，提高供给效率，逐步达到城乡均衡供给，实现城乡基本公共物品的均等化供给，这就是我们提出的农村公共物品优先集中供给的基本趋向。

优先集中供给与国家实施乡村振兴战略的目标是一致的，而且与中央农办等部委出台的《关于统筹推进村庄规划工作的意见》是相吻合的。有关部委出台的这个意见，是乡村振兴的具体部署和安排，为乡村振兴视角下的农村公共物品供给指明了方向。这个意见要求尽快完成村庄的分类及其空间规划布局工作，而且要求不规划不建设、不规划不投入，要按照人口规模和服务半径合理规划基础设施，统筹安排公共服务设施。

可见，要实现农村公共物品的优先集中供给，就必须首先对村庄进行合理分类、科学规划，这是前提。不进行合理分类和规划，就无法进行优先集中供给。

随着市场经济的发展和城镇化战略的实施，我国农村经济社会得到了快速发展，农民逐渐过上了小康生活，有了幸福感和获得感。但是农村经济社会也出现了一些分化现象，一些农民出于对美好生活的追求，走出农村，走向城市，融入了城市发展，逐步由农民转化为市民。据国家统计局数据，我国乡村人口由1999年的82038万减少到2019年的55162万，21年整整减少了26876万，减少比例是32.76%。村庄之间也出现了不平衡的发展趋势，有的村庄已经实现了集聚提升，而有的村庄正在逐步空心化。据我们的调查问卷数据（见表6-3）显示，所有267个样本村都不同程度地出现了房屋空置，大部分村庄空置率比较低，有61%的村庄空置率在20%以下。应该说，这些村庄一般是离城镇比较近，或者经济社会发展比较好的村庄，能够留得住人，留得住产业。而有21个村庄的空置率在51%以上，占比7.9%，其中有一个村庄的空置率在81%以上，这些村庄空心化比较严重。一般来说，这些村庄基本上都是比较偏远或者经济基础比较薄弱的村庄，很难留得住人，实现产业兴旺难度很大。从整个农村来看，不仅是农村人口的数量在减少，而且人口的结构正在形成很难逆转的难题。过去的留守儿童、留守妇女也正在走向城市，50岁以上的人口成为农业生产的主流，留守老人成为农村发展的一大难题。前面分析的50岁以上的农民工，也呈现出逐年增加的趋势，使农村常住人口逐年减少。据我们的问卷调查，20岁及以下的年轻人在农村居住的比例很低，267个样本村中20岁以下年轻人有21%以上在农村居住的村庄只有45个，占比16.9%，而51～60岁和61岁以上有21%以上在农村居住的村庄的占比分别达到69.2%和59.6%。由于人口外流和人口结构变化，使一部分村庄的发展逐步陷入困境。所以，要实现乡村振兴，就必须首先进行合理分类、科学规划、精准定位，这也是历史发展的必然趋势。因此，农村公共物品的供给也必须尊重历史发展规律，不能进行撒芝麻盐式的供给。撒芝麻盐式的供给只能是低效的、无效的，甚至会造成有限资源的浪费。

表6-3　您所在村庄目前的房屋闲置率

项目		人数(人)	占比(%)	有效百分比(%)	累积百分比(%)
有效	10%及以下	82	30.7	30.7	30.7
	11%～20%	81	30.3	30.3	61.0
	21%～30%	47	17.6	17.6	78.7
	31%～40%	14	5.2	5.2	83.9
	41%～50%	22	8.2	8.2	92.1
	51%～60%	12	4.5	4.5	96.6
	61%～70%	5	1.9	1.9	98.5
	71%～80%	3	1.1	1.1	99.6
	81%以上	1	0.4	0.4	100.0
合计		267	100.0	100.0	—

目前，我国要全面完成脱贫攻坚任务，要全面建成小康社会，就必须加快补农村的基础设施和基本公共服务的短板。同时我国又在全面实施乡村振兴战略，就必须对所有村庄进行分类和规划，按照《关于统筹推进村庄规划工作的意见》进行农村公共物品供给。在这个时间交叉点上，显得似乎有点矛盾。实际上，这是一个问题的两个方面，都是农村公共物品供给问题。不管是哪一类村庄，到2020年都要建成小康社会，农村居民都需要最基本的公共物品，即使被划为搬迁撤并类村庄，在搬迁撤并以前仍然需要基本的公共物品和服务，这就是我们在第四部分中分析的共性需求。所以，补短板供给是当前农村的一个重要课题。从另一个角度来看，四类村庄划分、规划以后，正好为优先集中供给提供了最好的理由和前提。所以，加快村庄的分类和规划时不我待，迫在眉睫。

2019年7月，山东省出台了《关于加快推动乡村振兴和巩固提升脱贫攻坚成果的支持政策》，要求积极做好全省的村庄分类和规划，“科学有序地推进合村并居”，并给予大量的政策支持。这是山东省适应当前乡村振兴推出的一个重要举措，设计的是打造乡村振兴齐鲁样板的宏伟蓝图，非常适时，非常适势，非常适实。按照山东省的设想和规划，我国的农村将呈现出各具特色的、极具振兴的“富春山居图”。

我们提出的优先集中供给，就建立在合理分类、科学规划和科学有序合村并居的基础之上。合理分类、科学规划是基础、是前提，合村并居、乡村振兴是方向、是目标。按照中央农办等部委的文件要求，到2020年基本完成村庄的分类、规划、定位，就应该按照优先集中供给原则，对重点村庄进行公共物品供给。集聚提升类村庄和特色保护类村庄是乡村振兴的重点，也是优先集中供给的重点。围绕产业振兴，对集聚提升类村庄要优先集中配置各类生产要素和生产性公共物品，同时要充分考虑道路、交通、通信、供水、供电、供气、供暖、污水处理、垃圾处理、厕所改造等人居环境基础设施建设。在公共服务方面，首先要建立区域性公共服务中心，方便群众办事，同时要配套建设教育、医疗、养老、文化娱乐等各类基本的公共服务机构，建立完善的社会保障体系，并按照村庄的特色，加快农村产业发展，把集聚提升类村庄真正建成宜居、宜业、宜游的令人向往的美丽家园。

有了令人向往的美丽家园，蒂伯特“用脚投票”的理论就会发挥作用。像这样的美丽乡村，将来就是乡村人员流动、集聚的重点区域。前提是，要有一套完善的、人员流动的、可操作的“用脚投票”制度。山东省提出的合村并居就会成为农民的自觉行动，不需要行政干预，不需要农民“用手投票”，合村并居就会自然实现。随着农村的兴旺发展，农村与城市的人口流向可能会发生根本性的改变，逐步由过去农村向城市的单向流动，发展成为农村与城市的双向流动，人口开始由城市向农村流动、集聚，农民要返乡创业、居住，城市人口也要下乡创业、居住，农村真正成为人们向往的宝地，农村的繁荣发展、全面振兴势不可挡。

所以说，对重点村庄进行公共物品优先集中供给，既有其理论基础，也有其政策指导，更具有其现实意义和历史意义。

§6.3.4 政府主导趋向

在政府公文里面经常出现政府主导这个关键词，很多学者的研究成果中也经常使用政府主导的概念，但是，对于政府主导很少有人去进行深入细致的研究，至于政府主导究竟是什么，包括哪些深层次的含义，具体要主导什么，为什么是政府主导而不是市场主导，政府怎样去主导，对于这些问题的研究少之又少，且大多停留在一般性的表述上、号召上。实际上，政府主导属于公共选择理论的研究范畴，也有学者认为政府主导是公共管理的研究范畴。学者们无论是从经济学的角度还是从公共管理学的角度，对政府主导的研究都应该从政府的职能职责入手展开研究。赵云从政界、学界两个视域研究了政府主导在医疗卫生领域的内涵界定，并从公共管理的角度研究了政府主导的内涵和实现路径。王海英则研究了学前教育领域的政府主导内涵、原则和可能出现的风险。这些都是我国研究公共服务领域政府主导的有益成果。

什么是政府主导呢？实际上，政府主导是责任政府的一种职责和责任，因为责任政府应当根据社会公众的需求偏好，客观公正地、最大限度地满足公众的需求，政府主导也就是要满足这样一种公众需求。这是政府应当作出的、有益于社会公众的公共选择。从政府主导的含义来看，它至少包含了四层意思：一是强调的是引导、导向作用，二是强调了政府是引导、导向的责任主体，三是强调了政府在引导、导向中的主要责任，四是强调了政府不是唯一的供给责任主体。

坚持政府主导原则供给农村公共物品，至少有五个方面的理由。

第一，以人民为中心的发展理念，决定了坚持政府主导农村公共物品供给的必然性。解决农村地区发展不平衡、不充分的矛盾，满足广大农民群众日益增长的美好生活需要，是国家在新时代农业农村优先发展的根本目标。全面建成小康社会和乡村振兴都是国家战略（以下简称“两大战略”），这两大战略都能惠及广大的农民群众，是以人民为中心发展理念在农村的具体体现。既然是国家战略，理所当然地就应该由国家主导实施。实施这两大战略，就必须解决好农村生产、生活这两个基本的问题，其中农村公共物品在解决这两个基本问题中发挥着基础性作用，没有农村公共物品的供给就无法实施这两大战略。农村公共物品是一个庞大而复杂的体系，涉及生产、涉及民生，是美好生活的基础和条件，所以只能由政府来主导供给，才能保证供给效率。在中国这样一个大国，其他任何一个主体都无法围绕实施两大战略来主导农村公共物品供给，只有政府才能够承担起这一历史性重任，所以，坚持政府主导是一种历史性的必然选择。

第二，财政投入功能和兜底功能，决定了坚持政府主导农村公共物品供给的可行性。西方经济学家认为，公共财政是弥补“市场失灵”的财政。在我国，公共财政就是提供基本公共服务的财政。我国自 1949 年以来，政府一直是公共物品的主要供给者，改革开放以后市场供给作为公共物品供给的有益补充开始为社会提供公共物品和服务，但是政府作为公共物品主要供给者的地位没有变。2018 年，全国一般公共预算支出 220906 亿元，重点投向了医疗卫生、社会保障、教育、文化体育等城乡居民必需的基本公共物品的十大领域。所以说，我国的公共财政是社会公众的财政，是服务城乡居民的财政。近几年来，国家公共财政不断加大向农村转移支付的强大投入功能，旨在补齐农村公共物品的短板。公共财政在公共物品供给方面，还要发挥兜底功能，特别是在精准扶贫、社会救助、最低生活保障等方面都是要有公共财政进行兜底的。我国的公共财政，不仅是西方经济学家所说的弥补“市场失灵”，而且还是要在确保政府供给公共物品有效性的同时，预防市场供给的“失灵”。所以，在实施乡村振兴战略过程中，国家公共财政强大的支付功能和兜底功能，使由政府来主导农村公共物品供给是完全可行的、可操作的。

第三，城乡公共物品均等化供给，决定了坚持政府主导农村公共物品供给的客观性。逐步破除城乡二元结构屏障，实现城乡公共物品均等化供给，让农村居民与城市居民享受到公平均等的基本公共物品和服务，这里面既包含城乡之间的均衡，也包括区域之间的均衡。这两个均衡问题，是任何一个私人（市场）都无法做到的。因为私人受资金、执行力等各方面因素的制约，供给的公共物品是有限的，而且供给的区域也是有限的，无法实现均等化供给。而政府作为最大的供给主体，有着强大的公共财政作后盾，有着自上而下的强大执行力，这是任何私人和第三部门无法比拟的。所以，只有政府才能够主导城乡公共物品均等化供给。

第四，公共政策导向和动力功能，决定了坚持政府主导农村公共物品供给的多元性。根据公共管理理论，公共利益是公共政策的逻辑起点，也是公共政策的逻辑终点。由此可见，公共政策是通过政策调整，实现公共资源的合理分配，保障公共利益的实现。这样的公共政策，只有政府才能作出。所以，公共政策具有很强的权威性。政府主导公共物品供给，就说明政府不是唯一的供给主体。既然不是唯一的供给主体，政府就要通过制定公共政策来主导其他主体的供给行为。因而在制定公共政策时，就要充分考虑到其他主体的供给责任和供给志愿，通过公共政策的权威性和合理合法性指导、引导公共物品的供给数量和供给流向。公共政策还具有激励和动力功能，可以通过一定的激励政策，调动其他主体参与公共物品供给，把私人和第三部门的供给行为统一整合到政府决策的既定方向上来，保障公共利益的实现。同时还可以引导各供给主体进行分工合作，共同供给，以达到公共物品供给的最优效率。全面建成小康社会，农村公共物品短板问题比较突出，通过公共政策同样可以形成多元化的补短板体制机制，为实现乡村振兴奠定基础、创造条件。

第五，农村多样性公共公益需求，决定了坚持政府主导农村公共物品供给的保障性。无论哪一类供给主体，供给公共物品的初衷和目的都是要满足社会公共需求，实现公共利益，其中凸显的就是公共性和公益性。公共性明确指向的是社会共有，人人可以享用；公益性指向的则是社会效益，而非经济效益，重点是降低公共物品费用。按照公共物品的类别确定公共物品的定价权。一般来说，纯公共物品应当由政府定价，实行无偿供给或者低价供给；准公共物品由于其特殊性，应当由政府主导实行行业定价或区域定价，如我国的医疗卫生、教育、机构养老以及日常生活中的用水、用电、用气等等都是准公共物品，基本都是政府主导的行业定价，坚持的都是低价原则，这就是公共物品公益性的体现。政府以外的各类主体供给的公共物品，是对政府供给公共物品的补充，既然也是满足社会公众的多样性和差异化公共需求，也就必须按照公共性和公益性的要求进行合理定价和供给，否则就不可能作为公共物品进行供给，公众也不可能作为公共物品进行选择，其市场就会受到限制。可见，政府主导不仅能够保障纯公共物品的公共性和公益性，而且对于各供给主体提供的准公共物品也具有规范和控制的功能，使其不偏离公共性和公益性的轨道。尤其在农村，实行无偿和低价供给公共物品，满足农村居民公共物品的多样性需求，可以助力脱贫致富、抑制因病致贫和因病返贫，助力乡村振兴。所以，要保障公共物品的公共性和公益性，就必须坚持政府主导。

政府主导农村公共物品供给，是一种现实选择。那么在具体的公共物品供给中，政府应该主导什么、怎样主导呢？我们认为，政府至少应当在公共物品的规划、制度、决策、投入、监管等五个方面发挥主导作用。

第一，规划主导。规划先行，是做好每一件事情的第一选项。农村公共物品的供给，是涉及 5 亿多农民的公共服务问题，在很大程度上与城市公共物品具有同质性，所以，城乡基本公共服务要均等化供给。在实施乡村振兴战略的大背景下，农村正在发生着深刻变化，农村公共物品的供给是一个新课题。既然由政府主导乡村振兴，农村公共物品也应与乡村振兴规划一同由政府主导统筹规划，并由政府主导公共物品供给的基本方略。具体来讲，政府要主导四个方面的规划：一是，要根据乡村振兴规划中四类村庄的公共物品实际需求和村庄发展定位进行分类规划，明确四类村庄各自的公共物品供给种类、供给数量，避免供给不足和供给过剩，实现高效供给。二是，要根据城乡均等化供给的要求，规划设计农村公共物品供给的重点区域、重点物品和重点人群，确定优先集中供给策略，确保实现城乡均衡、区域均衡。三是，要根据农村生产、生活并重的特点，在确保生活性公共物品满足供给的同时，结合农村产业发展的特点，差异化地进行农村生产性公共物品供给规划，为打造特色鲜明的农村产业体系创造条件。四是，要根据公共物品的兜底功能，作好农村社会保障、社会救助、养老等方面的规划设计，确保在小康路上一个也不掉队。这四个方面的规划，都应该由政府主导，这也是责任政府的公共物品供给的首要责任。

第二，制度主导。一个科学合理的供给制度，是供给主体必须共同遵守的、公共性的、强制性的规章，具有先行导向性功能。政府为了保证公共物品供给规划的实施，必须制定科学、合理、合法的供给制度作为保障。通过制度，规范供给秩序，落实供给主体之间的分工协作责任。制度主导要体现在五个方面：一是主导供给主体选择，二是主导供给规则，三是主导供给效率，四是主导绩效评价，五是主导制度配套。否则，就会成为低效率甚至是无效率的制度。只有坚持制度主导，才能保证公共物品供给有序、有效。当然，任何一个制度都是时代的产物，具有明显的时效性，公共物品供给制度也不例外。所以，供给制度在运行过程中，通过各个供给主体之间的博弈，通过供给主体与广大受益公众之间的博弈，为制定新一轮的完善制度提供现实依据。

第三，决策主导。由于我国农村公共物品的特殊性，特别是在乡村振兴的新形势下，应该确立政府在农村公共物品供给决策中的主体地位。前面我们分析过农民在需求偏好诉求表达方面还存在一定的障碍因素，他们表达出来的需求意愿往往是零碎的、低层次的、个性化的，所以，完全根据农民诉求表达出来的需求偏好，可能会产生个人参与失灵现象，影响农村公共物品的精准决策，也难以实现城乡基本公共物品的均等化供给。所以，应当由政府在充分吸收、尊重农民需求偏好的基础上，按照供给侧和需求侧相结合的原则，进行统筹决策，主导农村公共物品的供给。具体来讲，决策要主导五个方面：一是主导供给品类、供给时间、供给范围等，二是主导供给模式和供给方式，三是主导供给主体的参与度，四是主导供给主体的行为规范，五是主导融资机制。

第四，投入主导。没有投入，公共物品供给就无从谈起。投入，是公共物品供给的最基本保障。前面我们提到，公共财政是最主要的投入主体，承载着公共物品的投入功能。公共财政的投入，就是政府的投入。政府投入的方式有直接投入、转移支付、购买服务、PPP 等多种方式，这些投入方式都主导和引导着农村公共物品的供给方向、供给策略、供给效率。但是，有的专家学者对投入主导存有不同的看法和观点，认为投入主导容易产生供给低效，其主要理由是政府没有足够雄厚的财政资金作保障。他们还特别提出财政吃紧的地方政府，根本无力负担巨大的农村公共物品投入。当然，这也是一些地方政府财力不足的实际情况。在乡村振兴的新形势下，面对农村集体经济比较薄弱的现实，没有政府的投入主导，农村需求的公共物品供给就很难得到满足。所以，加强政府的投入主导，应当成为农村公共物品投入的不二选择，当然前提是必须调整投入机制和激励政策。只有这样，不管是财力充足的政府还是财政困难的政府，都能有效地发挥主导作用。政府的投入主导应当体现在三个方面：一是政府直接投入，二是政府通过购买服务和PPP模式投入，三是政府提供引导资金投入和激励政策投入。前两种投入是政府最直接的投入主导，第三种是政府的间接投入主导。在这三种主导模式上，第一种是一种纯粹的政府投入，后两种都是政府和其他供给主体的共同投入、共同供给。第二种主导模式，特别是PPP模式能够解决政府资金短缺的大问题。第三种是间接投入主导，能够起到四两拨千斤的作用，吸引其他供给主体参与农村公共物品供给。可见，政府主导投入，既是解决政府供给公共物品投入问题的良策，也是解决农村公共物品供给不足问题的高招。

第五，监管主导。监管，是一种应用比较普遍的管理方式，是保证各种政策措施贯彻落实到位的保障手段。加强农村公共物品供给监管，也是一种必要的手段。为什么会出现公共物品供给失灵，特别是农村公共物品供给失灵？在第二部分中我们已作了比较全面的分析，也研究了专家们的一些精辟见解。从已有的研究来看，对供给失灵原因研究得比较多，但是涉及监管缺失的研究并不多，反而政府在供给公共物品时会经常提到监管问题。其实，监管也是一种公共物品，是一种特殊的纯公共物品。对公共物品供给的监管，既有政府系统的监管，也有受益公众的监管，还有第三方监管。政府除了建立自己的监管队伍，现在更多的还是强化了第三方的监管。为了保证监管的公正性，政府部门一般都会通过购买服务的方式，聘请第三方参与监管。不管是政府监管，还是社会公众监管或者第三方监管，最终都是要由政府来统领公共物品供给的监管，这就要求政府必须建立一套完整的监督管理体系，把各方的监管纳入其中，以确保监管的全面性和有效性。构建监管体系，作为一种制度设计，旨在矫正供给失灵，确保供给有序、有效。所以，实施乡村振兴战略，供给农村公共物品，应当建立监管体制机制，完善规避供给失灵的监管政策，主导公共物品供给的公共性、公正性、公益性，维护广大农民群众的公共利益。

§6.3.5 生产、生活并重趋向

提到公共物品，人们首先想到的是生活性公共物品。对于城市居民来说，大多数人自己不组织生产，所以其需求的公共物品只有少量的是生产性公共物品，最主要的还是生活性公共物品。而对于农村居民来说，就大不一样了。长期以来，我国的农村居民一直是自己组织生产，而且大多数是小农经营模式，需要社会提供各种各样的生产性公共物品。当然，农村居民同城市居民一样，也需要大量的生活性公共物品。可见，农村居民对于生产性公共物品和生活性公共物品有着同样的迫切需求愿望。因此，坚持生产、生活并重的原则，是农村公共物品供给的一个突出特点。

改革开放以来，我国城镇化建设得到了快速发展，农村劳动力大量转移到

城镇务工就业，给农业生产带来了新的发展难题。农村劳动力这个农村生产力最重要的因素，不仅在数量上发生了巨大变化，而且在结构上也发生了深刻变化，改变了农村生产力的发展状况，随之而来的是农业生产方式也发生了深刻变化，使农业生产经营面临新的机遇与挑战。适应这一变化，农村生产关系必然要进行相应的变革。通过生产关系的调整，逐步适应乡村振兴的新形势，促进农业农村经济的发展。农村劳动力的变化，也会引起生产力其他要素的变化，特别是对科技的需求、农业生产的组织与制度安排等都会发生很大的变化，并规定着生产关系的调整。所以，农村公共物品供给必须适应农村生产力与生产关系的变化。

大国小农是我国农业农村经济发展的基本国情。虽然改革开放走过了40年的历程，但是小农户在农村的地位始终没有发生大的变化，一直在我国农业生产中占据主要地位。截至2016年年底，全国小农户占20743万农业经营户的98.08%，到了2018年略有好转，但是仍然没有得到根本性的改变。从全国经营耕地农户来看，耕地面积在0.667～2公顷（10～30亩）和0.667公顷（10亩）以下的农户占比分别为10.5%和85.2%，合计达到95.7%，比例依然很高，而养猪户的养殖规模在500头以下的中小养殖户占到了99%，比例更高。这也与我国的国情有关，我国人多地少，决定了小农户占据农业生产经营主体的重要地位将会长期存在。从这个意义上说，我国的农村生产性公共物品应当以服务小农户为主要供给对象。当然，农业规模经营户和农业经营单位也需要生产性公共物品供给，而且在某种意义上，这些经营主体需要更大数量的、更高层次的生产性公共物品供给。

农村生产性公共物品主要是为了维持正常的农村产业发展所必需的公共物品，通常情况下主要包括农村基础设施、农村发展政策、农业生产技术、农村产业服务、农村市场服务、农村产业信息服务、农业生产的各种法律规制等几大类公共物品。这些公共物品都是农村产业发展所必需的基础性的公共物品。农村产业发展的法律规制类公共物品是纯公共物品，其他主体都无法提供，只能由政府来提供。其他生产性公共物品大多数是准公共物品，政府、市场、第三部门都可以提供。从我国目前农村生产性公共物品的供给情况来看，主要是四大供给主体：一是政府，二是农村集体，三是农民，四是各类经济组织。在政府支出不足或者供给效率不高时，在小农户占主体地位的情况下，农民为了维持正常的产业生产，在没有外来主体提供公共物品时，村庄集体或者农民就会主动承担起供给公共物品的责任，这基本是一种自给自足的供给方式。但是，村庄集体和农民供给公共物品的能力和水平受其自身财力的局限，往往不是很高，只能供给少量的必需公共物品，很难满足自身的需求，更不用说满足农业现代化发展的需要了。随着农村人口的转移,农村空心化、农村土地撂荒、种粮大户减种弃种、粮田改性、投入成本高产出效益低等问题的出现,除了农业产业比较效益低外,农村生产性公共物品供给不足也是一个主要因素。

加强农村生产性公共物品的供给,不仅是提高农业劳动生产率、降低农产品生产成本的需要,而且还是提高市场竞争力的需要。目前,我国农产品虽然正在逐步打入国际市场,但是国际竞争力仍然不够强,为农业农村供给更多更好的生产性公共物品,也是提高国际竞争力的需要。我国农村有着良好的资源禀赋,但是资源禀赋的利用效率不够高,甚至有的地方还很低,需要通过市场化和产业化来提高其利用效率。这就需要加强生产性公共物品和服务的供给,促进其市场化和产业化的实现。只要能够有效地为农村提供必需的生产性公共物品,就能提高农村资源禀赋的利用效率,乡村振兴的目标就能早日实现。

进入 21 世纪,加快农业农村的发展迫在眉睫,乡村振兴成为历史必然。我国的农业农村研究者们由研究土地规模经营、农业规模经营逐步转到研究农业生产性服务、农业社会化服务上来,其研究的主要目的还是解决小农户如何与现代农业衔接的问题,实际上就是要为小农户与现代农业衔接提供必要的生产性公共物品。在其实现路径的研究上,大多数学者都关注了政府提供和市场提供,但是更多的还是倾向于通过市场化的手段,为农业生产提供社会化服务。然而最近几年出现的农业生产性服务社会化供给的研究把注意力主要放在了农业产业本身,而忽略了农业基础设施、农业科技研发、农业产业发展规制等方面的公共物品和服务,或者说他们研究的前提是假定这些公共物品和服务都得到了有效而充分的供给,否则他们的研究就是不全面的,势必会影响到我国农村生产性公共物品的全方位供给,影响到乡村振兴的全面实现。我们的观点是,要实现乡村振兴,就必须全面地、全方位地有效供给农村生产性公共物品。

我们研究了历年的中央 1 号文件发现,国家对农村生产性公共物品始终是进行全面部署的。国家高度重视农业基础设施建设,把其作为重要的农村生产性公共物品,在 2004 年以来所有的中央 1 号文件中都作了具体部署。其中,2011 年和 2012 年对水利建设和农业科技创新分别作了专题部署。在部署水利建设工作时,特别强调农田水利是农村基础设施建设的重点任务。可见,农业基础设施这个基础性的农业生产性公共物品,不仅国家高度重视,而且是农业农村发展的重要基础,是必须首先提供的。历年的中央 1 号文件都高度重视农业社会化服务,特别是党的十八大以来,越来越重视农业社会化服务工作。中央 1 号文件重点围绕农业社会化服务的公益性和经营性、服务主体多元化市场化专业化、社会化服务体系建设、社会化服务体制机制建设等方面进行安排部署。2014 年以来的中央 1 号文件还多次强调推进农业生产全程社会化服务,促进小农户和现代农业发展有机衔接。2017年，农业部等三部委联合下发了《关于加快发展农业生产性服务业的指导意见》，把农业生产性服务作为战略产业提出，并把发展农业生产性服务提高到把普通农户引入现代农业发展轨道、推进多种形式适度规模经营、农业增效和农民增收、建设现代农业的重要高度来认识，提出了发展农业生产性服务的目标和要求，并部署了一系列的发展策略，促进多元化多层次多类型的农业生产性服务发展。2019年的中央1号文件再次提出要加快培育各类社会化服务组织，为一家一户提供全程社会化服务。2019年2月，中办、国办出台了《关于促进小农户和现代农业发展有机衔接的意见》，围绕小农户的发展通篇强调了农业生产性公共物品供给的重要性和具体措施，也特别强调了发展农业生产社会化服务，要求培育适应小农户发展的多元化、多层次的农业生产性服务组织，为小农户开展专项服务和综合服务，而且意见还提出了农业生产托管服务、产销服务、"互联网＋小农户计划"、小城镇服务小农户功能等专项服务内容以及土地、金融、保险、政府补助等针对小农户发展的一系列支持政策。2019年7月，农业农村部、财政部又专门下发了《关于支持农业生产社会化服务工作的通知》，对开展农业生产社会化服务提出了一系列的支持政策，其中特别强调要聚焦农业生产托管为主的服务方式。从国家层面来看，在高度重视农业基础设施等方面公共物品供给的同时，越来越关注农业生产社会化服务的供给，而且围绕实施乡村振兴战略，更加聚焦于小农户与现代农业的衔接，通过开展农业生产社会化服务架构起现代农业发展的大框架，逐步实现农业农村的现代化。

近几年来，之所以研究者们非常关注农业生产的社会化服务，不仅有政策因素，而且还有客观需求。总体来看，不仅是中央及各级地方政府越来越重视，而且我国农业农村发展的实际也决定了必须开展农业社会化服务来保障农村产业发展。也就是说，这是农村产业振兴的需要。关于农业社会化服务和农业生产性服务这两个概念，不同的学者给出了不同的概念，也有的学者强调了二者的关系问题，认为二者是一种包含的关系，即生产性服务寓于社会化服务之中，是农业社会化服务的一部分。我们认为，农业社会化服务就是指农业服务的社会化，农业服务实际上就是农业生产性的服务。而农业生产性服务概念从字面上看，只是没有体现社会化服务的字眼，它与农业社会化服务的指向都是农业生产性服务。所以为了研究的方便，我们没有对这两个概念进行严格的区分。

笔者在《农村公益性科技体制机制创新研究》中研究了中国农业大学在曲周县进行的科技小院实践，认为科技小院就是以需求为导向的农业科技的有效供给模式。从其实际意义上来看，科技小院就是农业生产性服务社会化供给的一种有益探索和尝试。钟真认为，农业社会化服务是新时代中国特色农业现代化的关键。张红宇作出了农业生产性服务业面临着历史机遇的判断。王腾飞、王岩认为,生产性服务业是中国农业的新引擎。朱信凯认为,现代农业发展离不开生产性服务业。这些专家学者的研究,对我国农业生产性服务业的内涵、定位、模式、主体等提出了清晰的思路,而且得到了社会的广泛认同,有助于按照中央的决策部署有效地开展农业生产性公共物品的提供。

总之,加强农业生产性公共物品的提供,是国家的重大决策部署,是我国农业农村发展和乡村振兴的现实需求,而且具有专家学者的理论支撑,还有实践者们的有益探索。正如张红宇所说的,我国的农业生产性服务业的发展迎来了千载难逢的历史机遇。

加强农业生产性公共物品供给如此重要,所以在整个农村公共物品供给中必须把生产性公共物品作为重点进行供给,要同农村生活性公共物品放在同等重要的位置进行供给,坚持生产、生活并重的原则进行供给,二者不可偏废。要坚持农业基础设施类公共物品与生产性服务类公共物品并重的原则,加快补齐短板,为农村产业振兴奠定基础、创造条件。

§6.4 农村公共物品供给策略

在乡村振兴的新形势下,农村需求的公共物品应该由谁来提供?怎样提供?这是专家学者普遍关注的问题,也是需要厘清思路、尽快解决的一个重要问题。

西方经济学家和公共管理学家基于市场失灵、政府失灵、志愿失灵,对各类供给主体及其供给策略进行了相应的研究。有的学者还对不同的公共物品提出了不同的供给主体,但是大多数的研究者没有对具体的供给主体究竟应该供给什么样的公共物品作出具体研究。我国学者的研究大多也是沿袭了西方的研究,缺乏按照农村公共物品分类进行供给主体的研究。农村要振兴,究竟需要哪些公共物品,应该由谁来提供,缺乏清晰的供给路线。由于过多的泛泛研究,没有清晰的供给主体与公共物品的对应研究,缺乏具有可操作性的供给策略研究,导致农村公共物品供给缺乏理论指导,出现供给效率不高、过剩与短缺共存等问题,不能很好地满足农业生产和农民生活的需求。

应该说,公共物品的供给是国家的一个制度安排,公共财政主要就是为社会、为公民提供公共物品和服务的财政。一些西方国家通过法律的形式,把公共物品的供给主体作了界定,特别是把各级政府的供给内容和供给责任作了制度安排。如《德意志联邦共和国基本法》,对联邦、州、地方三级政府的公共物品供给责任进行了具体的划分,就是通过对事、责、权、税的划分,落实各级的公共物品供给责任。《德意志联邦共和国基本法》不仅对公共物品的供给作了责任划分，而且对公共物品的管护责任也作了具体划分，如对航空、铁路、邮政与电信勤务、水路、高速汽车道路与国有公路等的权属和管护责任，这些公共物品的权属大多数都是联邦所有，而州政府承担管护责任。在保障政府供给公共物品的前提下，德国也关注私人提供，如《德意志联邦共和国基本法》第七条规定“设立私立学校之权利应保障之”，就是说允许设立私立学校，但是对于私立学校的设立作出了严格的规定，设置了准入条件。通过《德意志联邦共和国基本法》，可以了解到德国的公共物品供给主体、责任划分很明确，对于公共物品的有效供给提供了必要条件。但是德国等西方国家由于机制化、程序化、管理固化现象严重，造成制度性障碍，影响了公共物品的供给效率。李子暘认为，德国的社会救助是德国最大的产业，从业人员达到了200万，政府税收1/5流向了社会救助产业，由于国家把大量的社会救助外包给私人机构，整个德国的社会救助出现了“顾客”现象和“眼镜蛇效应”，使德国的社会救助产业“变了味”。实际上，德国的这种社会救助是一种失灵的公共物品供给：一方面造成国家资源的浪费，另一方面正如李子暘所说的“政府鼓励了原本想要消灭的贫困”。

《中华人民共和国宪法》对公共物品的供给也作了具体规定，如国防、教育、科技、卫生、体育、文化艺术、生态环境等方面的公共物品都强调了国家的供给责任，而且还强调了公共利益的重要性。宪法第十条、第十三条规定，国家为了公共利益的需要，可以依法有偿征收或征用土地和公民的私有财产。宪法高度重视了公共物品的国家供给，以保障人民对公共物品的基本需求。虽然我国宪法强调了中央政府的公共物品供给责任，但是地方政府的供给责任不明确。随着我国法律体系的不断完善，国家通过法律的形式把更多的公共物品供给责任界定得更加清晰，而且还把更多的公共物品供给纳入了规范化的管理之中。在上一部分中，对于我们研究的诸多公共物品的供给，国家出台了相应的法律法规和规范性文件以及一些具体的指导性意见，而且还出台了具体的供给规划，特别是每年的中央1号文件，中央都对农村公共物品进行具体的部署安排，较好地保证了公共物品供给。当然，这一系列的法律法规和政策同宪法一样，更多的是强调了国家的供给责任，缺乏对地方政府供给责任的规范和明确，市场和第三部门的供给范围和责任也不够清晰。

不管研究者们如何研究，得出何种结论，拥有一部完善的法律制度是首要的，以真正做到公共物品供给有法可依。因此，国家应当出台一部专门的公共物品供给法律，对我国的城乡公共物品进行科学界定，明确供给主体和供给责任，使各类供给主体权责分明、供给均衡、效率优先。

根据我国实施乡村振兴战略的要求和农村发展的实际，下面研究一下我国农村公共物品的供给主体，并根据主体特性提出各类主体应当供给的公共物品种类以及各个主体间的合作供给路径。从供给主体来看，这不仅与其他国家一样，而且还与城市公共物品一样，不外乎政府、市场、第三部门三大类，但是我国有自己的国情，农村有自己的独特特点。国家实施乡村振兴战略，农村对公共物品的需求又呈现出新的特点。国家乡村振兴规划的四大类村庄各有特点、需求各异，多样性、个性化的需求逐步彰显，对供给主体也有了新的要求，单独供给、多元供给、精准供给将成为农村公共物品供给的新模式。

§6.4.1 政府主体供给策略

2019年10月16日，《新京报》以《老人带头修路反成"失信人"，地方政府别缺位》为题，报道了四川省古蔺县二郎镇铁桥村赵永贵等6位老人牵头集资修桥铺路，却因为拖欠工程款而被法院判为失信被执行人的事件。农村的桥和路，都是基本的公共基础设施，是基础的公共物品。像这样的公共物品，应该由地方政府提供，但是由于地方政府的缺位，赵永贵等6位老人做了善事反而背上了失信的恶名并被执行，真是流汗又流泪。所以作者任君在文章中呼吁"涉及完善基础设施之类的公共事务，基层政府要负起责任来""负责任的基层政府不该在公共事务上一再缺席"。

从赵永贵等6位老人筹资修桥铺路这一典型案例可以看到，我国农村还有很多的公共物品没有供给到位，实施乡村振兴战略必须补齐这些短板。中央也一再强调加强农村公共物品供给，要补齐农村基本公共服务的短板，实现城乡基本公共服务均等化。那么，要实现这样一个目标，政府需扮演什么角色，需担负什么责任呢？

§6.4.1.1 政府供给的客观必然

很多专家呼吁，在农村公共物品供给上，地方政府不能缺位，要有所作为，要成为主要供给者。传统的公共物品理论把为社会公众提供公共物品列为政府的基本职责，大多数国家的法律也都强调了政府供给公共物品的职责。2005年，美国研究者安东尼·唐斯在《民主的经济理论》一书中强调，提供公共物品的重任只能交给政府。《中华人民共和国宪法》规定了国家提供公共服务的基本职能，而且规定了教育、文化、医疗卫生等一些具体的公共服务内容，奠定了我国政府提供公共物品的法律基础。随着全面建成小康社会和乡村振兴战略的提出，中央对建设服务型政府提出了更加明确的要求，而且赋予了地方政府更多自主权，这为建设满意的服务型政府创造了更加有利的前提条件，使最为接近社会公众的基层政府能够更好地提供公共物品和公共服务。

党的十八大、十九大报告都提到了人民满意的服务型政府，这其中凸显了两个概念，即服务型政府和人民满意。服务型政府对政府的职能定位是服务，就是要为社会服务、为人民服务，体现了中国共产党的宗旨。人民满意则是满足广大人民群众的需求，也是党的宗旨的体现。所以，建设服务型政府不仅是广大人民群众的需要，而且还是党的宗旨的全面实践和落实。随着小康社会的全面建成和乡村振兴战略的逐步实施，人民群众对政府供给公共物品和公共服务的数量、质量、供给效率的要求越来越高，要让人民满意，就必须解决好不平衡、不充分的矛盾，真正把我们的政府建设成为人民满意的服务型政府。

既然是人民满意的服务型政府，那么在实施乡村振兴战略的新形势下，政府应该为农村提供哪些公共物品和公共服务呢？李军鹏把政府提供的公共物品分为教育类、社会保障类、公共医疗卫生类、环境保护类、公共科技类、公共事业类、公共秩序类、公共财政类八大类别。我们认为，李军鹏老师的这八大类公共产品并没有全面涵盖我国农村的公共物品和公共服务需求。我国政府为农村提供的公共物品和公共服务远远超出了这八大类的范围，最为突出的就是农村生产性公共物品的供给，没有全面包含在李军鹏老师的八大类之中。在前面的研究中，我们把农村的生产性和生活性公共物品统一作了划分，共分为七大类，与李军鹏老师的划分相比，包含的内容应该更丰富。当然，在我们划分的七大类中有很多可以由政府以外的其他主体提供的。如果为了便于研究，也可以把政府提供的公共物品进行笼统的划分。比如可以这样分类，一是只有政府才能提供的纯公共物品，其他主体无法替代、无法提供，如国防、国家安全、法律、国家外交等。二是市场和第三部门无力提供的公共物品，如大型的交通、水利等基础设施。三是不能带来明显经济效益的、公益性的公共物品和公共服务，市场和第三部门一般不愿提供，只能由政府提供，如义务教育、公共医疗卫生、社会保障、基础性科学研究等。四是不能带来经济效益的、社会治理类的公共物品和公共服务，市场和第三部门也不愿提供，也只能由政府提供，如环境污染治理、农村人居环境整治等。

在前面的几部分中，我们分别对农村公共物品的种类及其政府供给现状都做了专门分析研究，为供给策略研究提供了基础性的依据。

我国政府分为中央、省（自治区、直辖市）、地（市）、县（市）和乡镇五级，同时也对应地建立起了五级公共财政。各级政府都有提供公共物品的职能职责，但是各级政府之间由于财权和事权的不同，提供的公共物品也是有差别的。每一级政府都有自己的财权和事权，我国基本上是采取自上而下的体制，由上级政府界定下级政府的财权和事权，下级政府根据上级政府确定的财权和事权提供公共物品。从我国各级政府供给农村公共物品的现状来看，普遍存在财权与事权不匹配的问题，越往基层承担的供给责任越大，财力越不足。特别是县、乡两级政府直接供给农村公共物品，但是资金不足始终是一大难题。

我国政府的层级化特点，决定了公共物品供给的层级化。虽然政府的层级化非常清晰，但是对于农村公共物品的供给，各级政府之间供给的界限并不是很清晰，导致一些公共物品的供给“缺位”或“越位”，出现供给不足或供给过剩的矛盾，供给效率不高的问题偶有发生。

§6.4.1.2　政府供给的理想模式

在乡村振兴的新形势下，国家对四类村庄的划分标准是非常明确的，根据四类村庄的特点对其需求的公共物品定位也是精准的，那么，也应该再根据各级政府的特点精准确定供给农村公共物品的财权和事权。同时应该让农村广大群众非常清楚地明白，他们所需求的各类公共物品究竟应该由谁来提供，各级政府也非常清楚自己应该供给什么公共物品，应该承担哪些供给责任。各级政府的这些供给责任，应该通过国家法律法规的形式固定下来。

通过实地调查和分析研究，我们给出的政府供给农村公共物品的理想模式应该具有以下四个特征：

一是农村需求的公共物品是非常清晰明确的，能够形成最有效率的供给决策机制。这就需要建立两个机制或者称为“两个通道”，即自下而上的需求表达机制和自上而下的供给决策机制。这两个机制是一个问题的两个方面，而且是双向互动的，通过自下而上需求表达来明确农村真正需求的公共物品和公共服务，厘清哪些是政府必须提供的，哪些是应该由政府主导、引导市场和第三部门提供的，哪些是应该由政府与市场或第三部门合作提供的，这是政府供给决策的基础和前提。在此基础上，政府再根据自身的基础和条件进行决策，确定供给种类、数量和供给渠道、模式，精准划分各级政府供给责任，保证供给效率。

二是各级政府之间的供给责任清晰明确。国家应该通过法律的形式，明确五级政府供给责任，使每一级政府都明确自己应该承担哪些农村公共物品的供给责任。由于具有公共物品的整体性和区域性特征，所以不仅要明确各级政府的独立供给责任，而且还要明确政府间的合作供给责任。合作供给不仅有上下级政府之间的合作，而且还有跨区域政府之间的合作，这些也要通过法律的形式明确下来，以减少政府之间在供给责任上的推诿现象，确保农村公共物品及时供给到位。

三是各级政府之间的财权和事权清晰明确。与事权相对应是财权和支出责任，事权清晰明确了，财权或支出责任也要清晰明确。只有财权清晰和支出责任落实到位，才能保障各级政府在进行农村公共物品供给时，有财力、有能力进行提供，也才能从根本上革除上级“请客”、下级“埋单”而又无力“埋单”的弊病，保证各级政府的事权与财权相对统一。

四是形成有效的政府供给监督机制。为了避免政府供给低效和寻租现象的发生，建立科学有效的监督机制是非常必要的。除了进行自上而下的政府间监督，还要建立自下而上的群众监督，让广大受益群众参与监督。公共物品供给到位与否、供给效率的高与低，受益群众最有发言权。同时还要引进第三方监督，通过第三方机构对供给效率进行评价：一方面监督政府供给行为，另一方面为政府供给精准决策提供可靠依据。另外，还要积极发挥社会监督、舆论监督作用，保证政府供给科学规范到位。

§6.4.1.3　政府供给的原则

根据政府供给理想模式的特点，清晰地划分政府间的供给责任是保障供给、提高效率的前提和条件。究竟如何划分政府间农村公共物品供给责任，划分的依据和原则是什么？研究者们提出了很多划分原则和方法，如英国巴斯特布尔(C. F. Bastable)提出了三个原则，即受益原则、行动原则、技术原则。巴斯特布尔提出的这三个原则，对于划分政府间公共物品供给责任有着一定的借鉴意义。目前，我国学界普遍认可的划分依据和原则也是三个，即外部性原则、信息复杂性原则、激励相容原则。我国学者的三个原则之间有着内在的联系，其中外部性原则是划分的依据，后两个原则则是事权和支出责任实现的保障性原则，从其本质上看是一个依据、两个原则。目前，大多数学者基本上都是依据划分原则，把政府间事权与支出责任分为中央政府和地方政府两大部分。但是在我国是五级政府，学者们普遍把省级以下的政府统称为“地方政府”，所以在研究上就把省级以下政府的供给责任放在一起，很少有对各级地方政府的具体供给责任进行划分研究的。其实，各级地方政府承担的是具体的供给责任，特别县、乡两级政府是公共物品的直接提供者，应该更明确地划分地方各级政府公共物品供给的事权和支出责任。

从实践来看，我国对政府供给公共物品是非常重视的，特别是对政府间供给责任的划分也提出了一系列的具体要求和原则。2016 年，国务院出台的《关于推进中央与地方财政事权和支出责任划分改革的指导意见》提出了中央政府与地方政府划分财政事权与支出责任的五个原则：一是体现基本公共服务受益范围；二是兼顾政府职能和行政效率；三是实现权、责、利相统一；四是激励地方政府主动作为；五是做到支出责任与财政事权相适应。应当说，国家提出的这五个原则比巴斯特布尔的三原则和学界普遍认可的三原则更具现实意义。国务院在这个意见中，把中央与地方政府的事权和支出责任作出了原则性的划分与界定，但是没有作出具体的可操作性的事权与支出责任划分。2016 年的这个意见，不仅对中央与省级政府之间事权与支出责任进行了划分，而且对省级以下各级地方政府也提出了具体要求，要求合理确定省级以下各级政府的支出责任，避免将过多的支出责任交由基层政府承担。

根据国务院的意见要求，全国各省(自治区、直辖市)都提出了省级以下各级政府的事权与支出责任划分意见。2017 年山东省出台的意见,在国务院五原则的基础上提出了适合山东实际的六原则,进一步强调了政府与市场的供给边界,把政府和政府以外主体的供给责任作了原则上的划分,而且把应当由政府承担的供给责任,要求明确出承担供给责任的相应政府层级。山东省的六原则还强调了供给责任的法治化、规范化和公开透明化,要求把政府的供给责任纳入法律和制度的框架内运行,同时要向社会公开,要让社会公众有知情权和监督权。但是山东省的意见只进行了省级政府与市县政府的供给责任划分。山东省的意见有两点还需要进一步明确:一是市、县两级政府的供给责任需要进一步的划分和明确,二是乡镇一级政府的供给责任更需要进行明确,因为乡镇政府是为农村提供公共物品的最低一级政府,直接为农村提供公共物品,所以责任必须划分明确。2019 年,山东省又根据国家意见分别出台了省以下财政管理体制改革意见和医疗卫生领域省与市县财政事权和支出责任划分改革实施方案。这两个文件虽然对省级政府与市县政府的供给责任划分比 2017 年的文件更具体一些,离公共物品和公共服务供给的理想模式越来越近,但是市、县、乡三级政府的供给责任还是不够明确。

总体来看,经过多年的实践,我国中央与地方政府公共物品的供给责任划分得越来越清晰,事权与支出责任划分的大框架也已初步形成,但是我国五级政府特别是市、县、乡三级政府的供给责任边界还不够清晰明确,还存在一些交叉重叠的供给责任,也有一些划分不尽合理的地方,这一些都会对公共物品供给效率产生影响。

我国建设新时代中国特色社会主义,与西方国家有着本质区别。在西方,国家实行公共物品政府供给,一方面是政府的职能所在,另一方面也是为了避免和弥补市场失灵带来的供给效率低下问题。我国实施乡村振兴战略,只要加强制度建设,科学合理地安排农村公共物品和公共服务供给,就能够尽最大的可能避免西方国家公共物品供给的三大失灵,实现供给的帕累托效率。我国实行公共物品政府供给,既是政府职能职责的体现,也是我国制度的优势。虽然我国五级政府都有自己的公共财政,都承担着公共物品供给责任,但是从财政体制上看,我国实行的是中央财政主导的公共财政体系,上下级财政之间也是上级财政主导下级财政的体制。在公共物品供给上,各级政府又都有自己的供给范围和供给责任。公共物品和公共服务在全国各地普遍存在共性需求和个性需求,因为每一个地方都有自己的公共物品和公共服务需求特色。所以,科学合理划分政府之间的财权和事权是非常必要的。前面提到理论界和各级政府提出的一些划分原则,不管是三原则还是五原则、六原则,都必须非常清晰地把各级政府的供给责任划分明确,具有透明性、可操作性和有效性。我们认为,具体可遵循以下原则进行政府之间的财权和事权划分。

一是供给边界原则。划分政府的财权和事权，首先要明确政府供给公共物品和公共服务的具体内容和范围。政府不能统包大揽，要把公益性的而且市场和第三部门无法提供的公共物品纳入政府供给范围，同时要把农村必需的而市场和第三部门又不愿提供的公共物品也纳入政府供给范围。特别是在农村，农民需求的生产性、生活性的公共物品远比城市居民的需求更加广泛，而且供给主体的多样性特点也非常鲜明，所以，界定政府供给边界对于提高供给效率具有重要意义。

二是受益范围原则。根据政府供给的边界，厘清公共物品受益范围，明确全国性的公共物品由中央财政承担公共支出责任，全省范围内受益的公共物品由省级公共财政承担公共支出责任，以此类推，逐级落实公共支出责任。

三是法律规范原则。依法供给公共物品，是依法治国的重要组成部分。我国各级政府的财权和事权划分基本上是通过规章的形式进行规范和明确的，通过法律法规形式明确的比较少。而且各级政府之间的供给责任也随着有关政策的调整经常发生变化，特别是支出责任变化较大，有的公共支出责任上划，而有的公共支出责任下移，缺乏法律的刚性约束和规范。为了保证政府供给公共物品有法可依，应当通过法律法规的形式把各级政府的供给责任相对固定下来，使每一级政府都明确自己的供给责任。这有助于各级政府制定长期的公共物品和公共服务供给规划，落实供给责任，也有助于受益对象清晰明确需求的公共物品和公共服务由谁来提供，应该找谁来提供。

四是责任清晰原则。目前，我国的法律法规和政府规章基本明确了中央政府和省级政府的财权和事权范围，但市、县、乡三级政府的供给责任划分比较模糊。为了保证供给效率，需进一步明确市、县、乡三级政府的供给责任。县、乡政府是我国最基层的政府，直接承担农村公共物品供给责任，是最主要的供给主体，承担着较大的支出责任压力。反观地市一级政府，基本不承担或很少承担农村公共物品供给责任，再加上我国在部分地区实行财政省直管县政策，使地市一级政府置身度外，进一步弱化了其农村公共物品供给责任。所以，合理责任划分、明确责任界限是非常必要的，可以有效避免由责任不清带来的推诿扯皮，避免责任不清带来的供给效率低下。

五是责权平衡原则。责权平衡，是保障供给、提高效率的基本要求。有什么样的责任，就要有相应的权力作保障；同样，有什么样的权力，就要承担相应的责任。各级政府承担的事权，必须有相应的公共财政支出责任去落实。可以说，各级政府的事权和公共财政支出责任都是一种公共服务的责任，要落实这个责任，就必须有相应的权力，做到权力与责任相适应，权责达到平衡状态。落实公共物品供给责任，除了行政权力，最重要的就是财权，要有相应的财力才能保证公共物品和公共服务供给到位。目前，我国的五级公共财政越往基层，公共财政越呈现出比较薄弱的特征，有的基层公共财政很难承担起自己的事权责任。虽然我国不断加大中央和省级公共财政的转移支付力度，但是农村公共物品还是存在许多短板问题。农村的短板问题，与基层政府的财力呈负相关性。基层政府的财力越充足，短板问题就会越少；反之，如果基层政府的财力越吃紧，那么短板问题就会越多。所以，要实现乡村全面振兴，就必须保障基层政府的财权与事权相统一，在基层政府财力不足的情况下，应当加大中央和省级公共财政转移支付力度，特别是要加大向县、乡两级政府的转移支付力度，保证县、乡两级政府的支出责任与财力相当，这也是农村公共物品供给到位和提高供给效率的重要保证。

六是需求导向与适度超前相结合原则。笔者在进行农村科技体制机制创新研究时提出需求导向原则，应该说是满足农村居民公共物品需求的一个重要原则，是满足农村居民的一种有意识需求。但是农村居民提出的需求，往往受当时的经济社会条件所限，只是为了满足当前生产、生活较低层次的需求而提出的一些具体需求事项，缺乏对带有趋势性的、前瞻性的公共物品和公共服务的需求，明显带有惰性思维倾向。所以，政府供给农村公共物品，首先必须尊重农村居民的意愿，按照需求导向原则，根据需求制定供给策略，根据需求确定供给清单，确实把农民的需求作为供给的目标，真正把农民需求的公共物品全面供给到位，以提高供给效率和农村居民的满意度。同时，要按照适度超前的原则，把农村居民没有提出而又能给农村发展带来明显效益的公共物品及时供给到位，提升农村公共物品和公共服务水平。适度超前提供公共物品，对农村发展具有导向功能。近几年来，我国为农村提供的大数据、物联网等现代科技信息，就是引导传统农业向现代农业、智慧农业发展而提供的重要公共物品。适度超前的公共物品，逐步就会成为农村居民的需求导向，所以，不断地适度超前提供就会不断地成为农村居民的需求导向，不断地把农村推向更高层次的发展。因此，政府提供农村公共物品，必须做好需求导向与适度超前相结合的文章。

七是政策激励与主动作为相结合原则。虽然国家可以通过法律的形式，合理划分政府之间的公共物品供给责任，做到权力、责任明确，使各级政府都明确自己需要为谁供给公共物品，需要供给什么公共物品，需要供给多少公共物品。但是如果没有激励政策，这种划分和责任落实只能保证供给基础的公共物品，不仅很难保证供给效率，而且也很难做到适度超前供给公共物品。只有给予适当的政策激励，才能做到创新供给，才能保证供给效率。各级政府在供给责任划分到位的基础上，通过政策激励，推动主动作为。主动作为，就是要求不能仅仅满足按照责任划分界定的公共物品和公共服务供给，而且要对责任划分清单上没有列出而农村又急需或有潜在需求的公共物品积极主动地供给到位。乡村振兴规划提出的四类村庄，国家有明确的发展定位要求，但是国家没有提出明确的公共物品供给清单，这就需要各级政府在为四类村庄供给公共物品时，必须进行科学研究、分类供给，特别是集聚提升类村庄，要根据集聚的程度和发展的方向，科学合理地确定公共物品供给的种类，适度超前地提供潜在需求的公共物品，这也是集聚提升类村庄集聚提升发展的重要基础和前提。可见，在各级政府供给责任划分明确后，还要坚持政策激励与主动作为相结合的原则，确保农村公共物品适时供给、有效供给、创新供给，这也是农村经济社会始终保持旺盛的生机和活力的重要保证。

八是责权清晰与合作供给相结合原则。我国许多的公共物品和公共服务供给不是一级政府所能够完成的，需要多级政府合作供给，也有的需要跨区域合作供给。对于需要合作供给的公共物品，也必须厘清各级政府在合作供给中的责任，尤其是公共支出责任，防止供给“缺位”现象发生。划分合作供给责任时，应当依照各级政府的财力状况，合理划分公共支出责任，让各合作供给主体都能力所能及地承担起供给责任。通过合理划分合作责任，尽可能地避免上级政府只出政策而让下级政府承担公共支出责任，导致下级政府无力承担公共支出责任，无法合作供给公共物品。跨区域合作供给涉及上级政府和各区域政府之间的多方合作，所以对于跨区域合作供给的公共物品，上级政府要实事求是地划分本级政府及各个区域政府的供给责任，确保跨区域公共物品合作供给到位。

九是责权清晰与平衡供给相结合原则。由于我国地大物博，地区之间经济社会发展不均衡的矛盾长期存在，虽然国家出台了一系列的政策措施，促进了各地区的经济社会发展，不均衡发展的问题正在逐步得到解决，但是就全国、一个省份而言，仍然存在经济社会发展不均衡的问题。所以，各地区的经济基础不同，公共财政的财力就不同，而且公共物品的供给成本也不同。由此，国家在划分公共物品供给责任时，要充分考虑各地区的经济基础差异，充分发挥中央财政、省级财政平衡器的作用，平衡各级政府、各地政府之间的公共财政支出责任，加大对经济欠发达地区和承担公共支出责任较大地区的转移支付力度，确保其事权与公共财政支付能力相匹配。另外，我国农村一直是公共物品供给的薄弱环节，还存在一些短板问题亟须解决，各级政府在划分供给责任时，要全面考虑农村的实际，按照国家提出的城乡基本公共服务均等化的要求，重点向农村倾斜，加快补上农村公共物品供给短板，缩小城乡差距，让农村居民与城市居民享有平等的基本公共服务，为农村的发展插上腾飞的翅膀，全面改变农村的发展面貌，真正使韩长赋的预言成为现实：“农村将来会成为稀缺资源，会成为城里人向往的地方”。

十是公开透明与监督反馈相结合原则。国家通过法律的形式明确各级政府公共物品和公共服务供给责任以后，各级政府都应该向社会公开自己的供给清单，真正让受益公众知道各级政府为他提供的是什么公共物品和公共服务，政府也把自己的供给责任与权利公开地放在阳光下运行。这样做，一方面能够把政府的权力放在制度的笼子里，接受社会的监督，另一方面也能与受益公众形成互动，按照需求导向原则，把受益公众真正需求而又没有供给的公共物品通过自下而上的渠道反馈给政府，以便形成新的供给决策。同时，政府也可以发现受益公众新的需求，以便及时地调整供给决策。当然，公开透明也是接受社会监督的有效形式。政府供给公共物品，至少要接受五方面的监督：一是政府之间的监督，二是法律的监督，三是受益公众对政府供给的监督，四是第三方机构的专项监督，五是社会舆论的监督。上级政府对下级政府的监督不仅要监督公开清单的全面性和下级政府供给责任的落实情况，而且还要通过监督收集受益公众的新需求信息，以调整公共物品供给策略。受益公众监督是最直接的监督。受益公众可以把供给的满足程度作为评价监督的重要依据，并根据公开的供给清单逐项进行监督，这也是提高供给效率最直接、最有效的监督渠道。其他的监督主体和监督形式同样可以对政府公共物品的供给责任和供给效率实行有效监督。通过有效监督，可以有效地弱化政府的“经济人”行为，避免政府的寻租行为，有效地推动人民满意的服务型政府建设。

西方经济学家在研究政府供给公共物品时，始终有一种观点就是“政府失灵”。我国大多数学者沿用了西方经济学家的这一观点。不可否认会有“政府失灵”现象发生，但是他们共同忽视了一个不容忽视的问题，那就是国家制度。国家制度，能够有效地规范和约束政府的行为。不同的国家制度，其规范和约束力是不同的。所以有的国家会出现“政府失灵”现象，而有的国家就会避免“政府失灵”现象的发生。我国与西方国家有着本质的区别，我国实行的是具有中国特色的社会主义制度，完全不同于西方资本主义制度，这正是我国部分学者所忽略的理论基础。在2020年抗击新冠病毒中，我国的制度优势得到了充分发挥，政府供给抗击新冠病毒的公共物品，不仅没有失灵，而且极其有效。而西方一些资本主义国家由于“政府失灵”，导致新冠病毒快速大面积漫延。所以，基于我国制度优势，我们完全可以有效避免西方经济学家提出的“政府失灵”。除了制度优势，科学划分政府供给责任是避免“政府失灵”的关键。根据前面提出的政府之间供给责任划分的十大原则，对我国农村需求的公共物品和公共服务进行供给责任划分，使各级政府都能清晰地知道自己的具体责任，并按照责任划分去逐项落实，只有这样，才能真正避免“政府失灵”，确保农村公共物品供给到位、供给有效。由于我国采取的是自上而下的供给体制，也应该对应地、自上而下地对五级政府的供给责任进行科学合理的划分。

§6.4.1.4　政府间供给责任划分

2016年以来，我国从中央到省、市、县，各级政府都不断出台相关的政策措施，规范、明确五级政府的事权与支出责任。从中央、省、市、县四级政府出台的政策措施来看，有两个特点。一是国家对中央和省两级政府的财政事权和支出责任作了明确划分，并出台了教育、科技、医疗卫生、交通运输等领域的具体配套意见，地市一级政府大多数也出台了相关意见，而县一级的政府很少有出台相关意见的。在客观上，乡镇一级政府的财力相对比较弱，无力承担过多的农村公共物品支出责任，但是县一级政府也应当合理地划分县、乡两级的供给责任，让乡镇一级政府也要担当作为。二是国家把中央政府单独承担和与地方政府共同承担的财政事权和支出责任划分得比较明确，而且逐步把更多的公共物品供给责任上划到中央政府，强化了中央政府的支出责任。同样，省一级政府也对省级政府单独承担和与省以下政府共同承担的财政事权和支出责任划分得比较明确。但是市、县两级政府出台的文件大多套用了中央及省级政府的原则性划分办法，基本没有自己的划分意见。总体来看，中央和省两级政府出台的意见可操作性比较强，而市、县两级的意见大多过于笼统，缺乏可操作性。应该说，越往基层就越接近社会公众，基层政府就越应该明确划分财政事权和公共支出责任，只有这样才能更好地为社会公众提供其需求的公共物品和公共服务，也才不至于出现本节开头提到的赵永贵等6位老人筹资修路的悲剧。

我们把政府供给的农村公共物品，也按照五级政府的支出责任进行划分，共划分为两大类：一是各级政府各自单独供给的公共物品；二是政府间共同承担供给责任的公共物品。其中，政府间共同承担供给责任的公共物品又可分为上下级政府共同承担供给责任公共物品、区域政府间共同承担供给责任公共物品和上级政府与区域间政府共同承担供给责任公共物品。可以用以下公式表示：

$$X = X_1 + X_2 + X_3$$

$$X_1 = \sum_{i=1}^{5} A_i = A_1 + A_2 + A_3 + A_4 + A_5$$

$$X_2 = \sum_{i=1}^{n} B_i = B_1 + \cdots + B_i + \cdots + B_n$$

$$X_3 = \sum_{i=1}^{n} C_i = C_1 + \cdots + C_i + \cdots + C_n$$

式中：X 表示各级政府供给的公共物品总量；

X_1 表示五级政府分别供给的公共物品总量；

X_2 表示上下级政府共同供给的公共物品总量；

X_3 表示上级政府与地方政府跨区域共同供给的公共物品及地方政府之间跨区域共同供给的公共物品总量；

A_i 表示各级政府单独供给的公共物品；

B_i 表示上下级政府共同承担供给责任的公共物品；

C_i 表示上级政府与地方政府跨区域共同供给的公共物品以及地方政府之间跨区域共同供给的公共物品。

为了供给的便利和可操作，在落实供给责任时，上下级政府之间可以互相委托供给，但是委托方应当承担公共财政支出责任。基于我国五级政府财力的现实状况，应该把更多的供给责任逐级上划或划分为政府间共同承担的供给责任，尽可能地减少基层政府的公共支出责任和支出压力。因为我国大多数基层政府的财力比较薄弱，如果把过多的供给责任划分给基层政府，就容易由于基层政府无力承担公共支出责任，出现供给不足、效率低下现象。我们查阅研究了部分市、县政府财政事权和支出责任划分办法，有的市、县不但没有很好地承担起更多的供给责任，反而利用自己作为上级政府的权威，把更多的供给责任下移，特别是个别县把农村公路、地方文化遗产保护等应该由上下级政府共同承担供给责任的公共物品一律下移到乡镇一级政府，增加乡镇政府的公共支出责任，这不仅与乡镇的财力不符，而且还与国家的相关政策相违背，容易导致农村公路建设不足，地方文化遗产很难得到有效保护。

根据我们提出的十大原则，结合我国的实际情况，应当把各级政府的供给责任划分得非常清晰明确，以便于各级政府履行自己的供给责任。

1）中央政府供给责任

关于中央政府的供给责任，学者们也是众说纷纭，各持己见。如有的研究者根据农村公共物品的分类来划分政府的供给责任，把纯公共物品和准公共物品分别划给中央政府和地方政府。其实这种观点是不科学的，也是不准确的，是一种形而上学的划分方法。实际上，中央政府、地方政府、政府以外的供给主体都可以供给纯公共物品，同样的准公共物品各类主体也都可以提供，当然中央政府也可以提供准公共物品。我们认为，应该按照受益范围和财政承受能力来划分供给责任。一般来说，全国性的农村共同受益的公共物品应当由中央政府提供或由中央政府牵头提供。根据我国中央财政在国家财政中的支配地位，中央政府可以直接供给四大类农村公共物品。

第一类是全民共享类公共物品。如外交、国防、法律、警察等，这些公共物品是全国所有城乡居民共享的公共物品，应当由中央政府提供。

第二类是农业农村制度类、政策类公共物品。这类公共物品对全国农业农村的发展起着导向性的作用，规定着农业农村的发展方向，应当由中央政府提供。如农村土地承包制度、农村义务教育制度、农村社会保障制度、农村公共卫生制度、国家基本药物制度、农村职业教育制度、建设小康社会、乡村振兴战略、扶贫开发、救灾减灾等涉及农业农村发展的各项全国性制度，都应由中央政府提供。与落实各项农业农村发展相关制度相配套的各项政策，如城乡基本公共服务均等化供给政策、粮食良种农机等农业补贴政策、新型职业农民培训政策、农业保险政策、农村医疗保险政策、农村社会救助政策、农村社会养老保险政策、农村公共文化发展政策、农厕改造政策、乡风文明和乡村治理政策等涉及全国性的普惠性政策，也应该由中央政府提供。

第三类是农村科技类公共物品。如农业基础科学研究、前瞻性技术研究、实用性技术研究、良种培育研究、污染治理技术研究、农业科技和机械推广应用、农村公共信息服务等涉及全国性的农业基础研究、应用研究和成果推广全链条的农业科技类公共物品，应当由中央政府提供。2007 年，国家开始启动的现代农业产业技术体系建设就是非常典型的、由中央政府提供的、全国性的农业科技服务体系。

第四类是重大基础设施类公共物品。如国家大江大河的开发与治理、公路铁路等交通干线、农村能源设施、农村通信设施、农村环境保护、农田水利设施、农村金融设施等涉及全国性的或单个地方政府无法提供的农村公共物品，应当由中央政府提供。如 2005 年开始实施的高标准农田建设，就是由中央政府主导提供的农村基础设施类公共物品。再如我国实行的天然林资源保护、湿地保护、自然保护区建设等也是由中央政府提供的生态保护类农村公共物品。

2)地方政府供给责任

在我国，除了中央政府，省、市、县、乡四级政府都是地方政府。这四级政府在农村公共物品供给上都有自己的单独责任，同样也承担着政府之间的共同责任。

四级政府的共同供给责任：一是全面落实和供给中央政府提供的各类公共物品，二是每一级政府都要落实和供给上面各级政府提供的各类公共物品。这里需要说明的是，虽然上级政府提供的公共物品不需要下级政府承担公共支出责任，但是上级政府提供的公共物品只有通过下级政府才能真正供给广大农村地区。

除了中央政府供给的农村公共物品，其余的农村公共物品主要由省、市、县、乡四级政府供给。地方政府，原则上应当根据区域性特点和受益范围，合理划分农村公共物品供给责任和公共支出责任。我国 1994 年实行分税制改革以后，省级财政收入与市、县、乡三级财政收入相比，财力相对充裕，越往基层财力相对越弱，特别是县、乡两级支出压力更大。所以，在农村公共物品供给责任划分上，一方面要充分考虑市、县、乡三级的财政承受能力，不能过度地下划供给责任，另一方面中央和省两级财政要加大转移支付力度，增加基层政府的财政支付能力，确保市、县、乡三级政府有效履行农村公共物品供给责任。在我国，地市一级政府在履行农村公共物品供给责任方面，其作用发挥得远远不如中央政府、省级政府和县乡级政府，这与地市政府的财力不足有着直接关系。虽然 2016 年以来，我国中央、省、市、县四级政府相继划分了事权与支出责任，但是有的划分不够明确、不够到位，特别是农村公共物品的供给责任，没有清晰的划分，甚至在地市以下政府的意见中划分得比较模糊，而且大多数的研究者把省以下各级政府笼统地称为“地方政府”，粗线条地划分中央与地方政府的供给责任。

为了保证农村公共物品供给责任清晰、供给有序，在这里对地方各级政府的农村公共物品供给责任作一粗略的划分和界定，希望起到抛砖引玉的作用。

第一，省级政府供给责任。

根据省级财力比较雄厚的特点，应当适当加大省级公共物品供给责任。省级政府站在全省的高度，对农村供给公共物品有类似于中央政府的供给特点，不适宜做过多的农村公共物品微观供给，但是应当把更多的、全省性的供给责任上划到省一级政府，也应当把跨区域性的(包括省内跨区域和省际跨区域)供给责任也上划到省一级政府。省级政府应当承担的直接供给责任有五项。

一是规划供给。规划也是一种公共物品。作为全省农村公共物品供给规划，只能由省级政府负责制定。省级政府要配备专门的农村公共物品专家队伍，加强全省的供需情况研究，根据需求导向和适度超前的原则，科学制定全省性、区域性以及单项的农村公共物品供给规划，并根据财权和事权责任相统一的原则，把农村公共物品供给规划落实到各级政府。

二是政策供给。省级政府要根据全省的供需情况和各级政府的供给责任，提出明确的供给政策，对各级政府履行供给责任作出规范性的制度要求，并通过地方性法规和政府规章的形式固定下来。省级政府聘请的专家队伍要根据乡村振兴要求，加强全省农村发展的政策研究，凸显地方特色，制定全省性的农村发展政策，同时针对乡村振兴规划的四类村庄的不同特点制定相对应的发展策略，指导、引导四类村庄分类振兴。同时，要按照国家部署和要求，研究制定城乡基本公共服务均等化的政策，确保在全省范围内实现城乡基本公共服务公益性、普惠性、保基本、均等化供给。省级政府要研究政策，逐步把城乡居民基本养老保险、基本医疗保险和社会救助等纳入省级统筹，增强省级政府的供给责任，同时为实现全国统筹奠定基础，从而从根本上解决城乡居民跨区域养老、就医和接受社会救助的难题。省级政府要不断完善农村公共医疗卫生体系，加强农村卫生室和乡村医生队伍建设，建立和完善农村家庭医生签约制度，同时要加强农村重大疫病防治和重大突发公共卫生事件处置。具有明显地方特色的历史文化资源，如山东省的儒家文化、河南省的豫剧、胶州的大秧歌等著名的历史文化资源，一些保存完整的历史文化名村、名镇等不可复制的地方特有资源，民间流传的剪纸、皮影戏、泥塑、豆面灯碗等优秀的传统民间艺术，都需要省级政府出台政策加以保护并合理开发。

三是农业科技供给。省级政府同中央政府一样，也要加强农业科技供给，其重点同样要放在农村基础科学研究、重点农业技术研究和全省性、区域性农业科技推广上。省级政府要根据本省农业农村发展的特点，组织省内农业科研机构和农业高等院校的专家，加强农业基础科学和农业实用技术研究，同时要建立完善的农业科技推广体系，把农业科技送到农民的田间地头。像山东省现代农业产业技术体系这种在省域内把农业基础研究、农业实用技术研究、农业科技推广融为一体的农业科技体制，是省级政府的重要供给责任。在送科技的同时，还要注重人才的培养：一方面要加强农业职业教育，培养农村专业技术人才、新型职业农民和高素质农民；另一方面要把培养人才与农业科技推广有机结合，普及农业科学技术，提高农业的科技含量，巩固强农、兴农的根基。

四是农村基础设施供给。省级政府要根据农村的发展需求，对全省农村基础设施进行全面规划，制定建设和管护计划，全面落实省级政府的建设和管护责任，省级政府可以把一些基础设施委托给基层政府进行建设和管护，但是省级政府应当承担公共支出责任。省级政府要重点加强省内路网建设和农村公路建设，加强农村水利设施建设，加强高标准农田建设，加强农村物流设施建设。农村其他的一些必需基础设施，也应当由省级政府提供，并承担相应的管护责任。

五是生态环境保护。省级政府应当把全省性、战略性的农村自然资源使用与保护、全省范围内的环境质量监测与监察、农村生态环境治理与保护、农业生产安全和食品药品安全监测与监察等与生态环境和公共安全有关的重大事项，全部纳入省级财政事权范围，由省级政府履行供给责任，至少应当由省级政府履行公共支出责任，委托基层政府履行供给责任。

第二，地市级政府供给责任。

我国各省级政府在划分财政事权与公共支出责任时，都是把市、县两级政府一同作为地方政府，把事权与支出责任划分在一起，没有明确区分地市级政府和县级政府的事权范围和公共支出责任。这其中既有我国省级以下财政体制的特殊性原因，也有我国部分地市级政府经济发展水平不高、财力比较薄弱、无力承担过多的农村公共物品供给责任的现实性因素。从特殊性原因来看,由于各市级政府财政状况不同,有的省级政府根据其不同的财政特点实行了不同的财政体制,重点支持欠发达地区发展;也存在省级政府实行地市级财政和县级财政同时直管的体制;还存在省级政府对欠发达县直接采取不同的扶持政策的体制;另外也有一些特殊性原因。而且这种特殊性的因素,始终处于动态变化之中,省级政府根据市、县的发展状况和发展趋势,不断调整省以下各级政府的财政体制。再是我国地市级经济社会发展的不平衡特性,一部分地级市政府财政困难,自身运转还要靠上级政府转移支付,根本无力承担农村公共物品的供给。所以,省级政府很难划分市级政府和县级政府的供给责任。从部分地市政府划分的市、县财权和事权责任来看,不少的地市政府在划分本级政府供给责任时,基本套用了省级政府划分的本级政府的供给责任,没有根据地方特点划分出自己的供给责任,也有的地市政府没有明确本级政府的供给责任。而一些发达的地市政府,特别是个别的计划单列市如青岛市,不仅明确而且强化了本级政府的供给责任,而且县、乡两级政府的财政事权与公共支出责任也划分到位。鉴于地市政府的特殊性,应当根据省级以下财政体制状况,依据其经济社会发展状况以及对县级经济社会发展的带动和辐射能力,划分其供给责任。

从全国普遍情况来看,地市级政府应当承担以下几个方面的供给责任:一是要确保国家农村公共物品政策在本区域的落实,保障区域内城乡基本公共服务均等化制度的落实,通过财政补助等方式加强经济欠发达的县级政府农村公共物品供给力度,确保区域内城乡基本公共服务的均等和平衡。二是要加强区域内生产性公共物品供给,不断满足农民的生产性公共物品需求,确保区域内农村的均衡发展和乡村振兴的实现。三是要加强农村基础设施建设,在配合落实中央政府和省级政府农村基础设施供给责任的同时,要加强农村小型水利设施、流域治理、村内道路和通户道路、供水供电、沼气、垃圾和污水治理、农业生产性基础设施、公共文化基础设施等农村基础设施的建设、管护和公共支出责任。四是要落实区域内农村生态环境保护、食品药品安全等公共安全责任。

第三,县级政府供给责任。

县级政府属于基层政府,起着承上启下的作用,对公共物品供给承担着直接责任。县级政府作为基层政府,一方面要落实上级政府的供给责任,另一方面要直接落实本级政府农村供给公共物品供给责任。从部分地市级政府划分市、县政府供给责任来看,有的把更多的供给责任划分到县级政府,甚至有的把共同的财政事权和公共支出责任也划分给了县级政府。这种责任下移的不合理划分办法进一步加大了县级政府的供给责任,一部分经济欠发达的县,根本无力承担供给责任,无法满足农民的公共物品需求,同时也会背离国家城乡基本公共服务均等化供给的原则，导致城乡不均等、地区不均衡。在通常情况下，县级政府要花费很大的精力用来落实上级各级政府的供给责任，同时还要承担着若干共同事权责任、公共支出责任，再加上县级财政相对比较薄弱，基本上都是在“保工资、保运转、保民生”，而且城市基础设施和基本公共服务的投入相对较大，能够真正拿出来供给农村公共物品的财力是非常有限的，这是县级政府的客观情况。所以，应当根据县级政府的财力状况，本着实事求是的原则，合理划分其农村公共物品供给财权和事权责任。

在全面实施乡村振兴战略的新形势下，县级政府的供给责任如下：一是要按照国家乡村振兴战略规划提出的四类村庄标准，对县域内的村庄进行科学分类，并根据四类村庄的特点，做好村庄的空间规划布局，为农村公共物品的精准供给创造条件。二是要制定和落实农村公共物品和基本公共服务供给规划，做好农村教育、文化、卫生、养老服务等基本公共服务机构的规划布局，做好农田水利基础设施、农村公路、村内道路、田间道路、垃圾和污水处理设施、供水供电供气设施等农村公共基础设施建设的规划布局，确定出具体的供给目标，为上级各级政府提供公共物品提供依据，以便于更加有效地供给农村公共物品。三是要落实城乡公共物品均等化的供给责任，切实履行城乡公共物品一同规划、一同供给职责，保证城乡均等化制度的落实。四是在落实中央、省、市政府农村公共基础设施建设和管护责任的同时，县级政府要按照农业规模化、机械化、智能化、现代化的要求，加强农村小型水利设施、田间道路、农业机械、河道沟渠、秸秆综合利用、面源污染治理等农业生产性基础设施的规划、建设和管护，加强农村自来水、天然气、垃圾和污水处理等农村生活性基础设施的规划、建设和管护。五是要开展农业科技和农业机械推广工作，注重引进和推广适宜当地农业生产的、先进的农业科技、作物良种、农业机械和管理技术，充分利用国家的有关政策引导农民发展现代农业以及各种特色农业，实现小农户与现代农业的有机衔接。六是要承担起辖区内生态环境保护和公共安全责任。七是要探索乡村治理的新机制。乡村治理是国家治理的一个重要组成部分，必须按照国家要求，加强农村基层政权建设。县级政府要担负起重要的职责，加强和推动农村治理现代化建设，建立一支能够带领群众实现乡村振兴的、忠诚干净担当的、高素质的农村干部队伍，建立健全党组织领导的自治、法治、德治相结合的乡村治理体系。八是要加强乡风文明建设，教育、引导广大农民群众自觉践行社会主义核心价值观，建立健全乡风文明建设的相关制度，开展移风易俗，培育文明乡风、良好家风、淳朴民风，凝聚乡村振兴的强大精神力量。

第四，乡级政府供给责任。

乡级政府是我国最低一级政府，是直接服务于农业农村的基层政府，是直接与农村、农民打交道的基层政府，中央、省、市、县四级政府对农村供给的公共物品和服务，最终都要通过乡级政府落实到位。由于乡级政府的财力相对较弱，只能供给少量的公共物品，无力承担较大的供给责任，所以乡级政府作为直接服务于农村的一级政府，供给公共物品的主要职责就是负责落实上级政府公共物品的供给责任。鉴于我国乡镇财力普遍较弱的现实，应该把更多的财政事权和公共支出责任上划到县级以上各级政府，尽量减少乡镇政府的公共财政支出压力，让乡镇政府有足够的精力去落实各级政府的供给责任。

除此而外，乡镇政府还应当承担以下农村公共物品供给责任：一是与县级政府一起做好乡村振兴四类村庄的规划布局，做好农村公共物品和公共服务设施的规划。二是要按照需求导向的原则，建立起自下而上的农民公共物品需求表达机制，把农民的真正需求偏好反馈到上级政府，为上级政府供给决策提供依据。三是要落实农村生产性公共服务的供给责任，除了生产性农业基础设施建设，乡级政府要围绕农业生产全产业链，引导农民通过成立农业专业合作社、“公司＋农户”等多种方式开展农业生产性服务，推动小农户与现代农业对接，逐步引导农村走一、二、三产业融合发展的道路。四是要落实生态环境保护责任，引导、指导农民利用现代科学技术减少种植业、养殖业污染排放，杜绝农村垃圾、污水乱排乱放，加强对自然保护区和重点山林、植被、河流和生物多样性的保护和监督。五是要落实农村公共安全责任，根据乡村振兴的新特点，针对四类村庄不同的公共安全需求，加强农民公共安全知识的普及教育，增强农民的公共安全意识，建立健全公共安全体系，加强农村社会治安管理，推进农村“雪亮工程”建设，落实农村森林防火责任，加强农村矛盾纠纷调处，保障农村信息安全、食品安全、公共卫生安全、社会治安安全、公众出行安全、生产安全等诸领域的安全，打造适宜农民美好生活需要的平安乡村。六是要建立区域性农村社区公共服务机构，健全农村公共服务体系，搭建农村公共服务平台，推进“互联网＋”公共服务建设。通过平台，畅通农民需求表达渠道；通过平台，为农民提供订单式的公共服务，满足农民群众日常生产、生活需求。七是要落实乡风文明建设责任，开展移风易俗，建立良好的文明乡风、家风、民风。

以上是按照五级政府的特点，划分的各自应当担负的农村公共物品供给责任，也是其应当承担的财政事权和公共财政责任。除了政府应当供给农村公共物品，农村村委会作为农村自治组织，是农村集体经济的代表，也应当提供必要的公共物品。我国农村税费改革以来，取消了农业税，农村集体经济普遍比较薄弱，不少的村庄集体经济很薄弱，甚至有的村庄几乎没有集体经济收入，所以对这部分村庄来说，由村委会承担公共支出责任提供农村公共物品几乎是不可能的。但是村委会作为村民自治组织，一方面是各级政府供给责任的直接执行者，另一方面也要负责提供本村村民受益范围内的公共物品和公益事业。同时，村委会应当把农民的需求意愿和上级政府供给公共物品的实效，及时反馈给各级政府，以便政府科学决策并及时调整供给策略。

五级政府还都应当承担农村公共物品共同供给责任，也就是供给公共物品的共同财政事权和公共支出责任。2016 年以来，中央、省、市、县四级政府制定的财政事权与公共支出责任划分意见都列出了上下级政府应当承担的共同事权责任，而且也提出了一些公共支出责任划分比例，但是仍有一些共同事权责任界定不够清晰，还有一些仍在探索之中。基于研究的局限性，我们也只能作一简单的划分和界定。

在表 6-4 中，共分了 8 类政府间的共同责任，其中没有划分省、市和市、县、乡共同责任，主要是因为大多数地市级政府主要是供给本级公共物品和基本公共服务，很多公共物品是由中央、省两级政府直接供到县、乡，减少了地市级政府与其他四级政府共同供给的责任。

表 6-4　政府间农村公共物品共同供给责任

各级政府	共同供给责任
中央、省、市、县、乡	农村公共文化、义务教育均衡发展、基本养老保险、基本医疗保险、基本医疗和公共卫生、社会救助、粮食安全、公共安全、人居环境整治、厕所革命、农村危房改造、农业科技推广、农业机械推广、农村基础设施建设与管护、高标准农田建设、基本农田保护、农业农村发展规划、新型职业农民培训、历史文化遗产保护与开发、生态环境保护与治理、脱贫攻坚、乡村治理制度等
中央、省	农业基础和应用基础研究、现代农业产业技术体系建设、农业高等职业教育、农村重大基础设施项目建设与管护、农业高新技术产业示范区和农业科技园区建设、现代农业产业园和田园综合体建设、城乡基本公共服务均等化供给制度等
中央、省、市	农业生产技术创新研究、农业特色产业及重大技术推广等
中央、省、市、县	农村远程医疗服务、重大疫病防治和重大突发公共卫生事件处置、食品药品安全、防汛抗旱救灾、农村规划编制与实施、建立全国有线网络统一运营体系、开展中华优秀传统文化传承重点工程和基地建设、促进农业农村科技成果转化、发展现代农业生态农业智慧农业、美丽乡村建设等
省、市、县	农村中等职业教育、农村特殊教育、妇幼保健机构建设、农村医学应急救援和传染病防治、农业综合开发、全域旅游发展、农村劳动力转移与就业服务、农业科技普及与推广、农村物流配送体系和农产品冷链物流设施建设、地方历史文化遗产保护与开发、农村公路建设与管护等

续表

各级政府	共同供给责任
省、市、县、乡	乡村振兴四类村庄规划布局、农村学前教育、农村养老服务、农村特困公益供养服务机构、农村残疾人基本公共服务、农村医疗卫生体系建设、农村人口和计划生育基本服务、农村住房保障、农业农村污染治理、雪亮工程建设、文明乡村建设等
市、县	农村高中教育、实施农民工学历和能力提升行动计划、农村环境保护与污染治理、农村小型水利设施建设与管护、村内道路建设与管护、传统村落文物保护利用设施及配套基础设施建设等
县、乡	农业科技推广网络建设、农村社会福利服务体系建设、农村公共就业创业服务、农民体育健身工程、农村公共交通、道路交通安全管理、农村社会治安、农村社区事务、开展农村家政服务提质扩容行动、开展农村助餐服务、乡村治理等

另外，涉及上级政府与跨区域的政府之间共同提供的农村公共物品，应当由上级政府根据各区域受益情况，合理划分上级政府及跨区域各政府之间的供给责任；涉及跨区域政府之间共同供给的公共物品，跨区域政府应当根据受益范围和受益情况协商划分供给责任，或请上级政府予以协调划分。

各级政府都应当根据承担的供给责任和共同责任，列出具体的供给清单，属于共同供给责任的还应当划定各自的供给比例或者公共财政支出责任，使每一级政府都能明确自己的供给责任，以利于接受各方面的监督和提高供给效率。

这里需要强调的是，各级政府的供给责任划分明确后，为了确保农村公共物品高效率供给，上级政府应当根据各地政府的财力状况建立科学的转移支付制度，实现地区之间的均衡供给以及城乡之间的公共物品均等供给。同时，要坚决取消由于官僚主义、形式主义等种种原因而建立的、损害政府形象的政绩工程、形象工程（据实地调查发现，目前部分农村由政府驱动建立了一些长年闲置的服务中心、光荣院、健身广场、图书室等公共服务设施），把有限的政府资源进行合理配置、有效使用。

这里需要说明的是，为什么农村的公共物品和基本公共服务主要是由政府提供而不是由农村集体提供的。在前面的研究中，我们已作过简要的分析，在这里再作四点说明。一是强调政府供给、政府主导，是基于城乡基本公共服务均等化供给的客观要求。看到上面的供给责任划分，可能有人要问，农村公路、村内道路、通户道路等属于农民生产、生活范围内的公共设施，不是应当由农村农民自己解决吗？其实只要看看城市的大街小巷是由谁修建的就非常明白了。要实现城乡均等化供给，就应当由政府供给这些公共物品。同理，其他的公共物品和基本公共服务也应当由政府为主供给或者政府主导供给。二是强调政府供给、政府主导,是基层政府和农村基本财力比较薄弱的内在要求。为什么我国农村的基本公共服务存在很多短板问题,最主要的一个原因就是农村的很多公共物品和公共服务在过去都是由农村自己供给,或者由乡级政府协助提供的,虽然上级政府也提供了大量公共物品,但是由于种种原因供给不到位、供给效率低,因而形成各种短板问题,影响了农业农村的发展。如城市的污水处理率达到了95%、生活垃圾处理率达到了97%,而农村分别仅为22%、60%,这就是一个非常大的差距。补齐短板,实现乡村振兴,还是要充分发挥政府的主体作用,由政府牵头供给,以满足农村基本公共物品的需求。三是强调政府供给、政府主导,是农业农村优先发展的必然要求。2018年、2019年和2020年的三个中央1号文件都强调了农业农村优先发展的原则要求和政策安排。要实现农业农村优先发展,就必须全面改善农村基础设施和公共服务,补齐各种短板。这就需要政府加大力度,向农村倾斜,建立起农村完善的公共服务体系,为农业农村优先发展创造条件。四是强调政府供给、政府主导,是现代农业发展的现实要求。党的十九大以来,中央多次强调要实现农业农村的现代化,不仅从字面上看是农业和农村的现代化,其本质含义也是这样的。农业的现代化要依靠产业、生产、经营、组织、农业生产性基础设施和生产性社会化服务五个体系来实现;农村的现代化首先要依靠农业现代化,其次要依靠加强农村公共物品和基本公共服务供给。所以要实现农业农村的现代化,离不开农村公共物品的有效供给。从农业农村的现实状况来看,也只有依靠政府主导公共物品供给,才能保证农业农村现代化的实现。

§6.4.2 市场主体供给策略

农村公共物品究竟由政府提供还是由市场提供,已经不是需要争论的问题,前面刚刚分析了我国政府提供农村公共物品的有关问题,政府作为主流供给主体是无可争辩的。市场或私人供给农村公共物品,也包括第三部门供给农村公共物品,是我国农村公共物品供给的重要组成部分,政府、市场、第三部门共同构成了我国农村公共物品供给的主体。市场和第三部门供给农村公共物品不仅可以弥补政府供给的不足,而且还可以提高供给效率。在当前乡村振兴背景下,针对农村公共物品供给不足和城乡基本公共物品不均等的实际,引导市场或私人供给农村公共物品,加快补农村公共物品的短板,显得十分必要。本节我们重点讨论一下市场供给农村公共物品的有关问题。

市场主体供给农村公共物品是有前提条件的。由于公共物品的特殊性,不管哪个主体供给公共物品都要首先体现公共性、公平性、公益性。一般来说,市场主体提供农村公共物品多数是出于利益动机，在供给公共物品的过程中追逐利润的实现。所以，市场主体供给农村公共物品是有前提条件的。一是市场主体提供的农村公共物品在技术意义上应当具有可分割性。市场主体在技术意义上实现排他，如可以通过收费服务排他，或者通过捆绑服务排他，把一种纯公共物品转换为准公共物品进行提供，可以实现供给公共物品的成本补偿并可以从中获取一定的利润收益。二是市场主体一般提供准公共物品或俱乐部产品。俱乐部产品具有明显的排他性特点，供给的成本可以由俱乐部成员进行分摊或者由有实力的私人企业主承担。三是市场主体提供的农村公共物品通常需要政府给予一定的财政补助激励或者给予一定的特许经营权，以降低供给成本，调动市场主体的积极性，这也是各国政府常用的供给策略，实践证明是非常有效的。四是市场主体提供农村公共物品必须体现信息对称原则。信息不对称容易导致市场失灵，所以，要保证市场主体的供给有效，就要尽可能地避免由于信息不对称而导致的市场供给失灵。五是加强政府对市场主体提供农村公共物品的主导。政府应当通过规制规范市场主体供给农村公共物品的行为，主导其供给方向，避免市场垄断和外部性等因素造成市场失灵。市场主体为一特定主体供给公共物品，容易由于供给主体的单一化，逐步形成垄断，抬高供给价格，改变供给公共物品的初衷，成为其逐利的工具，出现市场失灵。由于外部性的存在，不管是正外部性还是负外部性都能影响资源的有效配置，无法达到最优的供给目标，也会出现市场失灵。所以，加强政府主导，采取必要的行政、法律和财政手段进行干预是确保市场供给效率的重要前提。

市场主体可以供给农村公共物品是研究者的共识，也是各国通行的做法，而且有着成功的经验。改革开放以来，我国尝试着逐步引进了市场主体供给公共物品，也获得了成功的经验。但是由于市场主体的局限性，只能提供有限的公共物品，不可能提供全部的农村公共物品。为了更好地发挥市场主体的作用，推动乡村振兴战略的全面实施，下面通过对市场主体的具体研究，提出其可能提供的农村公共物品种类，以便有针对性地引导市场主体供给农村公共物品。

在我国，城乡之间的基础设施和公共服务供给不均衡、不均等，而且差距较大，农村短板很多。同时由于城乡之间的生产方式和生活方式有着较大差异，对公共物品也有着不同的需求，尤其是农村的生产性公共物品是农民的必需品，而城市居民的需求相对较弱。由于公共物品需求的差异性，农民根据自己的需求偏好来选择供给主体，而且市场主体也会根据自己的特点和偏好，选择更能发挥自身特长并能带来效益的公共物品进行供给。通过实地调研和访谈，我们梳理了一下，供给农村公共物品的市场主体主要有企业、合作社、农村精英、科研机构、农民等。

§6.4.2.1 企业供给公共物品

企业主体包括各类企业，既包括国有企业、集体企业，也包括私人企业和混合所有制企业，这些企业都可以向农村供给公共物品。企业供给农村公共物品主要基于两种动机，即社会责任感和经济利益驱动。企业作为社会的经济细胞，都应该尽社会责任和社会义务。但是尽什么样的社会责任，企业可以根据自身的特点和社会的需求进行自我选择。企业向农村提供公共物品，就是尽社会责任的一种选择。基于社会责任，企业供给的最典型的农村公共物品就是捐资修路、捐资办学。大多数企业的这种社会责任都是向贫困农村地区、企业驻地及周边农村、企业家的家乡，或者按照政府的行政意愿定向供给。经济利益，是企业的主要目标。企业向农村供给公共物品，往往会选择一些准公共物品进行提供，或者在进行经济活动中附带提供公共物品。企业提供的农业生产性公共物品基本都是准公共物品。农村垃圾和污水处理、农村供水供电供气的基础设施也都是准公共物品，企业在提供这些准公共物品时，从中都可以获取一定的经济效益，甚至是丰厚的利润。另外，企业在农村开展经营活动中，为了自己的产品得到农民的认可而扩大销售，也会提供一些基本的公共服务，如农资公司在推销农药、化肥时，往往会召开技术推广会，把自己的产品与相关的技术结合起来一起推广；企业在做乡村旅游时，建立的一些服务于旅游发展的基础设施，如道路、照明、餐饮、购物、健身娱乐、停车场、公共厕所、周边环境建设等，都间接地为农村提供了一些基本公共服务。近几年兴起的各类农业生产性服务公司，利用农业物联网技术通过为小农户开展托管服务，为其提供全程农业生产服务，把小农户纳入规模经营的范围，从而推动小农户生产向现代农业、智慧农业转变，成为我国新兴的现代农业服务业的新模式。综观企业提供农村公共物品的这两个动机，虽然动机不同，但是二者不是彼此孤立的，而是相互联系的，责任与利益始终是融入一个统一的共同体。企业在履行社会责任时，本身提高了企业的声誉，会产生一种无形的广告效应，如果企业捐资修路或捐资办学保留冠名权，那么其广告效应会更大，最终带来的是经济效益的扩大。同样，企业出于经济利益动机，附带或捆绑提供的农村公共物品也是在无形中履行了企业的社会责任。

§6.4.2.2 合作社供给公共物品

合作社自诞生那天起，就是提供公共物品的重要组织形式。合作社是专门为内部成员提供服务的自治经济组织，是成员自愿按照约定章程自主成立的合作组织。合作社的服务对象仅限于合作社内部成员，所以合作社提供的公共物品应当是俱乐部产品。自实行家庭联产承包责任制以来，农民专业合作社开始在广大农村逐步发展起来，目前已成为我国现代农业发展的重要力量。为了保护农民专业合作社的合法权益，保证其规范运行，2006 年 10 月国家专门制定了《中华人民共和国农民专业合作社法》，2017 年 12 月又进行了修订。合作社法的出台，确定了合作社的法律地位，把农民专业合作社的各项活动纳入法律的框架之下，使合作社为其成员开展的各项活动、提供的各项服务都有了法律保障。目前，我国的农民专业合作社已发展到 220 多万家，基本覆盖了农村生产、生活的各个领域，不仅成为农业农村发展的重要组织形式，而且还成为提供农业社会化服务的重要主体和乡村产业振兴的领头雁。由于农民专业合作社服务的对象、内容、层次、区域各不相同，形成了各种不同类型的合作社。目前，我国农村地区普遍存在的农民专业合作社，主要有以下几种类型。

从农民单体的专业合作社来看，主要是生产服务类合作社和生活服务类合作社。生产服务类合作社是农民专业合作社的主流。这类专业合作社有的是以单个作物品种（或养殖品种）或产业组成的合作社，有的是就一项服务组成的合作社，还有的是按照服务区域组成的综合服务型合作社。具体来讲，主要有生产合作社、流通合作社、加工合作社、技术服务合作社、水利服务合作社、农业信用合作社、农业保险合作社、劳务合作社等。这些合作社主要是为其成员提供一些基本的生产服务，这些服务既有无偿服务，也有成本价或低于市场价的有偿服务。生活服务类合作社是专门为其成员提供生活方面便利服务的合作组织，主要包括农民消费合作社、互助养老合作社等。目前这类合作社数量比较少，虽然不是主流，但是在农村地区正逐步成为或即将成为农民日常生活不可或缺的重要公共物品供给形式。

从农民专业合作社联合社来看，国家已经通过法律的形式，对合作社联合社进行了规范，要求必须有三个以上的合作社，而且要自愿出资，方可设立农民专业合作社联合社。应该说合作社联合社不仅仅是得到了法律的认可和规范，而且也是现代农业发展的必然要求，更是农民专业合作社发展的必然趋势。从目前全国各地的联合社发展情况来看，主要有七大类联合社。

一是全国供销社联合社。这是我国自 1949 年以来长期存在的、为农服务合作社，它是一个覆盖全国的综合性的联合社，曾经为我国的农业农村经济社会发展做出了重要贡献，但是由于其体制机制等因素，供销合作社一度减弱了对农业农村的服务功能，甚至有些地方的供销合作社丧失了服务“三农”的功能，所以供销合作社在新时代要为乡村振兴提供各种公共服务，需要与时俱进，重新焕发生机。作为全国覆盖面最广的合作组织，供销合作社应该继续扎根农村，把服务的触角全面伸向农村，响应国家农业社会化服务的号召，从农业社会化服务入手，构建全程农业社会化服务体系，从生资供应、技术推广、销售服务等基础性的公共服务到农业生产托管等现代农业服务，建设全方位的惠农服务网络，同时要协同其他涉农单位和机构，服务于小农户和现代农业，服务于乡村振兴战略。可见，供销合作社作为我国服务农业农村的传统供给主体，正在酝酿重振雄风。

二是农村信用合作社联合社。这也是由政府主导的、服务广大农村的联合社。近年来，不少农村信用合作社都改制为农村商业银行，但是其合作社的本性不能改变，回归“三农”、服务乡村振兴的初心不能忘记，应该继续成为服务乡村振兴的重要金融力量。

三是生产型合作社联合社。重点是围绕农业生产组织起来的联合社，其主要目的是通过为农业生产提供专业化服务，引导农业走规模化、现代化、智慧化的发展之路。从其组成单位来看，也包含了几个不同的类型，有的是生产相同产品的平行生产合作社的联合，如蔬菜合作社联合社、芦笋合作社联合社、养殖合作社联合社等；有的是农业生产领域的几种合作社的联合，如花生种植合作社与农业机械合作社、农业技术合作社等专业合作社组成的联合社；等等。联合社统一对成员社及其社员提供生产性公共服务，通过服务的专业化，实现农业生产资源的合理配置，为农业生产的规模化、现代化创造条件、奠定基础，从而降低农业生产成本，提高农业生产效益。

四是流通型合作社联合社。重点是围绕与农业生产相关的流通服务组织起来的联合社，其主要目的是为“三农”提供各种流通服务，解决农产品销售难、农产品比较效益低的问题，有效增加农民收入。这类联合社主要包括农业生产资料和农产品销售两种合作社联合社。农业生产资料合作社联合社一般是由种子、化肥、有机肥、农药、农业机械、地膜、包装物等各种各样的生资专业合作社联合而成。农产品销售合作社联合社一般是由专业的销售专业合作社联合而成，有的是单品种的销售合作社联合起来的专业联合社，如苹果销售联合社、大米销售联合社、水产品销售联合社等；有的是多品种农产品销售合作社联合起来的联合社，如蔬菜、水果、粮食等销售专业合作社组成的销售联合社，鸡、猪、牛等销售专业合作社组成的畜牧销售联合社等。销售联合社是整合资源优势、组织联合舰队抱团出海打市场的农产品销售新模式，可以有效提高农产品竞争优势，扩大市场份额。

五是上下游结合型合作社联合社。重点是围绕农业生产的产、供、加、销，或者产前、产中、产后各个环节的服务组织起来的联合社，主要目的是为农业生产提供全方位的综合性服务。这类联合社主要包括部分产业链和全产业链两种。部分产业链联合社有的是上游与中游联合，有的是上游与下游联合，还有的是中游与下游联合，具体是哪几个环节进行联合取决于专业合作社的资源优势和需求导向，通过部分联合解决各专业合作社的短板问题。全产业链的联合是上、中、下游专业合作社全部加入的联合社，可以实现强强联合、优势互补。

六是跨区域型合作社联合社。重点是围绕某一重点行业或某一重点农产品跨区域组织起来的联合社，主要目的是通过跨区域联合实现信息共享、技术共享、市场共享，打造产业优势。这类联合社同上下游结合型联合社有相似之处，也是主要包括部分产业链联合和全产业链联合两种。跨区域的部分产业链联合中生产与销售的联合很具特色、很有效益，它们是一头在生产基地、一头在市场，是实现双赢的最佳选择。跨区域的全产业链联合，不仅能打造出区域性的产业优势，而且还能创造出产业发展的国际优势。但是目前跨区域的联合社发展得还不够充分，需要政府的合理引导和政策激励。国家应该充分发挥全国农民合作社发展部际联席会议制度的作用，推动具备条件的农业产业进行跨区域联合，形成我国的特色产业优势，增强我国农产品的国际竞争力。

七是综合型合作社联合社。重点是围绕农村生产、生活提供各种公共服务的联合社，主要目的是通过整合农村优势资源，提高区域性的公共服务能力和水平，方便群众生产和生活。这类联合社服务的广泛性更像是一个农村社区，但是由于它是通过严密的程序和制度组织起来的联合社，社员之间是一种相对紧密型的合作，比农村社区的服务更贴近生产、生活实际，提供的公共服务更加有效。但是从全国范围来看，目前这类联合社的数量还比较少，还有待于政府加以引导，促使其与其他类合作社联合社共同发展。

我国合作社正在向着更高层次的联合发展，目前正在或已经形成一种新的合作力量——联合体。联合体，不同于专业合作社，也不同于专业合作社联合社，它不仅仅是农户的联合，也不仅仅是专业合作社的联合，而是以产业为基础和纽带，通过章程或契约的方式，把相关且属于不同领域的个人、农户、专业合作社、家庭农场、公司、科研机构、科技推广机构等联结成紧密型的联合体（产业联盟、产业农合联），为成员提供各种服务，成为一个重要的供给主体。从组织形式和成员构成来看，联合体是比联合社更具产业特色、服务能力更强的供给主体。

根据农业产业联合体的组织形式，可以把联合体大体分为五种模式。

一是“公司＋合作社＋农户”模式。这是一种比较初期的联合体模式，一般是由农业产业化龙头企业牵头，把合作社和农户组织起来。这种模式的形成基于两种动因，即农业产业化龙头企业自身发展的需要和农村脱贫致富的需求。前一种动因是企业自身利益拓展的体现，后一种动因是企业履行社会责任的体现。

二是“技术部门＋合作社＋农户”模式。这是一种以技术为纽带组成的联合体模式，一般是由技术部门牵头，联结合作社和农户共同组成紧密型的技术—生产联盟，技术部门通过技术入股或者收费为合作社和农户提供技术服务。

三是“农户＋合作社＋公司”模式。这种模式看起来与第一种模式正好是反着的，其实它与第一种不同的是牵头人不同，所以其发起的动因也不同。这种模式一般是由能人牵头，把农户组织起来兴办合作社，然后再对接公司，形成紧密型的联合体。

以上三种模式应该说都是比较单一的联合体，其辐射、带动、服务的功能相对不够强大。所以应该探索新的、更有效率的农业产业联合体，为广大农户提供更加优质的服务，推动我国农业现代化的实现。

四是产业联合体模式。这种模式是以产业为基础，由政府或者能人、企业等牵头，把科技研发和推广机构、专业合作社、涉农企事业单位、家庭农场、种养大户、相关企业等联合起来，共同打造产业融合发展新机制，为联合体内的所有成员提供全方位的无偿或有偿服务。这也是需要探讨推广的农业现代化发展的新模式。

五是智能化产业联合体模式。这种模式投资规模比较大，覆盖范围比较广，服务能力非常强大，一般应由大型的高科技公司、AI公司牵头，投资兴建或兼并购买相关的现代农业科技公司，联合农业企业、农民专业合作社联合社、家庭农场、网络销售平台、互联网公司等相关机构，组成农业智能化产业联合体。通过发挥AI技术和大数据的优势，为联合体成员单位提供产业发展解决方案，通过人工智能技术系统服务帮助农民提升生产效率、降低农业生产成本。这种模式是为“三农”服务最有效率的供给模式，也是我国现代农业发展的大趋势。

§6.4.2.3 农村精英供给公共物品

农村精英不仅是农村社会的一个特殊群体，而且还是推动农村经济社会发展的重要力量。意大利经济学家和社会学家维尔弗雷多·帕累托从社会分层的角度，提出了经典的社会精英理论。他对社会精英进行了广义和狭义的区分，提出社会精英循环理论。德国的R.米歇尔斯、意大利的G.莫斯卡以及美国的H.D.拉斯韦尔、C.W.米尔斯、J.熊彼特等西方学者，关于社会精英的研究大都以为统治阶级服务为前提，很少或基本没有研究社会精英为社会公众提供基本公共服务的。我国许多学者也对社会精英进行了研究，一般都是从正面的角度进行定义和区分。而维尔弗雷多·帕累托的广义概念既包括了正面的精英，也包括了反面的精英。所以，对社会精英的理解要用辩证的观点去分析、去把握。我国学者对社会精英的研究突破了西方学者仅仅为统治阶级服务的篱笆，从他们对社会精英的分类可以看出，融合在社会中的各类精英都在发挥着为社会服务的作用，成为社会进步的重要推动力量。可见我国学者拓展了社会精英的内涵和社会功能，更多的是在研究除政治精英以外的各类精英在经济社会发展中的作用。社会精英的非权力影响力在经济社会发展中的作用成为研究的热点和重点。

在乡村振兴的视角下，我们研究农村精英作为主体供给公共物品时，可以把农村精英理解为在农村社会当中、具有较高威望且在某一领域具有杰出能力的农村优秀群体。从这个意义上，可以把农村精英区分为农村的政治精英、经济精英、文化精英、社会精英等。

农村政治精英是指农村群众选举产生的、具有较高威望、能力和影响力的优秀分子。他们拥有良好的群众基础，具有带领群众自发自主供给公共物品的天然优势。农村政治精英既包括村党政领导班子成员，也包括部分农村党员和村民代表。农村政治精英还包括农村“第一书记”、包村干部以及一些长期工作在农村第一线的农业干部和农业技术人员。这些都是地方党委、政府选派的优秀干部，他们与当地农村干部长期融合共事，共同形成农村的政治精英群体。当然，并不是所有的农村干部都是精英，也有一些例外，如一些通过非正常渠道走上村干部岗位的社会人员，他们参选的目的并不是为群众服务，而是出于某些特定的利益，所以这样的农村干部不能称为“农村政治精英”。再如一些威望不高或者能力不大、没有影响力的人因为某些特殊原因走上农村干部岗位的人，也不应该称为“农村政治精英”。在农村，政治精英是乡村治理的精英阶层，掌握着农村的各种资源，对资源拥有分配权，这是他们的基础优势。他们可以按照农民的需求导向，进行资源优化配置，为农民提供必要的公共物品。同时，农村政治精英可以利用群众赋予的权力以及自身的威望和影响力，号召和动员广大农民群众一起行动起来，自主供给部分公共物品。

农村经济精英是农村有经济实力的群体。当然，有经济实力的不一定是精英。这里所说的经济精英，主要是指家庭农场主、农业种养大户、私营企业主以及其他一些农村经济成功人士，还包括工商资本下乡植入农村的新经济精英群体。农村经济精英比其他农村居民拥有更多的经济资源和更雄厚的社会资本，他们在农村具有较大的影响力，而且有的还跨村庄在更大的区域范围内有着广泛的社交网络和知名度、影响力，这是农村经济精英的优势所在。正因为他们拥有这种不同于农村干部的优势，也更优于农村群众的优势，他们当中的一部分人基于自身的社会责任感，有着极其强烈的参政意识，以期通过加入农村政治精英的行列，发挥其拥有经济资源的优势，带领农民致富。在为农民提供公共服务方面，农村经济精英不仅可以利用自己的经济资源为农民提供诸如修路、办学等公共服务，而且他们还能够利用自身的知名度和影响力整合社会资源,为本村或跨村庄区域供给必要的公共物品。当然,农村的经济精英也不是“十个指头一般长”,其中也不乏对政治冷漠、对社会事务冷漠的纯粹“经济人”或“私利人”,这样的人经济财富不管有多富有,他们都不会主动为社会供给公共物品的,但是也不可否认,他们在为自己获取经济利益或为自己工作、生活的便利而创造出的一些基本条件,无形中也会对社会、对村民带来相应的服务,虽然不是因为社会责任感而出于自愿,但这也是为给社会提供了公共物品。所以说,农村经济精英不仅是农村公共物品的供给主体,而且还是乡村实现振兴的重要力量。

农村文化精英主要是指具有较高文化水平,了解并掌握农村优秀文化资源而且能够利用这些资源服务农村社会的、具有较高威望的人士。农村文化精英主要以为农村社区提供各类文化服务作为其基本的公共服务功能,在农村广泛开展文化服务活动,满足农村居民的文化生活需求。从其拥有的特点来看,农村文化精英是农村文化事业繁荣发展的组织者和号召者。第一,农村文化精英是乡村文化的传承者。在发展的历史长河中,农村积淀了深厚的文化底蕴,形成了各具特色的乡土文化。久居农村的文化精英,承载着这厚重的乡土文化,起着承上启下的作用,通过他们把这具有浓厚地方特色的乡土文化发扬光大,一代一代地传承下去。农村文化精英在传承文化的同时,可以维护农村社会文明礼仪规范,传承农村地区特有的文化知识和优秀传统,对农村文化的发展起着导向作用。第二,农村文化精英是农村历史文化资源的保护者。国家《乡村振兴战略规划(2018～2022年)》要求“划定乡村建设的历史文化保护线,保护好文物古迹、传统村落、民族村寨、传统建筑、农业遗迹、灌溉工程遗产”。这是国家对保护好农村历史文化资源的具体要求。我国农村有着丰富的物质文化遗产和非物质文化遗产,农村文化精英了解和理解这些历史文化资源的价值,他们对其非常爱惜和珍惜,出于一种自发的责任感,会积极主动地去保护这些历史文化资源。在他们看来,历史文化资源是祖先们一辈一辈地创造并传承下来的,必须进行有效保护,使其得到完整传承。同时通过保护性开发,也可以从祖先留下来的遗产中获得可观的经济收益。农村文化精英保护历史文化资源的初衷和实践,也契合了国家乡村振兴战略的规划要求。第三,农村文化精英是新兴文化的传播者。所谓“新兴文化”,是相对于传统文化而言的,它是随着现代社会和科学技术的发展,不断涌现出来的新的文化产品、文化理念、文化业态、文化产业、文化群体、文化传播渠道等文化元素和文化传播方式。农村文化精英不仅擅长于对历史文化资源的保护和传承,也善于学习吸收新的文化,而且有的还善于把传统历史文化与新兴文化融合创新发展,使传统历史文化更加具有时代气息,新兴文化更加具有历史文化底蕴。文化精英们在接受新兴文化后，很快就会在农村这个熟人社会中传播开来，使广大农民群众接受新的文化，保持与时俱进的精神状态。第四，农村文化精英是公共文化的供给者。农村公共文化的最大特点就是公益性和共享性，除了政府和农村社区供给，最主要的供给者就是农村文化精英。农村文化精英提供的公共文化具有明显的地方特色，而且是农民自己需要的文化，其对应的是农民能够接受并愿意接受的、喜闻乐见的文化产品。所以，文化精英们就能在公共文化的供给中，发挥联结农民与农民、农民与政府的特殊功能，为构建和谐社会创造良好的人文环境。第五，农村文化精英是乡村文化生态的塑造者。乡村文化生态是乡村振兴的一种精神力量和软实力，是农村经济社会发展不可或缺的力量源泉。国家《乡村振兴战略规划(2018～2022年)》提出要"重塑乡村文化生态"，这也是乡村振兴的一个重要任务。改革开放以来，我国农村发生了巨大变化，在经济社会得到快速发展的同时，也面临着新的问题。随着农民劳动力转移就业、农村精英外流等人的因素不断变化以及外来文化对农村文化的冲击，农村的优秀传统文化受到挑战，农村文化发展面临困境。所以，重塑乡村文化生态被提到了乡村振兴的重要议事日程。农村文化精英在塑造乡村文化生态方面有着独特的优势，可以在知悉农村文化的基础上，深入挖掘乡村特色文化符号，把历史文化元素融入乡村建设，留住乡愁，留住记忆，还原诗意闲适、田绿草青、宜住宜居环境，嵌入具有时代气息的文化元素，塑造出勃勃生机的乡村文化生态。

农村社会精英覆盖范围比较广，既包括宗族精英、宗教精英，也包括回乡精英以及农村在外工作的成功人士等。这些精英不同于农村政治精英，他们不掌握政治权力，对农村公共资源没有支配权；也不同于经济精英，他们没有足够的经济实力去配置农村资源；与文化精英也有区别，他们缺乏对农村整体文化塑造的组织影响力。但是，他们在某一领域、某一群体、某一区域当中具有较高的威望和影响力、号召力，能够动员和带领群众提供一些基本的公共服务。宗族精英是农村宗族当中具有较高威望和凝聚力的、德高望重的人士，他们往往通过续修族谱、修建祠堂、整理祖产等途径，弘扬宗族精神，凝聚宗族力量，在宗族内部供给一些基本的公共服务，同时也能对宗族外的人群具有一定的影响力。但是随着农村社会的变迁和发展，族亲关系变得越来越疏远，宗族观念越来越淡化，宗族力量显得越来越薄弱，宗族精英供给公共物品的品类和数量越来越少，不足以满足宗族内部的需求，更谈不上对宗族外的群众供给公共物品了。可是宗族精英和宗族力量作为农村的一种传统力量，还依然存在着，所以要加强对农村宗族精英和宗族力量的教育和引导，使其在乡村振兴的伟大事业中贡献正能量。我国农村的宗教精英大多集中在少数民族地区的农村，由于受宗教传统的影响，宗教精英在民族地区的农村中具有较高的威望和权威，特别是在一些宗教仪式上，其权威明显高于政治精英和经济精英。不仅如此，在一些崇尚宗教的民族地区，宗教的力量往往是很强大的，他们的影响力往往会突破宗教的边缘，影响到非信教群体。随着社会交往的频繁和范围的扩大，非民族地区的农村也逐步出现了一些信教群众，也会逐步形成部分宗教精英。宗教的力量是双重的，在其为社会发展带来正能量的同时，更应当看到，由于宗教是以唯心主义为基础的，所以容易产生消极的、负面的甚至是暴力的负能量，影响社会的进步与稳定，因此要加强对宗教精英和宗教力量的合法保护和科学引导，使其在乡村振兴中发挥其应有的作用，为广大农民群众提供必要的公共服务。回乡精英，包括一些离退休官员和国家工作人员、在外创业的成功人士、回乡创业的复退军人和大学生，也包括下乡创业和举办文化、教育、医疗、养老等机构的各类优秀群体，这是农村新生精英，是有知识、有能力、有影响力的新精英阶层。作为农村的一股新生力量，回乡精英具有强烈的成功意识和社会责任意识，给农村带来的是满满的正能量，把一些新的观念和思维方式慢慢植入农村，同时为农村提供一些基础的公共设施和基本的公共服务。所以，应当充分发挥各类回乡精英的作用，把提供基本的公共服务与其自身事业发展有效结合，助力乡村振兴。在农村，还有一种精英力量，就是长期扎根于农村、具有很高威望的“知客”“司仪”、民间医生以及农村一些德高望重的老人等。这些人长期为本村居民提供婚丧嫁娶、调解邻里纠纷、传承民风民俗、维护村庄声誉等多方面的公共服务，成为农村非正式组织的、非权力的公共物品供给群体。这部分精英群体仍然需要进行保护和引导，使其在移风易俗中发挥重要作用，特别是遏制陈规旧俗、抵制封建迷信、乡风文明建设等方面成为农村的精英群体。

在农村，还存在其他一些精英个体或精英群体或精英阶层，他们都在不同的领域和区域发挥着服务农民群众的独特作用。但是，农村精英中也不乏由于趋利性倾向而导致私欲膨胀，出现垄断农村经济资源、控制农村政权等带有黑恶色彩的村霸，出现一心攫取农村经济资源和经济利益而漠视农村公共利益导致资源枯竭、环境破坏，也会出现执政精英与非执政精英之间以及外来精英与当地精英之间的利益冲突。我们实地调研时还发现，农村原有的精英正在随着农村人口的流动而逐步流失。这些问题应当引起各级政府的高度重视。

农村精英是实现乡村振兴的重要资源和宝贵财富，理应得到重点保护并加以支持引导，以获取趋利避害、扬长避短的功效，使其真正成为乡村振兴的领头雁。一是要加强制度建设。党的十九届四中全会提出，要完善群众参与基层社会治理的制度化渠道。按照四中全会的这一要求，对农村精英参与农村社会治理和公共物品供给，必须纳入制度化、法治化的范围。通过加强制度建设，保障农村精英的合法权益，保护农村精英参与农村社会治理和供给公共物品的积极性，保证农村精英在乡村振兴中发挥带头作用和示范作用。同时通过制度建设，约束农村精英的不当行为，遏制违规违法行为，避免其与农村居民以及其他农村经营主体之间的利益冲突和矛盾纠纷，为构建和谐农村净化环境。二是要搭建平台。农村精英要在农村公共物品供给方面有所成就，需要基层政府和农村党政班子为其搭建施展本领的舞台：对经济精英要为其打造干事创业的平台，使其在事业成功的基础上更好地服务于乡村振兴、服务于广大农民群众；对文化精英要帮助其建立文化服务机构、文化服务场所或文化服务团队等基本的文化活动平台，使其能够更好地施展才华、释放文化潜能，丰富群众文化生活；对社会精英要帮助其建立必要的工作队伍或为其提供必要的工作场所，使其能够踏踏实实地为群众提供一些必需的基本公共服务；对政治精英则需要基层政府帮助其配好班子、建好队伍，帮助其建立健全自治、德治、法治相结合的乡村治理体系，完善村民自治的制度体系，使其更好地带领农村群众实现乡村振兴，实现十九届四中全会提出的构建基层社会治理新格局的目标。三是要政策引导。虽然农村精英是自愿提供公共物品，且是根据群众的需求和自身的能力决定供给什么公共物品，供给多少公共物品，但是农民需求的公共物品往往有急需有缓需、有必需有选需、有个需[①]有共需等各种不同的需求，精英们往往不能考虑得那么周到且顾全大局，资源配置可能出现不够合理的现象，容易造成资源浪费，所以需要基层政府和村级党政班子对农村精英的公共物品供给行为加以政策引导和政策激励，使其能够发挥更大的潜能，供给更多群众急需的、惠及更多群众的公共物品。四是要提高素质。农村精英的素质参差不齐，有的个人素养不高，有的思想观念陈旧，有的思想出现偏差，不利于为农民提供更加有效的公共物品，甚至会出现误区。特别是公共文化类、乡风民俗类等一些属于意识形态领域的公共物品，必须符合社会主义核心价值观的要求。如果农村精英素质不高，供给的公共物品就容易出现误导行为。所以，加强农村精英教育培训，提高农村精英的整体素质，不仅能够促其提供更加有效、更加合乎时代韵律的公共物品，而且对于农村精英更好地创新创业也是一个极好的智力支撑和能力支撑。

§6.4.2.4　农业科研机构和科技人员供给公共物品

之所以把农业科研机构和科技人员作为市场供给的主体，主要有三方面原因。一是除了国家统一组织的农业科技研发和推广，我国还有大量的农业科研机构以及散布在社会上的农业科技推广队伍，不管是国家体制内的研发机构和队伍，还是国家体制外的研发机构和队伍，农业科研院所和科技人员出于一种

① 这里所说的个需不仅仅是个人需求，有的是少数人需求或区域性需求。

社会责任感和自身科技研发、试验的需要，会自主地为农民提供一些亟须的农业科技；二是一些民营的农业科技机构已经或正在兴起，逐步成为农村科技事业发展的一个重要力量；三是农业科技是农村经济社会发展的重要推动力量，有必要对农业科技的市场供给主体进行分析研究。

农业科研机构主要有三种。

其一，各类农业高校和科研院所。这些机构供给的农业科技基本属于政府供给的范畴，但是它们在完成政府规定的农业科技研发和推广任务以后，会自主选择一些农民需求的且自身又力所能及的科学研究工作，经常性地为农民提供农业科技服务。同时，国家又出台政策，鼓励和支持高校和科研院所的科技人员离岗创业、在职创业或者到企业兼职从事农业科技研发和科技成果转化工作，为农业科研机构及其科技人员成为市场供给主体创造了宽松的外部环境。目前，我国农业高校和科研院所正在参与国家及地方的各种农业科技供给模式，其中有很大一部分是科研机构和科技人员自主研发和推广的农业科技。科技小院是典型的由农业高校及其科技团队自主为农民研发科技、送科技的市场供给模式，而且取得了实实在在的成效，其中曲周模式就是科技小院的成功案例。青岛农业大学在农业大县建立的专家工作站也是农业高校市场供给的一种新模式。该校的“草莓大王”姜卓俊教授就是长期活跃在专家工作站的知名专家，不断地为农民传授草莓种植新技术。青岛农业大学原副校长戴洪义教授是国家现代农业产业技术体系建设的岗位科学家，长年在山东、江苏等地传授苹果种植技术，而且由其带领科技团队选育的苹果新品系“福丽”2017 年 4 月成为我国首例苹果新品种权转让的成功案例。戴洪义教授希望通过品种权的转让，能“让科技成果更好地转化为实实在在的生产力”，这就是一位农业科学家的责任和担当。中国农业大学科技小院科技团队、青岛农业大学专家大院科技团队都是我国政府举办的农业科研机构自主进行市场供给农业科技的重要主体。可见，在国家政策的指引下，正在激发政府举办的各类农业科研机构的活力，而且这些机构正在逐步成为我国供给农业科技的市场主体。所以，高度重视政府举办的各类农业科技研发机构的发展，鼓励和引导他们参与农业科技市场化供给，充分发挥农业科技人员聚集优势，提高农业科技的供给水平和供给效率。

其二，涉农企业。涉农企业是一个覆盖面很广的概念，既包括了纯农产品生产企业、农产品加工企业、农产品销售企业、农业生产资料生产企业和销售企业，又包括了农业科技企业、农业生产性服务企业等。所有的这些涉农企业都离不开科技的支撑，都要依靠科技的力量增加企业的经济效益和社会效益，同样他们更需要通过提高农产品的科技含量，为企业自身发展提供更加优质的农产品。从这方面讲，涉农企业都应该是科技创新的主体。美国、荷兰、以色列、德国等西方农业发达国家的实践也证明了这一点。如美国的华特希尔育种公司、英国的 Genus 公司、荷兰的喜力集团农用科技有限公司、以色列的 Origene Seeds 公司等大型农业企业，在农业科技投入、研发、推广等方面始终占据着主体地位，而且他们还积极开展跨国合作，有的已经成为世界农业科技发展的寡头，甚至有的控制了部分国家的农业科技，特别是控制了农业种业的发展。国外大型涉农企业的发展，进一步说明涉农企业作为农村科技创新主体的重要性。

在我国，只有政府提供的部分农业科技具有纯公共物品性质，大多数的农业科技属于准公共物品，所以，农业科技也非常适合涉农企业进行提供。涉农企业大致可以划分为四种类型。一是民营农业研发和推广机构，包括民营高校、民办农业科研机构等。之所以把这类机构划分为涉农企业，因为这类机构虽然也具有公益性的特点，但是它们更具有竞争性和营利性的特点，与政府举办的农业高校和科研机构是有明显区别的，所以它们提供的农业科技更符合准公共物品的特点。如青岛海水稻研究发展中心和青岛恒星科技学院海水稻学院都是典型的民营农业科研机构，他们进行的海水稻研发走在了世界前列。二是农业科技企业，主要是指纯粹的农业科技研发、推广的企业，涉及从育种、生产到加工、销售等全产业链的农业科技服务。当然，不同的企业可能只从事某一领域或几个领域的科技开发。随着智慧农业的发展，需要大量的农业信息科技、智能科技、软件科技、网络科技等专业化的农业科技公司作为支撑，通过它们把高科技嫁接到现代农业发展上来，提高农业的比较效益。如被称为“杂交水稻之父”的袁隆平创立的青岛袁策生物科技有限公司就是一家集水稻品种育、繁、推为一体的综合性产业化农业科技企业。三是农业产业企业。这类企业是涵盖面最广的涉农企业，包括育种、生产（包括种植、养殖企业）、加工、销售、物流等从事的行业与农业有关的企业。这类企业一般都设立自己的科技研发和推广机构，如国内最大的农业装备制造企业雷沃重工股份有限公司设立的现代农业装备重点实验室和工程技术研究院。它们都是通过技术研发，把高新技术融入产品之中，直接为农业生产者提供高科技的产品服务。再如，山东春雪食品有限公司设立技术中心和实验室，进行肉食鸡全产业链的技术研发、推广，直接为饲料、兽药、养殖、加工等各个环节的农户和生产企业提供技术标准和技术服务。新疆紫晶川梭高新农业股份有限公司植物工厂采用的人工补光技术，对推动现代农业发展具有很好的示范作用。四是农业生产性服务企业。这类企业是随着现代农业的发展而产生的专业化服务企业，过去的“麦客”是农业专业化服务企业的雏形。国家《关于促进小农户和现代农业发展有机衔接的意见》全面强调了农村生产社会化服务的重要性，要求通过开展向小农户的各种生产性服务，逐步实现小农户和现代农业发展有机衔接。当然，农业生产性服务企业不仅仅是为小农户服务的，而是为整个大农业服务的。由于国家的高度重视，我国的农业生产性服务企业发展迅速，目前全国各类农业服务组织已超过115万个，涵盖了农业各个领域的全产业链，而且以互联网、大数据等为主的现代农业技术和农业装备服务正在全面兴起，一大批农业物联网企业正在全面崛起，开辟了我国农业生产性服务的新领域。

其三，非农企业。非农企业涉足现代农业，正在成为一种时髦。非农企业涉足农业，他们的进入重点都是提供高科技服务和农产品销售服务，重点是为现代农业提供解决方案。网易的“味央猪”、京东的“跑步鸡”、阿里巴巴的AI养猪、海尔集团把COSMOPlat平台应用于“金乡大蒜”等都是大型企业把高科技植入农业、带动农民致富的发展道路。阿里巴巴的淘宝县和淘宝村建设、碧桂园的“凤凰优选”等都是在搭建农产品销售平台，通过平台把农村扶贫与农产品销售紧密结合，为农产品销售提供解决方案。华为技术有限公司与袁策集团等农业企业合作，为农业企业提供AI技术服务。一大批高科技企业为农业提供无人机喷洒农药、无人驾驶拖拉机旋耕作业等先进科技，已经成为非农企业为农业提供的重要生产性服务。总体来看，涉足农业的非农企业经济实力都比较强，竞争力也很强，特别在农业科技研发、推广应用、现代农业发展等领域，一方面起着示范和引领作用，另一方面积极地为农业生产者提供各种服务，成为农业生产性公共物品的重要提供者。虽然它们提供的生产性公共物品是一种收费的准公共物品，但是它们的供给效率是非常高的，而且是深受农业生产者欢迎的公共物品。所以，政府应在非农企业涉足农业、自主提供生产性公共物品的前提下，加大政策引导力度，鼓励他们充分发挥资金、资源等方面的优势，广泛开展与农业领域的合作，引领传统农业向现代农业、智慧农业发展。最终，非农企业也逐步发展成为涉农企业，成为农业领域的一支新军，成为农业科技创新的主体。

§6.4.2.5　农民供给公共物品

毋庸置疑，农民也是供给主体，但是农民只能提供有限的公共物品，也就是准公共物品，或者称为“俱乐部产品”。自古以来，农民一直能够为自己提供少量的公共物品，大量的公共物品还是要依靠政府和社会组织提供。农村取消农业税以前，村庄都能为本村的村民提供一些必需的公共物品，但是2006年取消农业税以后，不再向农民收取由乡镇统筹和村提留中用于发展农村公益事业的资金，农村集体缺少了供给公共物品的经济基础。同时，国家提出了“一事一议”供给制度，通过国家政策的形式，把农村公共物品的供给决策权交给了农民。但由于农民普遍存在搭便车的心理，“一事一议”制度没有得到很好的落实，导致农村公共物品供给不足。2008年，国家在“一事一议”供给制度基础上，加上了“财政奖补”的激励政策。政府通过政策性投入，引导农民自主供给公共物品，发展农村公益事业。2008 年新制度的推行，相对提高了农民参与公共物品供给的积极性，但是随着城镇化的发展和农村人口的迁移，农村人口不断减少，“一事一议，财政奖补”新政策也不能很好地得到落实。因此，在国家政策的指引下，研究新时代农民自主供给公共物品的体制机制是非常必要的。

在政府主体供给农村公共物品一部分，我们分析的农村道路交通、水利设施、人居环境等公共物品，也包括一些地域性比较强的公共物品，虽然有相当一部分属于农村俱乐部产品，但是农民无力全部自主提供，是应该由政府提供的，这是我国共享发展理念在农村的具体体现。虽然应该由政府提供，但是在政府没有提供以前，农村居民应当根据需求自主供给部分公共物品。

农村的俱乐部产品，按照奥尔森集体行动的逻辑，应该由社区内部成员共同决策、共同出资供给，这是一种理论假设。由于需求和供给的范围不同，虽然在同一个村庄，农村的俱乐部产品也有不同的俱乐部之分(存在大俱乐部和小俱乐部问题，一般都是 $1+n$ 的格局，1 代表村庄全体村民共同受益的大俱乐部，n 代表多个部分村民共同受益的小俱乐部)，但是其主流的公共物品依然是村庄全体村民共同受益的公共物品。这些俱乐部产品的供给虽然是由村民共同出资供给的，但是仍然需要根据乡村振兴的四类村庄规划，进行科学合理的规划布局和资源配置，特别是搬迁撤并类村庄更要注重供给的实效性和时效性，以减少不必要的资源浪费。

农村社区俱乐部产品，需要村民集体供给，但是搭便车的行为似乎是难以避免的，“三个和尚没水吃”就是典型案例。即使按照国家提出的“一事一议，财政奖补”，要实现全体村民的集体行动，也需要一个艰苦的谈判过程。在社区内部由于某个人的行为，可能导致集体行动的流产。再加上俱乐部产品的外部性，可能形成俱乐部外部的搭便车行为，也可能产生负外部性，对农村社区以外的居民产生不利的影响，这为集体行动的谈判增加了难度。从表 6-5 可以看出，由村民共同提供公共物品的两种情况其外部性是有差异的。从正外部性来看，全体村民共同受益的公共物品使社区以外的人们搭便车成为可能，比如村庄修建的村庄道路，为村庄以外的人们也提供了通行的方便；而部分村民共同受益的公共物品不仅能够使社区以外的人们搭便车成为可能，而且部分村民共同组成的俱乐部以外的村民更容易成为搭便车的主要群体，比如部分村民为了浇地的方便，联合投资打的机井不仅能够满足自己的浇地需求，而且还能够为本村村民或者社区以外的人们提供浇地或其他用水方便，虽然这部分村民对外供水可能是收费服务，但是他们毕竟是为他人提供的方便。从负外部性来看，由于人们的自利性，极易产生一些消极影响。全体村民共同受益的公共物品对社区以外的人们可能产生负面或消极影响，比如由于水资源的缺乏，村庄全体村民共同出资修建拦河坝，把有限的水资源进行拦截供本村村民共同使用，但是就是因为这种拦截行为导致了下游村庄减少了水资源的使用，影响到了下游村庄的生产和生活用水；部分村民共同受益的公共物品同样具有这种负面和消极作用，比如部分居住相邻的村民为了保证拥有良好的居住环境，共同出资修建污水排放渠道，把自己的污水排出自己居住区，可能集中排到较近的河道，也可能是仅仅排到了自己的居住区以外，这不仅会影响到村庄其他居民的居住环境，而且还会造成河水污染，破坏更大范围的生态环境。

表 6-5　农村社区俱乐部产品的外部性

项目	正外部性	负外部性
全体村民共同受益公共物品	农村社区以外的人们能够享受社区俱乐部产品	对农村社区以外的人们产生负面或消极作用
部分村民共同受益公共物品	1. 农村社区以外的人们能够享受社区俱乐部产品 2. 本俱乐部以外的社区居民可以享受的俱乐部产品 3. 两种情况兼有	1. 对农村社区以外的人们产生负面或消极作用 2. 对本俱乐部以外的社区居民产生负面或消极作用 3. 两种情况兼有

鉴于农村俱乐部产品的外部性问题可能影响村民共同出资供给公共物品的现实，基层政府和农村党政班子要充分利用国家“一事一议，财政奖补”的公共政策，正确引导农村居民自主供给部分公共物品。充分利用好国家“一事一议，财政奖补”政策，科学配置农村公共资源，可以有效提高农村居民的社会福利水平和公共物品供给水平。基层政府和农村党政班子的引导，除了落实国家有关扶持政策，更重要的是要根据农村居民的实际需求，引导其提高谈判的成功率。农民作为农村公共物品的供给主体，长期生活在农村这个熟人社会里，最大的优势是更容易建立起信任机制，使共同出资供给公共物品的谈判更容易达成共识。但是正是由于熟人社会，也存在干群矛盾、宗族恩怨和不和睦的邻里关系等因素，增加了谈判成功的难度。同时，农村居民对公共物品供给的参与度会影响到其他居民参与供给的积极性。南开大学的李建标、尉孟星采用比较制度实验方法，通过公共物品实验得出了同样的结论。他们的实验结果表明：“团队成员对他人努力程度的信念显著影响自己的供给量。”①所以，基层政

① 李建标、尉孟星：《适当流动性能提高团队绩效——来自公共物品实验的证据》，《经济与管理研究》2012 年第 10 期，第 113～120 页。

府和农村党政班子的正确引导，再加上熟人社会的信任机制，是村民达成共识、共同出资的重要保证。

人员流动也是影响农村居民供给公共物品的一个因素。随着城市化的发展，农村人口流动性显著增强。

一方面农村人口大量流向城镇，50 岁以下的村民很少在农村居住，特别是离城镇比较远(一般 10 千米以上)且村庄第二、第三产业不发达或根本没有第二、第三产业的村庄，人口流失更为严重，甚至有的成为空心村。我们的问卷调查(见表 6-6)显示，267 个样本村中居民 51 岁以上达到 31%以上的村庄占比 55.4%，从表 4-1 反映的数据来看，267 个样本村都不同程度地出现了房屋空置现象，其中空置率达到 21%以上的村庄占到 39%，还有 21 个村空置率达到 51%以上。房屋空置是人口流失的必然结果，从表 4-1 和表 6-6 可以看出，农村人口流失比较严重，而且逐步出现了人口老龄化问题。

表 6-6　您所在村庄 51～60 岁及 61 岁以上居民占比情况

占比分类	51～60 岁		61 岁以上	
	村庄数(个)	占比(%)	村庄数(个)	占比(%)
10%及以下	21	7.9	45	16.9
11%～20%	61	22.8	63	23.6
21%～30%	109	40.8	87	32.6
31%～40%	58	21.7	40	15.0
40%以上	18	6.7	32	12.0
合计	267	100.0	267	100.0

另一方面伴随着工商资本下乡和大学生、退伍军人、村庄外出成功人士的返乡创业，出现了部分人口向农村回流。我们的调查问卷(见表 6-7 至表 6-9)也显示，在 267 个样本村庄中，仅有 30%的村庄有外来企业投资建厂或搞农业开发，21.7%的村庄有本村在外创业成功人士回乡创业，19.5%的村庄有大学生回乡创业。这几个数字应该说比我们实地调查的情况要好得多，但是与乡村振兴的要求相比还是远远不够的。

表 6-7　您所在村庄是否有外来企业投资建厂或搞农业开发

项目		村庄数(个)	占比(%)	有效百分比(%)	累积百分比(%)
有效	是	80	30	30	30
	否	187	70	70	100
合计		267	100	100	—

表 6-8　您所在村庄是否有在外创业回乡投资农业、带领村民致富的创业者

项目		村庄数(个)	占比(%)	有效百分比(%)	累积百分比(%)
有效	是	58	21.7	21.7	21.7
	否	209	78.3	78.3	100.0
合计		267	100.0	100.0	—

表 6-9　您所在村庄是否有大学生回乡带领村民致富

项目		村庄数(个)	占比(%)	有效百分比(%)	累积百分比(%)
有效	是	52	19.5	19.5	19.5
	否	215	80.5	80.5	100.0
合计		267	100.0	100.0	—

综合以上两方面情况,农村人口始终是在净流出。根据国家统计局发布的数据,我国乡村人口占全国总人口的比例由 1978 年的 82.08%下降到 2018 年的 40.42%,改革开放 40 年净下降了 41.66 个百分点,这是在 40 年总人口增加 44.96%的基础上出现的大幅下降。农村人口减少、城镇人口增加,说明我国的城市化水平得到了大幅提高,这也是社会发展的客观规律。但是农村人口的减少,可能影响到农村公共物品的供给,特别是农民作为主体供给公共物品的积极性会受到影响。李建标、尉孟星的公共物品实验得出的另一个结论正好吻合了这样一个事实。他们的结论是"成员的强流动性使团队绩效降低"。我国农村正面临着这样一个现实:出现了人口的强流动性。调查问卷同样显示,留在农村务农的大多数是 50 岁以上的中老年人,267 个样本村中有 76.4%村庄 30 岁以下年轻人在村务农的比例达不到 10%,而且这流出的 90%以上的年轻人大部分在城镇买房定居,基本属于净流出人口。由于农村人口的强流动性和农村人口的老龄化,农村居民供给公共物品的愿望呈下降趋势,流出人口和留守人口很难通过谈判达成一致意见,通过集体行动供给俱乐部产品越来越困难。

随着外来人口向农村回流,又会形成一个新的群体。但是这个群体一时难以融入农村这个熟人社会,在供给俱乐部产品时与农村居民之间缺乏熟人社会的相互信任机制,也给供给谈判带来困难。但是,外来人口一般都具有先进理念和资金优势,基层政府和农村党政班子可以动员外来人口与留守人口合作,在维护公共利益的基础上共同供给公共物品,这应该成为有外来人口村庄供给俱乐部产品的主要形式。

农民作为主体供给公共物品,不仅可以集体供给,而且还可以单独供给。前面提到的农村精英,特别是经济精英拥有较强的经济实力和执行力,完全可

以单独供给公共物品。一些具有特长和技能的农民，会通过收费的方式提供一些准公共物品，如私人诊所、私立幼儿园、私人博物馆、农机服务、桶装水配送、快递驿站等等。另外，淳朴善良的农民往往出于善心和爱心，也会力所能及地自主供给部分公共物品，如修修田间道路、清理清理生活垃圾、维护公共卫生等。

以上我们分析研究的五大类市场主体，基本包含了各方面的市场主体。关于市场主体供给农村公共物品的种类和范围，在五大类主体的分析中作了一些表述，但是不够全面和清晰。至于市场主体究竟应该供给哪些农村公共物品，怎样供给，与政府供给的关联性比较强。市场主体作为重要补充，不仅可以供给政府没有供给的所有公共物品，而且还可以供给应当由政府供给的公共物品，为农民提供更加优质的公共服务。一般认为，市场主体只能供给可以收费的准公共物品，实际上，市场主体同样可以提供纯公共物品，如私人或企业捐建学校、扶贫、社会救助等都具有纯公共物品属性。

§6.4.3 第三部门供给策略

在第二部分，我们专门研究了国内外专家学者关于第三部门的概念、特点和供给公共物品的有关论述。这里再探究一下我国第三部门作为主体，在乡村振兴中供给公共物品的问题。国内外专家学者普遍认为，第三部门是志愿提供社会公益服务的非政府组织（NGO）和非营利组织（NPO）。从这个意义上讲，第三部门是政府和市场之外的供给主体。实际上，NGO 和 NPO 只是强调的公益组织的特性不同，NGO 着重强调非政府特性，NPO 着重强调非营利特性，其实很多公益组织都兼具非政府和非营利两种特性，二者没有严格的区分。所以下面关于第三部门供给农村公共物品，我们也不区分非政府组织和非营利组织，统称为“第三部门”。

国内外研究者是从研究政府失灵和市场失灵的角度来研究第三部门的，所以，大多数学者把第三部门的出现视为政府和市场双失灵的产物，视为市场部门和政府部门的替代性供给主体。其实，把政府、市场、第三部门割裂开来研究公共物品的供给主体是不科学的。在市场主体部分，我们已作了简单的说明，第三部门与政府和市场都是重要的供给主体，共同发挥作用。

根据第三部门是否出身于农村或居于农村，我们把供给农村公共物品的第三部门分为两大类，即农村第三部门和非农村第三部门。从概念上很好理解，农村第三部门就是农村自己的第三部门。具体来讲，农村第三部门主要是指由农民为主体或农村各类组织为主体在农村组建的第三部门，或由非农村的机构或个人与农村各类组织或村民在农村共同投资成立的第三部门。除了农村第三部门以外的第三部门，即主要由农村以外的机构或个人牵头组建的第三部门,都是非农村第三部门。

§6.4.3.1 农村第三部门供给公共物品

农村第三部门由于其主体的特定性和服务对象的特定性,与普通意义上的第三部门相比具有四个特性。

一是组成主体的自愿性。农村第三部门的组成成员来自熟人社会的群体,非常了解全体村民或村民个体的公共需求,相互之间容易建立信任机制,容易就共同关心的利益需求达成共识。其主体的这种特殊性,是非农村第三部门所不具有的,他们很容易为了某种共同利益需求而自愿组织起来,共同提供俱乐部产品。

二是服务对象的特定性。农村第三部门由于地域、传统等因素的制约,服务对象的局限性很大,一般只局限于本村村民,如村庄红白理事会的服务对象就是本村村民。而跨村的公共服务农村第三部门是很难有效供给的,如解决一条跨村河流的污染问题,任何一个村庄的第三部门都不可能解决得了,而且也缺乏这种跨村组建的农村第三部门,所以涉及这种跨村的公共服务,农村第三部门往往难以达成共识,需要政府协调供给或由村级党政班子之间协调、谈判供给。当然,也有一些第三部门提供的公共服务可以跨村供给,不需要基层政府协调解决,如农民自己组建的农村演出队,在农闲季节或重大节庆活动期间进行跨村演出,为更多的村庄居民提供演出服务。

三是服务的独立性。农村第三部门都是独立地开展公共服务,不需要政府部门或农村党政班子参与,也不需要其他组织参与。如农村的禁赌协会,是农民自愿组织起来的群众性组织,协会成员都能自主地宣传赌博的危害,自觉规范成员内部的自律行为,加强教育、监督力度,维护公俗良序。

四是服务的有效性。由于服务对象的特定性和产品的俱乐部特点,再加上熟人社会的信任机制和监督机制,农村第三部门提供的公共服务能够有效防止和避免搭便车行为,表现出较高的供给效率。如前面提到的 BXP 村的“老儿会”,就是农民自己组建并为特定群体服务的农村第三部门。“老儿会”内部成员分工明确,而且采取的是成员轮流召集、主持“老儿会”开展服务的服务模式。这是一种紧密型的组织形式,每一名成员的职责非常清晰明确,而且都能很好地自觉履职,具有很高的工作效率。再如广饶县的农村养老互助社,是由社区工作服务中心指导、协助老人成立的农村养老服务组织,老人们自愿入社,各自发挥自己的特长为其他老人服务,同时也得到其他老人为自己提供的服务,在互助社中实现“助人自助”。这样的农村养老互助社,没有搭便车的成员,既解决了农村空巢老人的养老问题,也解决了子女的后顾之忧,成为解决我国农村老龄化问题的一个新模式。

以上四个特性,决定了农村第三部门是一个非常有效的供给主体,体现了需求导向与公平效率原则，能够提供政府和市场无法提供或提供低效的公共物品，所以，应该进行大力提倡并加以政策引导，推动农村第三部门的发展。

虽然我国农村第三部门供给公共物品非常有效，但是农村第三部门无论是组织的数量还是供给公共物品的种类和数量，都是极为有限的。

首先，农村第三部门发展不充分。从民政部公布的数据来看，我国“农村及农村发展”类的社会组织发展较慢而且总量不大。从图 6-2 可以看出，自 2013 年以来，我国“农村及农村发展”类的社会组织（在民政部门登记数量）基本是稳中有升，保持了平稳的发展态势，六年间共增加了不到 6000 个农村社会团体，其中 2016 年比 2015 年还下降了 1000 个。到 2018 年达到 64745 个，也仅占全国的 17.68%，涉农基金会和民办非企业单位更是少之又少，2018 年年底总数分别达到 86 个和 3060 个，分别占全国的 1.22%和 0.69%。这些数据只是在民政部门登记的数据，应该还有没有到民政部门登记的第三部门，没有登记的数量可能要远远超出登记的数量。即使把登记和未登记的合起来，平均每个行政村也难以达到 3 个以上，而且可能大多数的农村居民没有加入这些社会组织。由于发展的不充分，农村第三部门服务的范围就受到局限，很多群众得不到农村第三部门提供的服务，这就出现了两个有限性：一是服务的范围和数量有限，二是受益对象的范围和数量有限。

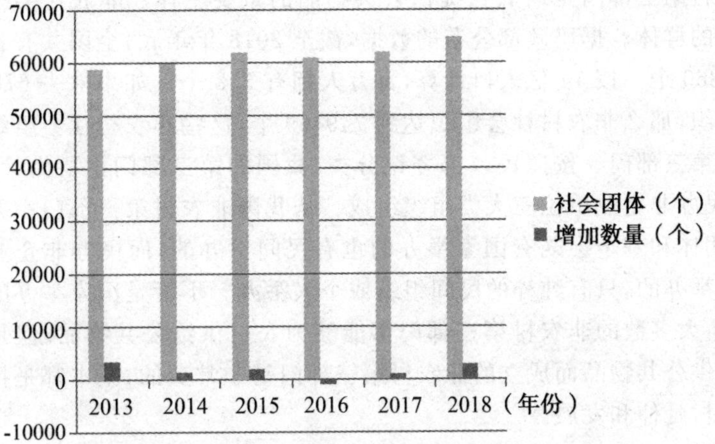

图 6-2　2013～2018 年全国农村社会组织发展情况

图中数据来源：国家民政部《2011～2018 年民政事业发展统计公报》。

其次，农村第三部门发展不规范。由于农村第三部门组成成员的局限性（基本都是以本村村民为主），其规模一般都比较小，服务的内容也比较单一，而且有的还设有存在时间的限定（如 BXP 村的“老儿会”，会内对每一成员进行一次服务，对所有成员服务结束后，自行解散)，因而除了在民政部门登记的社会组织，基本都没有成文的章程和管理制度，都是依靠熟人社会的信任和邻里感情维持组织的日常运行。农村第三部门大多数没有健全的财务管理制度，没有建立长远筹资机制，往往是一次活动一结账。在人事管理上，大多数没有建立正常的选举制度，都是由村里比较有威望的精英或者由牵头成立组织的人负责组织的管理职责。在民政部门登记的农村第三部门，虽然在民政部门的指导下设立了章程等一系列的管理制度，但是在其运行过程中，也很少有按照章程、制度去执行的。综观农村第三部门的管理，亟须纳入制度化、规范化的范围。

最后，农村第三部门供给公共物品低层化。由于农村第三部门基本都是根据成员的某种需求而自愿成立起来的，所以供给的公共物品也是根据需求直接供给的，一般都是一些具体的公共物品，不能上升到公共政策的高度。也就是说，这类组织不能很好地研究农村居民的整体需求，缺乏向政府反馈需求的愿望，甚至有的也缺少反馈的渠道，因而不能把成员和村民的需求变成政府的决策，由政府来供给更大范围、更高层次的公共物品，只能供给一些小范围的具体公共物品。由此可见，农村第三部门的作用还没有得到充分发挥。

§6.4.3.2　非农村第三部门供给公共物品

非农村第三部门是向农村提供公共物品的重要主体。非农村第三部门是一个庞大的群体。据民政部公布的数据，截至 2018 年年底，全国共有各类社会组织 817360 个。按 14 亿人口计算，每万人拥有 5.8 个。如果除去 67891 个农村社会组织，那么非农村社会组织达到 749469 个，这些非农村社会组织共同构成非农村第三部门。按照民政部登记分类，我国的第三部门主要由社会团体、基金会、民办非企业单位三大类组织组成。从我国非农村第三部门举办主体来看，社会团体和基金会既有国家举办的也有民间举办的，而民办非企业单位是没有国家举办的，只有纯粹的民间组织或个人举办。不管是国家举办的还是民间举办的，大多数的非农村第三部门都能够为农村供给公共物品，但是真正以为农村提供公共物品而成立的非农村第三部门是非常少的，基本都是把服务的触角向农村延伸和发展。

国家举办的社会团体和基金会，它们的服务范围是覆盖全国的，包括了城市和农村，如中国青少年发展基金会、残疾人联合会、科学技术协会、红十字会以及各类环保组织等全国性的服务组织，都把服务的触角伸向了农村。由中国共产主义青年团中央和中国青少年发展基金会于 1989 年发起的“希望工程”，就是为贫困地区失学少年儿童提供的一项公益事业，其重点服务对象就是贫困地区的农村失学少年儿童。目前，由政府或政府部门牵头成立的社会组织虽然从数量上看不如民间组织多,但是它们依靠政府背景和强大的人才和资源优势,仍然是第三部门供给公共物品的主要力量。

近年来,我国民办非农村第三部门发展势头还是非常强劲的,其中民办非企业单位 2015 年、2016 年、2017 年、2018 年分别比上一年增长 12.7%、9.7%、11%、11%,2018 年达到了 444092 个,占在民政部门登记的社会组织的 54.4%,再加上社会团体和基金会,其比例是比较大的。可以说,从数量上看民办社会组织是构成第三部门的主体。民办非农村第三部门的民间性、志愿性、自治性、非营利性、公益性、独立性、灵活性等特点,相对政府及其部门举办的第三部门更加突出。但是民办非农村第三部门与国家举办的第三部门相比,在人才、资金、技术、资源等方面有较大差距,力量相对较弱,其供给能力也是有限的。

非农村第三部门参与供给农村公共物品的方式,与其供给城市公共物品的方式基本都是表 6-10 所列的六种方式。在这六种供给方式中,第一种是非农村第三部门自己生产、自己供给,第二种是非农村第三部门生产、政府提供,第三种是非农村第三部门生产、市场或私人提供,第四种是政府生产、非农村第三部门提供,第五种是市场或私人生产、非农村第三部门提供,第六种是非农村第三部门生产、农村第三部门提供。另外,还有非农村第三部门之间的合作供给。

表 6-10　非农村第三部门参与农村公共物品供给方式

项目	生产	供给
1	非农村第三部门	非农村第三部门
2	非农村第三部门	政府
3	非农村第三部门	市场(私人)
4	政府	非农村第三部门
5	市场(私人)	非农村第三部门
6	非农村第三部门	农村第三部门

在这些供给方式中,非农村第三部门自己生产、自己供给的方式是其主要的供给方式,而且供给效率也是比较高的,如中国青少年发展基金会发起并组织实施的“希望工程”、文联组织的文化下乡、第三部门建立的农村养老服务机构等都深受广大农民群众的欢迎。

其他几种方式基本都是合作供给方式,而且供给的种类和数量是极为有限的。

目前,我国实施乡村振兴战略,农村需求大量的公共物品,为非农村第三部门提供了很好的空间和舞台。无论是生产性公共物品还是生活性公共物品,非农村第三部门都可大量提供。农业技术、农业机械、农村垃圾治理、医疗卫生、公共文化、养老服务、农村漂移图书馆等由政府提供的公共物品以及面向残疾人、贫困人口等社会救助服务和面向广大农民群众的培训、宣传、咨询的公益活动,都可以由第三部门去完成。

第三部门供给农村公共物品,能够与政府供给和市场供给实现互补。不仅可缓解政府投资压力,弥补政府和市场供给不足问题,而且还能够提供一些政府和市场都无法提供的公共物品。由于第三部门是根据农民的不同需求偏好进行决策供给的,具有较高的供给效率,群众的满意度比较高。为了保证第三部门能更好地发挥作用,政府应当通过政策引导、财政补助、法律保障等多种方式,支持第三部门供给,引导第三部门扩大供给范围、种类、数量,提高第三部门供给效率。同时,政府还应当通过政策引导、法律规范等多种方式,保证第三部门供给行为依法依规。

§6.4.4 政府与社会资本合作(PPP)供给策略

政府与社会资本合作,虽然我国开展得比较晚,但是已经不是公共物品供给的新模式,而是目前世界通行模式。这种模式能够有效提高政府公共物品供给能力和供给效率。在第二部分中,我们比较全面地分析研究了 PPP 模式有关理论问题,梳理了国家关于政府与社会资本合作的有关政策,也汲取了国内外的一系列研究成果。在这里,我们重点围绕如何引入政府与社会资本合作机制、推动乡村振兴战略的实施作一简要的分析研究。

在实施乡村振兴战略中,如何用好 PPP 模式,是一篇非常值得认真做好的大文章。之所以这么说,是因为要实现城乡均等化供给公共物品,需要大量的资金投入才能补齐农村的短板,尤其是需要大量投资的农村基础设施建设,没有足够的资金作支撑是无法实现的。从农村集体经济的发展情况来看,大多数农村集体经济比较薄弱,自身无法满足农村公共物品供给的资金需求,特别是涉及农村经济社会发展的基础设施建设短板,农村基本无力承担起这么大的资金投入。虽然各级政府的投资政策不断向农村倾斜,但是这些资金主要集中在农村社会保障、农村医疗卫生、农村公共文化、农村人居环境、农村高标准农田建设等方面,即使在这些国家重点投资的领域,农村与城市差距仍然较大。而对农村生产、生活起着重要作用的道路建设、水利基础设施建设、公共交通建设、养老设施建设等方面,城乡差距就更大了。要补齐这些短板,实现乡村振兴,引入 PPP 模式是非常必要的,不仅可以有效解决融资问题,而且还可以提高供给效率。

那么,在乡村振兴中如何引入 PPP 模式呢?也就是说,怎样才能让 PPP 模式“沾上”农村的地气，在乡村振兴中发挥重要作用。我们认为，应当从 PPP 模式的含义、运作程序、应用领域等方面进行创新研究，使其更加符合农村发展的实际，才能使其在农村落地生根、开花结果。

§6.4.4.1　创新 PPP 模式内涵

综合分析各国 PPP 模式运行实践和研究者们给出的定义发现，PPP 模式的最经典定义和各国普遍采用的模式就是政府与社会资本合作，这个定义是已被社会各界普遍认可的定义。但是，在全面实施乡村振兴战略的新形势下，面对农村振兴的新特点，应当赋予 PPP 模式新的含义，以适应不断变化的乡村公共物品需求。这里提出的突破，关键是投资合作主体的突破，就是要打破传统的、单纯的政府与社会资本合作，重新构建投资主体模型，拓展投资主体领域，建立起多元化的投资合作模式，我们称之为“放大了的 PPP 模式”，是传统 PPP 模式的升级版，是 PPP 概念的新发展。我们认为，围绕乡村振兴实施 PPP 项目，至少要包括政府、社会资本提供者、村集体、项目单位、合作社、农户等多种投资主体的合作，当然并不是每一个 PPP 项目都要包括这些投资主体，而是要根据项目的具体情况实事求是地选择投资主体进行合作，这就不可避免地要形成多种投资主体合作的 PPP 模式。这种新的 PPP 模式应该更加具有针对性，更加贴近农村实际，更能发挥出 PPP 模式在乡村振兴中的优势。需要特别说明的是，这种新型的 PPP 模式并不要求每一个项目都必须有政府投资合作，但是每一个项目都要按照 PPP 模式经典定义的要求，必须有社会资本参与，这是基本的要求，否则就不能称其为 PPP 项目。综上，这里所说的突破 PPP 模式的含义，就是要在保证有社会资本有效参与的前提下，可以根据项目的实际情况选择各种投资主体与社会资本合作。具体来讲，可以选择表 6-11 中的各种投资主体合作模式，当然投资合作主体以及合作模式包括但不限于表 6-11 中所列的具体内容。从表 6-11 可以看出，合作主体真正实现了突破：一是突破了“政府方”由政府作为单一合作主体模式；二是突破了“政府方”必须有政府参与合作的传统模式；三是引入了村集体和农村其他投资主体参与合作。从表 6-11 同样可以看出，虽然突破了传统意义上的 PPP 内涵，但是有两条基本的原则没有改变：一是所有的合作模式都必须有社会资本合作主体参与；二是所有的合作模式都有政府或者村集体参与合作，虽然有的模式是政府和村集体都参与合作，而有的模式则只有政府或村集体参与，但是都有而且必须有政府或村集体参与合作，这是 PPP 模式的根本原则。以上这两条，是 PPP 模式的本或者魂，其他的主体都必须围绕着这个本或魂来参与合作。

表 6-11　PPP 项目合作主体参与模式

合作主体	政府	社会资本主体	村集体	项目单位	农民合作社	农户
1	√	√	—	—	—	—
2	√	√	√	—	—	—
3	√	√	√	√	—	—
4	√	√	√	√	√	—
5	√	√	√	√	√	√
6	√	√	√	√	—	√
7	√	√	√	—	√	√
8	√	√	√	—	—	√
9	√	√	√	—	√	—
10	√	√	—	√	—	—
11	√	√	—	—	√	—
12	√	√	—	—	—	√
13	√	√	—	√	√	—
14	√	√	—	√	√	√
15	√	√	—	—	√	√
16	√	√	—	√	—	√
17	—	√	√	—	—	—
18	—	√	√	√	—	—
19	—	√	√	√	√	—
20	—	√	√	√	√	√
21	—	√	√	√	—	√
22	—	√	√	—	√	—
23	—	√	√	—	—	√
24	—	√	√	—	√	√

由于突破了参与合作主体的传统模式，参与主体的多元化使农村实施 PPP 项目变得更加灵活，因而其具体的运作方式也不应拘泥于建设—运营—移交(BOT)、建设—拥有—运营(BOO)等传统的模式，在实践中应当本着实事求是、因地制宜的原则，按照更接地气、更有作为、更有效率的要求，大胆地探索更加适宜

于农村的运作方式,使农村公共物品的供给更好地服务于乡村振兴战略的实施。

§6.4.4.2 创新 PPP 模式运作程序

2014 年以来,国务院及国家发改委、财政部等有关部委把 PPP 模式引入基础设施建设和公共服务领域,制定一系列指导意见和运行规范。对 PPP 模式推广应用领域、项目的审批(包括核准、备案)、项目的规范管理等方面都作了明确的规定,使 PPP 模式在我国基础设施建设和公共服务领域得到了快速发展。据有关数据显示,到 2019 年三季度末全国 PPP 综合信息平台项目管理库累计项目数达到 9249 个、投资额 14.1 万亿元。[①] 应当说,目前我国 PPP 模式应用范围还不够广泛,主要限定在县级以上政府与社会资本的合作,因而国家及有关部委关于 PPP 模式的运行规则都是基于这一定位确定的。

在乡村振兴中,突破 PPP 项目的合作主体以后,是不是仍然要按照国家既有的运行规则、运作程序去操作呢?这是一个非常值得磋商的问题。因为没有成功的模型可以遵循,需要在实践中进行探索。突破 PPP 项目的合作主体以后,虽然仍有政府或村集体参与,仍要对政府或村集体的资金运行安全、项目的如期进行、政府或村集体债务风险进行把控,但是究竟需要哪一级政府或政府部门去履行这一职责,是不是一定要由省级或更高一级的政府或政府部门去进行宏观调控、规范管理呢?从我国的财政管理体制来看,国家财政能够全面掌握全国省级财政的运行情况,省级财政基本能够掌握地级和县级政府的财政运行状况,而地市级以上政府一般不掌握乡镇一级政府的财政运行情况,一般是由县级财政来指导运行的。当然也有例外,个别计划单列市对乡级财政状况也统一掌控、统一指导。关于村级财务状况,自实行村账乡(镇)管以来,乡镇政府基本掌握了农村集体的财务运行情况,总体来看地级以上财政基本不掌握乡镇和村庄集体的财政运行情况。从这一实际来看,如果把乡镇政府或村集体参与的 PPP 项目一并纳入国家现有的管理体制并进行统一管理,难度很大。一方面工作量大,另一方面也是关键的方面,就是由于容易把控不准而导致农村 PPP 项目出现决策失误,影响农村基础设施建设和基本公共服务的供给效率。为了更好地服务乡村振兴战略,要突破 PPP 项目的合作主体,就必须突破现行的 PPP 项目管理体制和运行规则,让农村的 PPP 项目变得更加灵活,更具生命力。

为了确保 PPP 项目的运行质量,对农村的 PPP 项目应当分三个层次进行运作管理。一是凡是县级以上政府参与的 PPP 项目都必须按照现行的管理体

---

① 参见韩鑫:《全国 PPP 项目投资金额超 14 万亿元》,《人民日报》,2019 年 12 月 2 日第 2 版。

制进行运作管理，全部进入全国PPP综合信息平台项目管理库。二是没有县级以上政府参与且仅有乡镇政府参与的PPP项目，由县级政府统一审查把控后，全部进入省级PPP综合信息平台项目管理库，由省级财政部门进行宏观管理。三是没有乡镇以上政府参与的村集体参与的PPP项目，由乡镇政府进行科学论证后报县级政府进行把控后，全部进入地级PPP综合信息平台项目管理库，由地级财政部门进行宏观管理。通过三个层次的把控管理，能够减少管理层次，保障农村PPP项目有序运行。除了三个层次的把控改革，PPP项目的其他运作程序仍要建立健全完善的项目审批管理制度和PPP项目运行规则，确保PPP项目规范运作。

§6.4.4.3 拓展PPP模式应用领域

根据国家乡村振兴战略规划，划分的四类村庄中，撤并搬迁类村庄不应作为基础设施建设和公共服务设施建设的重点。另外，三类村庄是乡村振兴主阵地，尤其是集聚提升类村庄应当是优先振兴的重点村庄。所以，在乡村振兴中应用PPP模式的区域应放在集聚提升、城郊融合、特色保护三类村庄，其中重点要向集聚提升类村庄倾斜。由于农村的基础设施、公共服务、产业发展等诸多方面与城市存在较大差异，所以应用PPP模式助推乡村振兴战略的实施，应当结合四类村庄的振兴规划，根据农村的实际尽可能地拓展PPP模式应用领域，具体可向以下三大领域拓展。

一是农村基础设施领域。这是PPP模式最适宜的传统领域，也是推动农村发展的重点领域。农村的道路交通、供水、供电、供气、信息、通信、物联网、厕所改造、垃圾处理、污水处理、农田基础设施、水利工程等基础设施都可以通过PPP模式补齐短板和提档升级，包括村庄的美化绿化亮化、环境整治等也可以采用PPP模式加以改造，打造出宜居宜业的美丽乡村。

二是农村公共服务领域。农村综合服务中心、公共文化服务、公共医疗卫生、学校、幼儿园、养老服务、社会保障服务等公共服务的有效提供，PPP模式都可以重点进入，以尽快完成国家提出的补齐农村公共服务短板的目标，全面提升农村公共服务质量，满足农村日益增长的对美好生活的追求。

三是农村产业发展领域。产业兴，乡村兴。农村产业基本都是建立在以土地为基础的营利性产业，按照城市应用PPP模式的要求，经营性项目一般不采用PPP模式，但是农村产业发展具有一定的特殊性，很多项目都是与基础设施建设和公共服务融合在一起，而且项目实施的前提是需要加强公共基础设施建设。由于农村产业项目与公共基础设施和公共服务的融合发展，能够有效减少政府或村集体投入和风险，同时能够提高投资回报率，比较适合PPP模式的进入。所以在实施乡村振兴战略中，要全面拓展PPP模式在农村产业发展领域的应用，推动农村产业的全面振兴。在农业产业领域，要重点发展智慧农业、特色农业、特色小镇、田园综合体、古村落保护、乡村旅游等 PPP 项目，同时要积极探索在农业公共服务领域实施 PPP 项目，特别是要加快开展面向小农户的农业生产性服务。通过 PPP 模式大规模地开展农业公共服务，逐步减少农业公共设施的分散投资，把有限的资金集中投向大的农业公共服务项目，面向农村全面开展农业公共服务，逐步把小农户引向现代农业的发展轨道。

§6.4.4.4 把控 PPP 项目风险

实施 PPP 项目，不仅可以实现利益共享，而且还要风险共担，因为利益与风险在 PPP 项目中是一对孪生共同体。利益共享是 PPP 项目的共同目标，风险共担也是 PPP 项目的一个重要基础和前提。只有尽可能地规避风险、化解风险，才能保证 PPP 项目的成功实施。所以，加强 PPP 项目的规范管理是非常必要的。在乡村振兴中实施 PPP 项目，尤其要加强全过程的把控，确保项目的成功实施。具体来讲，要从以下六个方面进行规范管理。

一是农村 PPP 项目应当全部纳入审批管理。由于突破了 PPP 模式的运作程序，农村 PPP 项目的管理权限下放，管理层次相对降低，PPP 项目的风险相对提高，为了把风险降到最低点，应当进行审批制管理。相对城市来说，农村的情况比较复杂，实施 PPP 项目直接涉及农村居民的切身利益，容易引起农村居民的共同支持，也容易引起农村居民的共同抵触。所以在论证 PPP 项目时，应当广泛征求辖区居民的意见，在此基础上各级政府责任部门再进一步加强评估论证，在确保项目安全可行的前提下，政府及其相关部门按照管理权限进行审批，不宜实现核准和备案。

二是严格控制农村 PPP 项目的投资规模。资产（包括资源）沉睡与债务沉重并存，在我国不少农村不同程度地存在着，而且有的地方还相对严重。实施 PPP 项目，唤醒沉睡的资产、资源，是实现乡村振兴的重要课题。政府和村集体利用沉睡的资产、资源与社会资本合作，是农村实施 PPP 项目的重要选项，至少可以相对减少政府和村集体的投资风险。在充分利用沉睡资产和资源的同时，还要充分考虑项目的投资规模，因为这涉及项目本身的收益水平以及政府和村集体的偿付能力，还涉及社会资本投资主体的投资回报以及社会资本是否能够有效进入等方面的问题。这里要特别强调的是，不能把 PPP 项目变成农村举债融资的手段，形成隐性债务风险。所以，实施农村 PPP 项目必须科学评估，严控投资规模，严格把关审批。

三是严格筛选社会资本投资主体。由于 PPP 项目能够保障社会资本投资方比较稳定的回收投资资本和收益，对社会资本投资主体有着较大的吸引力，可使 PPP 项目得到快速发展，并逐步开始由城市向农村延伸发展。在国家乡村振兴战略的驱动下，工商资本下乡投资发展逐步成为一种新的发展方向，也给农村的振兴发展带来了新的机遇。面对众多的投资者，应当采取招投标的方式，选择专业性强、资本雄厚、诚信度高、执行力强的大型公司参与农村 PPP 项目的合作，确保 PPP 项目的成功率。

四是严格项目巡查监管。为了确保 PPP 项目在农村的健康发展，应当建立项目巡查制度，加强政府监管和社会监督。政府相关部门应当对农村 PPP 项目的评估论证、上报审批、项目执行、项目运行等方面的情况，安排或聘请专门人员定期巡查，加强监管，不断总结经验，纠正偏差，完善制度。同时要从项目落地的村庄推选部分德高望重、敢于担当的农村干部代表、党员代表和村民代表，组成农村监督队伍，加强对农村 PPP 项目的全过程监督，使 PPP 项目能够真正顺民心、顺民意。

五是严格项目规范运行，坚决杜绝垄断。面向广大农民群众的 PPP 项目，虽然通过服务收费能够有效解决搭便车问题，但是由于独家经营又容易形成垄断，出现损害群众利益问题。所以，PPP 项目的规范运行至关重要。一方面，承担项目的社会资本合作方要建立诚信制度，循规守矩地严格履行项目合同，对一些服务收费项目要严格按照合同规定收费，不得以加快投资回收和获取高额利润为目的私自抬高服务价格；另一方面，政府和村集体应当邀请市场监管和物价部门介入，建立起科学的价格形成机制和监督机制，杜绝因价格垄断而损害村民利益行为的产生。

六是严格奖惩制度，严格责任追究。奖罚制度不仅是一种激励制度（奖励是正激励，惩罚是负激励），而且也是提高执行力的手段。在农村实施 PPP 项目，严格奖惩制度是 PPP 模式高效提供农村公共物品的重要保证。应当建立两个层次的奖惩制度。其一是对社会资本合作方的奖惩制度，加强其对严格履行合同的激励和鞭策，强化对其合同违约的责任追究。其二是对政府部门、村集体及其工作人员的奖惩制度，加强对其公正履职、高效服务的正确引导和激励，加强对其懒政怠政、寻租腐败等问题的严格追究，确保农村 PPP 项目不因政策漏洞和管理漏洞影响农村公共物品的有效供给。

附　录

2004～2020 年中央 1 号文件关于农村公共物品的有关内容。

附录1　2004～2020年中央1号文件关于农田建设的有关内容

年度	农田建设主要内容
2004	重点建设旱涝保收、稳产高产基本农田
2005	新增资金集中用于中低产田改造，建设高标准基本农田
2006	要将小型农田水利设施建设作为重要内容，建设标准农田
2007	按照田地平整、土壤肥沃、路渠配套的要求，加快建设旱涝保收、高产稳产的高标准农田
2008	土地出让收入用于农村的投入，要重点支持基本农田整理、灾毁复垦和耕地质量建设；继续增加投入，加大力度改造中低产田
2009	集中连片推进农村土地整治，实行田、水、路、林综合治理，大规模开展中低产田改造，提高高标准农田比重
2010	按照统筹规划、分工协作、集中投入、连片推进的要求，加快建设高产稳产基本农田；把800个产粮大县的基本农田加快建成高标准农田；分片推进中低产田改造
2011	加强灌区末级渠系建设和田间工程配套，促进旱涝保收高标准农田建设
2012	制定全国高标准农田建设总体规划和相关专项规划；集中力量加快推进旱涝保收高产稳产农田建设
2013	落实和完善最严格的耕地保护制度，加大力度推进高标准农田建设
2014	实施全国高标准农田建设总体规划，加大投入力度，规范建设标准，探索监管维护机制
2015	统筹实施全国高标准农田建设总体规划。实施耕地质量保护与提升行动
2016	大规模推进高标准农田建设
2017	持续加强农田基本建设
2018	大规模推进农村土地整治和高标准农田建设，稳步提升耕地质量
2019	完成高标准农田建设任务
2020	跨省域调剂使用高标准农田建设新增耕地指标

附录 2　2004～2020 年中央 1 号文件关于农业机械的有关内容

年度	农机购置补贴政策	农业机械化相关内容
2004	购置和更新大型农机具给予一定补贴	提高农业机械化水平
2005	中央财政资金农机购置补贴资金；地方财政安排一定的农机购置补贴资金	加强农机服务
2006	增加农机具购置补贴	大力推进农业机械化，提高机械化作业水平
2007	扩大农机具购置补贴规模、补贴机型和范围	加快农机行业技术创新和结构调整；积极发展农业机械化
2008	增加农机具购置补贴种类，提高补贴标准，将农机具购置补贴覆盖到所有农业县	加快推进农业机械化，加快推进粮食作物生产全程机械化
2009	大规模增加农机具购置补贴；补贴范围覆盖全国所有农牧业县（场）；实行重点环节农机作业补贴试点；建立高能耗农业机械更新报废经济补偿制度	加快推进农业机械化：启动农业机械化推进工程；普及主要粮油作物播种、收获等环节机械化；支持农机工业技术改造
2010	进一步增加农机具购置补贴，扩大补贴种类	加快发展农业机械化，大力推广机械深松整地，支持秸秆还田、水稻育插秧等农机作业
2012	扩大农机具购置补贴规模和范围，进一步完善补贴机制和管理办法	加快农业机械化：拓展农机作业领域，提高农机服务水平；探索农业全程机械化生产模式；支持农机工业技术改造；农机农艺结合，促进劳动过程机械化
2013	扩大农机具购置补贴规模，推进农机以旧换新试点；开展农机保险保费补贴试点	加快粮棉油糖等农机装备
2014	加大农机购置补贴力度，完善补贴办法，继续推进农机报废更新补贴试点	加快发展农业机械化，加快推进大田作物生产全程机械化；积极发展农机作业、维修、租赁等社会化服务，支持发展农机合作社等服务组织
2015	完善农机具购置补贴政策，向主产区和新型农业经营主体倾斜，扩大节水灌溉设备购置补贴范围	农机装备科技创新取得重大突破

续表

年度	农机购置补贴政策	农业机械化相关内容
2016	完善农机购置补贴政策	重点突破农机装备领域关键技术；提升主要农作物生产全程机械化水平，推进林业装备现代化
2017	完善农机购置补贴政策，加大对粮棉油糖和饲草料生产全程机械化所需机具的补贴力度	加快研发适宜丘陵山区、设施农业、畜禽水产养殖的农机装备，提升农机核心零部件自主研发能力
2018	严厉整治惠农补贴、提高补贴效能	推进我国农机装备产业转型升级，提高大宗农作物机械国产化水平，发展高端农机装备制造
2019	加快构建新型农业补贴政策体系	推动重型农机领域自主创新；支持薄弱环节适用农机研发，促进农机装备产业转型升级，加快推进农业机械化
2020	进一步完善农业补贴政策	加快大中型、智能化、复合型农业机械研发和应用，支持丘陵山区农田宜机化改造

注：2011 年中央 1 号文件是关于水利建设的专题文件。

附录3 2004～2020年中央1号文件关于农业科技的有关内容

年度	研发创新	成果转化	推广应用
2004	增强农业科技创新、储备能力；引进国外先进科技成果；引导企业成为农业科技创新主体；支持大中专院校参与农业技术研究	增强农业科技成果转化能力	深化农业科技推广体制改革；支持已有技术中试和大面积推广；发挥农业科技示范场、科技园区、龙头企业、农民合作组织的推广作用
2005	建立国家农业科技创新体系；搞好农业基础研究和关键技术研究开发；加快生物技术和信息技术等高新技术研究；开展重大应用技术攻关和试验研究	实施“种子工程”“畜禽水产良种工程”；国家设立超级稻推广项目	强化国家公益性推广职能；放活经营性服务；发挥农业院校、农民专业技术协会和农业科技型企业推广作用；实施“科技入户工程”
2006	加快建设国家创新基地和区域性农业科研中心；鼓励企业建立农业科技研发中心；加强农业高技术研究	安排农业科技成果转化资金和国外先进农业技术引进资金；加强种质资源和知识产权保护	对公益性职能与经营性服务实行分类管理；实施科技入户工程；鼓励农科教机构和社会力量参与农业科技推广
2007	增强农业科技自主创新能力；加强国家基地、区域性农业科研中心创新能力建设；启动农业行业科研专项；扶持对现代农业建设有重要支撑作用的技术研发；加快农业信息化建设	继续支持农业科技成果转化和引进国外先进农业技术；加快推进农业技术成果的集成创新和中试熟化；提高基层农业科技成果转化能力	加强基层农业技术推广体系建设；推进农业科技进村入户；培育科技大户；推进农科教结合，发挥农业院校农业科技推广作用
2008	重点支持公益性农业科研机构和高等学校开展基础性、前沿性研究；加强产学研密切结合；推动现代农业产业技术体系建设；启动转基因生物新品种培育科技重大专项	继续支持农业科技成果转化	深入实施科技入户工程；加强公益性农业技术推广服务；调动各方面力量参与农业技术推广；大力培养农村实用人才

续表

年度	研发创新	成果转化	推广应用
2009	重点支持关键领域、重要产品、核心技术的科学研究；加快推进转基因生物新品种培育科技重大专项；实施主要农作物强杂交优势技术研发重大项目；加强和完善现代农业产业技术体系		支持科技人员和大学毕业生到农技推广一线工作；引导农民专业技术协会等社会力量承担公益性农技推广服务项目；培养新型农民
2010	把农业科技的重点放在良种培育上；继续实施转基因生物新品种培育科技重大专项；发展农业产学研联盟；推进现代农业产业技术体系建设	在科学评估、依法管理基础上，推进转基因新品种产业化；实施农村科技创业行动、科技富民强县专项行动计划、科普惠农兴村计划	建设乡镇或区域性农技推广等公共服务机构；发展多元化、社会化农技推广服务组织；启动基层农技推广机构特设岗位计划
2012	明确农业科技创新方向；突出农业科技创新重点；完善农业科技创新机制；改善农业科技创新条件	加快农业技术转移和成果转化；加强农业知识产权保护	强化基层公益性农技推广服务；引导科研教育机构积极开展农技服务；
2013	加强农业科技创新能力条件建设和知识产权保护；实施种业发展等重点科技专项；推进国家农业科技园区和高新技术产业示范区建设	加强农业科技创新能力条件建设和知识产权保护	发展专家大院、院县共建等农业科技服务模式；促进农业先进适用技术到田到户
2014	推动发展国家农业科技园区协同创新战略联盟，支持现代农业产业技术体系建设；建设以农业物联网和精准装备为重点的农业全程信息化和机械化技术体系；组织重大农业科技攻关；加强农用航空建设	创新成果转化机制，发展农业科技成果托管中心和交易市场	加大农业先进适用技术推广应用和农民技术培训力度；发挥现代农业示范区的引领作用；推行科技特派员制度
2015	加快农业科技创新，在生物育种、智能农业、农机装备、生态环保等领域取得重大突破；建立农业科技协同创新联盟；加强农业转基因生物技术研究、安全管理、科学普及；继续实施种子工程	推进科研成果使用、处置、收益管理和科技人员股权激励改革试点；探索建立农业科技成果交易中心；发挥科研院所、高校在成果转化中的作用	完善国家重大科研基础设施和大型科研仪器向社会开放机制；引导扶持企业成为技术创新和应用的主体

续表

年度	研发创新	成果转化	推广应用
2016	农业科技创新能力总体上达到发展中国家领先水平。实施农业科技创新重点专项和工程,重点突破生物育种、智能农业等领域关键技术;强化现代农业产业技术体系建设;加强农业转基因技术研发、监管和慎重推广;大力推进"互联网+"现代农业、智慧气象和农业遥感技术应用;加快推进现代种业发展	完善成果转化激励机制;加强农业知识产权保护	对基层农技推广公益性与经营性服务机构提供精准支持;引导高等学校、科研院所开展农技服务;推行科技特派员制度;发挥农村专业技术协会作用;加快农业高技术企业、国家现代农业示范区、国家农业科技园区建设
2017	完善国家农业科技创新体系和现代农业产业技术体系;建立现代农业产业科技创新中心和农业科技创新联盟;加强农业科技基础前沿研究,提升原始创新能力;实施种业自主创新重大工程和主要农作物良种联合攻关;实施智慧农业工程	落实科技成果转化收益、科技人员兼职取酬等制度;发展面向市场的新型农业技术研发、成果转化和产业孵化机构;加强农业知识产权保护和运用。	创新公益性农技推广服务方式;推行政府购买服务;建立农科教产学研一体化农业技术推广联盟;推行科技特派员制度;加强农村科普公共服务;建设国家农业高新技术产业开发区、现代农业产业园和农业科技园区
2018	建设国家农业科技创新体系;建设面向全行业的科技创新基地;发展现代农作物、畜禽、水产、林木种业,提高自主创新能力;发展数字农业,实施智慧农业林业水利工程,推进物联网试验示范和遥感技术应用	深化农业科技成果转化改革	深化农业科技推广应用改革;建设知识型、技能型、创新型农业经营者队伍;建设现代农业产业园、农业科技园
2019	实施农业关键核心技术攻关行动;推动自主创新;建设农业领域国家重点实验室等科技创新平台基地;加强国家现代农业产业技术体系、科技创新联盟等建设;强化企业技术创新主体地位;实施良种联合攻关	加强农业领域知识产权创造与应用;建立健全农业科研成果产权制度,赋予科研人员科技成果所有权	加快先进实用技术集成创新与推广应用
2020	加强农业关键核心技术攻关和农业生物技术研发;加强现代农业产业技术体系建设	扩大特色优势农产品覆盖范围;面向农业全产业链配置科技资源	深入实施科技特派员制度;加强农业产业科技创新中心、国家农业高新技术产业示范区、国家农业科技园区等创新平台基地建设

注:2011 年中央 1 号文件是关于水利建设的专题文件。

附录4　2004～2020年中央1号文件关于农村公共文化建设的有关内容

年度	农村公共文化建设要求	农村文化投入和项目建设	农村文化机构和队伍建设	历史文化资源保护与挖掘
2004	把发展农村社会事业作为重点	新增文化事业经费主要用于农村		
2005	完善农村公共文化服务体系；巩固农村宣传文化阵地，加强文化市场管理	新增文化事业经费主要用于农村，用于县以下不低于70%；鼓励社会力量参与农村文化建设；提高农村电视村村通水平，做好送书下乡、电影放映、文化信息资源共享等工作		
2006	繁荣农村文化事业；构建农村公共文化服务体系；实施农民体育健身工程；加强农村文化市场管理，抵制腐朽落后文化	各级财政要加大农村文化建设投入，加强县文化馆、图书馆等公共文化设施建设；实施广播电视“村村通”和农村电影放映工程；发展文化信息资源共享工程农村基层服务点	加强乡镇文化站、村文化室建设；引导文化工作者深入乡村；扶持农村业余文化队伍	保护有历史文化价值的古村落和古民宅；保护和发展有地方和民族特色的优秀传统文化
2007	把基础设施建设和社会事业发展的重点转向农村；加强农村公共文化服务体系建设	国家财政新增文化事业经费和固定资产投资增量主要用于农村；增加农村文化事业投入，加快广播电视“村村通”和农村文化信息资源共享工程建设步伐	加大城市教师、医务人员、文化工作者支援农村力度；鼓励大专院校和中等职业学校毕业生到农村服务，到农村创业	

续表

年度	农村公共文化建设要求	农村文化投入和项目建设	农村文化机构和队伍建设	历史文化资源保护与挖掘
2008	繁荣农村公共文化;加强农村精神文明建设;创作优秀文化产品,开展农村群众文化活动;开展农村体育健身活动	实施广播电视"村村通"、农村电影放映工程;建设文化信息资源共享工程农村基层服务点;引导和鼓励社会力量投入农村文化建设	实施乡镇综合文化站和农民书屋工程	
2009	形成完备的农村公共文化服务体系	建立稳定的农村文化投入保障机制;推进广播电视村村通、文化信息资源共享、农村电影放映等重点工程	推进乡镇综合文化站、村文化室建设和农家书屋等重点工程	
2010	广泛开展群众性精神文明创建活动和农民健身活动	建立稳定的农村文化投入保障机制,推进广播电视村村通、文化信息资源共享、农村电影放映等惠民文化工程建设和综合使用	健全文化下乡支农制度,完善措施,引导城市文化机构到农村拓展服务;乡镇综合文化站、村文化室、农家书屋建设和综合使用	
2012	全面贯彻落实党的十七届六中全会精神,促进城乡文化一体化发展,增加农村文化服务总量,缩小城乡文化发展差距			
2013	努力实现城镇基本公共服务常住人口全覆盖;深入开展群众性精神文明创建活动	深入实施农村重点文化惠民工程,建立农村文化投入保障机制		保护有历史文化价值和民族、地域元素的传统村落和民居

续表

年度	农村公共文化建设要求	农村文化投入和项目建设	农村文化机构和队伍建设	历史文化资源保护与挖掘
2014		有效整合各类农村文化惠民项目和资源，推动县乡公共文化体育设施和服务标准化建设		制定传统村落保护发展规划，把有历史文化等价值的传统村落和民居列入保护名录，加大投入和保护力度
2015		拓展重大文化惠民项目服务“三农”内容；支持建设文化体育设施		完善传统村落名录和开展传统民居调查，落实传统村落和民居保护规划
2016	全面加强农村公共文化服务体系建设；深入开展文明创建活动，培育文明乡风、优良家风、新乡贤文化；抓好移风易俗，树立健康文明新风尚	实施文化惠民项目；整合文化信息资源共享、农村电影放映、农家书屋等项目，发挥基层文化公共设施整体效应；抓好移风易俗，树立健康文明新风尚	在农村建设基层综合性文化服务中心	加强乡村生态环境和文化遗存保护，发展具有历史记忆、地域特点、民族风情的特色小镇；开展农业文化遗产普查与保护；弘扬优秀传统文化
2017	加强农村公共文化服务体系建设；深化农村社区建设试点，培育优良家风、文明乡风和新乡贤文化；提升农民思想道德和科学文化素质	统筹实施重点文化惠民项目，完善基层综合性文化服务设施，在农村地区深入开展送地方戏活动；加强农村移风易俗工作		支持重要农业文化遗产保护
2018	繁荣兴盛农村文化，焕发乡风文明新气象；加强农村公共文化建设，健全乡村公共文化服务体系，活跃繁荣农村文化市场	推进文化惠民；支持“三农”题材文艺创作生产；开展移风易俗行动，开展精神文明创建活动，遏制陈规陋习，加强无神论宣传教育和农村科普工作	发挥县级公共文化机构辐射作用，推进基层综合性文化服务中心建设；培育挖掘乡土文化本土人才	传承发展提升农村优秀传统文化

续表

年度	农村公共文化建设要求	农村文化投入和项目建设	农村文化机构和队伍建设	历史文化资源保护与挖掘
2019	全面提升公共服务水平，加快推进城乡基本公共服务均等化	支持建设文化礼堂、文化广场等设施，培育特色文化村镇、村寨；推进农村移风易俗	加快推进农村基层综合性文化服务中心建设	通盘考虑生态保护和历史文化传承，注重保持乡土风貌
2020	改善乡村公共文化服务。推动基本公共文化服务向乡村延伸，扩大乡村文化惠民工程覆盖面。	鼓励城市文艺团体和文艺工作者定期送文化下乡	实施乡村文化人才培养工程，支持乡土文艺团组发展；扶持农村非遗传承人、民间艺人收徒传艺，发展优秀戏曲曲艺、少数民族文化、民间文化	保护好历史文化名镇（村）、传统村落、民族村寨、传统建筑、农业文化遗产、古树名木等

注：2011 年中央 1 号文件是关于水利建设的专题文件。

附录5 2004～2020年中央1号文件关于农村教育的有关内容

年度	主要内容
2004	新增教育经费主要用于农村
2005	1.新增教育经费主要用于农村,70%用于县以下;2.义务教育阶段贫困学生免书本费、免杂费、补助寄宿生生活费
2006	1.2006年对西部地区农村义务教育阶段学生全部免除学杂费,2007年全国农村普遍实行;2.建立健全农村义务教育经费保障机制;3.加强农村教师队伍建设;4.加大力度监管和规范农村学校收费;5.加快农村义务教育体制改革
2007	1.国家财政新增教育等事业经费和固定资产投资增量主要用于农村;2.继续改善农村办学条件,促进城乡义务教育均衡发展;3.2007年全国农村义务教育阶段学生全部免除学杂费;4.落实农村义务教育经费保障机制改革措施;5.加强农村教师队伍建设;6.化解农村义务教育债务
2008	1.对全部农村义务教育阶段学生免费提供教科书;2.提高农村中小学公用经费和校舍维修经费补助标准;3.加强农村教育经费使用的规范管理;4.提高农村中小学教师素质;5.用3年左右时间,基本化解农村义务教育的历史债务
2009	1.提高农村学校公用经费和家庭经济困难寄宿生补助标准;2.改善农村教师待遇;3.推进农村中小学校舍安全排查、加固和改造;4.国家新增助学金要向农村生源学生倾斜
2010	1.引导城市教师下乡支教;2.巩固和完善农村义务教育经费保障机制;3.落实好教师培训制度和绩效工资制度;4.抓好农村学校布局;5.实施中小学校舍安全工程;6.改善贫困地区农村学生营养状况;7.清理化解农村义务教育历史债务
2011	把水情教育纳入国民素质教育体系和中小学教育课程体系
2012	因地制宜实施“三支一扶”、大学生志愿服务西部等计划
2013	1.完善农村中小学校舍建设改造长效机制;2.办好村小学和教学点,改善办学条件,配强师资力量,方便农村学生就近上学;3.设立专项资金,对在连片特困地区乡、村学校和教学点工作的教师给予生活补助
2014	1.加快改善农村义务教育薄弱学校基本办学条件,适当提高农村义务教育生均公用经费标准;2.大力支持发展农村学前教育;3.支持和规范农村民办教育
2015	1.完善进城农民工随迁子女在当地接受义务教育和参加中高考相关政策;2.改善农村义务教育薄弱学校基本办学条件;3.支持乡村两级公办和普惠性民办幼儿园建设;4.加强乡村教师队伍建设;5.国家教育经费要向边疆地区、民族地区、革命老区倾斜

续表

年度	主要内容
2016	1.加快发展农村学前教育,坚持公办民办并举;2.建立城乡统一、重在农村的义务教育经费保障机制;3.全面改善贫困地区义务教育薄弱学校基本办学条件,改善农村学校寄宿条件,办好乡村小规模学校,推进学校标准化建设;4.加强乡村教师队伍建设;5.办好农村特殊教育
2017	1.全面落实城乡统一、重在农村的义务教育经费保障机制;2.加强乡村教师队伍建设
2018	1.高度重视发展农村义务教育,推动建立以城带乡、整体推进、城乡一体、均衡发展的义务教育发展机制;2.全面改善薄弱学校基本办学条件,加强寄宿制学校建设;3.实施农村义务教育学生营养改善计划;4.发展农村学前教育;5.以市县为单位,推动优质学校辐射农村薄弱学校常态化;6.统筹配置城乡师资,并向乡村倾斜,建好建强乡村教师队伍
2019	1.加强贫困地区义务教育控辍保学,避免因贫失学辍学;2.推动城乡义务教育一体化发展;3.实施农村义务教育学生营养改善计划;4.实施高中阶段教育普及攻坚计划;5.加强农村儿童健康改善和早期教育、学前教育
2020	1.加强乡镇寄宿制学校建设,统筹乡村小规模学校布局;2.全面推行义务教育阶段教师"县管校聘";3.落实中小学教师待遇;4.推进农村义务教育控辍保学专项行动;5.重视农民工随迁子女上学、农村学前教育、特殊教育和农村学生职业教育

附录6　2004～2020年中央1号文件关于农村公共卫生的有关内容

年度	主　要　内　容
2004	新增卫生事业经费主要用于农村
2005	1.新增卫生经费主要用于农村，用于县以下的比例不低于70%；2.坚持以农村为重点的卫生工作方针，实施农村医疗卫生基础设施建设规划，加快农村医疗卫生人才培养，提高农村医疗服务水平和应对突发公共卫生事件的能力；3.加强艾滋病、血吸虫病等重点疾病的防治工作
2006	1.各级政府要不断增加投入，加强以乡镇卫生院为重点的农村卫生基础设施建设，健全农村三级医疗卫生服务和医疗救助体系；2.对乡村医生实行补助制度；3.规范农村医疗服务；4.加大农村地方病、传染病和人畜共患疾病的防治力度；5.增加农村卫生人才培养的经费预算；6.组织城镇医疗机构和人员对口支持农村；7.鼓励各种社会力量参与发展农村卫生事业
2007	1.各级政府要切实把基础设施建设和社会事业发展的重点转向农村；2.国家财政新增教育、卫生、文化等事业经费和固定资产投资增量主要用于农村，逐步加大政府土地出让收入用于农村的比重
2008	1.完善农村医疗救助制度；2.加强农村卫生服务网络建设和药品监管，规范农村医疗卫生服务；3.加大农村传染病和地方病防治力度；4.优先在农村落实扩大免费预防接种范围的政策
2009	进一步增加投入，加强县乡村医疗卫生公共服务体系建设
2010	1.完善农村三级医疗卫生服务网络，落实乡镇卫生院人员绩效工资和乡村医生公共卫生服务补助政策，逐步实施免费为农村定向培养全科医生和招聘执业医师计划；2.搞好农村地区妇幼卫生工作和疾病防治，加强农村食品和药品监管；3.积极发展农村远程教育、远程医疗
2013	健全农村三级医疗卫生服务网络，加强乡村医生队伍建设
2014	深化农村基层医疗卫生机构综合改革，实施中西部全科医生特岗计划
2015	1.加强农村基层基本医疗、公共卫生能力和乡村医生队伍建设；2.推进各级定点医疗机构与省内新型农村合作医疗信息系统的互联互通，积极发展惠及农村的远程会诊系统
2016	健全城乡医疗救助制度
2017	加强农村基层卫生人才培养

续表

年度	主要内容
2018	1.推进健康乡村建设。强化农村公共卫生服务,加强慢性病综合防控,大力推进农村地区精神卫生、职业病和重大传染病防治。完善基本公共卫生服务项目补助政策,加强基层医疗卫生服务体系建设,支持乡镇卫生院和村卫生室改善条件。加强乡村中医药服务。开展和规范家庭医生签约服务,加强妇幼、老人、残疾人等重点人群健康服务;2.推动远程医疗、远程教育等应用普及,弥合城乡数字鸿沟
2019	1.全面提升医疗卫生等公共服务水平,加快推进城乡基本公共服务均等化;2.加快标准化村卫生室建设,实施全科医生特岗计划
2020	1.办好县级医院,推进标准化乡镇卫生院建设,改造提升村卫生室,消除医疗服务空白点。稳步推进紧密型县城医疗卫生共同体建设;2.加强乡村医生队伍建设;3.加强基层疾病预防控制队伍建设,做好重大疾病和传染病防控;4.将农村适龄妇女宫颈癌和乳腺癌检查纳入基本公共卫生服务范围

注:2011 年和 2012 年中央 1 号文件分别是关于水利和农业科技创新的专题文件。

附录7　2004～2020年中央1号文件关于农村社会保障的有关内容

年度	主要内容
2004	1.有条件的地方要探索建立农民最低生活保障制度；2.对丧失劳动能力的特困人口，要实行社会救济，适当提高救济标准
2005	1.积极稳妥推进新型农村合作医疗试点和农村医疗救助工作；2.有条件的地方可以探索建立农村社会保障制度
2006	1.积极推进新型农村合作医疗制度试点工作，较大幅度地提高财政补助标准；2.健全农村医疗救助体系；3.按照城乡统筹发展的要求，逐步加大公共财政对农村社会保障制度建设的投入；4.进一步完善农村"五保户"供养、特困户生活救助、灾民补助等社会救助体系；5.探索建立与农村经济发展水平相适应、与其他保障措施相配套的农村社会养老保险制度；6.有条件的地方，要积极探索建立农村最低生活保障制度
2007	1.继续扩大新型农村合作医疗制度试点范围，不断完善农村医疗救助制度；2.在全国范围建立农村最低生活保障制度；3.有条件的地方，可探索建立多种形式的农村养老保险制度；4.高度重视农村残疾人事业
2008	1.在全国普遍建立新型农村合作医疗制度，完善农村医疗救助制度；2.完善农村最低生活保障制度，各级财政要逐步增加农村低保补助资金，提高保障标准和补助水平；3.落实农村五保供养政策，保障五保供养对象权益；4.探索建立农村养老保险制度，鼓励各地开展农村社会养老保险试点
2009	1.巩固发展新型农村合作医疗，有条件的地方可提高财政补助标准和水平；2.建立个人缴费、集体补助、政府补贴的新型农村社会养老保险制度；3.加大中央和省级财政对农村最低生活保障补助力度，提高农村低保标准和补助水平；4.对生活无着的返乡农民工要提供临时救助或纳入农村低保
2010	1.逐步提高新型农村合作医疗筹资水平、政府补助标准和保障水平；2.继续抓好新型农村社会养老保险试点，确保符合规定条件的老年居民按时足额领取养老金；3.合理确定农村最低生活保障标准和补助水平；4.落实和完善被征地农民社会保障政策；5.健全临时救助制度；6.逐步提高农村五保户集中供养水平；7.搞好农村养老院建设，发展农村养老服务；8.加大对农村残疾人生产扶助和生活救助力度，农村各项社会保障政策优先覆盖残疾人
2013	1.继续提高新型农村合作医疗政府补助标准，积极推进异地结算；2.健全新型农村社会养老保险政策体系，研究探索与其他养老保险制度衔接整合的政策措施；3.加强农村最低生活保障的规范管理，有条件的地方研究制定城乡最低生活保障相对统一的标准；4.完善农村优抚制度，加快农村社会养老服务体系建设

续表

年度	主要内容
2014	1.继续提高新型农村合作医疗的筹资标准和保障水平，完善重大疾病保险和救助制度，推动基本医疗保险制度城乡统筹；2.整合城乡居民基本养老保险制度；3.加快构建农村社会养老服务体系；4.加强农村最低生活保障的规范管理；5.发展农村残疾人事业
2015	1.建立新型农村合作医疗可持续筹资机制，同步提高人均财政补助和个人缴费标准；2.全面开展城乡居民大病保险；3.加强农村最低生活保障制度规范管理；4.落实统一的城乡居民基本养老保险制度；5.支持建设多种农村养老服务
2016	1.整合城乡居民基本医疗保险制度，适当提高政府补助标准、个人缴费和受益水平。全面实施城乡居民大病保险制度；2.健全城乡医疗救助制度；3.完善城乡居民养老保险参保缴费激励约束机制；4.实现农村低保制度与扶贫开发政策有效衔接；5.加强农村养老服务体系、残疾人康复和供养托养设施建设
2017	1.继续提高城乡居民基本医疗保险筹资水平，加快推进城乡居民医保制度整合，推进基本医保全国联网和异地就医结算；2.科学合理确定农村低保标准，做好农村低保兜底工作；3.完善城乡居民养老保险筹资和保障机制
2018	1.完善统一的城乡居民基本医疗保险制度和大病保险制度，做好农民重特大疾病救助工作；2.巩固城乡居民医保全国异地就医联网直接结算；3.完善城乡居民基本养老保险制度；4.统筹城乡社会救助体系，完善最低生活保障制度，做好农村社会救助兜底工作；5.构建多层次农村养老保障体系，创新多元化照料服务模式；6.加强和改善农村残疾人服务
2019	1.落实基本医疗保险、大病保险、医疗救助等多重保障措施；2.建立健全统一的城乡居民基本医疗保险制度，同步整合城乡居民大病保险；3.完善城乡居民基本养老保险待遇确定和基础养老金正常调整机制；4.统筹城乡社会救助体系，完善最低生活保障制度、优抚安置制度；5.支持多层次农村养老事业发展；6.加强和改善农村残疾人服务
2020	1.适当提高城乡居民基本医疗保险财政补助和个人缴费标准；2.提高城乡居民基本医保、大病保险、医疗救助经办服务水平，地级市域范围内实现“一站式服务、一窗口办理、一单制结算”；合理提高低保等社会救助水平；4.发展农村互助式养老，多形式建设日间照料中心，改善失能老年人和重度残疾人护理服务；5.完善农村留守儿童和妇女、老年人关爱服务体系

注：2011 年和 2012 年中央 1 号文件分别是关于水利和农业科技创新的专题文件。

主要参考文献

一、学术著作

1. 中共中央文献研究室:《十八大以来重要文献选编》(上),北京:中央文献出版社,2014 年。

2. 习近平:《决胜全面建成小康社会　夺取新时代中国特色社会主义伟大胜利》,北京:人民出版社,2017 年。

3. 曹荣湘:《蒂布特模型》,北京:社会科学文献出版社,2004 年。

4. 曹现强、王佃利:《公共管理学概论》,北京:中国人民大学出版社,2005 年。

5. 曾峻:《公共管理新论》,北京:人民出版社,2006 年。

6. 陈振明:《公共管理学》,北京:中国人民大学出版社,1999 年。

7. 丁美东:《公共管理学》,北京:清华大学出版社、北京交通大学出版社,2009 年。

8. 李军鹏:《公共管理学》,北京:首都经济贸易大学出版社,2005 年。

9. 刘远翔:《中国农村公共物品供给》,北京:人民出版社,2012 年。

10. 平新乔:《微观经济学十八讲》,北京:北京大学出版社,2001 年。

11. 苏保忠、张正河:《公共管理学》,北京:清华大学出版社,2015 年。

12. 孙翠清、林万龙:《中国农村公共服务需求问题研究:基于农户的视角》,北京:经济科学出版社,2011 年。

13. 王伟然、张忠等:《公共文化服务的实践探索与创新——基于青岛示范区的调查》,济南:山东大学出版社,2016 年。

14. 王伟然:《农村公益性科技体制机制创新研究》,济南:山东大学出版社,2015 年。

15. 张成福、党秀云:《公共管理学》,北京:中国人民大学出版社,2001 年。

16. 张良:《公共管理学》,上海:华东理工大学出版社,2005 年。

17. 王浦劬、[美]L. M. 萨拉蒙等:《政府向社会组织购买公共服务研究:中国与全球经验分析》,北京:北京大学出版社,2010 年。

18. 世界银行:《1997 年世界发展报告》,蔡秋生等译,北京:中国人民大学出版社,1997 年。

19. 欧亚 PPP 联络网:《欧亚基础设施建设公私合作(PPP)案例分析》,王守清主译,沈阳:北方联合出版传媒(集团)股份有限公司、辽宁科学技术出版社,2010 年。

20. [德]马克思、恩格斯:《马克思恩格斯全集》第 1 卷,北京:人民出版社,1956 年。

21. [古希腊]亚里士多德:《政治学》,吴寿彭译,北京:商务印书馆,1965 年。

22. [英]霍布斯:《利维坦》,黎思复、黎廷弼译,北京:商务印书馆,1985 年。

23. [英]大卫·休谟:《人性论》,关文运译,北京:商务印书馆,1980 年。

24. [英]大卫·休谟:《人性论》(下),贾广来译,西安:陕西师范大学出版社,2009 年。

25. [英]亚当·斯密:《国富论》,富强译,西安:陕西师范大学出版社,2010 年。

26. [英]约翰·斯图亚特·穆勒:《政治经济学原理——及其在社会哲学上的若干应用》,赵荣潜、桑炳彦、朱泱译,北京:商务印书馆,1991 年。

27. [英]庇古:《福利经济学》上卷,朱泱、张胜纪、吴良健译,北京:商务印书馆,2006 年。

28. [英]R. D. C. 布莱克、A. W. 科茨、克劳弗德·D. W. 古德温:《经济学的边际革命》,于树生译,北京:商务印书馆,2016 年。

29. [英]阿瑟·刘易斯:《经济增长理论》,郭金兴等译,北京:机械工业出版社,2015 年。

30. [英]C. V. 布朗、P. M. 杰克逊:《公共部门经济学》(第 4 版),张馨主译,北京:中国人民大学出版社,2000 年。

31. [英]达霖·格里姆塞、[澳]莫文·K. 刘易斯:《PPP 革命:公共服务中的政府和社会资本合作》,济邦咨询公司译,北京:中国人民大学出版社,2016 年。

32. [英]迈克尔·博兰尼:《自由的逻辑》,冯银江、李雪茹译,长春:吉林人民出版社,2011 年。

33. [美]保罗·萨缪尔森、威廉·诺德豪斯:《经济学》(第 18 版),萧琛主译,北京:人民邮电出版社,2008 年。

34. [美]理查德·A. 马斯格雷夫:《比较财政分析》,董勤发译,上海:格致出版社,2017 年。

35. [美]詹姆斯·M. 布坎南:《公共物品的需求与供给》,马珺译,上海:上海人民出版社,2009 年。

36. [美]詹姆斯·M. 布坎南:《为什么我也不是保守派》,麻勇爱译,北京:机械工业出版社,2015 年。

37. [美]约瑟夫·E. 斯蒂格利茨:《公共部门经济学》,郭庆旺等译,北京:中国人民大学出版社,2005 年。

38. [美]埃莉诺·奥斯特罗姆:《公共资源的未来:超越市场失灵和政府管制》,郭冠清译,北京:中国人民大学出版社,2015 年。

39. [美]迈克尔·麦金尼斯:《多中心体制与地方公共经济》,毛寿龙、李梅译,上海:上海三联书店,2000 年。

40. [美]E. S. 萨瓦斯:《民营化与 PPP 模式:推动政府和社会资本合作》,周志忍等译,北京:中国人民大学出版社,2015 年。

41. [美]哈维·S. 罗森:《财政学》,平新桥校译,北京:中国人民大学出版社,2000 年。

42. [美]迈克尔·L. 卡茨、哈维·S. 罗森:《微观经济学》,李宝伟、武立东编译,北京:机械工业出版社,2010 年。

43. [美]R. 格伦·哈伯德、安东尼·P. 奥布莱恩:《经济学(微观)》,张军、罗汉等译,北京:机械工业出版社,2011 年。

44. [美]曼瑟尔·奥尔森:《集体行动的逻辑》,陈郁、郭宇峰、李崇新译,上海:上海人民出版社,1995 年。

45. [美]阿图·埃克斯坦:《公共财政学》,张愚山译,北京:中国财政经济出版社,1983 年。

46. [美]丹尼斯·C. 缪勒:《公共选择理论》,杨春学等译,北京:中国社会科学出版社,1999 年。

47. [美]詹姆斯·M. 布坎南、理查德·A. 马斯格雷夫:《公共财政与公共选择:两种截然不同的国家观》,类承曜译,北京:中国财政经济出版社,2000 年。

48. [美]詹姆斯·M. 布坎南、罗杰·D. 康格尔顿:《原则政治,而非利益政治通向非歧视性民主》,张定淮、何志平译,北京:社会科学文献出版社,2004 年。

49. [美]詹姆斯·M. 布坎南:《公共物品的需求与供给》,马珺译,上海:上海人民出版社,2009 年。

50. [美]埃莉诺·奥斯特罗姆:《公共事务的治理之道:集体行动制度的演进》,余逊达、陈旭东译,上海:上海三联书店,2000 年。

51. [美]E. S. 萨瓦斯:《民营化与公私部门的伙伴关系》,周志忍等译,北京:中国人民大学出版社,2002 年。

52.[美]弗雷德·E.弗尔德瓦里:《公共物品与私人社区:社会服务的市场供给》,郑秉文译,北京:经济管理出版社,2011年。

53.[美]史蒂文斯:《集团选择经济学》,杨晓雄等译,上海:上海人民出版社,1999年。

54.[美]华莱士·E.奥茨:《财政联邦主义》,陆符嘉译,南京:译林出版社,2012年。

55.[美]文森特·奥斯特罗姆:《多中心》,载《多中心体制与地方公共经济》,[美]迈克尔·麦金尼斯主编,毛寿龙等译,上海:上海三联书店,2000年。

56.[美]埃莉诺·奥斯特罗姆、帕克斯、惠特克:《公共服务的制度建构》,宋全喜、任睿译,上海:上海三联书店,2000年。

57.[美]迈克尔·麦金尼斯:《多中心治道与发展》,王文章、毛寿龙等译校,上海:上海三联书店,2000年。

58.[美]尼尔S.格里格:《PPP与基础设施融资》,宋光辉、孙世选、丛林译,北京:机械工业出版社,2017年。

59.[美]莱斯特·M.萨拉蒙等:《全球公民社会:非营利部门视界》,贾西珍、魏玉等译,北京:社会科学文献出版社,2002年。

60.[美]史蒂文·J.克尔曼:《合同承包》,载《政府工具:新治理指南》,[美]莱斯特·M.萨拉蒙主编,肖娜等译,北京:北京大学出版社,2016年。

61. [美]约翰·克莱顿·托马:《公共决策中的公民参与》,孙柏英等译,北京:中国人民大学出版社,2014年。

62.[美]阿图·埃克斯坦:《公共财政学》,张愚山译,北京:中国财政经济出版社,1983年。

63.[美]罗伯特·D.帕特南:《使民主运转起来:现代意大利的公民传统》,王列、赖海榕译,北京:中国人民大学出版社,2015年。

64.[美]赫尔曼·E.达利、小约翰·B.柯布:《21世纪生态经济学》,王俊、韩冬筠译,北京:中央编译出版社,2015年。

65.[澳]欧文·E.休斯:《公共管理导论》,彭和平等译,北京:中国人民大学出版社,2001年。

66.[智]爱德华多·恩格尔、罗纳德·D.费希尔、亚历山大·加莱托维奇:《政府与社会资本合作模式(PPP)经济学:基本指南》,邱立成等译,北京:电子工业出版社,2017年。

67.[瑞士]芭芭拉·韦伯、[德]汉斯·威廉·阿尔芬:《基础设施投资策略、项目融资与PPP》,罗桂连、孙世选译,北京:机械工业出版社,2016年。

二、期刊论文

1. 白杰峰、魏久朋:《十九大以来关于实施"乡村振兴战略"若干问题研究述评》,《新疆农垦经济》2018 年第 3 期。

2. 白娟、蒋志国、白晶翔:《PPP 项目绩效评价指标体系研究》,《安徽建筑大学学报》2018 年第 5 期。

3. 蔡红英:《西方财政分权理论及其现实选择》,《江汉论坛》2007 年第 4 期。

4. 蔡文成:《基层党组织与乡村治理现代化:基于乡村振兴战略的分析》,《理论与改革》2018 年第 3 期。

5. 曾丹:《非营利组织参与社区公共品供给的困境与对策》,《太原城市职业技术学院学报》2018 年第 6 期。

6. 常雅楠、王松江:《激励视角下的 PPP 项目利益分配——以亚投行支撑中国企业投资 GMS 国家基础设施项目为例》,《管理评论》2018 年第 11 期。

7. 陈侃:《创新支持农业农村基础设施扶贫模式》,《农业发展与金融》2016 年第 9 期。

8. 陈孔军、王建国:《营销产品:一种公共物品的私人提供机制》,《经济科学》2009 年第 6 期。

9. 陈秋红:《乡村振兴背景下农村基本公共服务的改善:基于农民需求的视角》,《改革》2019 年第 6 期。

10. 陈婉玲、曹书:《政府与社会资本合作(PPP)模式利益协调机制研究》,《上海财经大学学报》2017 年第 2 期。

11. 陈锡文:《乡村振兴是关系中国全面发展,并最终建成现代化强国的大事》,《中国农业文摘·农业工程》2018 年第 1 期。

12. 陈炎兵:《实施乡村振兴战略　推动城乡融合发展》,《中国经贸导刊》2017 年 12 月上。

13. 陈欲辉:《PPP 项目绩效指标评价体系研究综述》,《经营与管理》2017 年第 10 期。

14. 程同顺、龙雨葳:《重申政府提供公共物品的必要性》,《徐州工程学院学报(社会科学版)》2017 年第 3 期。

15. 崔治文、毛斐斐、周毅:《我国农村公共产品供给效率研究——基于 DEA 和 Malmquist 指数的实证分析》,《理论探讨》2013 年第 5 期。

16. 党国英:《乡村振兴的真正难题及其破解之策》,《农村·农业·农民(B 版)》2019 年第 3 期。

17. 董佳:《我国非营利组织绩效评价存在的问题及对策研究》,《现代营销》

(下旬刊)2019 年第 1 期。

18. 董小林、马瑾、王静等:《基于自然与社会属性的环境公共物品分类》,《长安大学学报(社会科学版)》2012 年第 2 期。

19. 杜志娟、苗大培:《体育公共物品的供给方式——公共服务与非营利组织理论的视角分析》,《成都体育学院学报》2007 年第 1 期。

20. 段鹏超:《乡村振兴中的基层党建工作如何抓》,《人民论坛》2018 年第 16 期。

21. 樊丽明、石绍宾:《当前中国农村公共品政府供给机制的运行及完善》,《税务研究》2008 年 12 期。

22. 冯建友、张红亮:《我国 PPP 模式的发展现状及对策分析》,《中国市场》2016 年第 52 期。

23. 凤亚红、李娜、左帅:《PPP 项目运作成功的关键影响因素研究》,《财政研究》2017 年第 6 期。

24. 符志刚:《乡村振兴亟待重视保护传统村落文化》,《江南论坛》2018 年第 6 期。

25. 郭少新:《地方公共物品的私人供给分析》,《生产力研究》2004 年第 9 期。

26. 郭威、王丹:《基于 PPP 模式的公共服务完善:作用、障碍与路径》,《华东师范大学学报(哲学社会科学版)》2018 年第 6 期。

27. 郭玮:《乡村振兴:战略意义和历史机遇》,《中国发展观察》2018 年 Z1 期。

28. 郭险峰、严涵:《对比视角下的中国乡村振兴战略理论认知与实践路径》,《四川行政学院学报》2018 年第 3 期。

29. 韩长赋:《大力推进农业绿色发展》,《农村工作通讯》2017 年第 10 期。

30. 郝泽强:《工程项目管理中 PPP 模式发展的现状、问题与对策》,《工程建设与设计》2017 年第 24 期。

31. 何蒲明、黎东升:《我国农村公共物品供给对农民收入影响的实证研究》,《消费经济》2008 年第 5 期。

32. 胡祎等:《中国农业科技创新现状及其存在的问题与对策》,《食品与机械》2017 年第 1 期。

33. 黄祖辉:《准确把握中国乡村振兴战略》,《中国农村经济》2018 年第 4 期。

34. 霍军亮、吴春梅:《乡村振兴战略背景下农村基层党组织建设的困境与出路》,《华中农业大学学报(社会科学版)》2018 年第 3 期。

35. 贾康、孙洁:《公私合作伙伴关系(PPP)的概念、起源与功能》,《中国政府采购》2014 年第 6 期。

36. 江维国、李立清、周贤君:《中国乡村振兴的科学内涵、主要任务与战略重点》,《社会政策研究》2018 年第 2 期。

37. 姜爱华、刘家豪:《PPP 项目实施过程中的财政激励约束机制研究》,《烟台大学学报(哲学社会科学版)》2017 年第 4 期。

38. 姜长云:《全面把握实施乡村振兴战略的丰富内涵》,《农村工作通讯》2017 年第 22 期。

39. 姜长云:《实施乡村振兴战略需努力规避几种倾向》,《农业经济问题》2018 年第 1 期。

40. 蒋和平:《实施乡村振兴战略及可借鉴发展模式》,《农业经济与管理》2017 年第 6 期。

41. 蒋良骏、焦世奇:《基于多维度的公共物品内涵研究》,《商业时代》2014 年第 35 期。

42. 蒋永甫、宁西:《乡村振兴战略:主题转换、动力机制与实践路径》,《湖北行政学院学报》2018 年第 3 期。

43. 蒋永穆:《基于社会主要矛盾变化的乡村振兴战略:内涵及路径》,《社会科学辑刊》2018 年第 2 期。

44. 康汉卿、李嘉:《我国非营利组织志愿者激励问题研究》,《西部皮革》2018 年 24 期。

45. 柯永建、王守清、陈炳泉:《激励私营部门参与基础设施 PPP 项目的措施》,《清华大学学报(自然科学版)》2009 年第 9 期。

46. 李边疆、王万茂:《地方政府的博弈行为与耕地保护——一个基于公共物品私人供给模型的分析框架》,《中国软科学》2006 年第 4 期。

47. 李秉龙、张立承、曹暕:《中国贫困地区县乡财政不平衡对农村公共物品供给影响程度研究》,《中国农村观察》2003 年第 1 期。

48. 李春林:《公共物品与西方社会福利函数理论的困境解析》,《生产力研究》2007 年第 23 期。

49. 余斌:《公共物品的定义与演变》,《创新》2014 年第 5 期。

50. 李洪江、潘洪清:《论公共物品的提供》,《中国煤炭经济学院学报》2000 年第 4 期。

51. 李杰义:《农村公共物品供给机制的现状与对策——基于新公共管理的理论分析》,《生产力研究》2006 年第 12 期。

52. 李金龙、武俊伟:《前瞻性政府:农村公共物品供给侧改革的必然选择》,

《理论与改革》2016 年第 2 期。

53. 李军鹏:《中国政府公共产品供给的国际比较研究》,《中国行政管理》2003 年第 6 期。

54. 李兰兰:《论公共物品由私人提供的前提》,《黑龙江社会科学》2007 年第 1 期。

55. 李武、胡振鹏:《农村公共物品供给模式及对策研究》,《江西社会科学》2012 年第 3 期。

56. 李晓明:《国内外非营利组织研究述评》,《西北大学学报(哲学社会科学版)》2007 年第 5 期。

57. 李秀义、刘伟平:《农村公共物品供给过程中的问题研究——基于山东莱西市河头店镇 S 村的分析》,《福建农林大学学报(哲学社会科学版)》2012 年第 1 期。

58. 李永旷:《构建我国政府与非营利组织互动合作关系的思考》,《经济研究导刊》2007 年第 9 期。

59. 李云:《乡村振兴战略背景下农村公共服务精准供给研究》,《决策咨询》2008 年第 5 期。

60. 李竹梅:《农村公共物品有效供给主体选择机制研究》,《山西财经大学学报》2009 年第 1 期。

61. 梁学平:《公共物品内涵的多角度诠释》,《商业时代》2012 年第 3 期。

62. 廖彩荣、陈美球:《乡村振兴战略的理论逻辑、科学内涵与实现路径》,《农林经济管理学报》2017 年第 6 期。

63. 林洁、徐光远:《对公共物品政府供给的再思考:基于经济哲学和经济伦理》,《经济问题探索》2014 年第 5 期。

64. 林士俊、张薇:《农村社区公共服务合作供给机制创新研究——以西北民族地区为例》,《湖北民族学院学报(哲学社会科学版)》2019 年第 1 期。

65. 刘合光:《推进乡村振兴战略的关键点、发展路径与参与主体》,《石河子大学学报(哲学社会科学版)》2018 年第 1 期。

66. 刘宏凯、解西伟:《农民需求导向型公共物品供给决策机制的建构——黑龙江省农村公共物品农民需求状况调查》,《学术交流》2010 年第 3 期。

67. 刘宏凯:《农村公共物品供给的制度缺陷与政府责任探析》,《哈尔滨工业大学学报(社会科学版)》2008 年第 1 期。

68. 刘佳丽、谢地:《西方公共产品理论回顾、反思与前瞻》,《河北经贸大学学报》2015 年第 5 期。

69. 刘瑾、刘炜、李权泰:《农村公共物品供给的现状与对策》,《才智》2017 年第 16 期。

70. 刘丽珑、陈菁:《非营利组织信息披露与捐赠者捐赠行为关系研究综述及启示》,《商业会计》2018 年第 24 期。

71. 刘奇:《决胜全面小康需要“三看”》,《中国发展观察》2019 年第 22 期。

72. 刘锐:《乡村振兴战略框架下的宅基地制度改革》,《理论与改革》2018 年第 3 期。

73. 刘新平、王守清:《试论 PPP 项目的风险分配原则和框架》,《建筑经济》2006 年第 2 期。

74. 刘燕舞:《何处“方便”? 旧厕拆了,新厕不如愿》,《半月谈》2019 年第 8 期。

75. 吕成:《如何实行宅基地“三权分置”》,《中国发展》2018 年第 3 期。

76. 吕达:《公共物品的私人供给机制及其政府行为分析》,《云南行政学院学报》2005 年第 1 期。

77. 吕普生:《公共物品属性界定方式分析》,《学术界》2011 年第 5 期。

78. 马全中:《非政府组织的兴起及其治理功能》,《党政研究》2014 年第 4 期。

79. 马晓河:《准确把握农业农村基础设施和公共服务供给方向》,《农村工作通讯》2018 年第 21 期。

80. 马玉荣:《如何实施乡村振兴战略——专访国务院发展研究中心农村经济研究部部长、研究员叶兴庆》,《中国经济报告》2017 年第 11 期。

81. 闵雅操、陈丽丽、郝燕君:《浅析中国 NGO 的发展问题与对策》,《时代金融》2018 年第 21 期。

82. 牟少岩:《乡村振兴的战略背景、面临的突出问题和根本障碍》,《青岛农业大学学报(社会科学版)》2018 年第 2 期。

83. 彭海红:《塘约道路:乡村振兴战略的典范》,《红旗文稿》2017 年第 24 期。

84. 彭蕾蕾:《公共物品的内涵和外延综述》,《中国市场》2011 年第 2 期。

85. 秦继伟:《农村社会保障的多重困境与优化治理》,《甘肃社会科学》2018 年第 3 期。

86. 秦亚飞、高洪显、李海萍:《基于 PPP 模式的基础设施项目绩效评价研究》,《山西农经》2018 年第 8 期。

87. 秦中春:《实施乡村振兴战略的意义与重点》,《新经济导刊》2017 年第 12 期。

88. 邱国林、杨凯姝:《我国公共项目 PPP 建设运营模式研究》,《吉林建筑大学学报》2016 年第 1 期。

89. 邱汉明、吕翠丽:《农村地区公共物品供给的现状及对策分析》,《对外经贸》2018 年第 7 期。

90. 裘曙洁、张亚君、陈海存:《乡村振兴中加强基层党建联合体建设研究》,《江南论坛》2018 年第 6 期。

91. 区小兰、王惠琴:《村庄公共物品供给的民意表达模型构建分析》,《忻州师范学院学报》2018 年第 5 期。

92. 曲创、臧旭恒:《消费的机会成本与公共物品的有效供给》,《消费经济》2004 年第 4 期。

93. 仲伟周:《论地方公共物品的私人供应》,《当代经济研究》1999 年第 8 期。

94. 任连祥:《公共服务视角下农村公共物品供给路径的选择》,《内蒙古农业大学学报(社会科学版)》2008 年第 6 期。

95. 宋圭武:《全面实施乡村振兴战略》,《社科纵横》2017 年第 12 期。

96. 宋妍、张明、陈赛:《个体异质性与环境公共物品的私人有效供给》,《北京理工大学学报(社会科学版)》2017 年第 6 期。

97. 孙丽梅:《俱乐部理论:布坎南模型与蒂布特模型的比较分析》,《广东财经职业学院学报》2005 年第 4 期。

98. 孙爽:《我国非营利组织与社区公共服务建设》,《太原城市职业技术学院学报》2018 年第 4 期。

99. 孙祥祥、臧宏玲:《乡村振兴战略背景下对农村公共物品有效供给研究》,《汉字文化》2018 年第 15 期。

100. 孙学工等:《我国 PPP 模式发展的现状、问题与对策》,《宏观经济管理》2015 年第 2 期。

101. 谭诗赞:《农村公共物品供给的"项目下乡"例证》,《重庆社会科学》2016 年第 2 期。

102. 唐任伍:《新时代乡村振兴战略的实施路径及策略》,《人民论坛·学术前沿》2018 年 2 月上。

103. 田丽娜、毛铖:《私人部门提供公共物品的路径选择》,《辽宁行政学院学报》2011 年第 10 期。

104. 庹进烨:《对习近平乡村振兴战略思想理论渊源和时代基础的研究》,《农业教育研究》2018 年第 2 期。

105. 汪锦军:《公共服务中的政府与非营利组织合作:三种模式分析》,《中国行政管理》2009 年第 10 期。

106. 汪志强:《我国非政府组织:检视、批评与超越》,《武汉大学学报(哲学社会科学版)》2006 年第 2 期。

107. 王朝华:《北京乡村经济振兴过程中面临的主要瓶颈因素分析》,《北方经济》2018 年第 6 期。

108. 王凡:《绿色发展的价值取向》,《江南论坛》2017 年第 3 期。

109. 王建文、俞美娟:《论基层政府对农村公共物品供给市场的监督》,《河池学院学报》2013 年第 3 期。

110. 王景新、支晓娟:《中国乡村振兴及其地域空间重构》,《南京农业大学学报(社会科学版)》2018 年第 2 期。

111. 王俊霞、李万新:《第三部门:公共经济的必然主体》,《经济问题》2004 年第 10 期。

112. 王蕾、赵敏、彭润中:《基于 ANP-Shapley 值的 PPP 模式风险分担策略研究》,《财政研究》2017 年第 6 期。

113. 王丽慧、陈民:《需求视角下农村公共品供给异化现象及农民需求表达机制的完善》,《经济研究参考》2018 年第 10 期。

114. 王利民:《公共管理视角下农村公共产品需求机制的构建》,《兰州学刊》2012 年第 4 期。

115. 王伟然:《政府责任的价值审视》,《山东大学学报(哲社版)》2003 年第 4 期。

116. 王亚华、苏毅清:《乡村振兴——中国农村发展新战略》,《中国社会主义学院学报》2017 年第 6 期。

117. 王振等:《乡村振兴战略的背景和本土化优势——基于对发展主义的反思》,《贵州社会科学》2018 年第 4 期。

118. 王志权:《私人提供公共物品的法律规制》,《沈阳师范大学学报(社会科学版)》2013 年第 4 期。

119. 魏后凯:《如何走好新时代乡村振兴之路》,《人民论坛 · 学术前沿》2018 年 2 月上。

120. 魏琦、金书秦:《推进农业绿色发展需要关注四个问题》,《农村工作通讯》2018 年第 3 期。

121. 尹成杰:《实施乡村振兴战略要坚持走绿色发展的路》,《农村工作通讯》2018 年第 2 期。

122. 吴俊培、卢洪友:《公共品的"公"、"私"供给效率制度安排》,《经济评论》2004 年第 4 期。

123. 吴伟、孟延春:《我国非营利组织的资金困境及化解建议》,《学会》2007

年第 12 期。

124. 伍飞霏:《第三部门与政府部门的关系模式及实践发展》,《学会》2010 年第 2 期。

125. 伍佳、曾福生:《我国农业基础设施建设的现状》,《时代农机》2017 年第 2 期。

126. 仵希亮:《非营利组织切入公共事业的运营机制——以 CX 公益为例》,《金陵科技学院学报(社会科学版)》2018 年第 2 期。

127. 武文卿:《PPP 历史性机遇:全面补齐农村基础设施建设短板》,《中国招标》2017 年第 14 期。

128. 武晓娜:《探析公共物品的私人提供》,《商场现代化》2012 年 5 月(中旬刊)总第 683 期。

129. 夏海勇、高华鑫:《浅析我国农业科技成果转化的现状、问题及对策》,《中国农业信息》2015 年第 7 期。

130. 肖伏清:《着力补短板　走出乡村振兴新路径》,《政策》2018 年第 2 期。

131. 谢彦明、张倩倩:《区域空间结构演变视角下乡村振兴的逻辑、障碍与破解》,《新疆农垦经济》2018 年第 3 期。

132. 熊小林:《聚焦乡村振兴战略　探究农业农村现代化方略》,《中国农村经济》2018 年第 1 期。

133. 徐琰超、尹恒:《村民自愿与财政补助:中国村庄公共物品配置的新模式》,《经济学动态》2017 年第 11 期。

134. 徐耀新:《联系江苏实际,构建文化体系》,《新世纪图书馆》2017 年第 7 期。

135. 许少辉、董丽萍:《论乡村振兴战略下传统村落的产业发展》,《民族论坛》2018 年第 2 期。

136. 阎坤、王进杰:《公共品偏好表露与税制设计研究》,《经济研究》2000 年第 10 期。

137. 阳杨、陆林:《乡村振兴视角下地震灾区农村的社会资本与公共物品集体供给——基于汶川灾区都江堰 D 镇的调查》,《贵州师范大学学报(社会科学版)》2018 年第 5 期。

138. 杨昊:《全球公共物品分类:外交决策的视角》,《世界经济与政治》2015 年第 4 期。

139. 杨俊龙:《PPP 模式的效应、问题及优化对策研究》,《江淮论坛》2017 年第 3 期。

140. 杨留辉、王宏杰:《市场和私人组织提供公共物品问题分析》,《现代经济信息》2016 年第 3 期。

141. 杨中宣、杨洋洋:《基础设施 PPP 项目绩效评价研究综述》,《科技创新与应用》2017 年第 19 期。

142. 叶晓甦、徐春梅:《我国公共项目公私合作(PPP)模式研究述评》,《软科学》2013 年第 6 期。

143. 叶兴庆:《新时代中国乡村振兴战略论纲》,《改革》2018 年第 1 期。

144. 印子:《乡村基本治理单元及其治理能力建构》,《华南农业大学学报(社会科学版)》2018 年第 3 期。

145. 于东山:《跨界公共物品的分类治理模式》,《北京理工大学学报(社会科学版)》2018 年第 2 期。

146. 于建嵘:《乡村振兴需要公众有序参与》,《人民论坛》2018 年第 12 期。

147. 虞宛姗、徐天祥:《农村合作社视角下的农村公共物品供给分析》,《现代农业科技》2011 年第 5 期。

148. 袁东升:《公共物品供给机制探析——以私人博物馆为例》,《湖南税务高等专科学校学报》2009 年第 1 期。

149. 詹慧龙、刘虹、唐冲:《我国农业基础设施建设及服务需求研究》,《农村经济》2015 年第 12 期。

150. 张定川、柏雪梅:《基于村民自治与村民收入对农村公共物品供给的分析》,《经贸实践》2015 年第 8 期。

151. 张红宇:《理解把握乡村振兴战略的时代意义》,《农村工作通讯》2018 年第 8 期。

152. 张洁:《美国农业基础设施融资问题及启示》,《世界农业》2016 年第 1 期。

153. 张金冲:《服务型政府理论视角下农村公共物品供给路径探讨》,《现代交际》2019 年第 1 期。

154. 张晋武、齐守印:《公共物品概念定义的缺陷及其重新建构》,《财政研究》2016 年第 8 期。

155. 张俊:《NGO 视角下的乡贤理事会初探》,《重庆工商大学学报(社会科学版)》2017 年第 3 期。

156. 张黎鸣、李张琼:《农村公共物品供给的社会化研究》,《九江学院学报(社会科学版)》2014 年第 2 期。

157. 张立:《农村公共物品供给的现状、形成机理与路径选择》,《郑州航空工业管理学院学报》2005 年第 4 期。

158. 张立:《我国乡村振兴面临的现实矛盾和乡村发展的未来趋势》,《城乡规划》2018 年第 1 期。

159. 张鸣鸣:《我国农村公共产品效率评价——基于 DEA 方法的时间单元检验》,《经济体制改革》2010 年第 1 期。

160. 张瑞、张义祝:《基于三方相互威慑讨价还价模型的 PPP 项目风险分担》,《武汉理工大学学报(信息与管理工程版)》2017 年第 1 期。

161. 张帅、马中:《公共物品的私人收益性与外部性的时域关系》,《中国物价》2016 年第 12 期。

162. 何继新、韩艳秋:《公共物品风险、类别、归因于治理策略》,《求实》2018 年第 1 期。

163. 张旭辉、孟祥熙:《农村公共物品项目式供给与村庄分化的困境》,《经济研究导刊》2018 年第 3 期。

164. 张妍妍:《基层综合性文化服务中心建设的佛山实践》,《图书馆论坛》2018 年第 6 期。

165. 张要杰:《农村公共物品供给:主体选择、融资决策与投资序列》,《软科学》2008 年第 1 期。

166. 张宇、朱立志:《关于"乡村振兴"战略中绿色发展问题的思考》,《新疆师范大学学报(哲学社会科学版)》2019 年第 1 期。

167. 赵红军、张盼:《中国省级公共品供给效率及其区域差异分析》,《华东经济管理》2018 年第 5 期。

168. 赵慧珠:《第三部门:现代社会的重要组成部分》,《中国党政干部论坛》2002 年第 10 期。

169. 赵时亮、陈通:《公共产品的私人供给——以开放源代码软件开发为例》,《经济学家》2006 年第 2 期。

170. 赵晓峰:《税改前后乡村治理性危机的演变逻辑》,《天津行政学院学报》2009 年第 3 期。

171. 赵琰、王建东、陈志鹏等:《PPP 项目绩效评价指标体系及综合评级模型研究》,《会计之友》2018 年第 4 期。

172. 赵卓、李玖灵:《政府与社会资本合作中的激励机制研究——基于委托代理理论》,《改革与战略》2018 年第 11 期。

173. 郑风田:《让宅基地"三权分置"改革成为乡村振兴新抓手》,《人民论坛》2018 年第 10 期。

174. 朱启臻:《宅基地"三权分置"的关键是使用权适度放活》,《农村工作通讯》2018 年第 3 期。

175. 朱启臻:《当前乡村振兴的障碍因素及对策分析》,《人民论坛 · 学术前沿》2018 年第 3 期。

176. 郑晃:《税费改革背景下我国农村公共物品供给困境探析》,《辽宁工业大学学报(社会科学版)》2018 年第 1 期。

177. 周立:《乡村振兴战略与中国的百年乡村振兴实践》,《人民论坛·学术前沿》2018 年 2 月上。

178. 周晓娟:《超大城市乡村振兴模式与制度性供给研究》,《科学发展》2019 年第 2 期。

三、毕业论文

1. 曾令泰:《广州从化传统村落保护与发展中政府职能研究》,华南理工大学博士学位论文,2018 年 6 月。

2. 陈杰:《乡村振兴战略视域下农业示范区政策体系研究》,中国科学技术大学博士学位论文,2019 年 5 月。

3. 关慧:《中国农村公共物品供给不足的财政政策研究》,辽宁大学博士学位论文,2009 年 5 月。

4. 贾蕊:《集体行动对农户水土保持措施采用影响研究——以黄土高原区为例》,西北农林科技大学博士学位论文,2018 年 9 月。

5. 孔薇:《中国基本公共服务供给区域差异研究》,吉林大学博士学位论文,2019 年 6 月。

6. 李成宇:《中国城镇化进程中地方公共物品的有效供给研究》,东北师范大学博士学位论文,2017 年 5 月。

7. 刘君:《财政分权、空间溢出与我国公共物品供给研究》,南开大学博士学位论文,2014 年 5 月。

8. 任志新:《公共物品供给项目制下的村庄自主性研究——以豫中三村为例》,华中师范大学博士学位论文,2018 年 5 月。

9. 孙慧波:《中国农村人居环境公共服务供给效果及优化路径研究——以北京、河北省为例》,中国农业大学博士学位论文,2018 年 6 月。

10. 汤玉刚:《论政府供给及其效率》,复旦大学博士学位论文,2006 年 9 月。

11. 王德娟:《省以下事权与财政支出责任划分研究》,中央财经大学博士学位论文,2018 年 6 月。

12. 王天维:《公共需求偏好导向下的地方政府治理变革研究——基于地方公共支出结构演进的实证分析》,广西大学博士学位论文,2018 年 6 月。

13. 袁锦贵:《我国公共服务资源的行政区层级配置空间格局及影响机制研究——以文化、教育、医疗为中心》,华东师范大学博士学位论文,2019 年 5 月。

14. 张梦龙:《基于公共物品属性视角的铁路改革结构特性研究》,北京交通大学博士学位论文,2014 年 1 月。

15. 张勇:《PPP 模式中政府行为的法律规制研究》,对外经济贸易大学博士学位论文,2018 年 6 月。

16. 郑书耀:《准公共物品私人供给研究——兼论政府的作用》,辽宁大学博士学位论文,2007 年 6 月。

17. 朱松梅,《城中村公共物品供给分析——以生活性公共基础设施为例》,西北大学博士学位论文,2017 年 5 月。

四、其他文献

1. 林凯旋、余思雨:《公共物品"集体消费"视角下保障性住房建设浅议》,《转型与重构——2011 中国城市规划年会论文集》,2011 年 9 月 20 日。

2. 王廷惠:《公共物品边界的变化与公共物品的私人供给》,《21 世纪的公共管理:机遇与挑战——第二届国际学术研讨会文集》,2009 年 10 月 11 日。

3. 徐雪梅、王思怡:《"互联网+"对非营利组织的影响》,《光明日报》,2015 年 6 月 7 日第 7 版。

4. 吴奇修:《奋力开创农村改革发展新局面》,《学习时报》,2019 年 4 月 29 日第 1 版。

5. 邱建生:《乡村振兴是一场持久战》,《平民教育》公众号,2019 年 8 月 31 日。

五、英文文献

1. Bates, "Contra Contractarianism," See also Robert H. Bates, "Social Dilemmas and Rational Individuals: An Essay on the New Institutionalism" (Duke University, unpublished manuscript, 1992).

2. Dhami S, Wei M, al-Nowaihi A. Public goods games and psychological utility: Theory and evidence [J]. *Journal of Economic Behavior and Organization*, 2019, 167: 361-390.

3. Goldin. Kenneth D. Equal Access Vs Selective Access [J]. *A Critigque of Public Goods Theory*. Public Choice. 29(spring), 1979: 53-71.

4. James Buchanan. An Economic Theory of Clubs [J]. *Economica*, February, 1965: 31.

5. Luca Anderlini;; Paolo Siconolfi. Efficient provision of public goods with endogenous redistribution [J]. *Review Economic Design*, 2004, Vol. 8

(4):413-447.

6. Mingrui Shen, Jianfa Shen. State-led commodification of rural China and the sustainable provision of public goods in question: A case study of Tangjiajia, Nanjing [J]. *Journal of Rural Studies*. Available online 19 March 2019.

7. Ronald H. Coase The Lighthouse in Economics[J]. *Journal of Law and Economics*. Vol. 17, No. 2 (October)1974:357-376.

8. Rosolino A. Candela, Vincent Geloso. Why consider the lighthouse a public good[J]. *International Review of Law and Economics*. Volume 60, December 2019, 105852.

9. Samuelson, P. A. The Pure Theory of Public Expenditure[J]. *The Review of Economics and Statistics*,1954,(36).

10. Schmidtz,David. Contracts and Public Goods[J]. *Harvard Journal of Law and Public Policy*. 10(Spring). 1987:475-503

11. See H. Demsetz. The Private Production of Public Goods[J]. *In Journal of Law and Economics*. Vol. 13(October),1970: 293-306.